LIBERALISATION FINANCIERE ET CROISSANCE ECONOMIQUE

LE CAS DE L'AFRIQUE SUBSAHARIENNE

ISBN : 2-7475-1217-7

Audrey CHOUCHANE-VERDIER

LIBERALISATION FINANCIERE ET CROISSANCE ECONOMIQUE

LE CAS DE L'AFRIQUE SUBSAHARIENNE

L'Harmattan
5-7, rue de l'École-Polytechnique
75005 Paris
FRANCE

L'Harmattan Inc.
55, rue Saint-Jacques
Montréal (Qc) CANADA
H2Y 1K9

L'Harmattan Hongrie
Hargita u. 3
1026 Budapest
HONGRIE

L'Harmattan Italia
Via Bava, 37
10214 Torino
ITALIE

INTRODUCTION GENERALE

Le rôle du secteur financier dans la détermination des performances macro-économiques est un sujet qui préoccupe depuis longtemps les économistes et qui prend toute son importance dans la situation actuelle des pays africains.

Dans les pays industrialisés, le système bancaire possède une fonction essentielle. En permettant la redistribution des fonds collectés à des fins d'investissement, il permet d'une part de financer les activités productives et d'autre part, d'élever le taux de croissance de la production nationale.

Mais, dans les pays d'Afrique sub-saharienne, les banques n'assument pas leur rôle « d'intermédiaires financiers ». La croissance économique ne s'est pas encore fait véritablement ressentir et la pauvreté et la récession économique récente dans certaines régions posent d'importants problèmes.

De multiples études et de nombreux travaux abondent dans tous les domaines (infrastructures, libéralisation commerciale, flexibilité des taux de change, etc.) mais nous nous intéresserons plus particulièrement aux possibilités de développement économique liées à l'amélioration du secteur bancaire.

Dans les pays en voie de développement, ce problème a été analysé dans le contexte de « la répression financière », un terme qui se réfère aux contraintes et aux restrictions qui pèsent sur les systèmes financiers de ces pays, par le biais de la réglementation gouvernementale. La répression financière freine alors l'approfondissement financier et, de façon indirecte, le développement économique. La littérature sur ce sujet repose sur les travaux de Mac Kinnon (1973) et Shaw (1973) qui ont plaidé pour l'élimination de toutes les restrictions financières c'est-à-dire pour une politique de libéralisation financière, considérée comme une des solutions au développement et à la croissance dans ces pays.

La politique de libéralisation financière a trouvé rapidement un écho favorable auprès des grandes organisations internationales, séduites d'abord par la simplicité de sa mise en œuvre. Elle s'appuie sur une conception libérale de l'économie, contrairement aux influences keynésiennes et tiers-mondistes dans la pensée économique et possède deux aspects. Le premier, l'aspect passif, correspond à la libre détermination des taux d'intérêt et à l'élimination du rationnement du crédit par l'abaissement du taux de réserves obligatoires. Les économistes préconisent alors le libre fonctionnement du marché et excluent toute intervention de l'Etat. Le second, l'aspect actif, comprend la restructuration des institutions financières, l'amélioration de la gestion et du contrôle du système financier et l'accroissement de la concurrence bancaire. Il fait alors intervenir l'Etat pour la mise en place des réglementations juridiques et la création de nouvelles lois financières.

Cette conception libérale du secteur bancaire et financier a été soumise à de nombreuses controverses théoriques mais beaucoup d'économies sub-sahariennes ont entrepris des politiques dans cette direction, avec la mise en place des Plans d'Ajustement Structurel, depuis la fin des années 1980. Les PAS visaient une plus grande stabilité macro-économique, la réduction du rôle de l'Etat, un recours accru aux mécanismes de marché et une ouverture rapide à la concurrence internationale.

Pourtant, bien que les pays d'Afrique sub-saharienne ne soient pas homogènes et aient eu des expériences très différentes, les résultats des réformes apparaissent décevants et il convient de s'interroger sur les réelles possibilités de croissance induite par la libéralisation financière dans les pays en développement.

Il semble que les grandes organisations internationales aient imposé cette politique de la même manière sur tous les continents sans se soucier du degré d'adaptabilité de ces réformes dans des pays à financement dual et possédant des spécificités culturelles et comportementales très grandes. C'est le cas des économies africaines. La libéralisation financière constitue-t-elle, pour ces économies très particulières, un passage obligé vers le développement ? N'existe-t-il pas d'autres politiques plus appropriées ?

La première partie de cet ouvrage concerne les structures financières et les expériences de libéralisation financière en Afrique sub-saharienne.

Elle s'attache d'une part, à mettre en avant l'hétérogénéité et la spécificité africaine et d'autre part, à analyser les politiques financières entreprises dans ces pays. En effet, l'Afrique est composée d'un ensemble de pays très hétérogènes où l'idée est que la pauvreté, contrairement aux *a priori*, accentue les différences. Ainsi, les situations économiques et financières initiales méritent d'être analysées de façon approfondie.

Tout d'abord, la politique de libéralisation financière a été mise en place dans une période de crise. L'Afrique sub-saharienne, la région la plus pauvre du monde, connaît depuis deux décennies une augmentation de la pauvreté absolue et une crise du développement. Elle a également subi de plein fouet la détérioration de ces systèmes bancaires à la fin des années 1980 et une crise du financement extérieur.

Ensuite, la diversité des systèmes financiers repose sur différents régimes de taux de change. Le système monétaire de la Zone Franc, par exemple, a-t-il été plus apte à gérer la crise ou bien son fonctionnement a-t-il plutôt constitué un obstacle au développement financier de ces pays ?

Finalement, la spécificité des systèmes africains est confirmée par l'existence d'un dualisme financier accentué. En effet, le recours grandissant des Africains au financement informel pose d'autres problèmes. Son avantage est de satisfaire les besoins financiers qui ne peuvent l'être par les institutions modernes, notamment en zone rurale et dans le cadre d'activités souterraines. Sa souplesse, son originalité et surtout son ampleur laissent penser que certaines leçons peuvent être tirées de son fonctionnement et qu'il est impossible d'entreprendre une politique de réformes bancaires en omettant cette source de financement.

Plus précisément, la finance informelle est-elle une étape obligée du développement financier ou n'est-elle qu'une gêne pour le développement économique ? Faut-il « faire avec », faut-il l'inciter à s'organiser, faut-il chercher à la réduire voire à l'éliminer ?

L'accentuation du dualisme financier n'est-t-il pas une réponse à l'échec de la libéralisation financière dans certaines économies sub-sahariennes ? Autant de questions auxquelles nous entendons apporter des réponses.

Les conditions effectives de mise en place de la libéralisation du secteur bancaire diffèrent fondamentalement des hypothèses de départ des théoriciens de cette politique. Mac Kinnon (1973) et Shaw (1973) ont fondé leur modèle sur plusieurs hypothèses peu réalistes. Ils se sont placés dans le cadre de pays en voie de développement où l'épargne réagit positivement à la hausse des taux d'intérêt, où il n'existe pas de marché financier parallèle et où le secteur bancaire alloue efficacement ses fonds aux différents projets d'investissement.

Ainsi, après avoir analysé le modèle théorique de départ, nous aborderons les critiques établies par les différents courants de pensée économique et nous mettrons en avant leur pertinence dans le cas africain.

Nous verrons que les post-keynésiens pensent que la libéralisation financière est source d'instabilité macro-économique. Dutt (1991) et Burkett et Dutt (1991) insistent sur les effets négatifs d'une hausse des taux d'intérêt sur la demande globale dans l'économie, qu'elle soit en situation de plein emploi des capacités productives ou de chômage. De plus, ce courant de pensée, depuis Keynes (1936), considère que l'épargne ne dépend pas des taux d'intérêt mais du revenu. Pour eux, les hypothèses initiales du modèle de libéralisation financière ne sont donc pas valides.

De la même façon, les néo-structuralistes s'attaquent aux hypothèses de départ du modèle et proposent une analyse mieux adaptée au cas africain dans le sens où des auteurs comme Van Wijnbergen (1983) et Taylor (1983), prennent en compte le secteur financier informel. L'existence d'une source parallèle de financement contraint plus fortement le schéma traditionnel de la politique de libéralisation financière. Si cette dernière peut « réussir » sous certaines conditions, les auteurs affirment qu'elle a aussi de grandes chances de se solder par un échec.

Enfin, la critique théorique la plus importante[1] est celle de l'existence d'asymétries d'information sur le marché du crédit qui se traduit par un rationnement des fonds bancaires. Le modèle proposé par Stiglitz et Weiss (1981) met en évidence les imperfections de ce marché et le fait que les dépôts collectés par

[1] La pertinence et l'importance de cette critique proviennent des écrits de Mac Kinnon (1988 et 1991). L'auteur de la libéralisation financière a reconsidéré sa position initiale et admis que les imperfections du marché du crédit représentaient une entrave à la mise en place d'une telle politique.

les banques ne soient pas alloués à l'investissement mais conservés par ces dernières pour limiter les risques de défaillance des emprunteurs.

Au-delà des critiques théoriques, nous pourrons évaluer l'échec relatif des réformes financières en Afrique sub-saharienne au niveau des structures bancaires et financières. Dans un premier temps, nous considérerons les différentes mesures entreprises dans les principaux pays. En effet, l'ordre, la vitesse et les réformes mises en place ne sont pas identiques et les expériences diffèrent selon les pays considérés. Ainsi, la politique de libéralisation a eu des effets nuancés suivant les économies, parfois positifs mais conduisant aussi à des crises financières et économiques de grande ampleur.

Cette analyse est confirmée par les études statistiques réalisées pour estimer l'impact des mesures sur les structures bancaires des pays d'Afrique sub-saharienne. Nous proposons une étude quantitative de l'évolution de six indicateurs bancaires dans trente-quatre pays sub-sahariens, sur la période 1983-1996, et qui se fonde sur deux approches dont les résultats coïncident.

La première approche reprend les travaux de la Banque Mondiale [Demirgüç-Kunt et Levine (1996)] et les améliore afin d'élaborer un indice de développement financier pour chaque pays africain. La construction de cet indice nous permet, d'une part, de classer les pays dans des catégories de développement financier et, d'autre part, de connaître l'évolution dans le temps des différents indices.

Cette approche est confortée par la typologie des systèmes financiers mise en place à partir d'une analyse factorielle des correspondances pour les six indicateurs de développement financier. Elle distingue également les pays faisant partie de la Zone Franc et les pays progressant dans un régime de changes flexibles et évalue, de façon générale, l'impact de la libéralisation financière sur les structures bancaires.

Au terme de cette première partie et de cette analyse quantitative, nous serons mieux en mesure de connaître la façon dont ont réagi les banques aux réformes financières et d'apprécier véritablement la pertinence d'une politique de libéralisation financière dans les économies d'Afrique sub-saharienne. Cependant, l'objectif ultime d'une telle politique n'est pas simplement d'améliorer les structures bancaires existantes. A terme, elle doit se traduire par l'augmentation des taux d'épargne, d'investissement et de croissance de la production nationale.

Ainsi, la seconde partie de cet ouvrage s'intéresse à la dimension financière du développement économique et s'attache à définir les liens existant entre la sphère réelle et monétaire dans le cas de l'Afrique sub-saharienne. Elle met également en avant les principaux obstacles au développement financier dans les pays considérés.

Tout d'abord, si la théorie économique prévoit souvent une relation positive entre la finance et la croissance, les corrélations et les causalités entre les différentes variables sont encore mal connues.

A ce niveau, les prédécesseurs de Mac Kinnon (1973) et Shaw (1973) ont souligné le rôle positif de la finance indirecte sur le développement économique mais ils ont orienté le débat sur le rôle de l'Etat dans le secteur financier. Alors que les théoriciens de la libéralisation financière affirment que le gouvernement ne doit pas intervenir sur le marché du crédit, des auteurs éminents et reconnus comme Schumpeter (1911) et Gerschenkron (1962) ont donné à l'Etat un rôle déterminant dans la régulation des fonds bancaires, notamment dans les premiers stades de développement des économies.

Dans certains pays, la libéralisation a entraîné une grande instabilité financière et macro-économique, ce qui a plutôt validé les thèses des post-keynésiens. Nous serons donc amenés à considérer les possibles relations négatives entre la finance et la croissance. La remise en cause par les grandes institutions internationales de la politique de libéralisation financière dans les économies d'Amérique Latine vient ici opportunément appuyer notre point de vue.

L'Afrique est-elle en effet en mesure de risquer une nouvelle crise économique et financière ? Doit-elle donner au marché le rôle de « régulateur » du crédit et exposer son fonctionnement aux forces imparfaites de l'offre et de la demande ?

Dans l'analyse du rôle de la finance dans le développement économique, les modèles récents de croissance endogène intégrant la sphère financière peuvent aussi permettre de nouveaux éclairages. Qu'il s'agisse des effets de la répression financière sur la croissance ou de la libéralisation financière sur cette dernière, les auteurs que nous présentons n'obtiennent pas les mêmes résultats suivant les pays testés et les variables utilisées.

Ainsi, Bencivenga et Smith (1992) prouvent l'existence d'un degré optimal de répression financière dans les économies sujettes à de forts déficits publics, comme c'est le cas dans la majorité des pays d'Afrique sub-saharienne. De la même façon, Berthélémy et Varoudakis (1994 et 1995) montrent que le niveau de développement initial d'une économie est primordial pour la réussite d'une politique de libéralisation financière et admettent l'existence de « pièges de pauvreté » dès lors que la sphère réelle n'est pas en mesure de soutenir les réformes financières.

Les modèles de croissance endogène ont également étudié le rôle des bourses dans le développement économique. Cette analyse du rôle des marchés financiers, encore étroits et peu actifs dans un contexte de croissance, correspond au volet externe de la libéralisation financière. Mac Kinnon (1973) et Shaw (1973) ont affirmé l'importance de la création d'une place boursière dans les économies libéralisées financièrement, de façon à permettre aux entreprises de trouver des liquidités à moindre coût, suite à l'augmentation des taux d'intérêt. Cependant, quels sont les liens existant entre les banques et les marchés financiers ? Plus précisément, le marché peut-il se substituer à un système bancaire imparfait ?

Dans le cas de l'Afrique, les bourses actuelles sont-elles susceptibles de permettre le développement des entreprises nationales ou ne sont-elles que des instruments de diversification des risques au niveau mondial ? Quels sont les obstacles et les dangers de leur extension et de leur ouverture aux capitaux étrangers ?

Par conséquent, la création ou le développement des marchés financiers implique de nouvelles interrogations sur les conditions de l'ouverture et de l'intégration des systèmes financiers de ces pays aux systèmes de financement internationaux.

Une seconde série de questions concerne les liens de corrélations et de causalité existant entre les variables réelles et financières. Le développement des banques et des marchés financiers permet-il le développement économique ou, à l'inverse, une plus forte croissance entraîne-t-elle des structures bancaires et financières plus développées ?

Dans cette optique, nous détaillerons le cas de l'Afrique sub-saharienne. En effet, l'épargne, l'investissement et la croissance entretiennent des relations très étroites dans les pays considérés. La théorie économique et les études économétriques montrent que, dans les pays en voie de développement, ces trois variables sont très souvent positivement corrélées.

Mais, la question essentielle est de connaître les déterminants financiers de ces variables réelles. En reprenant les indicateurs bancaires utilisés dans la première partie de nos recherches, nous montrerons que les fonctions d'investissement de plusieurs pays répondent positivement à certaines variables financières. Ce résultat nous permettra de définir des politiques bancaires qui nous paraissent mieux appropriées aux différentes économies.

Cependant, la mise en lumière des corrélations entre les deux types de variables ne nous permet pas de répondre à la question du sens de causalité. Le développement financier entraîne-t-il le développement économique ? Ou à l'inverse, un revenu national plus élevé permet-il le développement du secteur bancaire ? Pour tenter de répondre à ces interrogations, nous effectuerons des tests de causalité au sens de Granger, dans plusieurs économies sub-sahariennes.

Finalement, le dernier chapitre de cette seconde partie conclut sur les conditions de succès des réformes financières suivant les caractéristiques propres à chaque pays, suivant l'ordonnancement et la vitesse des mesures entreprises. Il tente de redéfinir une politique africaine de développement en analysant les possibilités de financement des activités productives des petites entreprises par le biais du micro-financement et détermine les principaux obstacles au développement financier dans les pays africains. En effet, alors que le secteur bancaire évince la plupart des agents économiques et que le secteur financier informel n'offre ni les montants ni les conditions désirées (terme, échéances, taux d'intérêt), les programmes de micro-financement comblent le fossé et permettent aux exclus financiers d'obtenir des petits prêts sous certaines exigences. Bien évidemment, ces programmes sont également soumis à certaines limites et nous serons amenés à analyser les expériences et à proposer des solutions pour l'amélioration de ce type de système de financement.

De plus, une nouvelle littérature a exploré les conditions de réussite de la libéralisation financière. De façon générale, elle a souligné les rôles essentiels de la stabilité macro-économique ainsi que l'importance des activités de contrôle et de surveillance de la part des autorités monétaires. Elle donne à la politique de libéralisation financière un nouveau visage et impose des conditions bien plus restrictives. Alors que la libéralisation financière devait permettre de résoudre le problème du développement économique et financier, elle devient de plus en plus coûteuse pour les économies.

Mais, quelles que soient les réformes financières entreprises, les obstacles à leur mise en place demeurent très importants dans les économies africaines. En premier lieu, l'Etat n'applique pas les règles de droit, utilise une bureaucratie excessive et tolère un degré élevé de corruption. En second lieu, les comportements de recherche de rentes freinent les possibilités d'adaptation des mesures dès lors que les agents économiques veulent conserver leurs avantages acquis. Finalement, nous élargirons le concept de développement financier en soulignant l'importance de l'environnement macroéconomique et politique et en précisant, non pas les moyens de sa mise en œuvre, mais les objectifs incontournables à un meilleur financement des activités africaines.

Au terme de cette analyse, nous pensons contribuer à une connaissance plus précise des liens existant entre la libéralisation financière et la croissance économique dans le cas de l'Afrique sub-saharienne. En passant en revue les spécificités africaines et en analysant les raisons théoriques et politiques de l'échec des politiques financières mises en place, nous serons alors en mesure de proposer quelques éléments de solutions au nécessaire développement financier dans cette région du Monde.

PREMIERE PARTIE : STRUCTURES FINANCIERES ET EXPERIENCES DE LIBERALISATION FINANCIERE EN AFRIQUE SUB-SAHARIENNE

INTRODUCTION DE LA PREMIERE PARTIE

La faible croissance de l'Afrique dans la seconde moitié du XXème siècle reste une des questions principales des économistes du développement, malgré l'importante littérature consacrée à ce problème.

Afin de mieux comprendre les possibilités de développement économique lié aux réformes financières, nous consacrerons cette première partie aux spécificités et à l'hétérogénéité financière africaine (Chapitre I) et à la politique de libéralisation financière et à l'approfondissement du système bancaire (Chapitre II).

En effet, il est tout d'abord impératif de poser les bases de notre réflexion dans le cadre particulier des économies africaines. Elles se distinguent principalement par leurs faibles performances économiques mais également par leur diversité. Elles dévoilent d'une part l'ambiguïté du concept de développement économique et d'autre part, l'idée que la pauvreté accentue les écarts et les différences entre les nations.

Cependant, l'Afrique possède également un cadre financier particulier non seulement parce qu'elle a connu une crise et une détresse financière sans précédent dans les années 1980 mais aussi parce que les anciennes colonies ont imposé leur régime de change et ont divisé l'Afrique entre les pays de la Zone Franc et les régimes de changes flexibles.

Une autre particularité africaine est l'ampleur du secteur financier informel qui pose de nombreux problèmes quant à l'analyse des réformes financières. S'il permet aux Africains de trouver des fonds sans avoir recours au secteur officiel, il rend inefficaces certaines politiques macro-économiques.

Ainsi, nous insisterons sur toutes ces spécificités financières pour garder à l'esprit, tout au long de nos recherches, l'idée que l'Afrique est certainement un cas particulier.

Finalement, avant d'apprécier la politique de libéralisation financière, nous analyserons son contenu pour faire le parallèle entre le modèle théorique de départ de Mac Kinnon (1973) et Shaw (1973) et ce qui s'est véritablement passé dans la réalité.

Nous prendrons le temps de développer les critiques théoriques établies par les différents courants de pensée économique et leur pertinence dans le cas africain puisqu'il existait des mises en garde intéressantes avant même l'établissement des réformes dans les pays considérés.

Par ailleurs, nous évaluerons statistiquement l'impact des mesures financières sur l'approfondissement du secteur bancaire. La première approche définira l'indice de développement financier africain de façon à classer les pays suivant les performances de leurs structures bancaires, de façon générale mais également dans le temps. La seconde méthode d'analyse concernera l'analyse factorielle des correspondances des six indicateurs bancaires retenus et nous permettra d'évaluer la pertinence de la politique de libéralisation financière en Afrique.

CHAPITRE I : HETEROGENEITE ET SPECIFICITE FINANCIERE AFRICAINES

Introduction

L'hétérogénéité et la spécificité financière africaines méritent d'être ›ulignées parce qu'elles sont à la base de la mauvaise interprétation des réformes nancières en Afrique sub-saharienne.

Tout d'abord, dans la première section, nous verrons que l'Afrique est à la :cherche du développement économique depuis de nombreuses années. Elle :présente un défi intellectuel pour les économistes du développement qui «aminent, malgré l'absence de nombreuses données statistiques, les solutions au rattrapage » de ces pays.

Les économies d'Afrique sub-saharienne sont donc « en crise » : crise du èveloppement, crise économique, crise humaine, crise des Etats, crise politique, et nalement, crise financière.

Ensuite, la seconde section de ce chapitre analyse la détresse financière des ınées 1980 qui a ouvert la voie aux politiques de libéralisation financière dans la ıajorité des pays. Bien évidemment, il conviendra de distinguer les pays de la Zone ranc et les autres régimes de change afin de déterminer si la répression financière exerçait de la même manière dans toutes les économies et si certaines d'entre elles ıt été plus aptes à gérer ces crises.

Finalement, la troisième section étudie le dualisme financier qui s'exerce ıns toute l'Afrique. En effet, le secteur financier informel est en plein essor et ›uche tous les pays de la région. Il possède plusieurs avantages pour les peuples «clus du financement bancaire mais il remet également en cause les politiques de béralisation financière. Est-il possible de réformer le secteur bancaire officiel ıand d'autres sources de financement existent à proximité ?

SECTION I : L'AFRIQUE A LA RECHERCHE DU DEVELOPPEMENT

« Africa is the largest and the most complex development challenge facing the world today ».
Bloom et Sachs (1998)

L'Afrique fait figure aujourd'hui de continent pauvre et marginalisé, sans ıcune mesure avec les ressources naturelles que son sous-sol recèle.

La situation des peuples africains est choquante sur le plan humain et sur le an économique. Elle confirme de façon souvent dramatique que le développement :onomique mondial reste très fortement inégal.

Elle souligne que le développement n'obéit à aucune recette. « *Fruit de 'nteraction complexe de l'histoire, la culture, la société, les politiques et l'environnement international, le développement économique apparaît comme un processus empirique d'accumulation et d'industrialisation, d'assimilation culturelle de techniques et du progrès technique* » [Banque Mondiale (1994)].

C'est donc des caractéristiques des sociétés africaines que peut naître, pour l'Afrique, la définition la plus pertinente de ce qu'il convient d'appeler « développement ».

Nous aborderons donc dans cette première section, les caractéristiques générales de l'Afrique sub-saharienne. En considérant tout d'abord le cas africain dans son ensemble, nous affirmerons les difficultés de la théorie du développement économique à analyser la pauvreté persistante de cette région du monde puis, nous étudierons l'Afrique dans sa diversité car les situations sont très hétérogènes.

1. L'AMBIGUITE DU CONCEPT DE DEVELOPPEMENT ECONOMIQUE

L'Afrique subsaharienne compte 49 pays représentant une superficie de plus de 23 millions de kilomètres carrés et une population de plus de 500 millions d'habitants [Banque Mondiale (1994)]. Sur la carte géographique, la frontière entre les pays sub-sahariens et nord-africains a été dessinée en noir.

Malgré leur grande diversité sur les plans linguistique, religieux, ethnique et mode de gouvernement, presque tous les pays de la région ont connu la même évolution économique et ont rencontré les mêmes difficultés.

L'histoire économique du continent peut en gros se subdiviser en quatre périodes : la période 1960-70 pendant laquelle la croissance économique a été plus rapide que la croissance démographique ; la période 1973-80, marquée par un ralentissement de la croissance économique et un recul du revenu par habitant ; enfin, la période 1981-90, avec la stagnation ou la contraction de la plupart des économies et l'introduction de programmes de stabilisation et d'ajustement. La dernière décennie du XXème siècle a été marquée par la remise en cause des Plans d'Ajustement Structurel et a ouvert la voie à une nouvelle conception des politiques de développement.

1.1 L'évolution du concept de développement économique

Les théories néoclassiques traditionnelles du développement se sont focalisées sur l'augmentation du PIB (Produit Intérieur Brut) par tête. Les pays les moins développés étaient considérés comme identiques aux pays riches, à l'exception de la dotation et de l'allocation des ressources productives.

Par exemple, le modèle libéral de Rostow[2] correspond à une vision linéaire du développement. Le « sous-développement » n'est pas un phénomène spécifique mais un simple retard de développement.

A l'opposé de cette conception, le courant de « l'économie du développement »[3] et l'analyse marxiste proposent une analyse propre aux économies sous-développées.

Les théoriciens du développement ont été amenés à préciser la distinction entre « croissance » et « développement ». En effet, le développement est plus large que la croissance. Il s'agit d'un phénomène qualitatif qui ne peut pas se résumer à des indicateurs de croissance ; il recouvre l'ensemble des transformations dans les structures économiques, sociales et culturelles qui accompagnent et permettent la croissance. Par conséquent, François Perroux (1969) inclut dans le développement économique « *les changements mentaux et sociaux d'une population qui la rendent apte à faire croître, cumulativement et durablement, son produit réel global* ».

L'analyse du courant de l'économie du développement est alors centrée :

- Sur la spécificité c'est-à-dire le dualisme des structures des économies et des sociétés sous développées construites au cours de l'histoire d'où le nom de courant « structuraliste ».
- Sur les relations de dépendance entre les pays en voie de développement et les pays développés sur le marché mondial.

Quant à l'analyse marxiste, elle reprend les spécificités du sous-développement telles qu'elles ont été décrites par les économistes du développement. Mais, pour l'école de la dépendance[4], les phénomènes de sous-développement doivent être mis en relation avec l'expansion internationale du capitalisme.

Cette école rejette l'idéal de modernisation qui définissait le sous-développement comme le maintien des structures socio-économiques archaïques. A l'inverse, les dépendantistes estiment que le sous-développement provient du modèle occidental de modernité. Ils admettent que les pays du centre ont exploité les ressources naturelles et humaines des pays périphériques pour assurer leur propre développement en entraînant leur dépendance. Ils soutiennent que les pays

[2] Rostow (1963). *Les étapes de la croissance économique.* Editions du Seuil.

[3] Ce courant de pensée a des origines multiples. Paul PREBISCH (1959) « Commercial Policy in the Underdeveloped Countries » Papers and Proceedings, *American Economic Review*, mai 1959 représente l'école latino-américaine (la CEPAL), François PERROUX (1969) *L'économie du XXème siécle*, ed.PUF fait partie de l'école française, Gunnar MYRDAL (1968) *Le drame de l'Asie : Enquête sur la pauvreté des Nations*, Ed. Le Seuil, de l'école suédoise et Albert O. HIRSHMAN (1964) *La stratégie de développement économique*, Ed. Ouvrières, de l'école nord-américaine.

[4] Nous citerons plus précisément S. AMIN (1973) et André Gunder FRANK (1972) *Le développement du sous-développement*, Maspero, Paris.

développés à l'aide des processus historiques de colonisation et de néo-colonisation ont mis en place des institutions inégalitaires de domination et d'exploitation qui jusqu'à nos jours prévalent encore dans le système capitaliste.

Cependant, au début des années 1980, les économistes traditionnels considéraient que le problème était d'améliorer l'allocation des ressources mais proposaient des stratégies différentes pour y parvenir.

Les uns voulaient utiliser le gouvernement pour suppléer les marchés. Les autres cherchaient à réduire son rôle. La dernière solution consistait donc à faire confiance aux forces du marché et à éliminer les distorsions imposées par le gouvernement qui représentaient une entrave à l'allocation efficace des ressources.

L'intérêt se porta alors sur les problèmes macro-économiques, sur « l'ajustement », sur les déséquilibres budgétaires et les politiques monétaires inappropriées. La raison évoquée est que ces déséquilibres macro-économiques empêchaient les marchés de fonctionner correctement.

Nous remarquons que ces stratégies considéraient toutes le « développement » comme un problème technique appelant des solutions techniques : de meilleurs cadres et de meilleures politiques macro-économiques. Les lois de l'économie étaient universelles : les courbes de l'offre et de la demande et les théorèmes fondamentaux de l'économie du bien-être s'appliquaient aussi bien en Afrique qu'ailleurs puisqu'elles n'étaient rattachées ni à une époque ni à un lieu.

Par conséquent, la théorie de développement économique dominante a imposé à de multiples sociétés hétérogènes, les exigences du système mondial actuel (son système économique, son système de société, son système de civilisation). Elle n'admet qu'une seule politique « rationnelle » de gestion de la société, celle qui correspond à la formalisation d'un marché de concurrence pure et parfaite.

Cependant, nous rejoignons le point de vue de C. Comeliau (1996) qui distingue nettement l'économie politique du développement et la gestion politique de la société.

Si la gestion de la société doit définir les politiques macro-économiques appropriées à un meilleur développement économique, l'économie politique du développement est un domaine plus large dans lequel les concepts clés doivent être mieux définis. Le développement économique ne peut être assimilé ni à l'amélioration des forces du marché ni à l'augmentation de la production par habitant. Ce dernier point correspond à la seule croissance économique et n'inclut pas les différentes dimensions que l'on pourrait inclure dans le développement économique.

Il s'agit, comme nous l'avons souligné, de l'interaction d'un ensemble d'éléments multidisciplinaires, où *l'homo economicus* a également une vie sociale et culturelle qu'il convient de respecter. Ainsi, la nouvelle littérature sur le développement économique tente de mieux préciser les concepts et revient sur les écrits fondateurs de l'économie du développement.

Stiglitz (2000) s'attache à donner au développement économique des qualificatifs plus nombreux. Il peut s'agir du « développement soutenable » qui préserve les ressources naturelles et maintient un environnement sain, du « développement égalitaire » qui permet à tous les groupes de la société de bénéficier des fruits de la croissance et du « développement démocratique » qui fait participer les citoyens aux décisions qui affectent leur vie.

Pourtant, le concept de « développement économique » reste imprécis. Il convient de définir non pas les moyens de l'atteindre mais ses objectifs ultimes. En effet, le développement économique ne doit pas seulement entraîner l'augmentation des revenus par tête, il doit également créer les conditions de sa pérennité. Or, ces conditions sont propres à chaque économie et ne peuvent pas être imposées au niveau international.

Ainsi, si les pays asiatiques ont trouvé la voie du développement dans les années 1980, ils n'ont pas respecté le schéma traditionnel de la concurrence pure et parfaite ni d'un rôle de l'Etat affaibli.

Aussi, l'Afrique devra-t-elle trouver la voie « d'un développement économique africain ». Mais, l'analyse économique de l'Afrique se heurte aux problèmes de l'information statistique et comptable et à la crise des Etats.

1.2 Le problème des statistiques et des données

Les économistes du développement savent que les données dont ils disposent ne sont pas « justes » et que les marges d'erreurs sont d'autant plus importantes que les pays sont pauvres.

Ainsi, lorsque l'on s'intéresse aux données chiffrées de l'Afrique, il faut être d'une extrême prudence. Les statistiques du FMI et de la Banque Mondiale sont souvent approximatives ou extrapolées à partir de données partielles ; beaucoup de chiffres ne sont pas disponibles et l'économie informelle est considérable. Leurs travaux permettent toutefois de se faire une idée générale de l'Afrique, en gardant à l'esprit ces problèmes et en évitant les conclusions hâtives.

Au cours de nos recherches, nous avons utilisé les données des grandes institutions internationales, imprécises, rares et peu fiables mais il n'en existe pas d'autres. Nous avons régulièrement observé des contradictions importantes dans les chiffres mais le fait d'aller sur place ne permet pas d'obtenir d'autres sources ou d'autres résultats. Ce problème mérite d'être souligné car nous avons dû faire extrêmement attention afin de prendre des sources identiques pour analyser un même problème sur plusieurs années. Nous avons également évité les conversions en dollars ou en devises étrangères, par souci d'homogénéiser les pays et nous avons nous-mêmes calculé les ratios dont nous avions besoin.

Ainsi, l'économie du développement reste un domaine particulier des sciences économiques dans le sens où les méthodes de travail et de calcul sont fortement contraintes par la disponibilité des données statistiques.

La crise des Etats africains demeure également un des plus importants problèmes du développement économique dans les pays considérés.

1.3 La crise des Etats

L'Etat, qui constitue le cadre du processus de développement mais en a aussi été longtemps le principal acteur, traverse aujourd'hui en Afrique une crise grave.

Contrairement à certaines idées reçues, l'Etat n'est pas toujours une invention coloniale ou un produit d'importation étranger aux réalités de la société civile africaine. Les difficultés majeures que traversent les Etats en Afrique proviennent cependant de l'inadéquation entre les formes d'Etat et les ethnies, les religions, les peuples, les nations.

La majorité des Africains continuent de voir leur source première d'identité comme appartenant à telle ou telle famille, clan, village ou tribu, mais peu à une nation. S'ils ont accepté l'idée de l'Etat-nation, ils ont rejeté le système d'imposition et les institutions des gouvernements.

Ainsi, les relais entre l'Etat et la société paraissent trop faibles et peu adaptés, les règles du droit ont également certaines difficultés à s'imposer comme celles de l'Etat. La mondialisation est une autre source de remise en cause de l'Etat en Afrique. Ce processus, qui se réduit pour l'Afrique à l'ajustement structurel, revient à imposer par le haut une certaine politique et enlève à l'Etat ses moyens de régulation. En d'autres termes, les Plans d'Ajustement Structurels sapent les bases sociales de l'Etat en réduisant ses moyens d'action et en remettant en cause les alliances de classes et de groupes sociaux sur lesquels il reposait.

La crise de l'Etat va de pair avec une crise de son économie, qui s'est traduite par l'effondrement des grandes entreprises publiques et plus généralement par le dépérissement du rôle économique de l'Etat. Cette tendance ne s'est toutefois pas accompagnée d'un écroulement de la société tout entière. Au contraire, celle-ci montre une capacité de résistance et un potentiel d'innovation étonnants. La manifestation la plus flagrante de ce dynamisme est la montée d'un secteur privé productif qualifié d'informel et profondément enraciné dans le tissu local.

Cependant, l'Afrique reste à la recherche du développement. Elle a été classée comme la région la plus pauvre du monde et détient « ce record » depuis la fin de la décolonisation.

2. LA REGION LA PLUS PAUVRE DU MONDE

L'Afrique se trouve dans une situation économique inquiétante, où les taux de croissance de la production sont inférieurs à ceux de la population. Autrement dit, l'Afrique voit régulièrement sa pauvreté absolue augmenter et est tombée dans « le piège de la pauvreté ».

Cependant, après un repli économique quasi-continu pendant une vingtaine d'années, l'Afrique connaît aujourd'hui un redressement. Pour la première fois depuis longtemps, le revenu par tête a globalement augmenté en 1995 et en 1996, et dans une moindre mesure en 1997. Néanmoins, « *même si la croissance enregistrée depuis trois ans se maintenait pendant la prochaine décennie, la région n'en demeurerait pas moins marginalisée, et la pauvreté ne serait guère réduite car cela suffirait à peine à regagner le terrain perdu au cours des vingt dernières années* »[5]

Ainsi, sur le plan économique ou sur le plan humain, les chiffres laissent penser, pour reprendre le terme de la Banque Mondiale, « que le chemin est encore long à parcourir » pour retrouver la voie du développement.

2.1 La pauvreté économique

Tableau I.1 - L'Afrique subsaharienne en 1995 et l'Asie du sud-est en 1965

	Afrique sub-saha-rienne 1995	Indonésie, Malaisie et Thaïlande 1965
PIB/habitant (en dollars constants de 1985)	1 407	1 320
Part de l'agriculture en % du PIB	18	37
Par du secteur manufacturier en % du PIB	31	10,3
Part de l'épargne en % du PIB	17	17
Part de l'investissement en % du PIB	19	16
Part des exportations en % du PIB	27	21
Part de M2 en % du PIB	19,4	19,6
Population urbaine en %	32	18,3
Taux de scolarisation primaire	75	80
Taux de scolarisation secondaire	25	18
Taux d'analphabétisme des adultes	42	35,3
Nombre d'habitants par médecin (en milliers)	16	15
Taux de mortalité infantile pour 1000 naissances	104	90,3
Espérance de vie	50,6	52,5
Taux de croissance démographique	2,9	2,7

Source : Banque Mondiale (1994), p 43 et PNUD (1998)

Il est frappant de voir que la plupart des chiffres de 1995 en Afrique, sont comparables à ceux de l'Asie du sud-est, trente ans auparavant. Certains indicateurs africains sont même plus faibles que ceux de l'Asie en 1965, notamment les

[5] Ripero R. (2000) « Le développement de l'Afrique : Analyse comparative », CNUCED, à consulter sur http://www.unctad.org/fr.

indicateurs de développement humain (le taux d'analphabétisme, le taux de mortalité infantile) et indiquent le profond retard que l'Afrique a pris en matière de développement.

La pauvreté demeure un problème grave en Afrique subsaharienne, car une proportion élevée - en moyenne près de la moitié - de la population vit en deçà du « seuil de pauvreté » [PNUD (1999)]. En d'autres termes, le revenu annuel moyen par habitant est inférieur à 370 dollars de 1985.

Selon la classification internationale, 72 % des pays subsahariens sont classés dans le groupe des pays à faible revenu soit 34 pays, 13 pays se trouvent dans le groupe des pays à revenu intermédiaire. En 1996, le PNB par habitant de l'ensemble de la région ne dépassait pas 520 dollars par an, ou de façon équivalente, se montait à moins de 1,45 dollar par jour [PNUD (1999)].

Sur les quarante-deux pays classés par les Nations Unies parmi les moins avancés (PMA), vingt-huit soit 67 % se trouvent en Afrique subsaharienne [PNUD (1999)]. La majorité des pays de la région ne sont guère sortis de leur rôle économique traditionnel, essentiellement celui d'exportateurs d'un petit nombre de produits de base dont les cours fluctuent - parfois de façon spectaculaire - sous l'effet de la conjoncture économique, financière et technique internationale ainsi qu'en réaction à l'évolution de l'offre intérieure.

Les cours des produits exportés par ces pays sont généralement faibles alors que les prix de leurs importations sont dans l'ensemble plus fermes et plus réguliers. De plus, les termes de l'échange[6] des pays d'Afrique subsaharienne se sont dégradés au taux annuel moyen de 3 % pendant la plus grande partie des années 1980 [Banque Mondiale (1994)].

Les économies d'Afrique subsaharienne se sont développées à un rythme inégal et se sont en général heurtées à des difficultés pendant les années 1980.

Leur production totale, mesurée par le PIB, s'est accrue au taux annuel moyen de 1,6 % entre 1980 et 1995 [PNUD (1999)]. Mais, du fait d'un accroissement démographique important, qui s'est élevé en moyenne à 2,9 % par an depuis 1980, le revenu par habitant a reculé en moyenne de 1,3 % par an sur la période 1980-1995.

L'investissement brut a baissé en moyenne de 2,8 % par an, il est passé de 21 % en 1970 à 19 % en 1995 (c'est le chiffre le plus bas du monde pour la dernière année) [PNUD (1999)]. La faiblesse des infrastructures, l'instabilité politique et les tensions inter-ethniques ont également des effets négatifs sur l'investissement.

De plus, les faibles revenus limitent l'épargne. La plupart des Africains n'ont plus d'argent après avoir satisfait leurs besoins essentiels et beaucoup sont encore dans une agriculture de subsistance, en dehors de l'économie monétarisée.

---

[6] Les termes de l'échange correspondent aux prix unitaires des exportations rapportés à ceux des importations.

Par rapport aux revenus et aux recettes d'exportation, la dette extérieure, contrairement à la valeur absolue, est plus élevée que celle des pays en développement d'autres régions. D'après les données de la Banque mondiale (1997), la valeur actuelle nette de la dette extérieure en 1995, s'élève à 81 % du PNB de la région subsaharienne soit à 151,4 % des exportations. Il s'agit essentiellement de dettes contractées auprès de créanciers publics, dont une grande partie n'est tout simplement pas remboursable.

Il est désormais largement avéré que l'endettement extérieur des pays africains a de graves conséquences pour l'investissement et la reprise de la croissance. La pauvreté humaine est un problème également très préoccupant en Afrique sub-saharienne.

2.2 La pauvreté humaine

Tableau I.2 - Indicateurs du développement humain en Zone Franc (1995)

Pays	Indicateur	Rang	Pays	Indicateur	Rang
Gabon	0,568	120	Côte d'Ivoire	0,368	148
Congo	0,519	128	Centrafrique	0,347	154
Cameroun	0,481	132	Sénégal	0,342	158
Guinée Eq.	0,465	135	Tchad	0,318	163
Comores	0,415	139	Mali	0,236	171
Togo	0,380	144	Burkina Faso	0,219	172
Bénin	0,378	145	Niger	0,207	173

Source : PNUD (1999)

Divers indicateurs complètent en l'affinant l'image donnée par le PIB. L'Indicateur de Développement Humain (IDH) élaboré par le Programme des Nations Unies pour le Développement (PNUD) permet de mieux cerner la réalité du développement grâce à la prise en compte d'un grand nombre de critères socio-culturels relativisant la place de l'économie.

La hiérarchie qui s'établit à l'intérieur de la Zone franc met en lumière le contraste entre les pays littoraux les plus développés et ceux de l'intérieur qui se situent au bas de l'échelle dans le classement mondial du PNUD. Le pays le mieux placé, le Gabon, ne vient qu'au 120ème rang mondial sur 174 Etats tandis que dix Etats de la Zone Franc se retrouvent dans le dernier quartile, le Burkina Faso, le Mali et le Niger étant classés parmi les dix derniers Etats mondiaux.

Par ailleurs, sur les 174 pays classés, les 12 derniers pays sont tous africains et le meilleur classement est obtenu par l'Afrique du Sud (rang 89, valeur 0,717) [PNUD (1999)]. Comme tout classement, celui-ci n'a qu'une valeur indicative. Il met toutefois en évidence la situation particulièrement mauvaise des pays enclavés du Sahel et indique que les pays littoraux ne sont pas pour autant sortis du sous-développement. Le développement passe également par la formation des hommes.

Les conditions sanitaires restent relativement précaires en Afrique subsaharienne, même si l'on note une amélioration sensible depuis 1965 puisque le taux de mortalité infantile a baissé d'environ un tiers. Ainsi, un médecin soigne en moyenne 26 640 habitants soit 59 fois plus que dans les pays de l'OCDE [Banque mondiale (1997)] et l'expansion de l'épidémie de sida est dramatique ; 31 % des Africains ne dépassent pas 40 ans [PNUD (1999)].

L'apport calorique journalier reste largement insuffisant. Il est voisin de 2 200 calories par jour et a eu tendance à stagner voire à régresser sur les 25 dernières années. On considère en général que la moyenne des besoins en calories est de 2 500 calories par personne et par jour. En conséquence, l'espérance de vie des enfants nés en 1995 est de 50,6 ans, c'est le chiffre le plus bas du monde [PNUD (1999)].

Le taux d'alphabétisation des adultes est de 56,9 % (47,9 % pour les femmes) et se maintient à des niveaux inquiétants dans certains pays, ceux du Sahel notamment où la proportion d'analphabètes chez les adultes peut dépasser 80 % [PNUD (1999)]. L'illétrisme réduit l'accès aux institutions financières formelles, aussi bien pour les éventuels épargnants que pour les emprunteurs.

L'Afrique subsaharienne est donc la région la plus pauvre du monde, la seule également qui connaît une augmentation de la pauvreté absolue et une crise du développement. L'analyse des chiffres montre que des réformes importantes s'imposent et qu'il serait dangereux de laisser les économies dans la situation actuelle. C'est dans ces conditions que la libéralisation financière a été prônée comme la solution au développement et à la croissance. Mais, il semble que les grandes organisations internationales aient imposé cette politique de la même manière sur tous les continents sans se soucier du niveau de développement initial ni de l'importante diversité existant sur le continent africain.

3. LA DIVERSITE DES SITUATIONS

La diversité des situations serait difficile à établir en prenant en compte les différents domaines possibles (religions, cultures, etc.). Nous établirons donc l'hétérogénéité africaine sur le plan géographique et économique.

3.1 Au niveau géographique

Sur le plan géographique, la diversité des superficies est spectaculaire. A côté d'Etats de faible taille (le Rwanda, le Burundi ou la Gambie), on peut trouver des Etats dont la superficie est quatre fois supérieure à celle de la France (le Zaïre ou le Soudan). On peut de même, opposer les pays désertiques du Sahel aux pays équatoriaux où la grande forêt domine. Par conséquent, les institutions bancaires n'ont pas accès à une importante partie de la population dans certaines régions.

D'un point de vue démographique, la densité de l'Afrique subsaharienne est relativement faible puisqu'elle est de l'ordre de 23 habitants au km² [Banque Mondiale (1995)]. Mais, le contraste est grand entre les pays surpeuplés où la densité atteint ou dépasse 200 habitants au km² (le Burundi) et ceux souffrant d'un sous-peuplement (le Gabon ou le Botswana par exemple).

Tableau I.3 - Afrique subsaharienne : comparaison portant sur la base des ressources

	Afrique subsaharienne	Pays en développement
Population		
Au km² (1989)	21	53
Taux d'accroissement annuel moyen (1980-1989)	3,2 %	2,1 %
Proportion en dessous du seuil de pauvreté	47 %	33 %
Pourcentage des ressources mondiales		
Terres (1988)	16,8	
Population (1989)	9,2	
Cuivre	10,8	
Diamants	41,1	
Or	2,2	
Minerai de fer	3	
Pétrole	5,5	
Phosphates naturels	7,7	
Uranium	20,5	

Source : Banque internationale pour la reconstruction et le développement (1991) *Rapport sur le développement dans le monde.*

Les économies d'Afrique subsaharienne présentent des combinaisons variables de forces et de faiblesses. Mais, un grand nombre d'entre elles est doté de ressources considérables, de terres et d'autres richesses naturelles. De fait, les pays d'Afrique sub-saharienne disposent en moyenne de plus du double de terres par personne que les autres pays en développement. En outre, si on considère un grand nombre de ressources minérales - cuivre, diamants, or, minerai de fer, phosphates naturels et uranium - une proportion significative des réserves mondiales connues se trouve en Afrique sub-saharienne. Il existe donc une dotation naturelle de ressources plus importante que sur les autres continents et il est difficile de comprendre pourquoi leur exploitation ne donne pas lieu à des flux de richesses plus importants.

Cependant, les ressources naturelles (le pétrole, en l'occurrence) ne sont pas uniformément réparties. Cinq pays sont producteurs de pétrole (Nigeria, Gabon, Congo, Angola et Cameroun), six autres pays ont des ressources minières importantes (Botswana, Guinée, Sierra Leone, Zambie, Zimbabwe et Zaïre). Cette répartition se répercute sur les situations économiques.

3.2 Au niveau économique

La diversité économique de l'Afrique montre que la pauvreté accentue les écarts et les différences entre les pays. Par exemple, entre le Gabon et le Mozambique, l'écart de PNB par habitant est de 1 à 55 en faveur du premier. Dans la seule classe des économies subsahariennes à faible revenu, le coefficient de disparité[7] est de 7,2 ; il est de 6,6 pour la classe des économies à revenu intermédiaire [Banque mondiale (1995)].

Par ailleurs, le PIB total permet de juger de la puissance économique globale. Le PIB subsaharien (Afrique du Sud exclue) s'élevait à 163 778 millions de dollars en 1995 soit 7,6 fois plus faible que le seul PIB français. Là encore, la répartition est inégale, seuls deux pays ont un PIB supérieur à 10 000 millions de dollars (le Nigeria et le Cameroun) alors que six pays n'atteignent pas les 1 000 millions de dollars (Sierra Leone, Burundi, Guinée Bissau, Gambie, Mauritanie, Lesotho) [PNUD (1999)].

Au niveau de la structure de la production, la contribution de l'agriculture au PIB demeure forte en moyenne, 18 % en 1995 [PNUD (1999)]. Pourtant, près de la moitié voire plus de la moitié du PIB est constituée de produits agricoles dans certains pays d'Afrique à faible revenu. En revanche, les pays à revenu intermédiaire (tranche supérieure), ont sans exception un PIB agricole inférieur à 10 % du produit total.

L'importance du secteur agricole dans les économies des pays étudiés les met à la merci des aléas climatiques et, puisque plus de 50 % des exportations portent sur un ou deux produits primaires, leur économie est sensible aux variations des termes de l'échange. Ce sont des pays très vulnérables aux chocs exogènes.

L'industrie représente 33 % du PIB mais la « véritable industrie » est représentée par le secteur manufacturier[8]. Les pourcentages sont alors très faibles, seuls la Zambie et le Zimbabwe ont des taux supérieurs à 20 %, la majorité des autres pays atteint difficilement les 10 % [PNUD (1999)]. Le secteur tertiaire est plus important, il représente en moyenne 47 % du PIB.

Les exportations des pays d'Afrique sub-saharienne ont très peu évolué depuis l'indépendance. Ce sont toujours, à de rares exceptions, des matières premières, agricoles ou minérales. En conséquence, ces pays restent tributaires des fluctuations des cours de ces produits mais aussi des fluctuations du dollar, monnaie en laquelle sont libellées la plupart de leurs transactions.

---

[7] Le coefficient de disparité correspond au chiffre par lequel il convient de multiplier le revenu le plus faible de la classe pour obtenir le revenu le plus élevé.
[8] Ce sous-secteur de l'industrie exclut l'extraction minière, les infrastructures, le bâtiment, l'énergie.

A cet égard, la dernière décennie qui a vu se produire de fortes variations des cours de pétrole, des autres matières premières et du dollar, a été synonyme de grandes fluctuations des termes de l'échange. A l'inverse, les importations sont composées essentiellement de biens manufacturés.

Le niveau absolu des échanges est très faible, même si, une fois rapporté au PIB, il indique que ces économies sont relativement ouvertes[9]. D'après la Banque Mondiale (1995), l'Afrique sub-saharienne ne représente qu'environ 2 % des exportations et des importations des pays industrialisés.

Dans l'ensemble, les balances commerciales et les balances courantes de ces pays sont déficitaires, bien que les transferts officiels contribuent à limiter les déséquilibres de ces dernières.

La dépendance des pays africains mesurée par le solde de ressource « exportations moins importations » (X–M)[10] montre cependant une certaine homogénéité africaine. Vingt-huit pays sur les trente-quatre pays informés (pays pour lesquels les données sont disponibles) ont un solde des ressources négatif c'est-à-dire un taux d'investissement inférieur au taux d'épargne ou un taux d'exportation inférieur au taux d'importation. Treize pays ont un solde fortement négatif et sont donc fortement dépendants de l'extérieur pour financer leurs investissements ou leurs exportations. Cette dépendance constitue un frein à la croissance. Ainsi, la pauvreté africaine se traduit essentiellement par de faibles taux d'investissement, d'épargne, de croissance et par l'appel aux capitaux extérieurs.

Cependant, la dette est aussi répartie de façon inégale. Le tableau sur les ratios de la dette extérieure de la Banque mondiale (1995) montre que certains pays sont très fortement endettés, avec des montants dépassant largement le PNB total[11] alors que la valeur nette de la dette ne dépasse pas 25 % du PNB dans d'autres cas (Burkina Faso, Botswana, Lesotho).

La diversité des situations s'exprime aussi sur les plans religieux, linguistique, ethnique, politique dont la liste serait longue à établir tant ce continent est hétérogène. L'instabilité politique et les guerres civiles sont d'autres problèmes qui existent dans un nombre variant de pays et qui, chaque fois, aggravent la pauvreté et les possibilités de développement et affaiblissent l'économie et la crédibilité des politiques. L'actualité internationale retrace chaque jour des événements insupportables qui se déroulent sur le continent africain et dont les acteurs et les pays changent constamment.

---

[9] Le ratio exportations de biens et services / PIB est voisin de 27 %.

[10] Ce solde est également égal, selon la relation comptable Y+M = C+I+X, à l'investissement moins l'épargne (I-S) en posant S = Y-C (le revenu moins la consommation).

[11] Il s'agit par exemple du Mozambique qui détient le record avec un taux d'endettement égal à 339,4 % du PNB, de la Tanzanie, du Congo ou de la Côte d'Ivoire.

Au total, cette hétérogénéité africaine doit être soulignée car elle implique la prudence concernant les politiques à entreprendre. En effet, selon la fragilité et le développement économique du pays, certaines mesures peuvent fonctionner ou bien créer une situation encore plus défavorable que celle précédant la réforme. Le fait d'imposer la même politique à toute l'Afrique semble totalement irréaliste.

La libéralisation a montré à la fois son efficacité et son échec sur l'ensemble du continent. C'est pourquoi il faut pondérer l'avis des experts internationaux, la libéralisation financière ne doit pas être entreprise à n'importe quel prix. Chacun des pays africains a ses caractéristiques propres qui nécessitent l'étude des conditions initiales et la prudence des politiques à retenir.

Les performances économiques réelles des pays africains sont donc assez faibles et il convient de s'interroger sur leurs performances bancaires et financières. En effet, la diversité africaine s'exprime également au sein du secteur financier, aussi bien au niveau de leur structure, de leur fonctionnement que du régime de change dans lequel les pays évoluent.

SECTION II : LA DIVERSITE DES SYSTEMES FINANCIERS AFRICAINS

La diversité des systèmes financiers africains repose principalement sur les différents régimes de change existant dans la région. Héritées du colonialisme, la fixité et la flexibilité des taux de change ont rendu les économies plus ou moins vulnérables aux chocs extérieurs et aux crises financières.

Néanmoins, les systèmes financiers africains ont connu une crise de grande ampleur dans les années 1980 et se caractérisent par l'inefficacité de leur fonctionnement. Ainsi, dans un premier paragraphe, nous analyserons les particularités des secteurs bancaires dans les pays considérés et nous mettrons en avant l'importance de la détresse financière dans ces économies et des réformes à mettre en place. Il est important de souligner que les politiques de libéralisation financière ont été entreprises dans une période de crise sans précédent.

Dans le second paragraphe, nous insisterons sur les marges de manœuvre des politiques macro-économiques suivant les différents régimes de change et finalement, dans le dernier paragraphe, nous étudierons plus en détail le mécanisme du système monétaire franco-africain. L'objectif de ces deux paragraphes est de mieux comprendre les raisons qui accentuent les écarts entre les pays de la Zone Franc et les autres pays africains dont les résultats sont souvent supérieurs en termes de développement financier.

1. LA DETRESSE FINANCIERE ET LA CRISE DU SECTEUR FINANCIER

La détresse financière est un terme qui peut s'apparenter à une situation de « répression financière » définie par Mac Kinnon (1973) et Shaw (1973). Cependant, la répression financière des pays africains est incluse dans le terme plus général de détresse financière. La répression se définit par une intervention étatique trop importante dans la gestion des banques, notamment par le biais des taux d'intérêt, des réserves obligatoires et de l'allocation sectorielle du crédit.

La situation des systèmes financiers africains correspond bien à celle d'une répression financière mais les conditions sont encore plus importantes. L'Etat ne s'est pas seulement introduit dans le fonctionnement bancaire, il s'est « approprié » les banques et leur financement. Nous verrons tout d'abord l'inefficacité des systèmes de financement bancaires puis la crise à laquelle les pays se sont heurtées au milieu des années 1980.

1.1 L'inefficacité du système financier

En Afrique, l'inefficacité du système financier se justifie par la prédominance des banques, par le poids trop important du secteur public et la mauvaise allocation des ressources bancaires.

1.1.1 La prédominance des institutions financières bancaires

Les systèmes financiers d'Afrique subsaharienne sont très différents. Il existe, par exemple, des systèmes entièrement détenus par l'Etat[12] ou bien des systèmes dont les actionnaires sont multiples. Certains pays possèdent de nombreuses institutions financières (Nigeria ou Kenya) alors que la plupart n'en ont que quelques-unes (Malawi, Ouganda, Ghana, pays membres de la Zone Franc).

Mais, malgré leurs différences, plusieurs caractéristiques sont communes à tous les systèmes financiers d'Afrique.

Tout d'abord, le système bancaire y est prédominant puisque les institutions non-bancaires sont peu nombreuses et que les bourses de valeurs mobilières sont encore embryonnaires dans les pays dotés d'un tel marché.

Par conséquent, les banques sont les principaux intermédiaires dans le financement des activités nationales et assument la transformation des ressources liquides de court terme en emplois à plus long terme.

Popiel (1995) estime que les systèmes financiers africains sont peu profonds, étroits et peu diversifiés. En effet, les banques commerciales sont les principaux intermédiaires financiers, elles détiennent entre 85 % et 95 %[13] des actifs du secteur

[12] Avant la vague de reconstruction et de recapitalisation bancaire à la fin des années 1980, dans les différentes zones d'Afrique, sauf en Afrique australe, les systèmes bancaires étaient largement dominés par l'Etat (pays lusophones, Guinée, Madagascar, Bénin, etc.).

[13] A l'exception du Kenya où le chiffre est de 42 %. D'une part, ce pays a un système financier dynamique, essentiellement tiré par le secteur privé et d'autre part, les intermédiaires financiers non bancaires y sont largement représentés.

financier, elles sont peu nombreuses et n'assument que faiblement leur rôle dans le financement du développement [Popiel, (1995)].

1.1.2 La mauvaise allocation des ressources bancaires

Les systèmes financiers d'Afrique subsaharienne se caractérisent par une faible mobilisation des ressources, de fortes pertes de crédit, des coûts d'intermédiation élevés et d'excessives ingérences politiques. De plus, les institutions financières sont très peu exposées à la concurrence[14] et évoluent dans un climat d'oligopole, ce qui n'incite pas ces dernières à rechercher l'efficacité financière. Pour résumer, les banques ne financent pas l'investissement des entreprises[15] et collectent très faiblement l'épargne. Elles ont un rôle négligeable dans la promotion du développement et constituent un frein à la croissance.

On note cependant une meilleure adéquation des systèmes financiers actuels aux besoins des économies dans les pays anglophones. Ce résultat provient essentiellement de la moindre intervention gouvernementale et d'une plus grande concurrence bancaire dans ces économies (Afrique du Sud, Nigeria ou Kenya).

Concernant les pays francophones, on a affaire à un système bancaire totalement extraverti. De la côte Ouest à l'équateur, trois banques françaises (la Banque Nationale de Paris, le Crédit Lyonnais et la Société Générale) contrôlent de 70 % à 100 % de l'activité bancaire[16]. La conséquence est que l'objectif des banques est moins le développement économique des pays que la maximisation des intérêts purement comptables et la mise en œuvre de la stratégie de la maison mère.

A partir du moment où les succursales des banques étrangères (inscrites dans le circuit des banques commerciales nationales) travaillent principalement avec des entreprises étrangères, leurs activités ne se font pas à l'échelle des PME et des PMI africaines, des agriculteurs, des artisans et du secteur informel. Cet état de fait entraîne d'une part une tendance à concentrer les institutions financières formelles dans les zones urbaines (rendant plus difficile l'accès au crédit pour la population rurale) et d'autre part, la création d'un système financier dualiste. Cette dualité vient du fait que les « exclus » du secteur bancaire ont recours à la tontine et à d'autres systèmes informels de financement.

Le taux de pénétration bancaire de la clientèle reste donc très faible. On évoque fréquemment la méfiance vis-à-vis de la monnaie scripturale. Le chèque n'est pratiquement jamais utilisé comme moyen de paiement, du fait de l'absence de

[14] « Plus de 60 % des actifs du système bancaire sont détenus par quatre banques tout au plus ». [Popiel (1995), p 39].
[15] Par exemple, la BEAC finance seulement 0,07 % des investissements à long terme (Le Noir, 1998).
[16] C. Monga et J-C Tchatchouang (1996), p 74.

recours envers l'émetteur défaillant et, en dehors des hôtels internationaux, il est quasiment impossible de se servir d'une carte de crédit[17].

Cependant, la plus grande faiblesse du système bancaire demeure sa non-participation au développement de la production. Les banques accordent en grande partie des prêts à court terme, destinés à financer les importations ou la consommation de biens importés, au détriment des crédits d'investissement et des financements longs, destinés à développer l'activité productive.

Les banques pêchent par excès de prudence puisqu'elles entretiennent souvent des excédents de liquidités dans des économies en pleine récession. Mais, incitées par les commissions bancaires, elles tentent de limiter les risques de créances irrécouvrables suite à la crise des années 1980.

1.1.3 Le poids du secteur public

Les politiques publiques (régime de propriété, taux d'intérêt, orientation sélective du crédit, lourdeur de la fiscalité) ont également affaibli les systèmes financiers.

Tout d'abord, les pouvoirs publics sont beaucoup intervenus dans la gestion des banques aussi bien publiques que privées. La persistance de lourdes réglementations et paradoxalement, la faiblesse du cadre juridique, ont entravé l'émergence d'emprunteurs privés rentables.

Ensuite, les banques ont continué de financer les déficits de l'administration et des entreprises publiques. Elles étaient le prolongement du budget et la forte proportion du crédit intérieur accordée au secteur public, évinçait le secteur privé. Les prêts aux entreprises privées n'étaient pas systématiquement examinés et les procédures d'allocation des crédits laissaient à désirer.

---

[17] Il n'y a pas un seul distributeur à Madagascar, à Bamako, à Cotonou, à Conakry, à Bangui, à N'Djaména. (Le Noir, 1998).

Tableau I.4 - Part des crédits publics dans le total des crédits bancaires (en %) en Afrique subsaharienne

	1988	**1998**
Burundi	**65,3**	40.9
Cameroun	7,6	49,6
Congo	40,7	23,5
Côte d'Ivoire	18,2	33,1
Gabon	45,2	**53,4**
Gambie	12,5	-6,1
Ghana	**80**	**65,6**
Kenya	41,6	30,6
Madagascar	**53,1**	27,5
Malawi	**63,2**	4
Niger	10,8	**56,2**
Nigeria	**54,3**	34,7
Ouganda	**76,7**	28,8
Centrafrique	42,8	**57,7**
Rwanda	35,5	27,7
Sénégal	25,5	29
Sierra Leone	**82,5**	**94,5**
Tanzanie	**93,4**	**64,8**
Tchad	47,7	**59,2**
Togo	2,6	26,9
Zambie	**52,9**	**87,8**
Zimbabwe	47,8	43,5

Sources : FMI (1992 et 1999) *Statistiques financières Internationales*.

Le tableau montre que le crédit au secteur public représente une part importante des crédits bancaires dans la majorité des pays sub-sahariens. Nous notons que les Statistiques du FMI utilisent le crédit net au gouvernement qui peut donc se trouver négatif lorsque le secteur bancaire est endetté auprès du gouvernement. De plus, les chiffres étant exprimés en pourcentage, il est facile de trouver le crédit au secteur privé comme la différence entre 100 et le crédit public.

Cependant, si l'amélioration est importante dans un certain nombre de pays entre 1988 et 1998, le crédit public reste élevé pour la plupart des secteurs bancaires et a même augmenté dans la plupart des pays de la Zone Franc considérés. Ainsi, le crédit au secteur public évince les possibilités de trouver des financements pour le secteur privé. La situation de la Zone Franc s'explique aussi par la frilosité des banques à prendre des risques auprès des investisseurs privés. Elles préfèrent acheter des bons du trésor ou investir dans des placements très peu risqués, conséquence de la crise des années 1980.

Finalement, l'Etat détenait une part du capital de la moitié environ des banques et il était l'actionnaire majoritaire dans plus d'un tiers des cas.

Tableau I.5 - Participation de l'Etat au capital des banques commerciales en 1982 et en 1992 (nombre de banques)

	1982 (213 banques)			1992 (245 banques)		
	Actionnaire majoritaire	Actionnaire minoritaire	Participation nulle	Actionnaire majoritaire	Actionnaire minoritaire	Participation nulle
Bénin	3	0	0	0	0	5
Burkina Faso	4	0	1	4	1	0
Burundi	3	0	3	3	4	0
Cameroun	5	6	0	1	7	2
Congo	4	0	0	3	0	0
Côte d'Ivoire	2	5	5	2	4	9
Gabon	1	4	1	2	4	5
Gambie	1	1	0	1	0	2
Ghana	7	2	2	5	3	4
Guinée	6	0	1	1	2	3
Kenya	3	1	9	4	2	20
Madagascar	3	0	0	2	1	1
Malawi	3	1	1	1	3	1
Mali	3	1	2	2	2	2
Mauritanie	4	1	0	1	0	3
Mozambique	1	1	0	0	0	3
Niger	4	0	5	2	1	4
Nigeria	24	4	9	22	6	24
Ouganda	2	5	2	2	4	3
Centrafrique	1	2	0	1	0	2
Rwanda	1	1	0	1	2	0
Sénégal	2	5	3	2	3	3
Sierra Leone	3	1	3	2	0	4
Tanzanie	6	0	0	5	0	0
Tchad	1	2	1	1	2	0
Togo	3	2	2	3	2	2
Zambie	4	1	4	2	0	10
Zimbabwe	2	1	6	1	1	3
Total	**106**	**47**	**60**	**76**	**54**	**115**
En %	50 %	22 %	28 %	31 %	22 %	47 %

Source : Banque Mondiale (1994)

Dans les vingt-huit pays étudiés, le nombre des banques dans lesquelles l'Etat occupait une position majoritaire a été ramené de 106 à 76 par les liquidations et les privatisations opérées entre 1982 et 1992. Alors que le nombre total de banques sans participation publique a presque doublé.

Pour conclure, les systèmes financiers d'Afrique subsaharienne se caractérisent par un manque de diversification des structures institutionnelles, le secteur bancaire y occupant une place prépondérante. Ce sont des systèmes encore trop fortement dominés par l'Etat, par la part du capital qu'il détient dans chacune d'elle et la proportion de crédit alloué au secteur public.

Plus spécifiquement, les banques n'assurent pas leur rôle d'intermédiaire financier en ce sens qu'elles n'accordent des financements qu'aux sociétés déjà bien installées, avec des garanties personnelles et foncières des dirigeants, la plupart du temps sous forme de prêts à court terme. Le secteur bancaire est donc inefficace dans le financement de la croissance bien qu'il faille étudier l'utilisation par le gouvernement des fonds bancaires puisque les investissements publics, notamment en infrastructure ont un rôle à jouer dans le développement des économies.

Il semble cependant indispensable de noter que le secteur privé ne peut pas s'appuyer sur un système financier compétent et efficace, avec toutes les conséquences que cela entraîne en termes de gestion et d'investissements productifs longs pour les entreprises. La structure du système financier est déséquilibrée ; le recours à l'autofinancement mais surtout à la finance informelle pose d'autres problèmes et ne permettent pas d'asseoir un véritable développement[18].

Cette inefficacité s'est traduite, au milieu des années 1980, par l'éclatement des systèmes bancaires et par une crise financière très importante.

1.2 La crise financière des années 1980

Les systèmes bancaires sont en crise depuis le milieu des années 1980. La crise des systèmes financiers a été multiforme et a touché l'ensemble des pays d'Afrique sub-saharienne à des degrés divers. Elle s'est manifestée par la faillite de nombreuses institutions bancaires et par l'effondrement des systèmes de financement des économies.

La politique de libéralisation financière est intervenue juste après l'affaiblissement des secteurs bancaires.

Après avoir étudié les causes de la crise bancaire, nous verrons ses manifestations et la nécessaire restructuration des banques dans les pays concernés.

1.2.1 Les facteurs de la crise financière

La crise bancaire, de façon générale, a touché plus fortement les pays de la Zone Franc que les autres pays africains. Au Cameroun, en Côte d'ivoire, au

[18] Ces problèmes seront analysés dans la prochaine section.

Sénégal, au Gabon et au Bénin, la crise financière a entraîné de nombreuses faillites et le coût des restructurations a atteint des montants considérables[19].

La crise se justifie principalement par la combinaison d'un ensemble de facteurs comme l'environnement économique international, à l'époque en récession et de nombreuses erreurs aussi bien de la part des banques que de l'Etat et des autorités monétaires.

1.2.1.1 La crise des systèmes productifs

A l'époque, l'environnement économique était en rapide dégradation et a affaibli la capacité de remboursement des entreprises. Ainsi, la détérioration des termes de l'échange et la chute brutale des recettes d'exportation à partir de l'exercice 1985-1986, représentent les causes conjoncturelles de la crise bancaire.

La baisse généralisée du pouvoir d'achat aussi bien des consommateurs que de l'Etat a entraîné de graves difficultés financières dans les entreprises et s'est répercutée sur l'ensemble du système financier.

1.2.1.2 Les erreurs de gestion des banques

Les comptes d'exploitation des banques, largement sous-capitalisées, ont souffert « *du provisionnement insuffisant des créances compromises, de l'importance des frais financiers liés à l'augmentation des refinancements coûteux auprès des Banques Centrales et du poids excessif des frais généraux engendrés par des structures hypertrophiées* » [Servant (1991)].

En effet, les banques ont accordé des crédits à des clients insolvables, notamment à l'Etat, aux cadres dirigeants et aux clients de la bourgeoisie administrative qui, par effet d'imitation, n'ont pas remboursé leurs emprunts. Elles ont alors été pénalisées par l'insuffisance des dépôts, par une comptabilité parfois inexistante et la carence technique des professionnels du secteur.

Les mauvais crédits ont eu un effet d'éviction sur les crédits sains et ont pesé sur la rentabilité générale des banques. Elles ont recouru à l'endettement vis-à-vis de leur maison mère mais ces dernières ne pouvaient pas assurer les provisions requises sur les créanciers douteux ou défaillants.

De plus, les banques de développement se sont orientées vers des domaines qui n'étaient pas les leurs. Elles ont octroyé des crédits à court terme au profit de projets supposés sans risque tels que les campagnes agricoles. Elles ont également

---

[19] Par exemple, au Sénégal, Alibert et al. (1994) chiffrent le coût de la restructuration à près de 15 % du PIB et la Banque nationale de développement, dans laquelle l'Etat détenait 73 % du capital, a été liquidée. Au Bénin, la totalité du secteur bancaire (les trois banques étatiques) a fait faillite [Derreumaux (1997), p 42].

étendu leurs activités dans le secteur spéculatif et celui des entreprises publiques. La faillite de ces dernières, due en partie au manque de subventions de l'Etat, a précipité celle des banques puisque les crédits dont elles avaient bénéficié étaient restés improductifs.

1.2.1.3 La responsabilité de l'Etat et des autorités monétaires

Le poids croissant de la dette extérieure et la baisse des recettes d'exportations a asséché les finances publiques. Mais, la forte participation de l'Etat dans le capital social des banques permettait à ses représentants d'influencer les décisions des conseils d'administration pour l'accord de crédits aux entreprises publiques et privées locales. L'importance des crédits publics a alors fait baisser la qualité des portefeuilles des banques puisque l'Etat ne payait plus les sommes qu'il devait.

Par ailleurs, les politiques monétaires des banques centrales ont renforcé à la situation de crise. Elles ont adopté des politiques de refinancement peu favorables au développement de l'épargne car les banques commerciales disposaient, auprès de l'institut d'émission, de ressources abondantes et bon marché avec des taux d'escompte privilégiés. On leur reproche alors, quand elles ont pris conscience de la gravité de la situation, d'avoir brutalement coupé le robinet du refinancement en appliquant des taux de pénalités, aggravant d'autant la position des banques de second rang.

Ainsi, la crise s'explique par le non-respect de l'octroi de crédit et des règles prudentielles et par l'absence de contrôles. Les causes sont à la fois endogènes (mauvaise orientation de la politique de crédit, carence technique des professionnels) et exogènes (sclérose des institutions, poids du pouvoir politico-administratif, instabilité conjoncturelle).

1.2.2 Les manifestations de la crise

La crise s'est manifestée par l'augmentation des risques systémiques et par l'effondrement du secteur bancaire en présence. Mais, elle s'est aussi répercutée sur les économies réelles et a contribué à faire chuter les taux d'investissement et de croissance.

1.2.2.1 Les aspects généraux de la crise sur le secteur bancaire

La crise s'est caractérisée par une illiquidité grandissante et a entraîné la liquidation de nombreux établissements bancaires ainsi que bon nombre de restructurations et de recapitalisations. En effet, les créances douteuses accumulées par les banques ont détérioré les ratios de liquidité et de solvabilité et ont conduit à une situation ingérable.

Dans la Zone Franc, à la fin 1988, le montant des crédits compromis refinancés par les Banques centrales était proche de 750 milliards de francs CFA et plus de trente banques étaient alors en situation de difficultés déclarées [Servant (1991), p 54].

Dans la zone BCEAO, le montant des créances gelées représentait environ un quart de la masse monétaire en circulation et quatorze banques de développement ont fait faillite. Dans la zone BEAC, seize banques ont été liquidées et les créances douteuses atteignaient plus de 300 milliards de francs CFA [Servant (1991), p 55].

La crise bancaire a entraîné l'effondrement des chèques postaux et des caisses nationales d'épargne qui représentent pourtant un réseau essentiel en terme de couverture du territoire. Le phénomène de dégradation s'est également étendu au secteur financier non bancaire (assurances, organismes de sécurité sociale et marchés financiers quand ils existent) [Servant (1991), p 55].

Au Cameroun, la crise a été très importante car elle s'est accompagnée de l'effondrement des dépôts. Ainsi, entre 1985 et 1987, les dépôts à terme ont chuté de plus de 33 % et les dépôts à vue de 22 %. En effet, les agents ont perdu toute confiance dans le système bancaire et ils ont retiré leur épargne pour compenser en partie la baisse de leurs revenus. Ils ont placé les autres liquidités à l'étranger et en particulier en France puisqu'au cours de l'exercice 1988-1989, plus de 60 % des billets sortant de la zone ont été rachetés par la Banque de France [Joseph (1997), p 48]. Fin 1992, le système bancaire détenait 200 milliards de créances sur l'Etat et les collectivités publiques. Les banques portaient 80 milliards de francs CFA de créances douteuses et 80 % des actifs étaient immobilisés. Début 1993, Alibert et al. (1994) chiffrent à 68 milliards de francs CFA les besoins de financement net du système bancaire. De la même façon, le système bancaire gabonais traînait, fin 1992, 110 milliards de francs CFA de créances sur l'Etat et 163 milliards sur l'économie dont 147 milliards sur le secteur privé et les dépôts faisaient l'objet de retraits importants [Alibert et al. (1994)]. Le réseau ivoirien a aussi été durement affecté. Les seuls arriérés sur les crédits au secteur public atteignaient 150 milliards de francs CFA en 1990 mais la participation de l'Etat dans les institutions financières a, en principe, été limitée à 20 % [Alibert et al. (1994), p 1923].

Cependant, le problème ne se limite pas à la Zone Franc et on retrouve des difficultés comparables, par exemple en Guinée, à Madagascar, en Mauritanie et au Ghana. En Mauritanie, les audits des banques ont révélé, en juillet 1993, que la restructuration du secteur coûterait environ 9 milliards d'ouguiyas soit 7,5 % du PIB. Cinq grandes banques d'Etat ont été recapitalisées à un coût très élevé et l'Union des banques de développement a été liquidée en juin 1993 [Alibert et al. (1994)]. Le cas du Ghana était grave puisque le passif net des huit banques en difficulté représentait plus de 400 milliards de francs CFA et celui de la Banque centrale représentait 250 milliards de francs CFA en raison notamment des pertes de change liées aux dévaluations successives [Servant (1991), p 55].

Finalement, la crise a épargné les pays d'Afrique australe dans lesquels les systèmes bancaires et financiers sont plus « modernes », plus libéraux et plus concurrentiels. Mais, dans ces pays (Kenya, Zambie, Zimbabwe), le poids de l'Etat est bien délimité et contrebalancé par l'importance des banques étrangères et le nombre de banques privées.

1.2.2.2 Les aspects économiques de la crise bancaire

L'illiquidité des banques et leur insolvabilité se sont traduites par une baisse substantielle de crédits bancaires et se sont répercutées sur tous les secteurs économiques. Les entreprises ont été gênées par le blocage de leurs dépôts dans les banques malades et par un accès très difficile aux ressources bancaires à moyen et long terme pour financer leurs investissements.

Quand le stade de la crise de liquidité est atteint, on assiste à une remise en cause du fonctionnement même de l'économie. Le commerce courant devient impossible, renforçant d'autant les tendances à l'informalisation.

Ce problème montre de façon plus générale qu'un système bancaire efficace permet non seulement le financement des investissements et de l'activité mais également qu'il peut freiner et bloquer complètement le développement et la croissance économique.

De plus, la crise bancaire a produit des effets pervers sur les recettes budgétaires. Tout d'abord, le volume des impôts sur les sociétés provenant du secteur bancaire a diminué et le Trésor a été amené à soutenir les banques directement ou indirectement. Ensuite, la rareté des liquidités s'est manifestée par la contraction de la masse monétaire et donc par la baisse de la production de biens et de services et de l'investissement.

Les opérations de restructuration et de liquidation se sont traduites par la compression du personnel de ce secteur d'activité et a aggravé le taux de chômage. La majorité des « compressés » étaient des agents peu qualifiés, ce qui posait d'énormes difficultés quant à leur réinsertion sociale.

Au total, l'Etat, en tant qu'actionnaire majoritaire, a pratiqué un interventionnisme massif dans la gestion des banques que ce soit au niveau de l'octroi des prêts ou de la nomination des dirigeants. Il a ainsi constitué un facteur de relachement de la gestion bancaire au lieu d'exercer une véritable tutelle et de sanctionner les manquements aux lois prudentielles.

En outre, l'Etat a eu recours au crédit pour compenser la baisse des ressources budgétaires et poursuivre des politiques expansionnistes et coûteuses. Il a confondu les caisses des banques avec celles du Trésor public et a donc une forte responsabilité dans la dégradation des systèmes bancaires dans les pays considérés.

Ainsi, nous voudrions insister sur les effets négatifs de l'intervention étatique dans le secteur financier. L'Etat est principalement responsable de l'effondrement des systèmes bancaires dans les pays africains. Ce résultat nous permet de mieux comprendre l'espoir né des politiques de libéralisation financière à l'époque. En effet, les auteurs préconisaient la privatisation des établissements financiers et voulaient laisser le marché déterminer les taux d'intérêt, les montants prêtés et la répartition des crédits. Il est vrai que ce dernier pouvait difficilement faire « moins bien » que l'Etat.

Par ailleurs, nous avons vu que les systèmes financiers de la Zone Franc avaient subi plus fortement la crise que les autres pays. Nous abordons maintenant les différents régimes de change afin de mieux comprendre les particularités de cette zone monétaire.

2. LES DIFFERENTS REGIMES DE CHANGE

L'importance des taux de change vient du fait qu'ils exercent un impact majeur sur l'allocation des ressources (en influençant l'utilisation de biens non-échangeables et de biens échangeables dans la production) et sur les décisions d'épargne et d'investissement. Le taux de change détermine la structure de la balance des paiements et la compétitivité extérieure d'un pays.

Les changements de parité ont alors des effets directs sur la demande, l'offre, la stabilité des prix, les flux de capitaux, les dépenses et les recettes des gouvernements, l'investissement, l'emploi et la distribution des revenus et de la richesse entre les secteurs importateurs et exportateurs. Ces changements affectent, et sont à leur tour affectés par les fondamentaux économiques (termes de l'échange, ouverture à l'exportation, offre de monnaie, croissance de la production).

En Afrique sub-saharienne et dans la majorité des pays en voie de développement, les monnaies sont généralement reliées de façon fixe à une devise internationale.

2.1 La prédominance des régimes de taux de change fixes en Afrique sub-saharienne

La situation mondiale est différente de la situation des pays en voie de développement. Ainsi, si les pays ont adopté des taux de changes flexibles au cours des trente dernières années, il s'agit principalement de pays développés.

A l'inverse, les pays en voie de développement ont eu tendance à rattacher leur monnaie à une ou plusieurs devises internationales.

Tableau I. 6 - La progression des différents régimes de change dans le monde (en pourcentage du total)

	1976	1979	1988	1991	1994
Pays dont la monnaie est rattachée à une seule devise (change fixe)	**62,6**	**52,1**	**37**	**27**	**25,4**
Au dollar américain	43	35	24,2	15,4	13
Au franc français	12,1	12	9,4	9	7,9
A la livre sterling	2,8	2,6	0	0	0
A d'autres monnaies	4,7	2,5	3,4	2,6	4,5
Pays dont la monnaie est rattachée à un panier de devises	**23,4**	**23,1**	**25,5**	**24,9**	**16,4**
Aux DTS (Droits de Tirage Spéciaux)	10,3	11,1	4,7	3,8	2,3
A d'autres paniers	13,1	12	20,8	21,1	14,1
Pays à taux de change flexible	**14**	**24,8**	**37,5**	**48,1**	**58,2**
Ajustable en fonction d'indicateurs	5,6	3,4	3,4	3,2	1,1
Autres	8,4	21,4	34,2	44,9	57,1
Total	**100**	**100**	**100**	**100**	**100**

Source : FMI (1994) *Statistiques financières internationales.*

Remarque : Dans les taux de change flexibles, le FMI a inclus le flottement dirigé, le flottement libre et la flexibilité limitée vis-à-vis d'une seule monnaie. Le pourcentage peut ainsi paraître très élevé.

Depuis le milieu des années 1970, les pays ont eu tendance à adopter ou à continuer d'appliquer des régimes de change empreints d'une plus grande souplesse. Alors que 63 % des régimes de change étaient rattachés à une seule monnaie en 1976, cette proportion est tombée à 43,5 % en 1983 et à 25 % en 1994.

La décision prise par un nombre croissant de pays en développement de passer du système de rattachement à une seule monnaie à celui du rattachement à un panier composite de monnaies, se justifie en partie par leur désir de limiter les effets défavorables sur leur économie des fluctuations de taux de change. Egalement, la proportion des pays reposant sur un système de change flexible a plus que triplé pour se situer à plus de 58 % en 1994.

Par ailleurs, il n'existe pas de réponse concernant le régime de change optimal. Ce dernier dépend des objectifs économiques fixés par les autorités et il est très difficile de tirer de la théorie économique des directives pour la politique du taux de change qui serait appliquée en tout temps et en tout lieu.

Dans la plupart des pays en voie de développement et plus particulièrement en Afrique subsaharienne, plutôt que d'être déterminé de façon endogène par les forces du marché, le taux de change est déterminé par les autorités monétaires. De plus, la convertibilité totale est pratiquement inexistante[20].

On remarque que les régimes de change tendent à être similaires dans chaque région géographique. Par exemple, le régime de taux de change fixe, soit relié à une seule devise, soit à un panier de monnaies, est dominant en Afrique, essentiellement en raison du nombre de pays membres de la Zone Franc.

Mis à part la Zone Franc, il existe une autre zone monétaire en Afrique sub-saharienne : la Zone Rand qui comprend la République sud-africaine, le Lesotho, la Namibie et le Swaziland. La structure de cette union est plus lâche que dans les pays de la Zone Franc. Il n'y a pas de monnaie unique comme le franc CFA puisque les différents pays possèdent leur propre devise mais qui est liée de façon fixe avec le rand sud-africain. Le Rand circule librement dans l'union et représente environ la moitié de la monnaie en circulation au Lesotho. De plus, le capital est parfaitement mobile à l'intérieur de la zone. L'Afrique du Sud contrôle l'offre de monnaie et, pour chaque loti ou lilangeni en circulation, il doit y avoir un rand détenu à la *Reserve bank of South Africa*. Cette contrainte pèse sur l'autonomie des politiques budgétaires et monétaires. En outre, beaucoup de pays africains en dehors de la Zone Franc ont également choisi de lier leur monnaie, soit au dollar, soit au rand sud-africain, soit à un panier de devises. En mars 1993, 29 pays africains étaient en régime de change fixe alors que 10 seulement étaient considérés par le FMI comme possédant un régime de change flottant.

Le faible nombre de pays en régime de change librement flexibles est une des principales différences entre les pays en voie de développement et les pays industrialisés. Ce phénomène reflète le faible développement financier de ces pays ainsi que le rôle important des autorités monétaires dans l'offre de devises étrangères. Ainsi, si le régime de changes fixes de la Zone Franc s'est traduit par l'augmentation du montant des créances douteuses, les pays africains évoluant en changes flexibles (le Ghana, le Kenya) ont vu les primes de risque de change fortement augmenter lors de la dernière décennie.

2.2 Politique monétaire et régimes de taux de change : un aperçu théorique

Le choix des changes fixes dans la majorité des pays en développement s'explique par le fait qu'il est difficile d'organiser un véritable marché des changes dans des pays se caractérisant par l'étroitesse des marchés financiers et la faiblesse

[20] Au sens de l'article VIII des statuts du FMI, seuls douze pays africains possédaient une monnaie convertible en 1995. Il s'agit des Seychelles depuis 1978 (rupee), de Djibouti depuis 1980 (dollar djiboutien), du Swaziland depuis 1989 (lilangeni), de la Tunisie depuis 1993 (dinar), de la Gambie depuis 1993 (dalasi), du Maroc depuis 1993 (dirham), de l'Ile Maurice depuis 1993 (rupee), du Ghana depuis 1994 (cédi), de l'Ouganda depuis 1994 (shilling ougandais), du Kenya depuis 1994 (shilling kenyan), du Zimbabwe depuis 1995 (dollar zimbabwéen) et de l'Afrique du Sud (Rand).

de l'intermédiation financière. De plus, le volume du commerce extérieur des pays en développement est relativement peu sensible aux variations du taux de change, la flexibilité risquerait donc de provoquer des effets-prix déséquilibrants sur la balance des paiements. Pourtant, le régime de changes fixes prive l'économie d'une variable d'ajustement macroéconomique, le taux de change, et contraint fortement la politique monétaire.

Dans l'approche traditionnelle néo-keynésienne à prix fixes (le modèle de Mundell et Fleming ou ISLM-BP)[21], le régime de changes flexibles présente deux avantages. Il préserve d'une part l'autonomie de la politique monétaire et en fait un instrument efficace de stabilisation macroéconomique, et isole d'autre part les économies nationales des chocs de demande puisque l'ajustement se fait par le taux de change. A l'inverse, en changes fixes, les déséquilibres commerciaux doivent être compensés par des variations de réserves de change.

Dans le cas d'une politique monétaire expansionniste, quelle que soit la mobilité des capitaux, l'accroissement de la masse monétaire produit des tensions à la baisse sur le taux d'intérêt national, qui entraîne soit des sorties de capitaux (si la mobilité des capitaux est forte) soit un déficit de la balance commerciale (si la mobilité des capitaux est faible). Dans les deux cas, le taux de change ne peut pas s'ajuster et les devises sortent (réduction de la masse monétaire) jusqu'à ce que le taux d'intérêt revienne à son niveau initial pour équilibrer la balance des paiements. Sur le marché de la monnaie, l'émission initiale est donc stérilisée par un mouvement de sens inverse des réserves. L'équilibre final, la combinaison revenu, taux d'intérêt (Y, i), est identique à la situation de départ et la politique monétaire est inefficace en changes fixes.

Finalement, le rattachement des pays africains de la Zone Franc au franc français, et la relative coordination des politiques monétaires caractérisant les unions, s'inscrivent dans le « triangle d'incompatibilité » de Mundell.

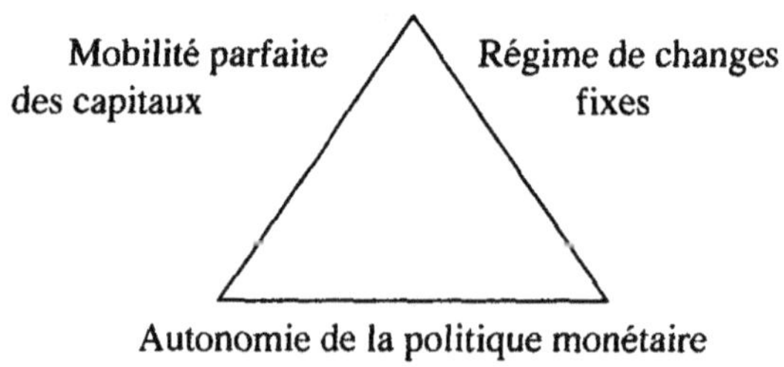

[21] Mundell (1963) « Capital mobility and stabilization policy under fixed and flexible exchange rates ». *Canadian Journal of Economics and Political Science*, vol. 29, p 475-485.
Fleming (1962) « Domestic financial policies under fixed and under floating exchange rate ». *International Monetary Fund Staff Papers*, n° 4271, février.

Souhaitant attirer des capitaux étrangers, les pays africains de la Zone Franc n'ont d'autre solution que d'abandonner la gestion de leur politique monétaire à un organisme central. Le triangle indique en effet que les trois objectifs (régime de changes fixes, mobilité internationale des capitaux et autonomie de la politique monétaire) sont compatibles deux à deux, mais jamais tous les trois simultanément.

Les pays de la zone CFA ont donc « lié les mains » de leurs autorités monétaires et sont dans l'impossibilité de conduire une politique monétaire autonome. L'analyse des principaux instruments de la politique monétaire des deux banques centrales et leur efficacité respective permet d'étayer cette affirmation.

3. LE SYSTEME MONETAIRE FRANCO-AFRICAIN : LA ZONE FRANC

Héritée de la période coloniale et officiellement créée en 1948, la Zone Franc a été maintenue par décision contractuelle après l'indépendance par la plupart des pays africains et la France.

Les mécanismes de la coopération monétaire en vigueur actuellement, d'une part entre les pays membres africains et d'autre part entre les pays membres africains et la France, sont inscrits dans les traités qui fondent les deux unions monétaires, signés en 1972 pour l'Union Monétaire d'Afrique Centrale (UMAC)[22] et en 1973 pour l'Union Monétaire Ouest-Africaine (UMOA)[23].

La coopération monétaire dans la Zone Franc[24] est fondée sur quatre principes liés au mécanisme du compte d'opérations :

- Un institut d'émission commun à chaque sous-zone
- La parité fixe du franc CFA
- La garantie de convertibilité illimitée du franc CFA en francs français
- La libre transférabilité

3.1 Le mécanisme du compte d'opérations

Les pays membres de la Zone Franc ne possèdent pas de banque centrale nationale. La souveraineté monétaire est entre les mains d'une institution supranationale et à l'intérieur de chaque zone, les banques commerciales sont directement placées sous le contrôle de la banque centrale commune.

---

[22] L'UMAC regroupe aujourd'hui le Cameroun, le Congo, le Gabon, la Guinée Equatoriale, la République centrafricaine et le Tchad.

[23] L'UMOA regroupe aujourd'hui le Bénin, le Burkina Faso, la Côte d'Ivoire, la Guinée Bissau, le Mali, le Niger, le Sénégal et le Togo.

[24] Les pays de l'UMOA et de l'UMAC forment la zone CFA. La Zone Franc comprend la France, les DOM-TOM, la principauté de Monaco, les 14 pays africains de la zone CFA, Mayotte et la république des Comores.

La Banque Centrale des Etats d'Afrique de l'Ouest (BCEAO), dont le siège est à Dakar, émet les francs de la Communauté Financière Africaine et la Banque des Etats d'Afrique Centrale (BEAC), dont le siège est fixé à Yaoundé, émet les francs de la Coopération Financière en Afrique Centrale. Ces deux monnaies sont distinctes l'une de l'autre mais possèdent le même sigle : le franc CFA. Depuis septembre 1993, les billets émis par les deux banques centrales ne sont plus librement convertibles d'une communauté monétaire à l'autre. La différenciation entre les deux zones CFA au sein de la Zone Franc s'est par conséquent renforcée.

Chaque banque centrale conduit la politique monétaire de sa sous-zone et centralise les avoirs des Etats membres. La France participe aux prises de décisions dans chaque union, via sa présence dans certains organes de décision des autorités monétaires.

3.1.1 Les effets du maintien d'un taux de change fixe

Le franc CFA est rattaché au franc français à un taux absolument fixe puisqu'il n'est pas coté sur le marché des changes. La parité est restée stable pendant quarante-six ans, à partir de 1948 à 50 francs CFA pour un franc français et depuis le 12 janvier 1994, elle est de 100 francs CFA pour un franc français. Mais, depuis le 1er janvier 1999, la date d'entrée en vigueur de la monnaie unique européenne, le franc CFA est relié à l'Euro[25].

D'autre part, toute modification de parité du franc français vis-à-vis des principales monnaies touche derechef les pays de la Zone Franc.

L'aspect le plus positif du maintien d'un taux de change fixe pour les pays africains se situe au niveau commercial. L'appartenance à la Zone Franc a permis un accès à la France et l'Europe, elle a engendré des flux commerciaux importants[26] et la croissance du commerce international a été plus forte que celle du PIB.

De plus, les économies ont été relativement protégées de l'instabilité internationale des taux de change nominaux et l'absence de risque de change a réduit l'incertitude et certaines inefficacités économiques liées aux erreurs de prévision. Cette stabilité a également permis d'éviter les à-coups qu'ont connus les pays voisins (comme le Ghana, le Nigeria et l'ex-Zaïre notamment) à cause d'un manque chronique de devises ayant entravé leur développement par un arrêt des importations de biens d'équipement.

---

[25] Le *Rapport sur le développement en Afrique* de la BAD (1999), souligne que certains avantages en termes de flux commerciaux et de flux d'investissement pourront apparaître pour la Zone CFA mais que le risque principal est la perte de compétitivité-prix liée à l'appréciation de l'Euro par rapport au yen et au dollar. Cela ne s'est pas produit pour le moment.

[26] Les deux tiers du commerce international des Etats africains de la Zone Franc se font avec la France, avec d'autres Etats de la zone ou avec l'Union Economique et Monétaire européenne [Semedo et Villieu (1997)].

Mais, le maintien de la parité fixe du franc CFA a été « coûteux » pour les économies africaines. Depuis 1985, le double impact de la détérioration des termes de l'échange (effondrement du cours de leurs principaux produits d'exportation et baisse du dollar américain) et de l'appréciation réelle du franc CFA a entraîné une baisse de la compétitivité dans le secteur des biens échangeables.

Comme la plupart des recettes de l'Etat provient des taxes aux exportations et du secteur des biens échangeables, la chute de la compétitivité a favorisé la baisse des recettes fiscales et a contribué à l'aggravation des déficits budgétaires. La réduction des dépenses de budget qui a suivi, a affecté les subventions aux entreprises publiques et les dépenses de fonctionnement dans les secteurs de l'éducation, de la santé et de la maintenance des infrastructures publiques. Elle a également entraîné des coupes drastiques dans le budget d'investissement des Etats.

Lorsqu'un pays ne peut pas utiliser le taux de change comme instrument de politique économique, il est contraint d'employer d'autres outils qui, en principe, servent déjà à d'autres objectifs. Les pays de la Zone Franc se sont ainsi rabattus sur la manipulation du taux d'intérêt. Néanmoins, celui-ci est non seulement un instrument de politique intérieure (lutte contre l'inflation, relance de la croissance), mais également un instrument de politique extérieure (lutte contre la fuite des capitaux). Le principal problème dans ce type de situation est le conflit d'objectifs qui naît lorsqu'on doit aussi combattre le chômage et résorber les déficits extérieurs.

3.1.2 Le mythe de la convertibilité illimitée et les fuites de capitaux

La libre convertibilité de la monnaie de chaque sous-zone est assurée par le « compte d'opérations » ouvert par chaque banque centrale de la zone auprès du Trésor français et domicilié à la Banque de France. Cet accès ouvert au marché des changes français garantit de fait la convertibilité du franc CFA en toute autre devise.

Par conséquent, ce système permet aux Etats de la Zone Franc de disposer de devises sans accumuler d'importantes réserves (notamment en cas de déséquilibre de la balance des paiements). En contrepartie, les banques centrales doivent déposer sur ces comptes d'opérations au moins 65 % de leurs avoirs extérieurs.

Toutefois, des dispositifs de sauvegarde existent pour que les avances du Trésor français restent exceptionnelles. Le total des concours octroyés par une banque centrale à un Etat membre ne doit pas dépasser 20% de ses recettes fiscales constatées au dernier exercice. De plus, si le montant moyen des avoirs extérieurs d'une banque centrale est inférieur à 20% du montant de ses engagements à vue pendant trois mois consécutifs, le conseil d'administration (auquel participent des représentants français) doit prendre des mesures adéquates pour resserrer la politique monétaire. Enfin, si le compte d'opérations est débiteur ou s'il risque de le devenir, la banque centrale procède à un « ratissage » des devises des agents économiques.

La libre transférabilité découle du principe de la libre convertibilité et son domaine concerne aussi bien les capitaux que les transactions courantes.

Pourtant, le principe de la libre transférabilité connaît de nombreux aménagements imposés par le souci des autorités africaines de contenir les sorties de capitaux. L'harmonisation de la réglementation des changes pour l'extérieur de la zone porte sur les transferts de salaires en Afrique, les sommes exportées en devises par les voyageurs, le seuil de domiciliation des exportations, les investissements à l'étranger et en provenance de l'étranger ainsi que les emprunts à l'étranger.

Selon le principe de la convertibilité au sein de la Zone Franc, les Etats africains doivent pouvoir s'approvisionner en devises sans limites au-delà de leurs propres possibilités. De ce point de vue, les mécanismes de la Zone Franc desserrent les contraintes liées au risque d'illiquidité des pays africains. Ils constituent un moyen d'ouverture sur l'extérieur pour faciliter les importations, attirer des capitaux de l'étranger et solliciter la confiance des investisseurs.

Cependant, la convertibilité illimitée est tout d'abord dénuée de portée pratique en raison des conditions restrictives déjà énumérées précédemment, lorsque les avoirs extérieurs des unions monétaires commencent à se dégrader ou lorsque le compte d'opérations risque de devenir débiteur.

De plus, la garantie de convertibilité et de la libre transférabilité des capitaux dans la zone CFA a favorisé une sortie massive des capitaux. Les francs CFA étaient recherchés dans les pays africains voisins de la Zone Franc (notamment au Nigeria) et ils se valorisaient régulièrement. Ils apparaissaient comme des monnaies fortes face aux monnaies africaines non convertibles et dévaluées lorsque des plans d'ajustement structurel étaient mis en œuvre et dont les taux de change chutaient sur les marchés des changes parallèles. Les monnaies telles que la naira du Nigeria, le cédi du Ghana et le dalasi de la Gambie furent chassées au profit des francs CFA. Ils étaient utilisés comme monnaie-refuge, monnaie de réserve et/ou moyen de paiement et d'épargne.

Par ailleurs, des placements importants étaient effectués en francs CFA à l'étranger, surtout en Europe. Entre janvier 1990 et juin 1993, les sorties de billets de banque de la seule zone Afrique Centrale se sont élevés à 928,75 milliards de francs CFA, avec une courbe en constante progression. Ainsi, la valeur des billets rachetés était de 236,4 milliards en 1990, 244,2 milliards en 1991, 312,5 milliards en 1992. On a observé la même tendance en Afrique de l'Ouest, où le montant des rachats des billets par la BCEAO pour l'ensemble des Etats de l'UMOA est passé de 153 milliards de francs CFA en 1990 à 154 milliards en 1991 et 231 milliards en 1992[27].

Face aux effets déstabilisateurs des sorties de capitaux, depuis le 2 août 1993, l'UMOA et la BEAC ont suspendu le rachat des billets exportés à l'extérieur des Etats africains de la Zone Franc. Le 17 septembre 1993, la BEAC a étendu cette

[27] Monga C. et Tchatchouang J-C. (1996), p 42.

mesure aux Etats extérieurs à sa zone d'émission et la BCEAO a pris une décision similaire le 17 décembre 1993.

Par conséquent, les mécanismes du compte d'opération ne fonctionnent pas toujours à l'avantage des pays africains. En pratique, la Zone Franc n'a pas réussi à gérer la crise des années 1980 et a dû, en 1994, sous la pression des grandes organisations internationales, dévaluer sa monnaie de 50 %. Au niveau des performances économiques, la Zone Franc a également plus durement subi la crise.

3.2 Les performances économiques de la Zone Franc

Les performances économiques de la Zone Franc sont généralement moins bonnes que celles des autres pays africains.

Au niveau de l'épargne, de l'investissement et de la croissance, les résultats ont été décevants à partir du milieu des années 1980 alors que la politique monétaire devenait excessivement restrictive et que les déficits publics s'aggravaient.

3.2.1. Epargne, investissement et croissance

Les pays africains, qu'ils appartiennent ou non à la Zone Franc, subissent une crise économique très sévère. Mais, de manière générale, la crise qui frappe les pays africains a atteint les partenaires de la Zone Franc plus tard que leurs voisins et ne semble pas les avoir fortement affectés avant le milieu des années 1980.

Tableau I.7 - Comparaison entre la Zone Franc et les autres pays d'Afrique subsaharienne

	Zone Franc 1975-85	Zone Franc 1986-93	Hors zone 1975-85	Hors zone 1986-93
Taux de croissance réel annuel moyen en % du PIB	4,6	0,1	1,4	2,5
Taux de croissance réel annuel moyen par habitant et en % du PIB	1,7	-2,8	-1,3	-0,3
Taux d'inflation annuel en %	11,2	1,1	17,8	22
Solde budgétaire en % du PIB	-5	-7,6	-6,1	-5,6
Compte courant extérieur moyen en % du PIB	-6,5	-7,4	-1,9	-0,8
Exportations moyennes de marchandises en % du PIB	28	22,3	20,7	24
Importations moyennes de marchandises en % du PIB	23,8	18,7	18,9	20,9
Dette extérieure en % du PIB	38,2	73,7	25,2	57

Source : FMI (1994) Perspectives économiques et mondiales.

Jusqu'au milieu des années 1980, les pays africains de la Zone Franc ont connu de meilleures performances économiques que les autres pays d'Afrique subsaharienne. Cette situation s'est ensuite inversée et les pays comme la Côte d'Ivoire et le Cameroun, qui sont les deux pays les plus importants de la zone en termes de revenu et d'échanges extérieurs, connaissent aujourd'hui des difficultés majeures qui aggravent le bilan global de la zone.

En outre, la croissance semble avoir été plus volatile que dans les pays voisins. De 1971 à 1987, l'écart type du taux de croissance annuel est en moyenne de 7 % dans la Zone Franc contre 4,5 % pour les voisins[28]. Par conséquent, les principaux avantages et inconvénients résultant de l'adhésion à la Zone Franc se différencient selon les époques et varient selon les pays membres. Par zone d'émission, le fonctionnement de mécanismes monétaires proches s'est traduit par des évolutions souvent divergentes des agrégats économiques.

L'inégalité des gains associés à l'appartenance de la Zone Franc est donc frappante. L'analyse menée sur les taux de croissance moyens cache des disparités importantes. De plus, l'avantage relatif de l'appartenance à la Zone Franc semble avoir été plus net pour les pays les plus avancés tels que la Côte d'Ivoire, le Cameroun et le Gabon [Semedo et Villieu (1997)]. Les pays à revenu intermédiaire ont donc profité d'une croissance plus forte que leurs homologues situés hors de la Zone Franc, tandis que les pays les moins avancés (PMA) ont subi des performances de croissance inférieures aux autres PMA.

Cette conclusion peut s'expliquer par des mécanismes de piège de sous-développement, comme ceux développés par Azariadis et Drazen (1990)[29].

L'appartenance à la Zone Franc n'a cependant pas empêché les différents membres de trouver des réponses nationales indépendantes aux chocs spécifiques qu'ils subissaient, comme le montrent, en particulier, Devarajan et De Melo (1987)[30]. Bien que les membres de la Zone Franc ne puissent pas utiliser le taux de change nominal comme instrument d'ajustement macroéconomique, il existe d'autres instruments qui permettent une réponse différenciée aux chocs. On évoquera par exemple, une éventuelle dévaluation réelle de la monnaie soit par une réduction des dépenses publiques par endettement extérieur, soit par une modification de la politique commerciale en subventionnant les exportations et en introduisant une taxe sur les importations.

Mais, depuis 1985, ces instruments se sont avérés inefficaces. La politique commerciale ne peut être utilisée comme un substitut de la dévaluation que dans l'hypothèse où le manque de compétitivité des entreprises n'est pas trop grave ni le besoin de protection correspondant trop élevé.

---

[28] Semedo et Villieu (1997), p 91.

[29] Azariadis C. et Drazen A. (1990), « Thresholds Externalities in Economic Development ». *Quaterly Journal of Economics*, p 501-526.

[30] Devarajan S. et De Melo J. (1987), « Evaluating Participation in African Monetar Unions : A Statistical Analysis of the CFA Zone ». *World Development*, vol. 15, n° 4, p 483-496.

Par ailleurs, l'appartenance des pays africains à la Zone Franc n'a pas influencé la formation de l'épargne intérieure privée. Les institutions de la Zone Franc ont ainsi souvent été accusées de favoriser la somnolence du secteur bancaire, lequel est incité à se financer sur le marché monétaire français plutôt qu'à chercher à mobiliser l'épargne intérieure.

Au total, les taux d'épargne intérieurs sont dans l'ensemble de la Zone Franc, inférieurs aux autres pays en voie de développement[31].

Au niveau de l'investissement, Guillaumont (1988) estime que le taux d'investissement de la Zone Franc est du même ordre de grandeur que celui de la moyenne des pays en développement, mais supérieur à celui des seuls pays africains[32].

Il découle de cette analyse que l'impact de la Zone Franc sur l'orientation du développement et sur les caractéristiques structurelles des économies est très difficile à établir. Si l'on admet que des performances de croissance légèrement supérieures aux pays africains comparables jusqu'au milieu des années 1980, le différentiel tend à être annulé par les contre-performances enregistrées au début des années 1990. Par ailleurs, et de manière fondamentale, l'inégalité des gains passés montre que les pays africains les moins avancés de la zone ne semblent pas profiter des mécanismes institutionnels existants pour effectuer un décollage économique et asseoir leur développement sur la stabilité monétaire.

3.2.2 La politique monétaire

La politique monétaire en Zone Franc est identique pour tous les pays de l'union monétaire. L'intérêt apparent de cette politique commune est la maîtrise de l'inflation ainsi que sa crédibilité.

3.2.2.1. L'inflation

L'avantage le plus clair de la Zone Franc est la stabilité des prix. De 1990 à 1993, le taux d'inflation annuel a été compris entre -1,7 % en Afrique Centrale et 2,4 % au Bénin. En contraste, les pays voisins ayant laissé fluctuer leur taux de change ont subi des taux d'inflation annuels de l'ordre de 40 %[33].

Les pays africains de la Zone Franc ont donc su éviter le développement d'une inflation endémique. Le maintien de la parité franc CFA – franc français

---

[31] Semedo et Villieu (1997), p 86.

[32] L'investissement brut en pourcentage du PIB est estimé par la Banque Mondiale (1995) *African Development Indicators*, à 15,7 % en 1993 pour le total de l'Afrique subsaharienne. Pour la même année, Semedo et Villieu (1997) l'estiment à 16,6 % pour la zone CEMAC et à 12,5 % pour la zone UEMOA.

[33] Semedo et Villieu (1997).

pendant 46 ans et la politique monétaire extrêmement stricte par rapport aux pays comparables ont empêché les hausses de prix importantes.

Si cette situation constitue *a priori* un avantage par rapport à ce qu'ont connu d'autres pays en développement, l'absence d'inflation a également un coût.

Par exemple, dans le contexte récessionniste des années 1990, l'inflation a été encore davantage maîtrisée en raison des politiques d'ajustement structurel, ce qui a provoqué un net ralentissement de la demande globale et des importations. D'après Devarajan et Rodrik (1991)[34], depuis le début des années 1990, la Zone Franc suscite un biais anti-inflationniste excessif, puisque « *les résultats de croissance à court terme auraient pu être améliorés si les autorités monétaires s'étaient autorisées 1,5 % d'inflation annuelle supplémentaire pour rapprocher le PIB de son niveau potentiel* ».

Cependant, la politique monétaire a l'avantage d'être crédible.

3.2.2.2. La crédibilité

Le système monétaire de la Zone Franc est porteur de dépendances pour les pays africains, en soumettant la valeur de leur monnaie et, pour une part, les sources de la création monétaire, aux fluctuations de l'économie française.

Pourtant, l'avantage décisif de la Zone Franc est qu'elle procure aux pays membres une stabilité monétaire ancrée sur une institution supranationale. Tout se passe comme si les pays africains confiaient leur politique monétaire à une entité extérieure en échange d'une crédibilité accrue.

En fait, l'ancrage sur le franc français permet aux pays africains d'emprunter la crédibilité de la politique monétaire française. De ce point de vue, la Zone Franc est un mode de coordination des politiques monétaires des membres africains qui permet d'éviter les politiques de dévaluation compétitive à l'intérieur de la zone, et augmente la crédibilité des autorités. Par conséquent, l'effet de « freinage » exercé par le maintien de parités fixes paraît plus acceptable.

Par ailleurs, on ne peut pas envisager la crédibilité de la politique monétaire indépendamment de la contrainte budgétaire intertemporelle du gouvernement, et de la situation conjoncturelle d'ensemble des économies. Si la dette est insupportable, on peut difficilement parler de crédibilité de la politique monétaire.

3.2.3 La politique budgétaire

La politique budgétaire, à l'inverse de la politique monétaire, est confiée aux mains des gouvernements de chaque pays de la Zone Franc. Ainsi, l'Etat peut choisir de financer son déficit de plusieurs manières mais, dans les pays considérés,

[34] Devarajan S. et Rodrik D. (1991), « Do the Benefits of Fixed Exchange Rates Outweigh their Costs ? ». *World Bank Working Papers*, WPS 777, Washington DC.

le mécanisme du compte d'opérations a contraint les pays à adopter des politiques d'endettement extérieur semblables.

3.2.3.1. Les principales sources de financement de l'Etat

Les gouvernements de la Zone Franc, pour financer leur déficit, disposent de quatre sources de financement.

La première est le financement direct auprès de la banque centrale. Mais, cette dernière reste modérée puisqu'elle ne peut pas dépasser 20 % des recettes budgétaires de l'année précédente, comme nous l'avons vu.

La seconde possibilité est le financement indirect auprès des banques commerciales et des banques de développement dont la plupart sont détenues par le gouvernement. Cette source est bien plus importante que la première mais, les banques ont trop prêté aux entreprises publiques et parapubliques et ont dû être refinancées par les banques centrales, entraînant la crise financière de la fin des années 1980.

La troisième source de financement concerne les arriérés de paiement[35] auprès des fournisseurs et des créanciers nationaux. La priorité accordée au règlement de la dette extérieure justifie, dans plusieurs cas, l'accumulation d'arriérés de paiement intérieurs. Mais, ils ont des incidences dommageables sur l'économie. Le non-règlement des factures par l'Etat a provoqué la faillite de maintes entreprises, avec toutes les implications prévisibles sur l'emploi. Certains créanciers ont été obligés, à leur tour, de constituer des arriérés de paiement à l'égard d'autres agents économiques, les banques notamment qui ont dû faire face à la dégradation de leur portefeuille. Cette pratique était très répandue juste avant la dévaluation du franc CFA et avait l'avantage, pour le gouvernement, de ne pas être contrôlée par les autorités monétaires.

Finalement, la source la plus importante est l'endettement extérieur. Entre 1980 et 1990, les pays africains de la Zone Franc ont énormément contracté de crédits commerciaux extérieurs et d'emprunts auprès des institutions de Bretton Woods et des gouvernements des pays développés.

[35] Par arriéré de paiement, il faut comprendre un engagement financier qui n'est pas honoré à la période conventionnellement fixée dans le contrat.

Tableau I.8 - Dette extérieure des gouvernements de la Zone Franc en % du PIB

	1980	1985	1990	1993
UMOA				
Bénin	24	63	63	68
Burkina Faso	18	37	29	39
Côte d'Ivoire	41	90	105	115
Mali	43	132	96	96
Niger	14	59	55	63
Sénégal	40	90	56	57
Togo	81	113	71	89
BEAC				
Cameroun	26	24	43	48
Afrique Centrale	21	47	52	67
Tchad	30	23	39	61
Congo	57	82	137	161
Gabon	29	25	60	54

Source : Banque Mondiale *World Data.*

Remarque : La dette extérieure du gouvernement ne finance pas uniquement le déficit budgétaire mais également les entreprises publiques et les crédits du FMI.

L'endettement important de l'Etat vis-à-vis de l'extérieur témoigne qu'une zone monétaire ne favorise pas la discipline budgétaire, contrairement à ce que prévoit la théorie économique.

3.2.3.2. Union monétaire et politique budgétaire

En théorie, un taux de change fixe parfaitement convertible entraîne une discipline budgétaire plus importante. En effet, les politiques budgétaires imprudentes, financées par création monétaire ou par endettement extérieur, impliquent inévitablement une réduction des réserves de change pouvant conduire à l'abandon du régime de change fixe. Mais, la littérature sur les unions monétaires et les politiques budgétaires fournit une estimation plus nuancée de la discipline budgétaire promue par l'établissement d'une union monétaire. D'une part, la création d'une union peut inciter les gouvernements à augmenter le financement monétaire des déficits de façon à recevoir individuellement un bénéfice à court terme alors que les pays détenant la même monnaie souffriront d'éventuels coûts. D'autre part, l'union monétaire peut servir de moyen de promouvoir la discipline budgétaire pour les pays incapables de créer des règles de politique monétaire crédibles au niveau national.

Concernant la Zone Franc, les mécanismes laissent aux pays africains une grande souplesse dans la détermination de leur politique budgétaire.

Ainsi, à la suite du second choc pétrolier et des déséquilibres de leurs paiements extérieurs, les membres se sont, en moyenne, plus endettés vis-à-vis de l'extérieur que les pays africains voisins. Cet endettement excessif est la résultante d'un double phénomène : les institutions de la Zone Franc ont rendu plus facile l'accès aux capitaux étrangers par la garantie du compte d'opérations et ont limité les possibilités de financement monétaire des déficits budgétaires à 20 % des recettes passées.

L'endettement a donc permis à ces pays de supporter des déséquilibres extérieurs sans que leurs comptes auprès des banques centrales ne soient véritablement affectés. La Zone Franc constitue alors un système asymétrique, impuissant à imposer des normes de gestion budgétaire, ainsi qu'à maîtriser l'endettement des pays déficitaires.

Par conséquent, l'union monétaire n'a pas empêché l'apparition de déficits publics insoutenables qui ont conduit à une explosion de l'endettement extérieur et à une appréciation réelle de la monnaie comparativement aux autres pays africains subsahariens. L'exemple de la Zone Franc témoigne qu'en longue période, une union monétaire ne pousse pas à la coordination des politiques budgétaires, ni à l'intégration économique.

Cette incapacité de la Zone Franc à dépasser la seule coopération monétaire a d'ailleurs accentué les difficultés de la zone, avec des politiques non coordonnées, parfois incompatibles qui sont au total inefficaces.

Cependant, la coordination des politiques budgétaires paraît difficilement praticable quand on considère le nombre de partis idéologiquement opposés ainsi que les difficultés éprouvées par les pays développés lors de la mise en œuvre de l'Union Economique et Monétaire européenne.

Des progrès importants ont toutefois été réalisés dans le renforcement de l'intégration économique et financière de la zone, avec le nouveau traité signé le 10 janvier 1994 entre les membres de l'UMOA qui crée l'Union Economique et Monétaire Ouest Africaine (UEMOA). Parallèlement, la Communauté Economique et Monétaire de l'Afrique Centrale (CEMAC) a été créée le 16 mars 1994. Ces deux instances visent, sur le modèle européen, à intensifier la surveillance des pays membres, à l'aide d'indicateurs de convergence pour le solde budgétaire et la dette extérieure, afin d'éviter des déficits budgétaires insoutenables et un endettement excessif qui pourrait mettre en péril la viabilité de la zone.

3.3 La Zone Franc à la lumière de la théorie des zones monétaires optimales

La pratique des taux fixes, dans le cadre d'une zone monétaire ou non, est commune à la majorité des pays en développement.

Pourtant, depuis une dizaine d'années, l'observation des faits a révélé brutalement qu'une union monétaire, contrairement à ses objectifs, n'isole pas une économie des perturbations monétaires, réelles et financières externes. L'exemple des pays africains de la Zone Franc l'atteste clairement.

Ainsi, malgré le consensus général sur le fait que l'union monétaire a assez bien fonctionné et que les pays membres se sont, en longue période, probablement mieux comportés qu'en son absence, des interrogations sont apparues depuis le milieu des années 1980, suite à la grave crise que subissaient les pays africains, qu'ils appartiennent ou non à la Zone Franc. Les enseignements de la théorie des zones monétaires optimales permettent de s'interroger sur l'opportunité pour les pays africains de constituer une zone monétaire dans le nouveau contexte international.

3.3.1 Les arguments traditionnels en faveur des zones monétaires

La théorie des zones monétaires optimales énumère un certain nombre de critères auxquels doivent répondre les pays d'une région candidats à une union monétaire, afin que les avantages[36] qui résultent de l'intégration monétaire soient supérieurs aux coûts liés à la perte de l'instrument du taux de change comme variable d'ajustement et à la perte de souveraineté en matière de politique monétaire.

La littérature des années 1960, initiée par Mundell (1961)[37], insiste sur la mobilité de la main d'œuvre comme critère d'optimalité d'une zone monétaire, se fondant sur une problématique keynésienne à prix fixes. Ainsi, lorsque deux pays produisent des biens différents, tout déplacement de la demande en faveur de l'un des biens, produira un déséquilibre structurel des balances des paiements, avec l'apparition de chômage dans un pays, et d'un excès de demande de travail dans l'autre. Si les salaires nominaux sont rigides, seul un déplacement de main d'œuvre ou un ajustement du taux de change, modifiant la valeur des salaires réels, pourra résorber ce déséquilibre. La seconde possibilité étant par définition exclue, une zone monétaire optimale nécessite une forte mobilité des facteurs de production et notamment, du travail.

Mais, la Zone Franc ne répond pas au critère d'optimalité de Mundell. La flexibilité des prix et des salaires est très limitée et la mobilité du travail est faible.

En effet, au-delà des problèmes linguistiques qui opposent francophones, anglophones, lusophones et ceux qui ne parlent aucune de ces langues coloniales, il y a surtout des blocages politiques et culturels. Ainsi, un Camerounais qui veut se rendre en voyage au Burkina Faso, même dans le cadre d'une mission officielle, doit aller chercher son visa auprès de l'ambassade de France à Yaoundé. Le fait que

[36] Il s'agit essentiellement de l'élimination du risque de change, de l'économie des réserves de change par leur mise en commun et de l'élimination dans la zone des mouvements de capitaux spéculatifs.

[37] Mundell R.A (1961) « A theory of optimum currency areas ». *American Economic Review*, n°51, septembre, p 657-665.

d'autres pays de l'UEMOA disposent de consulats et d'ambassades dans la capitale camerounaise n'influence pas l'attitude des autorités burkinabés qui ont choisi de confier la délivrance de visas d'entrée au Burkina Faso à la France. Comment concevoir la mobilité de l'emploi dans de telles conditions ?

D'autres critères macroéconomiques d'optimalité ont été adoptés dans la littérature des années 1960, comme le degré d'ouverture des économies de Mc Kinnon (1963)[38] ou la diversification des productions nationales de Kenen (1969)[39].

Du point de vue de Mc Kinnon (1963), plus l'économie est ouverte, plus la part des biens échangeables est importante par rapport à celle des biens non-échangeables dans le revenu national. Une telle économie a intérêt à entrer dans une union monétaire pour éviter l'instabilité des prix relatifs en changes flexibles.

Ce point est controversé puisque les pays africains sont très ouverts au commerce international mais exportent des produits peu élaborés pour lesquels ils sont « preneurs de prix », et importent certains produits incompressibles. La part des produits manufacturés ne représentait que 10,9 % du total des exportations de la Zone Franc en 1992 [Banque Mondiale (1997)].

L'appartenance à la Zone Franc n'a pas permis aux pays membres de se prémunir contre l'instabilité des marchés mondiaux de produits de base ni de se protéger de l'évolution conjoncturelle de la demande des pays développés.

Kenen (1969, *op. cit.*), pour sa part, pense qu'un pays doit entrer dans une union monétaire si son commerce extérieur est suffisamment diversifié géographiquement et sectoriellement. Néanmoins, ce critère s'oppose à la réalité puisqu'il conduit à la conclusion que les grandes économies devraient adopter des taux de change fixes, et les petites économies, des taux flexibles.

Clairement, le commerce de la Zone Franc n'est pas assez diversifié pour justifier l'union monétaire par ce critère. Les échanges intrazones des pays africains de la Zone Franc ne représentent que 9,1 % de leur commerce total comme il ressort du tableau ci-après. En revanche, la France et l'Europe sont les premiers partenaires commerciaux, représentant plus de 52,8 % du commerce total [Banque Mondiale (1997)].

[38] McKinnon R.I (1963) « Optimum currency areas ». *American Economic Review*, n°53, septembre, p 717-725.
[39] Kenen P (1969) « The theory of optimum currency areas : an eecclectic view », in Mundell et Swoboda, *Monetary Problems in the International Economy*, Chicago.

Tableau I.9 - Commerce interrégional de la zone CFA, 1989-1993 (En pourcentage du total des échanges).

	Exportations	Importations	Total des échanges intrazones
UEMOA	**14,3**	**10,7**	**12,2**
Bénin	9,6	5,4	6
Burkina Faso	5	29,2	20,5
Côte d'Ivoire	16,9	2,3	10,7
Mali	3,9	28,7	22,7
Niger	3,1	10,4	7,8
Sénégal	16,7	10,1	12,4
Togo	9	9,8	9,6
CEMAC	**3,8**	**7,3**	**5,2**
Cameroun	7,6	2,7	5,5
République centrafricaine	0,6	8,8	6,4
Congo	0,1	4,2	1,6
Gabon	3	11,7	5,6
Guinée équatoriale	3	11,7	5,6
Tchad	0,5	11,1	7,7
Total zone CFA	**8,7**	**9,5**	**9,1**

Source : IMF (1995) Direction of Trade Statistics Yearbook.

Les échanges intra-communautaires restent donc faibles et à l'avantage des pays à revenu intermédiaire. Les dispositifs de la Zone Franc n'ont ni entraîné un détournement de trafic ni favorisé la création de flux d'échanges significatifs à l'échelle régionale. Parmi les facteurs qui sont à l'origine du processus de blocage des échanges, on peut mettre en exergue les structures de production, la prolifération d'industries concurrentes et l'insuffisance des moyens de communication.

La convergence économique et financière est un autre critère d'optimalité des zones monétaires. Ce fut l'un des objectifs fondamentaux de la Zone Franc ; la stabilité monétaire devait permettre de drainer l'épargne intérieure et favoriser son investissement dans les pays membres, de façon à promouvoir un développement équilibré de la zone. Force est de constater que cet espoir a vite rencontré de nombreuses limites.

D'une part, les réseaux bancaires demeurent embryonnaires et fortement dépendants des banques de l'ancienne métropole et la prééminence de la monnaie fiduciaire (près de 30 % de la masse monétaire contre 5 % en France) témoigne du rôle encore faible du système bancaire.

De plus, du point de vue du financement extérieur, les investissements étrangers privilégient les pays déjà mieux dotés en infrastructures, en administration ou en cadres et la Zone Franc ne résiste pas à la fuite des capitaux.

D'autre part, la production et les structures commerciales (et donc les incidences de la dégradation des termes de l'échange) varient beaucoup d'un pays à l'autre de la zone. Tous les pays sont fortement dépendants de l'exportation des produits primaires, mais ceux-ci présentent une grande diversité (café, poisson, coton, pétrole, uranium, etc.) qui se retrouvent en termes de croissance.

Après la dévaluation uniforme de 1994, les risques d'éclatement de la zone furent importants car la capacité de gestion d'une dévaluation aussi importante (50 %) est très inégale suivant les pays. Du point de vue de l'intégration économique, la Zone Franc n'a donc pas favorisé le développement des échanges ni la convergence des économies.

3.3.2 Les nouveaux arguments microéconomiques en faveur des zones monétaires

Ces travaux s'inspirent des critères éclectiques, centrés sur une appréciation des coûts et des avantages de la zone monétaire, proposés par Ishiyama (1975)[40] et Tower et Willett (1976)[41]. Ces auteurs montrent que les gains d'appartenance à une zone monétaire sont essentiellement microéconomiques et collectivement partagés par tous les pays membres. Microéconomiques, parce sont éliminés le risque de change (les petites entreprises africaines n'ont pas les moyens de se couvrir contre les variations du taux de change), les coûts de transaction et d'information et que le champ transactionnel des monnaies s'élargit considérablement. Collectivement, les pays membres bénéficient d'une stabilité de la monnaie, de leurs prix, et entretiennent une crédibilité de leur politique économique vis-à-vis du reste du monde, au prix d'une coordination forte des politiques budgétaires, fiscales et monétaires. Les coûts sont de nature macroéconomiques et ressentis individuellement. Ils tiennent à l'abandon de la souveraineté monétaire qui empêche chaque pays de stabiliser son économie face aux chocs spécifiques, à la diversité des économies, à leur manque d'intégration monétaire et réelle.

Néanmoins, ces nouvelles analyses sont affaiblies par la difficulté de mesurer les gains et les coûts de l'union monétaire et de comparer les coûts macroéconomiques aux gains microéconomiques.

Au terme de cet examen, il faut conclure que la Zone Franc est loin de constituer une zone monétaire optimale, compte tenu du faible degré de commerce interrégional, du manque de mobilité des facteurs, des rigidités de prix et de salaires,

---

[40] Ishiyama Y. (1975) « The theory of optimum currency areas : a survey ». *IMF Staff Papers*, n° 22, juillet, p 344-383.
[41] Tower E. et Willett T. (1976) « The theory of optimum currency areas and exchange rate flexibility ». *Special Papers in International Economics*, n° 11, Princeton University, mai.

des différences de structure fiscales, etc. Pourtant, les pays africains se sont ancrés sur le franc et semblent depuis 1948 constituer une « zone monétaire praticable ».

Au total, la politique de libéralisation a été mise en place dans un contexte de crise financière et de nécessaire restructuration des banques existantes.

Nous remarquons que le régime de changes fixes de la Zone Franc n'a pas permis aux économies africaines de posséder un système de financement plus efficace que dans les autres pays. De même, en matière de performances économiques et de politiques macro-économiques (monétaire, budgétaire et de change), les avantages de l'union monétaire apparaissent faibles et sont confirmés par l'analyse en terme de zone monétaire optimale.

Ainsi, les banques de la Zone Franc ont subi une crise très importante dans les années 1980. Les montants des créances douteuses devenaient de plus en plus importants et il fallait dissuader l'Etat de disposer librement des fonds bancaires au détriment des agents privés.

Dans les régimes de changes flexibles, la crise des années 1980 s'est manifestée par des primes de risque élevées sur le marché des changes mais les banques ont souffert de difficultés similaires. Seuls les pays d'Afrique australe ont été plus aptes à gérer la crise parce qu'ils avaient un nombre de banques plus important, un environnement plus concurrentiel et une intervention gouvernementale moins pesante. Par conséquent, les régimes de change peuvent en partie expliquer les différences de performances économiques réelles mais difficilement les performances bancaires. Ces dernières dépendaient en effet principalement du degré d'intervention de l'Etat. Nous comprenons donc mieux l'espoir né des politiques de libéralisation financière. Elles devaient éloigner l'Etat du secteur bancaire et permettre aux agents privés de se financer plus facilement.

Cependant, la réalité n'a pas donné les résultats espérés. Aussi, voudrions-nous insister sur la source de financement la plus utilisée sur le continent africain : les institutions du secteur financier informel. Leur existence remet en effet en cause les fondements de la politique de libéralisation financière puisque les théoriciens ont considéré que le secteur officiel uniquement pouvait financer l'activité économique.

SECTION III : LE DUALISME FINANCIER

Dans la plupart des pays d'Afrique sub-saharienne, les systèmes financiers se caractérisent par la coexistence et le fonctionnement parallèle de deux secteurs financiers, l'un formel et l'autre informel, situation connue sous le nom de « dualisme financier ».

En théorie, le secteur formel désigne un système organisé, institutionnel, axé sur les zones urbaines et répondant aux besoins financiers du secteur moderne monétisé. Le secteur informel - inorganisé et non institutionnalisé - aurait trait aux zones rurales, traditionnelles et aux sphères de subsistance non monétisées de l'économie. Pourtant, dans la réalité, il est parfois difficile de tracer avec précision une ligne de partage entre les deux secteurs à cause de l'interpénétration des opérations et des participants [Germidis et al. (1991)].

Mais, la compréhension du secteur financier informel est indispensable pour une analyse satisfaisante de la politique de libéralisation financière. En effet, le dualisme financier a des effets sur le développement économique et sur l'efficacité des politiques financières.

Les néo-structuralistes ont mis en lumière le fait que la libéralisation financière avait d'autres effets que ceux prévus par Mac Kinnon (1973) et Shaw (1973) dès lors que le système financier dans son ensemble (secteur informel compris) était pris en compte.

Ces deux auteurs n'ont intégré que le secteur financier officiel et ont omis totalement la possibilité pour les agents économiques de trouver un financement par un autre biais que la banque. Or, le dualisme financier introduit des distorsions tant sectorielles que régionales entre la collecte de l'épargne et son affectation, et il entraîne des taux de croissance inégaux entre les secteurs économiques selon l'accès aux différentes sources de crédit disponibles.

Les tenants de la libéralisation financière souhaitent éliminer la finance informelle car elle possède des effets négatifs sur le développement financier et entraîne une mauvaise connaissance des agrégats économiques et monétaires.

D'autres auteurs, moins radicaux et plus réalistes, ont cherché à l'organiser pour pouvoir à terme la réduire ou l'intégrer au secteur officiel.

Dans un premier paragraphe, nous aborderons le fonctionnement du secteur financier informel en mettant en avant son hétérogénéité, sa souplesse et ses avantages par rapport au secteur officiel. Nous verrons également que le secteur financier informel n'assure pas le même rôle que le système officiel, qu'il a sa dynamique propre et, qu'au stade embryonnaire où se trouvent la plupart des systèmes officiels africains, ils ne peuvent en aucun cas se substituer à ces formes d'organisation particulière. Dans un second paragraphe, nous nous intéresserons aux effets du dualisme financier et de la fragmentation des secteurs financiers africains sur les politiques monétaire, économique et financière.

Au terme de cette analyse, nous serons en mesure de savoir si la finance informelle est une étape obligée vers le développement financier ou bien qu'une barrière à la croissance économique et quelle attitude les gouvernements et les institutions internationales peuvent adopter face à son ampleur.

1. FONCTIONNEMENT DU SECTEUR FINANCIER INFORMEL

Le fonctionnement du secteur financier informel peut paraître surprenant pour les économistes des pays développés car ce genre de relations et d'organisations n'existent pas dès lors que le système financier officiel assure pleinement son rôle d'intermédiaire financier.

En revanche, dans les pays africains, la finance informelle est florissante, souple et adaptée aux besoins des agents économiques. Elle revêt différentes formes d'organisations et d'objectifs et semble, dans certains cas, très évoluée et complexe. Ses intérêts sont multiples et nous avons souvent été surpris par ses capacités à permettre le financement et la perpétuité des activités économiques dans certaines zones africaines.

1.1 Réalités et théories du secteur financier informel

Il existe deux thèses opposées concernant les causes du dualisme financier [Germidis et al. (1991)]. Pour la première, le secteur informel s'explique par les carences du système formel. Ce dernier étant financièrement réprimé, la libéralisation financière est nécessaire. Pour la seconde, le dualisme financier s'explique par le dualisme intrinsèque des structures économiques et sociales des PVD et par l'attachement des populations rurales aux valeurs et aux coutumes traditionnelles. Les tenants de cette thèse font valoir que, même dans un système financier plus évolué, le secteur informel est encore présent.

Mais, d'après plusieurs études, ce serait plutôt une conjugaison des deux analyses qui expliquerait le dualisme financier c'est-à-dire, à la fois la répression financière et l'attachement de la population à des comportements traditionnels [Germidis et al. (1991)].

1.1.1 Le secteur financier informel pallie les inconvénients du secteur bancaire

Tout d'abord, les institutions financières formelles tendent à être localisées et leurs services sont concentrés sur les centres urbains. Leur présence et leur participation dans le secteur rural sont minimales et par conséquent, la majeure partie de la population est exclue de la finance institutionnelle.

Pourtant, même dans les zones urbaines, le nombre de personnes utilisant les services bancaires modernes, est faible. Il faut rappeler que les institutions financières formelles ne se préoccupent pas des besoins et des préférences de l'épargnant africain moyen. L'impossibilité d'obtenir un crédit sans remplir de papiers ou satisfaire des critères compliqués est suffisante pour éloigner les gens du secteur formel. D'un autre côté, les institutions financières informelles sont dispersées dans tout le secteur économique et lui fournissent la plupart des services nécessaires. Elles sont également la principale source de financement des activités souterraines.

De plus, le secteur formel est sujet à une multitude de réglementations relatives au capital, aux réserves obligatoires, aux plafonnements des taux débiteurs et créditeurs, etc.

Les banques commerciales privilégient les sommes importantes, le crédit à court terme et préfèrent souvent placer leurs liquidités en bons du Trésor où les risques sont faibles. Dans cette situation, l'avantage de la finance informelle est de satisfaire, indépendamment de la Banque centrale et des contrôles gouvernementaux, les besoins financiers qui ne peuvent l'être par les institutions modernes. Sa souplesse et son originalité lui permettent de s'adapter facilement aux besoins.

Les institutions bancaires avancent, parmi d'autres facteurs, les coûts élevés de transaction et les risques trop importants (l'absence de garanties) pour justifier leur présence limitée dans le financement des activités africaines.

1.1.1.1 La gestion de l'information et du risque

Tout d'abord, les banques estiment les petits emprunteurs plus risqués que les grands emprunteurs à cause des difficultés d'obtention d'information liées à la distance géographique, aux revenus incertains, à l'illettrisme, etc. Elles imposent alors des garanties qui excluent la majorité des petits clients.

A l'inverse, les prêteurs informels possèdent l'information par le biais de leurs relations personnelles, sociales ou professionnelles et présélectionnent ainsi leurs clients. S'ils ne possèdent pas directement l'information, ils font confiance aux recommandations de leurs anciens clients ou sur ce qu'ils savent du candidat.

Si les banques dépendent de quelques clients avec lesquels elles entretiennent des relations continues, les prêteurs informels se moquent de savoir si l'emprunteur est nouveau, il suffit qu'il remplisse les critères de sélection. Par conséquent, ils n'utilisent pas différents taux d'intérêt de façon discriminatoire alors que pour les banques, chaque prêteur se réfère à une certaine catégorie de risque.

1.1.1.2 La demande de garanties

Ensuite, les banques accordent une grande importance aux garanties liées aux prêts. Tout d'abord, la garantie réduit le problème de sélection adverse en permettant de repérer les emprunteurs susceptibles d'honorer leur remboursement. Puis, elle incite l'emprunteur à acquitter sa dette et réduit par conséquent le problème du hasard moral. Finalement, elle compense le coût supporté par la banque en cas de défaut de paiement.

Ainsi, beaucoup de petits emprunteurs ne font même pas de démarche de demande de prêts par manque de garanties et de références.

Les banques reconnaissent le problème et face à leur incapacité à évaluer les projets, elles ont cherché des sécurités alternatives telles que le blocage de comptes mais, les propriétés foncières restent la forme dominante des garanties.

A l'inverse, les prêteurs informels demandent généralement des sécurités beaucoup plus flexibles que celles des banques. Ils acceptent les garanties personnelles et les arrangements avec l'employeur de l'emprunteur. Les clients ressentent alors plus fortement les menaces dans le secteur informel car elles s'adressent directement à eux ou à leurs biens et non par le biais du système juridique.

De plus, les relations personnelles avec les membres du groupe ou de la famille sont l'instrument de garantie du remboursement. Principalement dans les zones rurales, la pression sociale ou l'exclusion de la personne à l'accès de services financiers est très efficace (sauf quand ils sont nombreux à ne pouvoir payer à cause de la sécheresse par exemple).

Une autre forme de garantie acceptée dans le secteur informel est de relier le prêt à des biens ou des transactions réelles. Le prêteur commercial fournit le matériel et l'équipement à crédit ou offre un prêt en espèces pour l'achat de matières premières et récupère la vente de la récolte. Les propriétaires terriens peuvent relier leur prêt à des transferts de terre ou à la fourniture d'une force de travail.

L'impossibilité de sanctions sociales de la part des institutions formelles limite leur capacité à atteindre cette population. Les actions en justice, peu nombreuses et difficiles dans beaucoup de pays, incitent les banques à faire excessivement attention aux garanties demandées.

1.1.1.3 Les coûts de gestion des prêts

Finalement, le coût du risque de défaut correspond aux dépenses encourues par les institutions telles que les provisions sur créances douteuses, les frais de recherche de garanties et les dettes impayées. A ce niveau, le taux de défaut des prêteurs informels est faible comparé à celui des banques et, dans pratiquement tous les cas, l'agent informel est confiant et sait qu'il sera remboursé dans les trois mois.

De plus, les coûts d'évaluation des contrats sont généralement plus faibles en pourcentage du montant total prêté pour les prêteurs informels que pour les banques[42].

La plupart des coûts supportés par les prêteurs informels provient de la sélection et de l'évaluation des clients. Leurs efforts se focalisent sur la capacité de remboursement et non sur l'utilisation des fonds[43].

A l'inverse, tous les banquiers considèrent le rendement des projets comme le critère le plus important de la solvabilité. Les études d'évaluation augmentent les coûts d'administration des banques car elles passent du temps à vérifier l'information concernant les projets.

La théorie économique de l'information suggère que le jeu répétitif diminue les coûts d'évaluation des prêts, ce qui explique que les banques conservent les

[42] E. Aryeetey (1997a), p 21.

[43] Fréquemment, les prêts informels servent pour la consommation courante, les fournitures scolaires, des funérailles, etc. De plus, les tontines et les unions de crédit s'orientent vers la rotation ou le rationnement des fonds disponibles entre les membres et n'ont aucun critère de solvabilité.

relations avec leurs gros clients. Les études réalisées ne confirment pas que les petits prêts ont des coûts de transaction plus élevés pour les banques mais leur coût d'administration global sont positivement corrélés avec le degré de centralisation des prises de décision[44]. La structure des coûts reflète l'importance relative accordée aux différents composants de l'évaluation du risque (l'estimation de la rentabilité, le suivi des prêts, le renforcement des contrats).

Ainsi, les prêteurs informels ne se préoccupent pas de l'évaluation des projets puisqu'ils n'ont pas l'information appropriée et savent que l'utilisation des fonds peut changer. Le développement des liens personnels et de la proximité déjouent les effets de la sélection adverse et du hasard moral. Pour les collecteurs d'épargne, le suivi des prêts est implicite dans leur visite quotidienne pour récolter les dépôts ou les remboursements de leurs clients. Les coûts de renforcement des contrats sont faibles du fait des bons taux de remboursement et des relations sociales existantes.

Les coûts des prêts dépendent aussi du coût de disponibilité des fonds, incluant les taux d'intérêt sur les dépôts, les rendements des investissements (le coût d'opportunité du prêt) et les intérêts payés par l'emprunteur. La plupart des institutions informelles mobilisent leurs propres fonds souvent à faible coût. Le coût d'opportunité des fonds des institutions informelles dépend principalement de l'utilisation autrement faite des fonds par les prêteurs.

Au total, les prêts du secteur informel sont beaucoup moins coûteux que les prêts bancaires et satisfont les petits emprunteurs totalement exclus du secteur officiel.

1.1.2 Les comportements traditionnels

Le secteur informel reflète par nature la spécificité économique, sociale et culturelle de chaque pays.

Traditionnellement, le fait de participer à des associations informelles de voisinage est le meilleur moyen de s'intégrer dans une communauté.

En effet, les tontines africaines ou les innombrables formes d'associations existantes ont d'abord une vocation sociale. Au départ, elles ont été l'occasion de travailler ensemble. Elles sont encore parfois le moyen de mener un projet en commun et toujours une occasion de rencontre. L'appartenance à une tontine s'accompagne de relations durables et des règles de l'amitié. Tous les membres se connaissent, ils se réunissent à chaque tour, généralement au domicile de l'un ou de l'autre et, la dernière séance est souvent l'occasion d'un repas ou d'une fête.

Les tontines sont un phénomène général : elles touchent toutes les franges de la population, ville et campagne, classes populaires et classes plus aisées. Le tableau ci-après présente les différentes appellations des tontines dans toute la zone sub-

---

[44] E. Aryeetey (1997a), p 23.

saharienne et montre à la fois l'étendue du phénomène et l'ampleur de ces formes d'organisation financière.

Tableau I.10 - Les différentes appellations des tontines

Pays	Noms
Zone franc	
Bénin	Sokoué, So, Adjoulou, Gbé
Burkina Faso	Adossa, Paré, Naam, Tintani
Cameroun	Djanggi, Mandjoun, Ntsuia
Congo	Kitemo, Moziki
Cote d'Ivoire	Diari, Moni, Wari
Gabon	Sokode
Mali	Dachi, Pari, Ton, Keita, Djibril
Niger	Asussu, Adachi
RCA	Likelemba
Sénégal	Nath, Piyé, Bakary, Dambélé, Mbotay
Tchad	Paré, Tchakin
Togo	Sussu, Adassi, So
Autres pays	
Afrique du Sud	Stokfel, Mahadisama, Chitu, Chita
Burundi	Ibilaemba, Franga, Omosenjiro, Yema
Ethiopie	Ikub, Khatta, Sandouk
Gambie	Osussu
Ghana	Sussu, Nanemei, Akpee, Opee
Guinée	Séré, Kélé, Kondiani
Kenya	Obilimba, Harambee
Liberia	Esussu
Madagascar	Fokotany
Malawi	Chilemba, Katapila, Chilezolama
Nigeria	Esussu, Adashi, Bam, Oha
Ouganda	Chilemba
Rwanda	Ibilemba, Yama, Franga, Omosanjiro
Sierra Leone	Asussu
Soudan	Khatta, Sanduk
Zaïre	Likilemba, Kitemo, Moziki, Bandal
Zambie	Chilemba
Zimbabwe	Chilemba

Source : JEROME T.A. (1991) « The role of Rotating Savings and Credit Associations in Mobilizing Domestic Savings in Nigeria ». *African Review of Money, Finance and Banking,* vol. 2, p115.

La pierre angulaire de tout système financier réside dans la confiance du public qui l'amène à confier son argent aux institutions concernées.

En Afrique, de façon traditionnelle, la population se méfie souvent des institutions formelles. Elle craint les faillites et redoute que les gestionnaires se livrent à la fraude, au détournement de fonds ou qu'ils cèdent à la corruption. En revanche, la confiance des usagers semble plutôt élevée à l'égard du secteur informel, où les liens sociaux et résidentiels entre les créanciers et les débiteurs leur permettent de se juger mutuellement.

Par conséquent, attachés aux comportements traditionnels et à leur intégration sociale, les Africains participent activement aux organisations financières informelles. Mais, ce phénomène est également accentué par les carences et l'inaptitude du secteur officiel à fournir du crédit aux différents agents économiques.

Il est indéniable que la structure et le fonctionnement du secteur financier formel déterminent la nature et l'importance du secteur informel. Nous allons maintenant aborder la diversité de ces organisations, leur souplesse et leur ampleur.

1.2 Caractéristiques et originalité du secteur financier informel

Il est difficile de caractériser le secteur financier informel tant il est diversifié. Au niveau des acteurs, des opérations, des objectifs et d'autres critères, les formes d'organisations sont multiples mais ont également quelques points communs.

Ce sont aussi des organisations très souples et qui évoluent suivant les besoins financiers des populations. Elles sont de toute façon très répandues et restent un phénomène observable dans tous les pays sub-sahariens.

1.2.1 Hétérogénéité du secteur financier informel

Les structures financières non-institutionnelles sont très hétérogènes, on en dénombre de multiples et les modalités sont diverses mais, les transactions se font toujours sur la base de la confiance et des connaissances privées.

Il est possible de regrouper toutes les unités informelles en trois grandes catégories :

1. Les unités de mobilisation de l'épargne qui font peu ou pas de crédit.
2. Les unités de prêts qui s'engagent rarement dans la mobilisation de l'épargne.
3. Les unités qui combinent la mobilisation des dépôts et l'accord de prêt. Ces dernières unités sont plus récentes que les deux premières et sont généralement appelées « organisations d'entraide ».

Tableau I.11 - Les différentes unités informelles en Afrique : Objectifs et acteurs

	Dénomination	Acteurs	Objectifs	Commentaires
MOBILISATION DE L'EPARGNE	- Collecteurs d'épargne ou garde-monnaie	Déposants : Commerçants, artisans, faibles revenus	Dépôts	
	- Tontines commerciales	" tontinier "	Dépôts – Petits crédits	
	- Association d'épargne non rotative : groupes d'assistance mutuelle, organisations d'entraide, unions d'épargne, coopératives d'épargne et de crédit	Membres issus d'un milieu homogène	Protection sociale, logique sécuritaire et redistributive	Epargne sociétaire ou collective (*volontaire*). Redistribution sans paiement d'intérêt
ACCORD DE PRETS	- **Prêteurs professionnels** : prêteurs d'argent (Moneylenders), prêteurs sur gages, banquiers ambulants	- **Prêteurs** : agents privés à revenus intermédiaires et supérieurs (propriétaires immobiliers, commerçants, fermiers, employés) - Emprunteurs : micro-entreprises et ménages opérant dans l'économie informelle	Crédits à court terme	Crédits disponibles à tout moment. *Taux d'intérêt* supérieurs à ceux du marché.
	- Prêteurs occasionnels : famille, voisins, amis, proches		Crédits de consommation courante ou d'urgence	Crédits sans intérêt ou à taux d'intérêt très *faible*
MOBILISATION DE L'EPARGNE ET ACCORD DE PRETS	Unions de crédit	Micro-entrepreneurs		Taux d'intérêt attractif
	Associations d'épargne et de crédit rotatif : tontines mutuelles ou rotatives, avec ou sans caisse de prêts et/ou de secours.	Membres issus d'un milieu homogène	Objectif social, solidarité communautaire (investissement, consommation, bijoux, etc.)	Epargne associative ou forcée
	Tontines financières	Commerçants, hommes d'affaires, responsables de PME	Logique financière, calcul utilitaire	Mise aux enchères - Sur le marché principal (Epargne directe), sur le marché secondaire (intérêt)

Le tableau reprend ainsi les trois catégories d'unités informelles et détaille les acteurs concernés et les objectifs ciblés pour chacune d'entre elles.

1.2.1.1 Les organisations d'entraide

Les associations rotatives d'épargne et de crédit (AREC ou tontines) sont le moyen d'accumuler les fonds nécessaires pour une activité ou un bien particulier. Le principe est simple. Si le coût d'ouverture d'un magasin est X, l'individu épargnant 1 chaque semaine, devra attendre X semaines. S'il y a X individus dans son association, il ouvrira son magasin la semaine 1, le second la semaine 2 et ainsi de suite. Seul le dernier individu devra attendre X semaines.

Les tontines s'opèrent dans des groupes homogènes, par exemple entre salariés qui ont des revenus réguliers ou entre femmes. On leur a souvent reproché de réduire l'intégration de groupes ethniques et de donner naissance à des réseaux de tribalisme. Elles sont de plus en plus nombreuses à se doter d'une caisse de prêt. Dans ce cas, le participant verse d'une part, une cotisation fixe et d'autre part, une somme dont le montant dépend de ses possibilités. Celui qui ne pourra pas verser sa cotisation, pourra éventuellement l'emprunter à la caisse jusqu'au tour suivant.

Les autres unités utilisent les dépôts de leurs membres pour offrir des services financiers aussi bien à l'intérieur du groupe qu'à l'extérieur. Leurs services permettent de conserver le pouvoir d'achat des membres souhaitant acquérir des biens ménagers qu'ils ne pourraient s'offrir avec leurs ressources propres.

Dans les tontines à enchères, les fonds sont prêtés au membre qui offre les meilleures conditions, c'est-à-dire le taux d'intérêt le plus élevé. Cette somme est appelée « petit lot » en opposition au total des mises qui est le « gros lot ». Lorsque au cours d'un tour suivant, le produit des enchères, augmenté du remboursement de ces petits lots et de l'intérêt correspondant, atteint le niveau du gros lot, il est à nouveau mis aux enchères sans que les participants effectuent de nouveaux versements. On parle alors d'un tour gratuit car l'un des membres va pouvoir bénéficier des fonds sans que ses partenaires aient versé d'argent. Le nombre des tours est égal au nombre des participants mais la durée du cycle se trouve réduite d'un tour.

Dans tous les cas, les enchères sont intégrées au fonctionnement même de la tontine qui devient assez rapidement complexe. La finance informelle sait offrir des produits financiers réellement sophistiqués.

Les unions de crédit offrent des montants assez importants à des taux intéressants mais seul un nombre limité d'emprunteurs y ont accès à une période donnée et à la condition d'être un des membres. Les restrictions sur la taille du groupe facilitent la gestion mais contraignent le montant des prêts. La clientèle ciblée est souvent un public à faible revenu dans les zones urbaines. Pourtant, dans beaucoup de pays, elles apparaissent comme étant les unités informelles majoritaires qui satisfont la demande des petits et des micro-entrepreneurs.

1.2.1.2 Les unités de mobilisation de l'épargne

Dans les associations d'épargne non rotative, l'épargne est accumulée et non redistribuée systématiquement à chaque collecte. Les fonds sont alors disponibles et prêtés aux membres en cas de besoins urgents et jouent le rôle d'assurance contre le risque.

Le collecteur d'épargne (généralement masculin) visite les magasins, les lieux de travail, les stands de marché et les maisons chaque jour et collecte les fonds[45]. Il permet aux vendeurs de mettre en sûreté la recette de la journée. L'épargnant dépose un montant déterminé en accord avec le collecteur sur une période définie au préalable, en général, un mois. A la fin de la période, l'épargnant récupère le montant total de ses dépôts moins un jour de collecte. De la même façon, le tontinier s'adresse à un public à faible revenu, éventuellement intéressé par des fonds à très court terme. Alors que le taux d'intérêt est attractif (un jour de dépôts), la possibilité de remboursement par petits montants est le principal avantage. Même si les montants sont très faibles, la régularité permet aux commerçants d'assurer les paiements immédiats à leurs fournisseurs. Mais, la faible taille des montants prêtés fait qu'ils ne sont pas intéressants pour les petites entreprises.

1.2.1.3 Les unités d'accord de prêts

Les prêteurs d'argent (ou Moneylenders) sont souvent des commerçants ou des fermiers qui utilisent leurs profits et les bénéfices de leurs activités professionnelles pour accorder des prêts à taux d'intérêt élevé. Ils représentent la seule source de crédit ouverte à tout public, ils ne réclament aucune obligation sociale particulière et peuvent satisfaire la plupart des demandes et des montants. En revanche, les prêts sont peu attirants pour les petites entreprises qui cherchent des prêts de trésorerie ou le financement d'investissement fixe et qui ne peuvent pas payer des intérêts aussi élevés.

Au total, les ménages et les petits commerçants peuvent facilement trouver des ressources financières en participant aux organisations financières informelles. Les différents acteurs assurent en partie le rôle des banques puisqu'il est à la fois possible d'offrir des dépôts et de demander du crédit. Pour les ménages et les petits artisans, la banque ne présente alors aucun intérêt. Si éventuellement elle accepte les dépôts des épargnants, elle ne fournira probablement aucun crédit. On s'aperçoit alors très vite de l'avantage de déposer son argent non pas à la banque mais dans une institution informelle puisque les dépôts effectués permettront en cas de besoin ou de « coup dur » d'obtenir une aide financière. Pourtant, une partie des agents

[45] Il est alors plus facile d'étudier l'activité des tontiniers et des collecteurs d'épargne que celle des autres unités informelles. En interrogeant tous les commerçants sur un marché, on peut recueillir des informations que les agents informels eux-mêmes ne donneraient pas.

économiques, déjà exclue de la finance informelle, trouve des difficultés à s'approvisionner sur le marché financier informel. Il s'agit du cas particulier des PME qui ont besoin de montants importants à des taux d'intérêt peu élevés. Les prêteurs professionnels appliquent des taux d'intérêts très supérieurs à ceux du marché pour ce genre de prêts importants et, les unions de crédit, s'ils possèdent des taux d'intérêt attractifs, ont du mal à réunir les sommes désirées.

Finalement, les tontines financières permettent de lever des montants importants mais la mise aux enchères tend à élever fortement le coût des prêts. Seules les grandes entreprises bien installées mais peu nombreuses en Afrique, trouvent en général des financements auprès des banques. Il existe donc une catégorie d'agents, les chefs de PME, totalement exclue du système financier dans son ensemble. Ce problème est d'après nous, très préoccupant en Afrique sub-saharienne.

1.2.2 Souplesse de la finance informelle

Les différents types de finance informelle se distinguent principalement par l'objectif qu'ils cherchent à atteindre. Ils répondent à une demande spécifique de services financiers suivant les situations socio-économiques et géographiques de leurs clients. Si les noms, la taille et les objectifs diffèrent énormément, les unités de finance informelle ont toutes la particularité de s'installer dans un segment du marché et d'avoir des pratiques similaires.

D'autre part, les analyses dynamiques de la finance informelle montrent que les objectifs se modifient avec le temps et que les unités changent de structure et s'adaptent au marché. Au départ, les groupes se rassemblent pour augmenter les possibilités d'aide et, finissent par fournir des services financiers à leurs membres. Ayant pour origine la logique des dons et des contre-dons, le système informel a évolué avec la monétarisation des économies africaines et s'est adapté à l'évolution des besoins. Par exemple, certaines tontines rassemblent à la fois des entrepreneurs désirant lever rapidement les fonds et des épargnants.

Dès qu'une demande de crédit à court terme apparaît de la part de commerçants, de fermiers ou de consommateurs, une unité informelle est susceptible de se créer. Mais, les innovations tontinières ne peuvent que déboucher sur des institutions financières hybrides, c'est-à-dire qu'elles combinent à la fois des logiques communautaires et capitalistes.

Mis à part la souplesse, l'étendue et l'ampleur sont deux autres caractéristiques du secteur financier informel.

1.2.3 Importance du secteur financier informel

Les difficultés du secteur bancaire formel dans la plupart des pays d'Afrique (fermeture de banques commerciales, de caisses d'épargne, de caisses agricoles, de banques de développement, etc.) ont permis une expansion du système financier informel sans précédent. Le Bénin, en 1988-89, a connu dix-huit mois durant, une faillite totale du secteur bancaire sans pour autant que l'activité économique ne s'arrête. Tontines, banques tontinières et autres formes financières informelles ont pris le relais y compris pour financer des opérations de commerce extérieur.

Il existe deux possibilités de mesure du secteur financier informel. La première est la méthode directe qui utilise des techniques d'estimation à partir d'études et d'enquêtes appropriées. La seconde est une mesure par la déduction. Elle utilise les développements et les changements dans le secteur financier officiel comme point de référence. Par exemple, deux types de ratios sont souvent utilisés pour mesurer la croissance relative du secteur formel, il s'agit de l'agrégat M2 / PIB et du crédit privé / PIB. Une augmentation de ces ratios est une mesure d'un déclin relatif du secteur informel.

Les données existantes sont rares, ponctuelles et disparates. Mais, ces quelques indications témoignent de l'importance du crédit informel dans le financement des économies africaines. L'extrapolation au niveau national quand elle possible, révèle des résultats impressionnants.

Ces chiffres restent cependant difficiles à intégrer dans les schémas habituels. En effet, ils représentent des flux qui varient continuellement au gré des tours dans les structures financières informelles et en fonction des remboursements des crédits alloués. Par conséquent, il est difficile de déterminer pour une période donnée, le volume des créances et des dettes, et de mesurer l'accumulation financière. Autrement dit, l'état actuel des informations sur ce secteur ne permet pas de traduire les activités d'épargne et de crédit en termes de stocks qui pourraient être pris en considération dans les comptes nationaux.

Rachid Ben Bahmed (1996) s'est intéressé à l'importance de la finance informelle dans les pays africains. Dans son article, il recense plusieurs enquêtes effectuées sur cette question. Les chiffres parlent d'eux-mêmes. Au Cameroun par exemple, les associations financières informelles sont très dynamiques. Il semblerait que 70 % de la population y participe et que leur épargne totale représentait 1,2 fois le montant total des dépôts du secteur bancaire en 1988, soit 54 % de l'épargne nationale.

Au Niger, en 1985, une enquête sur la finance informelle a montré que sur la période 1980-84, 85 % des ménages ruraux ont eu accès au crédit informel grâce à des prêteurs individuels, des tontines ou des gardes-monnaie. Au Nigeria, dans les Etats de Kwara et du Nigeria de l'Ouest, la part du secteur informel dans les crédits s'élevait à 95 %. A Addis Abeba, Rachid Ben Bahmed (1996) estime que 60 % de la population urbaine participe à une tontine. Ce taux s'élève à 90 % chez les artisans. En Zambie, 80 à 90 % de la population urbaine participe au secteur financier informel.

Au Bénin, une enquête a dénombré 440 banquiers ambulants collectant 750 millions de francs CFA par mois (9 milliards par an). Au Togo, une enquête similaire a permis de chiffrer la collecte mensuelle de huit banquiers ambulants de Lomé à 5 millions de francs CFA chacun.

Au Sénégal, une enquête a montré que 52 % des personnes interrogées participaient à une tontine à raison de 122 000 francs CFA en moyenne par personne et par an soit 20 % de leur revenu, ce qui représente globalement quelques 130 milliards de francs CFA (50 % des billets mis en circulation).

Au total, les circuits non officiels sont présents et importants dans toute l'Afrique. Ils répondent à des logiques sociales autant qu'économiques, ils correspondent à des mécanismes redistributifs et à des transferts intra-communautaires. Leur finalité première est d'assurer la protection sociale et de répondre à des besoins de liquidité aléatoire. Ils expriment une solidarité à partir d'appartenance à des groupes de parenté, à des communautés ethniques ou religieuses et s'adaptent aux besoins des populations.

Pourtant, ce phénomène très répandu a des impacts sur les économies sub-sahariennes. Donnant la possibilité aux populations d'ignorer totalement le secteur bancaire, il a des répercussions sur ce dernier ainsi que sur l'efficacité des politiques et les taux de croissance des économies.

2. POLITIQUE FINANCIERE ET SECTEUR FINANCIER INFORMEL

Tout d'abord, le secteur financier bancaire souffrirait plus du dualisme financier qu'il ne l'engendrerait. L'analphabétisme, les difficultés de communication et de transport, l'attachement des populations aux formes d'épargne non financière (or, pierres précieuses, bijoux, cheptels, etc.) et bien d'autres facteurs socio-économiques et culturels représentent un handicap à la croissance du secteur financier formel. Force est de constater que le secteur bancaire n'est pas adapté aux populations africaines.

De plus, de la même façon que les auteurs de la thèse de la répression financière l'ont méconnu, les pouvoirs publics ont en fait une attitude de négligence ou d'indifférence face au système financier informel.

Mais, on s'accorde de plus en plus sur le fait que le développement du système financier et l'intensification de l'intermédiation financière (*Financial Deepening*) ne peuvent pas être atteints en agissant sur les seuls institutions et marchés du secteur formel.

L'objet de ce paragraphe est d'une part de mettre en avant les inconvénients de la finance informelle de façon à souligner les limites d'une économie fonctionnant uniquement par le biais du marché non officiel. D'autre part, il est de s'interroger sur la remise en cause des schémas politiques habituels en présence d'un système financier dual et notamment de la politique de libéralisation financière. Il est finalement de trouver des solutions pour que dans leur ensemble, les systèmes financiers africains permettent de financer les différentes activités de production.

2.1 Dualisme financier et politique économique

Le dualisme financier peut être défavorable au développement économique et affecter le taux de croissance de la production par ses effets sur l'accumulation et la répartition. Dans un premier temps, nous verrons qu'il contribue au développement inégal des diverses activités par un effet volume (les disparités inter-sectorielles et inter-régionales) et par un effet prix (les taux usuraires). Ce sont les inconvénients non négligeables de la finance informelle.

Dans un second temps, nous remarquerons que le dualisme financier est peu propice à la poursuite d'une politique économique, monétaire ou financière par les pouvoirs publics et qu'il remet en cause la politique de libéralisation financière.

2.1.1 Les inconvénients de la finance informelle

En dépit de sa flexibilité, de sa rapidité et de la transparence de ses procédures, la finance informelle n'a pas que des avantages. Elle ne permet pas une allocation optimale des ressources alors que le capital est rare dans les pays concernés. Les fonds prêtables pour l'investissement fixe ne sont pas vraiment disponibles et le taux d'intérêt sur ces prêts est excessivement élevé.

De plus, les dépenses liées à la finance informelle sont souvent improductives et en rapport avec des événements sociaux (mariages, funérailles, etc.).

Enfin, elle est généralement au service de l'entreprise informelle qui n'est pas la plus performante, qui se multiplie mais ne grandit pas.

2.1.1.1 Les taux d'intérêt

Les marchés informels comprennent quelques risques importants et requièrent une prime élevée pour couvrir les défauts de paiement, résultat de l'absence de garanties et du manque de formalités. Pourtant, malgré ces taux exorbitants, les emprunteurs attachent plus d'importance à la disponibilité du crédit qu'à son coût.

En outre, les taux d'intérêt varient énormément, à la fois entre les institutions financières informelles et entre les marchés parallèles et structurés.

Les taux des prêteurs d'argent sont au moins supérieurs de 50 % à ceux du secteur formel, avec des variations à l'intérieur des pays et entre les pays.

Quand les collecteurs d'épargne fournissent des avances à leurs clients, ils maintiennent la même charge mensuelle d'environ 3,3 % (un jour de dépôt) comme pour l'épargne. Mais, quand ils ne prêtent pas à leurs clients, leurs taux sont comparables à ceux des prêteurs d'argent [Nwanna (1994)].

Dans les tontines, aucun taux d'intérêt explicite ne doit être payé et, la répartition des cycles d'épargne et de prêts est souvent arrangée de façon à ce que tous les membres reçoivent éventuellement des prêts à taux gratuit.

Concernant les tontines à taux d'intérêt, il a été prouvé sur la base d'un modèle de calcul, incontesté jusqu'à ce jour, appliqué sur environ 700 cas, que les taux restaient en moyenne inférieurs à ceux du marché[46].

Mais, les forts taux d'intérêt des prêteurs d'argent ne représentent pas les faibles coûts de transaction, les faibles taux de défaut ou les faibles coûts d'opportunité. Ils tiennent plutôt au pouvoir de monopole qu'ils ont face aux emprunteurs en manque de financement et, dans ce cas, il est faux d'attribuer leur importance à des risques élevés.

Une fois encore, les PME sont les premières victimes des taux d'intérêt excessivement élevés des prêteurs d'argent lorsqu'elles n'ont pas pu obtenir de financement auprès des banques. Ce problème rejoint celui des prêts insatisfaits.

2.1.1.2 Les prêts insatisfaits

Le principal problème du système financier africain est l'exclusion des petites et moyennes entreprises du secteur aussi bien formel qu'informel. La difficulté pour trouver un financement est sans aucun doute un frein au développement de leurs activités alors qu'elles sont extrêmement nombreuses et pourraient être source de croissance.

Ces entreprises s'adressent rarement à la finance informelle pour plusieurs raisons. Soit elle est trop chère, soit les montants alloués sont trop petits ou encore, elle est trop peu sûre. Ces demandes de financement insatisfaites pourraient l'être par le biais des institutions de micro-finance que nous aborderons plus tard.

Les unions de crédits auraient la capacité de fournir des prêts plus importants que les prêteurs informels mais en pratique, la taille moyenne des prêts est relativement faible. Ils préfèrent accorder aux membres des prêts de consommation à faible coût. De plus, le temps nécessaire pour mobiliser l'épargne et réunir le montant demandé n'intéresse pas les petits chefs d'entreprise.

En effet, les unités informelles n'ont pas la capacité de création monétaire, elles ne peuvent redistribuer qu'un pouvoir d'achat existant et freinent le développement des activités productives. De plus, elles rendent inefficaces certaines politiques macro-économiques.

2.1.1.3 L'inefficacité des politiques macro-économiques

Des critiques sévères ont été faites à l'encontre de la finance informelle puisqu'elle enlève beaucoup de significations aux agrégats monétaires et réduit

[46] A. Henry (1997), p 38.

l'efficacité des différentes politiques. En pratique, seule une fraction des transactions financières est affectée par les mesures et les directives mises en œuvre par les autorités monétaires.

La définition des objectifs macro-économiques est délicate en raison de la méconnaissance des agrégats et la fuite des fonds des circuits formels vers les circuits informels. Le secteur informel se prête d'autant plus mal à un repérage comptable qu'il existe un large secteur non monétisé.

En ce qui concerne la politique budgétaire, l'économie informelle conduit à une faiblesse des recettes fiscales car elle échappe aux différents impôts. Les Banques centrales doivent alors répondre aux besoins structurels du Trésor, participant ainsi à la création monétaire et aux pressions inflationnistes. Cela complexifie de fait la détermination des objectifs monétaires en termes de taux d'intérêt, de croissance d'agrégat monétaire ou de contrôle du crédit.

A l'instar de la politique budgétaire, la politique monétaire est difficile à mener car elle est contrainte par le dualisme monétaire et financier. Ni la régulation par les volumes ni la régulation par les taux d'intérêt n'est efficace dans la mesure où il existe de larges fuites de liquidités du secteur formel vers le secteur informel.

De plus, la politique monétaire ne s'applique qu'au secteur formel alors qu'elle devrait concerner l'ensemble de la finance nationale.

Les auteurs préconisant la libéralisation financière remettent en cause le système informel car, l'augmentation des taux d'intérêt est réduite par l'existence de taux plus élevés dans le secteur informel.

Enfin, elle modifie l'analyse des relations entre le développement financier et le développement économique.

Par ailleurs, il semble difficile d'imputer l'échec de la libéralisation financière en Afrique au seul secteur financier informel. D'autres facteurs plus importants ont déjà été évoqués. Mais, la politique de libéralisation financière a eu un impact sur le secteur financier dans son ensemble et notamment sur le secteur non officiel. Le prochain paragraphe montre clairement que cette politique n'a pas eu les effets escomptés.

2.1.2 L'échec de la libéralisation financière

Deux effets contraires de la libéralisation financière sur le secteur informel peuvent être mis en avant. D'une part, la libéralisation financière tend à réduire les écarts entre les circuits formels et informels et donc à formaliser une partie des circuits non institutionnels. D'autre part, le retour aux lois du marché tend à renforcer les logiques sécuritaires et à accroître la préférence pour la liquidité qui s'exprime dans les associations et les sociétés d'épargne.

Dans la pratique, les réformes financières se sont focalisées sur le secteur formel. Mais, les banques ont fait peu de progrès dans la mobilisation de l'épargne, la croissance du nombre de déposants et la taille des dépôts. Bien que la part du crédit privé ait augmenté dans le crédit total, le crédit public reste très important et les banques continuent de concentrer les prêts sur les clients traditionnels et importants (les grandes entreprises). En dépit de la libéralisation financière et des tentatives d'introduire plus de concurrence, la finance formelle n'est pas devenue plus accessible à une grande partie de l'économie réelle.

En revanche, la mobilisation des ressources par les institutions informelles montre que l'environnement qui a suivi la libéralisation financière a entraîné une réponse dynamique de leurs services. Aryeetey (1997a) constate une forte augmentation du nombre de prêts, en relation avec le nombre de demandes, qu'il attribue à la croissance de l'économie réelle. Il existe toujours cependant une demande insatisfaite.

Concernant le niveau des taux d'intérêt et l'écart entre les taux débiteurs et créditeurs, la libéralisation était censée établir des taux « de marché ». Une augmentation initiale de l'écart (spread) était attendue puisque les banques avaient besoin de temps pour restructurer les coûts. Ce spread devait ensuite se rétrécir avec des pratiques plus efficaces et l'augmentation de la concurrence.

Pourtant, les taux prêteurs et le spread sont restés continuellement élevés sur les trois ans voire sept ans après que les réformes ont commencé[47]. Cette tendance du spread indique une faible concurrence sur les marchés financiers et des coûts de transaction élevés sur les prêts.

Dans le secteur informel, dans certains cas, les taux d'intérêt des prêteurs d'argent se sont réduits suite aux réformes du secteur financier. Mais, Aryeetey (1997a) attribue ce changement à l'augmentation de l'offre de fonds suite à la libéralisation commerciale et à l'impossibilité pour certains clients de payer les traditionnels taux d'intérêt élevés.

La croissance des opérations informelles entre en totale contradiction avec les hypothèses des théoriciens de la libéralisation financière qui espéraient la disparition naturelle de ce secteur. Il est en plein essor. De même, la réduction de la répression financière n'a pas changé le mode de financement des agents économiques qui continuent de s'adresser au secteur informel. Le retour aux lois du marché tend à accroître les logiques sécuritaires.

Ce phénomène démontre encore une fois que la libéralisation n'a pas atteint les objectifs escomptés. Il existe réellement un problème bancaire en Afrique, aussi bien du côté de la demande que de celui de l'offre.

2.1.3 Les interrogations politiques

Nous avons vu, dans la première section, les avantages de la finance informelle et nous venons d'exposer ses inconvénients. Toutefois, on s'aperçoit

[47] E. Aryeetey (1997a), p 35.

rapidement qu'aussi bien les gains que les coûts du dualisme financier sont difficiles à établir et à évaluer.

Selon le point de vue adopté sur l'importance des gains et des coûts de la finance informelle, plusieurs thèses s'opposent sur la réduction du dualisme financier et différentes politiques sont préconisées.

2.1.3.1 Articulation ou intégration

La première thèse, soutenue notamment par les théoriciens de la libéralisation financière, certifie que le dualisme financier comporte des coûts considérables en termes d'efficacité et de répartition qui excèdent largement les avantages que l'on peut tirer d'un secteur financier informel. De ce point de vue, une politique active visant à réduire le dualisme financier est justifiée et correspond soit à l'intégration soit à l'articulation du secteur financier informel au système formel.

La première politique consiste à supprimer les structures financières informelles, non pas directement et brutalement en les interdisant mais indirectement en libéralisant le système financier formel et en éliminant la répression financière. La conséquence serait la baisse du taux d'intérêt dans l'informel dû à un accroissement de la concurrence et à terme, son intégration.

Mais, nous avons vu que la libéralisation financière n'a absolument pas permis d'intégrer le secteur informel au secteur bancaire.

De plus, la logique du développement n'implique-t-elle pas le déclin des activités économiques informelles et l'élévation du niveau de vie qui l'accompagne ?

En Afrique, l'économie informelle tendrait plutôt à s'étendre et, elle fait surtout appel aux tontines plutôt qu'aux prêteurs d'argent. Rien ne prouve qu'une plus grande liberté accordée aux banques leur permettrait d'accueillir en dépôt les fonds placés dans les tontines. Il faudrait aussi changer le regard de la population sur les banques, qui les considère comme des institutions « faites pour les riches ». Le risque est que l'intégration des deux systèmes de finance conduise à un système ne fonctionnant plus du tout.

La formalisation des circuits financiers informels se heurte à la logique sociale de ce secteur. Il est dangereux de vouloir réduire à une logique strictement financière des comportements profondément ancrés dans la dimension sociale africaine. La finance informelle répond non seulement à une logique de survie face à la pauvreté et d'adaptation face au sous-développement, mais également à une logique redistributive entre les secteurs, les agents et les régions.

Sa formalisation se heurte aussi à l'adhésion des individus à de nouvelles institutions et elle pourrait conduire à l'exclusion d'une partie de l'économie de l'accès aux services financiers.

La deuxième politique[48], plus réaliste, consiste à rapprocher ou à articuler les deux secteurs. Les banques mettent en place, par exemple, des guichets mobiles dans les zones rurales ou accordent des crédits aux membres des tontines, avec la garantie du groupe et/ou le recueillement en dépôt de leurs fonds disponibles. Ces mesures supposent que celles-ci soient non seulement bien organisées, mais qu'elles disposent d'un statut qui leur confère la personnalité juridique.

Par ailleurs, l'objectif de ces deux politiques est d'attirer les épargnants du secteur informel. Mais, on a pu constater que le système bancaire fonctionnait mal, qu'il ne fournissait pas les services adéquats et que les banques préféraient investir dans les obligations d'Etat. Dans ces conditions, n'est-il pas préférable d'attendre que les banques assurent leur rôle avant de rapprocher les deux secteurs ?

2.1.3.2 Le laisser-faire ou l'utilisation de la finance informelle

La seconde thèse, soutenue par Lelart (1991), considère que les avantages du dualisme financier l'emportent sur ses coûts dès lors que le secteur financier rend des services appropriés dans des zones écartées ou à des segments de la population ou à certains types d'activités économiques qui n'ont pas accès aux circuits financiers formels. Il affirme aussi que chacun des deux secteurs a sa dynamique propre et que les laisser se faire concurrence pour déterminer le sens de l'évolution de l'ensemble du système financier peut être plus judicieux que de s'efforcer à intervenir directement dans les activités financières informelles.

Un autre argument pour justifier cette attitude de « laisser-faire » est qu'une politique interventionniste visant à réduire l'importance du secteur informel peut en fait dissimuler d'autres objectifs d'ordre social ou politique moins souhaitables.

Le secteur informel n'est pas un fléau et ne doit pas, selon nous, faire l'objet d'une suppression brutale. Il joue sans aucun doute un rôle important et positif de financement dans de nombreux pays. A l'inverse, le secteur financier formel ne constitue pas une panacée et la solution n'est pas d'étendre tout simplement son activité pour qu'il couvre l'ensemble des transactions financières.

Il n'y a pas d'un côté le modèle parfait – le secteur formel – et de l'autre son antithèse absolue – le secteur financier informel.

La solution est vraisemblablement de trouver un intermédiaire entre les deux secteurs et de mettre en place des institutions de micro-finance et de micro-crédits permettant aux petites entreprises d'obtenir un financement et d'établir des liens entre les banques et les institutions informelles ou semi-formelles.

Il s'agit également d'articuler les deux secteurs mais, plutôt que d'espérer un rapprochement mutuel entre les banques et les agents financiers informels, il nous

[48] Cette politique d'articulation des deux secteurs a fait l'objet d'une importante littérature. Nous citerons notamment les travaux de Adera (1995), Germidis (1990), Nwanna (1994).

semble plus réaliste d'utiliser des intermédiaires. Cette dernière perspective fera l'objet d'une section de la deuxième partie.

2.2 Complémentarités et transferts entre les finances formelle et informelle

La littérature sur la finance informelle est semblable à celle des marchés incomplets et de l'information imparfaite. Un prêt implique l'échange de ressources courantes contre des ressources futures c'est-à-dire une promesse de remboursement qui peut être incertaine. La transaction est alors influencée par les risques pris par chacune des parties et leur connaissance de l'autre et de ses activités. Le problème de sélection adverse exclut certains emprunteurs du marché du crédit alors qu'ils sont solvables même si les prêteurs locaux sont mieux informés que les prêteurs extérieurs.

Par conséquent, les asymétries d'information expliquent en partie la fragmentation et la dualité sur le marché financier.

Le secteur financier informel peut être affecté indirectement par l'ampleur et l'efficacité du contrôle exercé sur les institutions financières formelles. Par exemple, s'agissant des activités de prêt, une politique restrictive de crédit dans le secteur formel crée un excès de demande de fonds qui se répercute sur le secteur informel, où il peut entraîner une hausse du coût du crédit.

Le secteur informel vient aussi combler le vide quand des programmes formels de crédits ne fonctionnent pas. Mais, force est de constater que ces deux systèmes financiers ont leur dynamique propre et qu'ils fournissent des services financiers différents et difficilement substituables vue l'état des institutions en Afrique. Plus justement, l'un et l'autre arrivent à se compléter sur certains segments mais entretiennent peu de relations. On parlera alors, dans un premier temps, de fragmentation du système financier.

Dans un second temps, nous verrons les rapprochements possibles entre les deux systèmes.

2.2.1 La fragmentation du système financier ou le « missing middle »

La fragmentation du système financier correspond aux faibles liens existant entre les segments financiers[49] et aux différences de rendement qui ne peuvent pas être expliquées par les coûts ou les risques. Mais, la comparaison des taux d'intérêt, des risques de défaut et des coûts de transaction est difficile à cause des différences de montant, de termes et de conditions des prêts.

---

[49] Les systèmes financiers africains sont tout d'abord segmentés puisqu'il existe deux systèmes distincts. Ils sont ensuite fragmentés dans le sens où ils évoluent et fonctionnent séparément.

La segmentation des marchés financiers a été observée, avec d'un côté les prêteurs formels et de l'autre, les prêteurs informels. Les deux catégories sélectionnent leurs clients suivant la disponibilité de l'information et la possibilité de gérer les risques. Mais, les faibles coûts de transaction et les faibles pertes qu'obtiennent les agents informels, en servant les clients n'ayant pas accès au système bancaire, indiquent qu'ils peuvent fournir une solution raisonnablement efficace aux problèmes d'information et d'absences de garanties qui caractérisent les économies africaines.

Néanmoins, les institutions informelles sont fortement spécialisées, souvent concentrées sur un seul côté du marché et focalisées sur un groupe particulier de clients. Les agents informels ont des difficultés à changer leur sphère de spécialisation particulière.

Ces segments sont d'une part fragmentés et d'autre part non intégrés. Plus précisément, les différents prêteurs sont polarisés aux extrémités du marché et n'entretiennent aucune relation entre eux.

Il existe alors une demande insatisfaite que l'on nomme « fossé financier ». Ce fossé représente tous les emprunteurs potentiels qui sont trop petits ou qui n'ont pas les garanties exigées par les banques mais dont la demande est trop importante ou à trop long terme pour que les prêteurs informels y répondent. Ce « fossé financier » pénalise surtout les PME ayant un potentiel de croissance et correspondent au « missing middle » dans la littérature sur le développement des entreprises en Afrique.

Les flux financiers entre les marchés formel et informel sont négligeables. Les agents financiers informels ont généralement un capital limité et peu d'accès aux fonds bancaires. Même lorsqu'ils peuvent obtenir un crédit bancaire, ils s'en servent rarement pour accorder des prêts. La source principale d'augmentation de l'offre de fonds des agents informels est la mobilisation de l'épargne et le réinvestissement des profits.

D'un autre côté, les collecteurs d'épargne ont fréquemment un compte bancaire, surtout en zone urbaine. Certains le font pour le taux d'intérêt créditeur, d'autres pour mettre en sécurité les dépôts mobilisés.

Mais, aucun lien direct n'a été trouvé entre les prêteurs informels. Parfois, certains clients utilisent des collecteurs d'épargne pour accumuler des fonds et contribuer ainsi à l'alimentation des tontines ou des unions de crédit. Ils utilisent quelques fois plus d'une institution informelle d'épargne mais il est rare qu'ils obtiennent du crédit à partir de plusieurs sources de financement (une seule en général).

De plus, les clients qui s'adressent au secteur informel n'ont en général aucune relation avec les banques.

Etant donnée cette fragmentation, il paraît indispensable de rapprocher les deux systèmes pour que la complémentarité trouve sa force et augmente l'efficacité du système dans son ensemble.

2.2.2 Le rapprochement intermédié des systèmes financiers

Le dualisme financier et la segmentation des marchés entraînent une situation où les unités déficitaires et excédentaires ont peu de liaisons directes ou indirectes.

Les fonds des prêteurs informels sont étroits, limités aux dépôts d'un groupe spécifique de personnes ou aux surplus de revenus dont a bénéficié le prêteur par le biais d'autres activités. Sa capacité à satisfaire la demande de crédits croissante est par conséquent limitée sans le recours à des sources de financement extérieures.

Cette situation souligne la nécessité de créer un mécanisme permettant aux unités du secteur informel d'avoir davantage accès aux excédents de ressources financières des institutions du secteur structuré. Les unités du secteur informel auraient tout intérêt à utiliser le crédit du secteur officiel pour développer leurs opérations de prêt, satisfaire les besoins du secteur réel en expansion et remédier à l'insuffisance de services financiers.

Cependant, dans beaucoup de pays, les institutions officielles ne sont pas encouragées à coopérer plus étroitement avec les prêteurs du secteur informel et les collecteurs de dépôts. De plus, beaucoup de programmes de crédit organisés par les ONG (organisations non gouvernementales) fonctionnent isolement du reste du système financier et sans coordination avec des programmes similaires.

Le problème reste la diffusion de l'information pour que les banques n'associent plus les petits emprunteurs à des niveaux de risque élevés et à des coûts de transaction importants.

Or, justement, un opérateur semi-formel pourrait combler le déficit d'information entre les secteurs structuré et informel. Les programmes semi-formels devraient établir des liens avec les institutions bancaires existantes ou devenir eux-mêmes des intermédiaires financiers à part entière.

La complémentarité entre ceux disposant des fonds financiers et ceux disposant de l'information et de la proximité avec les emprunteurs semble être le meilleur moyen d'améliorer les systèmes financiers des pays africains. Plutôt que d'éliminer la finance informelle, il est préférable d'utiliser ses atouts et de trouver dans le même temps, la solution à la réduction non pas du secteur financier informel mais du dualisme financier.

Par le biais des institutions et des agents semi-formels, les banques doivent être encouragées et incitées à créer des relations étroites avec les agents informels tels que les collecteurs d'épargne, les associations d'épargne et de crédit et les ONG. Tous ces agents informels ont en effet la possibilité de drainer efficacement la petite épargne et d'octroyer des crédits aux ménages et aux micro-entreprises.

La Banque Africaine de Développement (1996) a proposé d'encourager les banques de second rang à offrir aux mobilisateurs informels de ressources des taux d'intérêt préférentiels et à les exonérer des charges et des droits sur les dépôts à vue. Elle propose également l'accord de découverts de la part des banques et le développement d'aide à la gestion des portefeuilles informels.

Les agents informels pourraient alors fournir davantage de crédit à leurs clients et l'intégration financière des marchés éliminerait de fait le dualisme et ses effets néfastes.

Bien entendu, le développement d'un secteur financier intégré nécessite la mise en place par l'Etat de cadres et de politiques adaptés. Des liaisons plus étroites entre les deux secteurs permettraient d'assurer une répartition plus équitable des revenus tout en réduisant les risques. Nous aborderons plus en détail cette politique dans la seconde partie comme étant une des solutions au développement économique et à la croissance en Afrique.

Nous avons clairement montré que les secteurs financiers d'Afrique sub-saharienne se caractérisent par un degré élevé de dualisme financier. Une part importante des opérations financières est réalisée sur le marché informel de l'épargne et du crédit, de même qu'une part assez considérable des ressources est drainée et investie par ce secteur.

Des différences marquées existent entre les mécanismes du secteur informel et les institutions du secteur formel. Les montants des opérations et les taux d'intérêt pratiqués diffèrent également. Mais, la finance informelle tire beaucoup d'avantages de son extraordinaire souplesse et peut parfaitement s'adapter au gré des besoins. Le plus souvent, elle a joué un rôle palliatif face aux déséquilibres et a permis le financement d'activités exclues de la finance formelle. Il ne servirait à rien de brusquer des comportements intimement liés à un sens aigu de cette solidarité que les Africains considèrent comme essentielle.

Par ailleurs, le dualisme revêt des formes diverses et cette diversité s'enracine dans l'histoire particulière et la culture originale de chaque pays.

Mais, la réduction du dualisme financier se justifie pour des raisons à la fois économiques et sociales. En effet, l'existence même d'un système financier informel au sein des économies, rend impossible la définition de politiques macro-économiques et réduit leur efficacité. Parvenir à un espace économique, monétaire et financier homogène est une des conditions nécessaires, même si elle n'est pas suffisante, de la réalisation d'une croissance plus régulière et plus équilibrée en Afrique.

L'histoire a montré que la réduction du dualisme financier va souvent de pair avec la croissance et le développement économique mais elle n'indique pas le sens de la relation de causalité. De toute façon, la réduction du dualisme financier est manifestement un phénomène à long terme.

Beaucoup d'espoirs ont été portés sur les programmes de libéralisation financière qui étaient censés, en élevant les taux d'intérêt, attirer les épargnants du secteur informel et arriver à terme à une intégration totale des deux secteurs. Mais, encore une fois, cette politique n'était pas adaptée au cas africain puisque l'effet inverse s'est produit. Loin d'attirer les épargnants, la libéralisation a conduit à renforcer les comportements sécuritaires et à accroître l'ampleur et l'étendue du secteur financier informel.

Finalement, les deux secteurs produisent des services financiers différents et se complètent à certains égards. Ils n'entretiennent aucune relation entre eux et évoluent séparément, chacun sur un segment du marché. Si les banques se chargent des grandes entreprises et des emprunteurs peu risqués, les agents informels s'intéressent plutôt aux petits commerçants et aux ménages.

Cependant, le problème le plus préoccupant est que les petits chefs d'entreprises, les chefs de PME ou de PMI n'ont pas la possibilité de trouver de financement quel que soit le secteur auquel ils s'adressent.

Cette remarque est essentielle puisque ce sont justement ces nombreuses petites entreprises qui ont la possibilité d'accroître les taux de croissance des économies. Il semble alors indispensable de trouver des solutions pour que le système financier offre des prêts aux petits établissements.

Nous pensons que des intermédiaires semi-formels pourrait assumer cette fonction. Reliant les banques aux différents emprunteurs, les agents semi-formels pourraient non seulement disposer des fonds du secteur bancaire mais également de l'information et de la proximité des agents informels pour veiller à ce que la production dans son ensemble soit financée. Nous pouvons penser qu'à terme, les liens établis pourront se faire sans intermédiaire.

Conclusion du chapitre I

Les conditions initiales de mise en place de la libéralisation financière sont donc propres au cas particulier des économies sub-sahariennes.

Tout d'abord, les réformes ont été entreprises dans une période de crise sans précédent. L'Afrique est à la recherche du développement économique depuis plus de deux décennies et la pauvreté aussi bien économique qu'humaine représente un frein au développement des activités bancaires. De plus, l'hétérogénéité des situations observées laisse penser qu'une même politique internationale de libéralisation financière est difficilement applicable à tout moment et en tout lieu.

En outre, les systèmes financiers officiels se sont effondrés dans les années 1980. Ils ne permettaient pas le financement des activités économiques et servaient essentiellement à combler les déficits de l'Etat jusqu'à ce que la récession économique mondiale entraîne l'augmentation des créances douteuses et la liquidation de nombreux établissements bancaires. L'éclatement du secteur bancaire permet de mieux comprendre l'espoir né des politiques de libéralisation financière qui devaient « éloigner » l'Etat du fonctionnement bancaire, établir un certain degré de concurrence et restructurer les établissements existants en donnant au secteur privé la majorité du capital des banques.

Cependant, la crise a touché plus fortement les pays de la Zone Franc que ceux évoluant en régimes de changes flexibles. Le mécanisme du compte d'opérations de cette union monétaire n'a pas empêché la fuite des capitaux et les performances économiques, à l'exception de l'inflation, ont été plus faibles que dans les autres pays africains. Loin de constituer une zone monétaire optimale, la Zone Franc souffre d'un développement inégal entre ses différents membres et des faibles relations aussi bien commerciales que diplomatiques entre les pays.

De plus, l'existence d'un dualisme financier très important remet en cause les conditions de libéralisation initiales décrites par Mac Kinnon (1973) et Shaw (1973). Le secteur financier informel est tout d'abord une réponse au mauvais fonctionnement bancaire mais il ne cesse de s'étendre, même après la mise en place des politiques de libéralisation financière en Afrique. Il est souple, adapté aux besoins des ménages mais détourne une partie de l'épargne et rend difficile l'estimation des agrégats monétaires et des politiques entreprises.

Cependant, le secteur financier informel permet essentiellement aux agents privés (aux ménages) de trouver des financements pour leurs biens de consommation courante et évince les petites entreprises.

L'impossibilité pour ces dernières de trouver un financement aussi bien auprès des institutions officielles que non officielles est une des causes de la faible croissance africaine. Seules les grandes sociétés peuvent obtenir un prêt bancaire et les petites entreprises se trouvent exclues de l'ensemble du système de financement économique.

Par ailleurs, comment peut-on manipuler les taux d'intérêt dans le secteur bancaire et espérer des résultats positifs sur la mobilisation de l'épargne alors que les agents économiques n'ont pas *confiance* dans les institutions officielles et préfèrent déposer leur argent dans le secteur informel où ils sont sûrs de pouvoir obtenir un crédit ?

Le second chapitre analyse la théorie de la libéralisation financière et les critiques élaborées par les différents courants de pensée. Il s'agit de bien comprendre les hypothèses du modèle de Mac Kinnon (1973) et Shaw (1973) afin de saisir les erreurs théoriques d'application au cas africain.

CHAPITRE II : POLITIQUE DE LIBERALISATION FINANCIERE ET APPROFONDISSEMENT DU SYSTEME BANCAIRE

Introduction

Après avoir posé le cadre macro-économique et financier des économies sub-sahariennes, l'objet de ce chapitre est, d'une part, de définir la politique de libéralisation financière possible et, d'autre part, de s'intéresser aux structures bancaires et aux effets des réformes sur les systèmes financiers africains.

La première section expose la thèse de la répression financière élaborée en 1973 par Mac Kinnon et Shaw ainsi que les implications de leur théorie en termes de politique économique et les prolongements de leur modèle. Elle fait part également des différentes critiques post-keynésiennes et néo-structuralistes et des problèmes d'asymétries d'information sur le marché du crédit. Au terme de cette première section, nous aurons un aperçu complet de la théorie de la libéralisation financière, des effets attendus sur les économies et des mises en garde élaborées par les autres écoles de pensée économique.

La seconde section, intitulée « l'échec relatif des réformes financières » retrace les mesures entreprises et les différentes expériences qui ont plus ou moins bien réussi, posant alors les premières bases de la réussite de la libéralisation financière et les raisons des échecs.

La troisième section consiste à estimer, de façon quantitative, l'impact des réformes sur les systèmes bancaires africains. Elle tente de définir le niveau de développement financier de chaque pays sub-saharien par le calcul d'un indice d'une part et par une analyse factorielle des correspondances de six indicateurs bancaires d'autre part. Les pays d'Afrique sub-saharienne peuvent alors être classés suivant leur développement financier. Cette section examine ainsi l'impact de la libéralisation financière par l'évolution générale de l'indice et des structures bancaires. Le chapitre se conclut par l'incapacité des réformes à approfondir les systèmes financiers africains.

SECTION I : FONDEMENTS ET CRITIQUES THEORIQUES DE LA LIBERALISATION FINANCIERE

« Mec, fit Paul, c'est d'aide que j'ai besoin, pas de théorie.
- Si tu ne comprends pas la théorie, t'auras toujours besoin d'aide... ».
Charles Bukowski, Je t'aime, Albert.

Les travaux de Mac Kinnon (1973) et Shaw (1973) constituent la référence théorique autour de laquelle s'est développée l'approche néo-libérale en matière d'organisation du système financier dans les pays en voie de développement. Leurs thèses ont eu un énorme retentissement, non seulement dans le milieu académique puisque les ouvrages de référence ont donné naissance à une importante littérature, mais également auprès des grandes organisations internationales comme la Banque Mondiale et le Fonds Monétaire International qui ont mis en application leur théorie dans les pays concernés.

Le premier paragraphe définit, à partir des écrits de Mac Kinnon (1973) et Shaw (1973), la thèse de la répression financière. Il reprend aussi les prolongements de leur modèle par des auteurs néo-libéraux qui ont souhaité appuyer et conforter cette thèse. A l'inverse, le second paragraphe retrace les critiques théoriques adressées à Mac Kinnon et Shaw par l'école post-keynésienne, les néo-structuralistes et théoriciens de l'information imparfaite.

1. LA THESE DE LA REPRESSION FINANCIERE

Le succès de la théorie de la libéralisation financière n'est pas surprenant car depuis les années 1960 et les travaux de Gurley et Shaw (1960) et de Goldsmith (1969), la communauté économique « attendait » un instrument théorique solide pour justifier la liaison entre le développement financier et le développement réel dans les PVD. Mac Kinnon et Shaw considèrent un système économique en déséquilibre avec une abondance d'opportunités d'investissement. Ils se placent dans le cadre de pays en retard dans lesquels les politiques financières adoptées ne permettent pas d'exploiter ces opportunités.

En effet, ces dernières se caractérisent par des taux d'intérêt bas et par une forte intervention des autorités dans l'allocation des crédits, notamment par le biais des réserves obligatoires. Dans les économies en voie de développement où les auteurs définissent l'inflation comme étant élevée et instable, la politique de taux d'intérêt bas rend alors les taux d'intérêt réels négatifs et pousse les épargnants à préférer les biens refuge à la monnaie.

Or, le modèle du *Financial Deepening* (de l'approfondissement financier) de Mac Kinnon et Shaw considère l'expansion monétaire comme étant à la fois le résultat de l'augmentation de l'épargne et la source d'une croissance économique accrue. Dans ces conditions, leur principale conclusion normative est l'abandon du plafonnement des taux d'intérêt en faveur de leur libéralisation. Mais, pour les monétaristes de Stanford, l'expansion de la masse monétaire par l'essor de l'épargne n'est pas suffisante et doit être accompagnée d'autres mesures. Ils préconisent également l'abaissement des réserves obligatoires, l'abandon du dirigisme dans l'allocation des crédits ainsi que des réformes fiscales, la stimulation de l'offre globale et du marché des capitaux.

1.1 Les hypothèses du modèle

Les analyses de Mac Kinnon et Shaw divergent sur quelques points mais se recoupent et se renforcent mutuellement. L'hypothèse de complémentarité entre les encaisses monétaires et la formation du capital provient du modèle de Mac Kinnon alors que Shaw présente un raisonnement en termes de dette et d'intermédiation.

Ces deux approches diffèrent essentiellement dans la définition de la monnaie donnée par les deux économistes de Stanford. Alors que Mac Kinnon accepte la définition néoclassique de la monnaie et traite de l'*outside money* (la monnaie fiduciaire), Shaw met l'accent sur l'intermédiation financière dans le processus d'accumulation et sur l'*inside money* (la monnaie de crédit). Dans son analyse, seuls comptent les prêts et précisément, les prêts dirigés vers des investissements productifs.

Cette différence dans la définition de la monnaie provient du cadre initial des pays en voie de développement dans lesquels ils se placent. Mac Kinnon décrit la situation d'une économie peu monétarisée dans laquelle les agents économiques, que ce soit les ménages ou les entreprises sont limités à l'autofinancement. La monnaie constitue le seul actif financier, à côté des biens réels, à être utilisé comme réserve de valeur. De ce fait, la monnaie est l'élément central du processus épargne-investissement et son essor est la condition nécessaire à la croissance économique.

Pour Shaw, l'investissement ne se limite pas à l'autofinancement. Les entrepreneurs s'adressent au marché du crédit pour financer leurs projets et Shaw précise que lorsque le crédit issu du marché officiel n'est pas disponible, invariablement un marché parallèle se crée[50].

Shaw et Mac Kinnon considèrent que la demande de monnaie est fonction de la propension à épargner. En ce sens, ils rejoignent les analyses monétaristes de Gurley et Shaw (1960) dans lesquelles les agents économiques demandent de la monnaie en proportion de leur revenu excédentaire. Mais, en fin de compte, la monnaie est demandée si son rendement marginal est supérieur ou égal aux rendements marginaux de la consommation, de l'investissement et des autres actifs financiers. De ce cas, la monnaie se substitue aux actifs financiers, elle entre en concurrence avec les différents actifs (dont le capital) dans le portefeuille des producteurs et des consommateurs.

1.1.1 La complémentarité entre les encaisses monétaires et la formation du capital

La thèse de la complémentarité entre les encaisses monétaires et la formation du capital ainsi que la reformulation de la demande de monnaie constitue l'apport fondamental de la théorie de Mac Kinnon.

La fonction de demande de monnaie de Mac Kinnon peut s'écrire de la façon suivante :

---

[50] A ce niveau, il est indispensable de rappeler que les marchés parallèles existants dans les pays africains sont souvent sélectifs et évincent les petites et moyennes entreprises. Par conséquent, l'autofinancement des investissements, au moins de façon partielle, est toujours présent dans ces économies.

$(M/P)^d = L\ [Y, I/Y, (d\text{-}P^*)]$

On désigne par Y le revenu réel, par I/Y le ratio d'investissement par rapport au revenu, par d le taux d'intérêt nominal moyen des dépôts et par P* le taux d'inflation anticipé.

De plus, $\partial L / \partial Y > 0$, $\partial L / \partial (I/Y) > 0$ et $\partial L / \partial (d\text{-}P^*) > 0$.

La détention de monnaie pour motif de transaction est toujours estimée par le revenu courant (Y). Mais, la fonction de demande de monnaie croît également avec le rendement réel ou le taux d'intérêt réel servi sur les dépôts (d-P*). Accroître le taux d'intérêt réel, par une augmentation du taux d'intérêt nominal (d) et/ou par une diminution de l'inflation permet d'enclencher un processus de monétarisation de l'économie par la création d'un marché de l'épargne. La logique habituelle est inversée puisque ce n'est plus le marché qui détermine le prix mais le prix qui crée le marché [Venet (1997)].

Finalement, la demande de monnaie croît avec le ratio (I/Y). Cette dernière incorpore donc la demande de monnaie issue du processus d'accumulation du capital lui-même. Précisément, $\partial L / \partial (I/Y) > 0$ souligne l'existence d'une complémentarité entre actifs financiers et capital physique.

Cependant, une nuance importante doit être faite, en considérant la fonction de taux d'investissement de Mac Kinnon (1973) :

$I/Y = F\ [e, d\text{-}P^*)]$ avec $\partial F / \partial e > 0$ et $\partial F / \partial (d\text{-}P^*) > 0$ puis < 0

La productivité du capital est désignée par e et le rendement réel de la monnaie par (d - P*). Plus le taux d'intérêt servi sur les dépôts est élevé, plus la contrainte d'épargne-investissement se relâche (la dérivée est positive). Il y a donc complémentarité entre la monnaie et le capital physique, que l'on appelle « effet conduit ».

Toutefois, au-delà d'un certain niveau des taux d'intérêt, la monnaie et le capital physique sont substituables, $\partial F / \partial (d\text{-}P^*)$ est négative. Les agents économiques préfèrent détenir des actifs liquides dont le rendement est supérieur aux actifs non monétaires. C'est « l'effet d'actifs concurrents ».

Graphiquement, ces deux effets peuvent être représentés comme suit :

En A, le niveau du taux de rendement réel est faible voire négatif et c'est le point à partir duquel il y a l'effet conduit. B représente le taux de rendement de la monnaie qui maximise le taux d'investissement autofinancé. C indique qu'en cas d'amélioration de la qualité du stock de capital physique, l'optimum se déplace de B en C.

Figure II.1 – La fonction d'investissement de Mac Kinnon

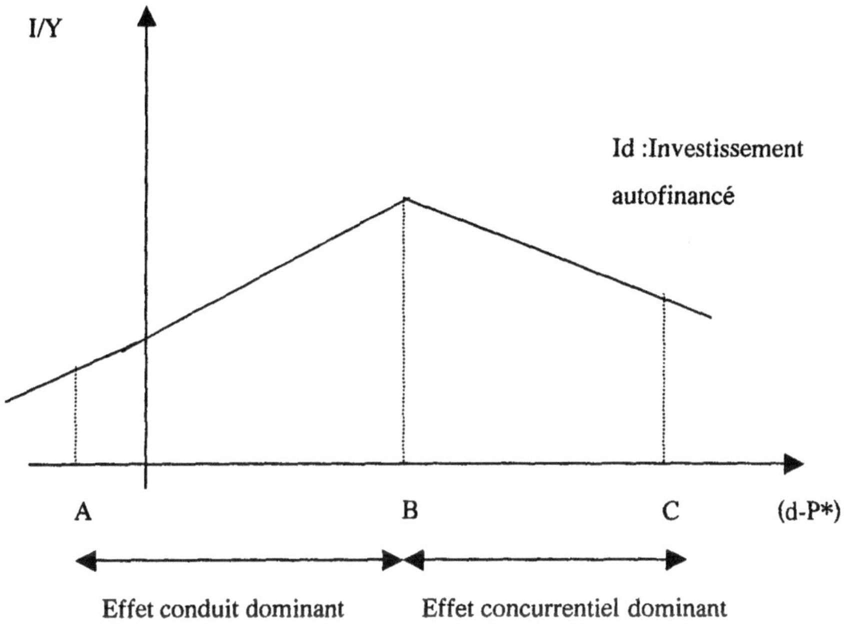

Source : Mac Kinnon (1973, p 62)

Par conséquent, la demande d'encaisses monétaires et celle du capital physique sont complémentaires à condition que « l'effet conduit » domine « l'effet d'actifs concurrents ». Au-delà d'un certain niveau de taux d'intérêt, la monnaie et l'investissement ne sont plus complémentaires car les agents préfèrent alors détenir des liquidités. Ce qu'il faut retenir, c'est l'existence au sein de l'économie d'un taux d'intérêt à ne pas dépasser pour ne pas décourager l'investissement en capital physique.

1.1.2 Le rôle et le statut des intermédiaires financiers

Dans les pays en développement, pour les auteurs de la thèse de la répression financière, le secteur bancaire joue un rôle considérable dans le processus d'allocation des ressources car il n'existe pas ou très peu de marchés financiers. A ce titre, les gouvernements le considèrent comme un secteur stratégique et exercent ou cherchent à exercer un contrôle direct ou indirect sur lui.

Dans le cadre défini par Mac Kinnon où toutes les unités économiques sont réduites à l'autofinancement, les agents ne prêtent pas et n'empruntent pas aux autres. Compte tenu de cette hypothèse, les « banques » de Mac Kinnon n'exercent pas d'activité de crédit. Elles se bornent à collecter l'épargne, à la rémunérer et à la rendre à leurs propriétaires.

Pourtant, si les banques ne prêtent pas, comment peuvent-elles être rentables ? A partir de quelles ressources peuvent-elles rémunérer les dépôts ? Mac Kinnon ne répond pas à ces questions, il suppose l'existence préalable d'un secteur bancaire sans activité de prêt[51].

En revanche, pour Shaw (1973), dans son modèle d'intermédiation de la dette, le rôle des intermédiaires financiers est primordial. Dans son analyse, quelle que soit sa forme (billets, pièces, dépôts), la monnaie n'est pas considérée comme une richesse, elle est fondamentalement une dette de l'émetteur (les intermédiaires financiers bancaires ou les autorités monétaires).

L'intermédiation financière permet non seulement d'augmenter l'épargne par l'élévation du rendement réel de la monnaie, mais également de réduire les coûts réels supportés par les investisseurs. Tout d'abord, l'épargne étant une fonction croissante de sa rémunération réelle, l'augmentation du taux sur les dépôts accroît les possibilités de crédit offertes par les banques. Ensuite, les banques permettent la baisse des coûts de l'investissement. Cette amélioration s'obtient par un meilleur ajustement de la préférence pour la liquidité, par une diversification permettant la réduction du risque, grâce aux économies d'échelle réalisées par des prêts plus nombreux et plus importants. De plus, elles deviennent plus efficaces et se spécialisent, elles réduisent le coût de l'information des agents à la fois à capacité et à besoin de financement et peuvent utiliser leur expertise pour une allocation plus efficace des ressources disponibles[52].

Pour reprendre la typologie élaborée par Gurley et Shaw (1960), Mac Kinnon se place dans le cadre d'une économie où le développement financier n'en est qu'à son premier stade (la monnaie est externe) alors que l'économie de Shaw a déjà atteint le second stade de développement financier (la monnaie est interne). Cette distinction fait que l'approche des deux auteurs se réduit souvent au seul modèle de Shaw (1973).

1.1.3 L'analyse graphique de la répression financière

Les éléments essentiels des thèses de Mac Kinnon et de Shaw ont été synthétisés dans une analyse graphique élaborée par Fry en 1982.

[51] Dans la suite de son ouvrage, à partir du chapitre 7, Mac Kinnon attribue aux intermédiaires financiers leurs fonctions traditionnelles (activité de collecte des dépôts et de prêts). Pourtant, il n'explique pas le passage d'un système autofinancé à un système intermédié.

[52] A l'intérieur d'un tel cadre, Shaw ajoute que l'hypothèse de complémentarité n'a pas lieu d'être.

Figure II. 2 - Les effets de la répression financière sur l'épargne et l'investissement

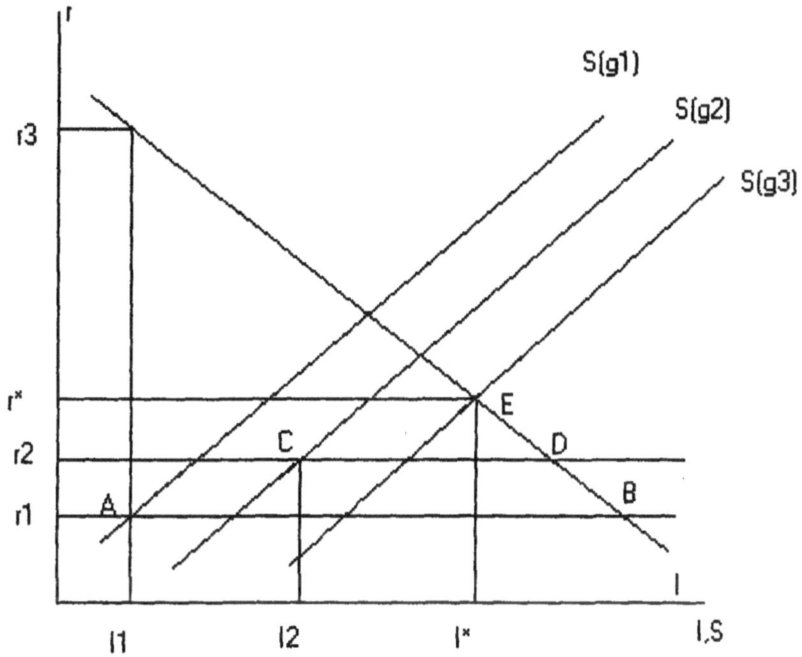

Source : Fry (1982)

Par hypothèse, l'investissement (I) est une fonction décroissante du taux d'intérêt réel (r) et l'épargne (S) est une fonction croissante du taux de croissance du revenu national (g) et de r.

Sur le graphique, les trois fonctions d'épargne sont représentées en fonction de g, un certain taux de croissance du revenu et $g_1 < g_2 < g_3$. Les taux r_1 et r_2 correspondent à un plafonnement administratif à la baisse des taux d'intérêt tel que $r_1 < r_2 < r^*$.

Finalement, le taux d'intérêt d'équilibre r* permet l'égalité de l'épargne et de l'investissement, $I^* = S^*$.

Si le taux de croissance initial de l'économie est g_1 et que le taux d'intérêt servi sur les dépôts est r_1, l'épargne est faible et se situe en I_1. De plus, si les taux créditeurs des banques n'étaient pas plafonnés, ils s'établiraient en r_3 et la marge dégagée par le secteur bancaire, $(r_3 - r_1)$ pourrait servir à financer la prestation d'autres services (publicité, ouverture de nouvelles succursales).

Cependant, si le gouvernement décide d'encourager l'investissement dans certains secteurs prioritaires en réduisant le coût de l'emprunt à r_1 alors, faute de financement, une partie de la demande d'investissement n'est pas satisfaite (c'est le segment [AB]) alors qu'elle pourrait être rentable. De plus, l'existence du rationnement du crédit peut conduire les banques à adopter un comportement de prudence excessive et à ne financer que les projets peu risqués mais pas forcément les plus rentables.

Dans une même situation d'administration des taux, si l'Etat décide l'augmentation du taux d'intérêt de r_1 à r_2, de nouveaux investisseurs trouveront un financement à leurs projets mais le segment [CD] < [AB] représente la fraction de demande toujours insatisfaite. Pour que cette demande non satisfaite disparaisse, la seule solution est d'éliminer le plafonnement à la baisse des taux d'intérêt de façon à ce que r se fixe en r*. Dans ce cas, le taux de croissance du revenu dans l'économie se fixe en g_3.

Par conséquent, dans une économie financièrement réprimée où les taux d'intérêt sont plafonnés en dessous de leur valeur d'équilibre, les dépôts bancaires et l'épargne sont faibles, l'investissement se fixe au-dessous de son niveau optimal et ne concerne que des projets de faible qualité et à faible rentabilité.

Dans ce contexte, les auteurs préconisent la libéralisation des taux d'intérêt de façon à ce que l'économie puisse bénéficier d'une croissance plus importante par l'amélioration à la fois du niveau d'épargne et de la quantité et la qualité des investissements.

Malgré le consensus qu'il arrive à établir entre Mac Kinnon et Shaw, Fry affirme que l'analyse des faits ne confirme pas l'hypothèse de complémentarité. Pour lui, la complémentarité et le raisonnement dette-intermédiation sont deux notions totalement incompatibles.

Nous pensons que l'hypothèse de complémentarité entre les encaisses monétaires et la formation du capital est difficilement acceptable car Mac Kinnon confond la demande de monnaie et l'épargne et considère que les entreprises autofinancent leurs investissements. Autrement dit, l'épargne se fait auprès des banques en fonction du taux d'intérêt offert sur les dépôts mais ces dernières n'accordent pas de crédit, elles rendent les fonds à leurs propriétaires qui se chargent de les investir. Si le taux d'intérêt est trop élevé, les entreprises préfèrent laisser les liquidités en banques et l'effet concurrentiel domine. Cette conception de l'économie ne correspond pas au cas africain puisque l'épargne accumulée par les entreprises pour autofinancer leurs investissements ne dépend pas du taux d'intérêt bancaire. Nous reviendrons sur cette question dans l'analyse des critiques théoriques et dans la deuxième partie de cet ouvrage.

1.2 Les implications en termes de politique économique

A partir de la thèse de la répression financière, plusieurs mesures de politique économique peuvent être adoptées de façon à réduire ce phénomène et à libéraliser le secteur financier des économies réprimées. Mac Kinnon et Shaw développent alors les politiques appropriées en matière de gestion des taux d'intérêt, de gestion des réserves obligatoires, de fiscalité et d'établissement de marchés des capitaux.

1.2.1 La bonne gestion des taux d'intérêt

Selon Mac Kinnon et Shaw, la politique du plafonnement des taux d'intérêt est inadaptée aux PVD. A cause des niveaux élevés d'inflation qui caractérisent ces économies, une telle politique impliquerait des taux d'intérêt réels négatifs et donc une diminution des dépôts bancaires, compromettant l'activité créditrice des banques et encourageant la demande excédentaire de crédits.

Le rationnement du crédit enclenche, à son tour, toute une série d'effets négatifs indirects tels que la pratique de l'usure, le favoritisme dans l'octroi des crédits, la concentration économique, le découragement de l'innovation.

En définitive, le plafonnement des taux d'intérêt conduit à une mauvaise allocation des ressources et à un ralentissement de la croissance, source additionnelle de contraction du système financier. Ce plafonnement peut également être source d'inflation. En effet, il conduit à une baisse de la croissance de la demande de monnaie et, selon la théorie quantitative adoptée par les deux auteurs, si cette croissance devait être inférieure à celle de l'offre de monnaie, l'économie serait soumise à une augmentation des prix.

A l'inverse, la libéralisation des taux d'intérêt permet d'internaliser à la fois le niveau de l'inflation mais aussi la rareté du capital. Les taux d'intérêt élevés sont la principale condition au développement financier et donc à la croissance économique.

Dans un premier temps, l'épargne accumulée favorise l'autofinancement des projets d'investissement des agents à excédent. Puis, les conditions préalables à une véritable intermédiation financière peuvent s'établir. Les agents encouragent d'autres agents à leur prêter, l'économie sort de l'autofinancement en encourageant l'utilisation optimale des ressources et l'essor du cycle vertueux de l'investissement (le *financial deepening*).

La réussite du processus impliquerait dès lors la diminution des divergences entre les taux de rendements des investissements réalisés dans le pays.

Pourtant, est-ce que les taux d'intérêt élevés ne décourageraient pas l'investissement et la demande de nouveaux crédits en limitant l'accès de ces derniers aux entreprises déjà bien installées ?

1.2.2 La bonne gestion des réserves obligatoires

Shaw et Mac Kinnon dénoncent l'utilisation que font certains PVD des réserves obligatoires, en les convertissant d'instrument de contrôle monétaire en instrument de répression financière. Pour eux, les réserves obligatoires sont normalement un instrument de politique monétaire permettant de contrôler l'offre excédentaire de monnaie et donc l'inflation. Pourtant, les Banques Centrales de ces pays imposent des taux élevés de réserves obligatoires dans le but de financer les déficits de l'Etat et l'activité d'agences de crédits spécialisés. En d'autres termes, l'Etat exerce un droit de seigneuriage sur le système bancaire. Cette dénaturation de la fonction des réserves obligatoires conduit d'une part, au rationnement du crédit bancaire et d'autre part, à l'inflation.

Tout d'abord, les taux élevés de réserves obligatoires imposés par l'Etat réduisent la capacité des banques à prêter. Ce rationnement est, d'autre part, accentué par le fait que la Banque Centrale rémunère faiblement ces réserves et compromet ainsi le rendement d'une partie des actifs bancaires. Il est alors pratiquement impossible aux banques d'offrir des taux rémunérateurs élevés sur les dépôts. Les dépôts se réduisent et avec eux, les crédits. Une économie de rationnement s'impose dès lors.

Ensuite, les deux auteurs considèrent le recours au seigneuriage pour financer le déficit public comme étant une des principales causes de l'inflation, accentuée par l'utilisation de la planche à billets lorsque les déficits s'aggravent. L'inflation décourage la demande de monnaie, elle freine la réalisation de nouveaux investissements et peut provoquer la fuite de capitaux vers l'étranger. L'inflation doit être maîtrisée par la croissance limitée du stock de monnaie nominale (M^s) mais ne doit pas diminuer en termes réels (M^s / P).

Ils proposent par la suite les réformes fiscales appropriées pour réduire les déficits publics et préconisent la baisse du taux de réserves obligatoires dans ces économies, la Banque Centrale ne devant les utiliser dans le seul but de stabiliser les prix.

1.2.3 La politique fiscale

Le contrôle de l'inflation par la diminution du seigneuriage oblige les Etats à trouver une autre source de financement pour leur déficit.

De plus, d'après les auteurs, les dépenses du gouvernement sont supposées augmenter avec la croissance du revenu et la politique de libéralisation financière favorise, suite à son effet positif sur la croissance, le déficit budgétaire.

En fait, ce point de vue est critiquable. La croissance du revenu national n'entraîne pas forcément l'accentuation du déficit de l'Etat. En revanche, la libéralisation financière oblige le gouvernement à trouver d'autres sources de financement en réduisant la taxe inflationniste, ce qui représente une critique et un paradoxe importants, notamment en période d'ajustement structurel.

Selon Shaw et Mac Kinnon, la taxe sur la valeur ajoutée (la TVA) est l'instrument approprié pour assurer le passage à une économie libérale, tout en assurant un financement non-inflationniste des dépenses publiques. Les deux auteurs apprécient le caractère neutre et l'efficacité de la TVA. Ils envisagent également l'introduction de taxes sur les biens de consommation et n'excluent pas l'utilisation de tarifs protecteurs temporaires, ces taxes ayant l'avantage d'être plus simples au niveau de leur application et plus efficaces que l'imposition sur le revenu.

Il est essentiel de mettre en place une politique fiscale appropriée pour adapter la libéralisation aux conditions des économies réprimées car les distorsions existantes peuvent être longues à disparaître.

1.2.4 La création d'un marché des capitaux

Les mesures décrites jusqu'à présent permettent la libéralisation du secteur financier et garantissent la stabilisation de l'économie et de son niveau de croissance. Cette étape implique ensuite le développement incontournable d'un marché des titres de long terme.

Concernant les marchés financiers, Mac Kinnon (1988) indique que le développement des marchés est indispensable pour une libéralisation financière réussie et qu'en l'absence d'un tel marché, le gouvernement doit intervenir. En effet, suite à l'augmentation du prix du capital (élévation des taux d'intérêts réels), les entreprises doivent pouvoir obtenir des liquidités à moindre coût afin de financer leurs investissements et la croissance économique. En principe, si le marché fonctionne sans entrave, il devrait avoir le même impact sur la croissance que le taux d'intérêt d'équilibre c'est-à-dire augmenter à la fois le taux d'épargne, la qualité et la quantité des investissements.

Shaw (1973) argumente cette position en décrivant tout d'abord les avantages liés à l'utilisation des titres comme moyen de financement d'une économie. D'une part, elle permet une démocratisation de la propriété et de la gestion du capital. D'autre part, l'endettement systématique des entreprises les rend fragiles.

La création d'un marché des titres fait partie intégrale du processus de libéralisation des économies réprimées mais elle n'est possible qu'après l'approfondissement monétaire. Autrement, le marché ne servirait qu'à aggraver la concentration et l'augmentation de l'intervention de l'Etat dans le but de plafonner les taux d'intérêt.

Shaw rejette ainsi le développement d'un marché financier pouvant résoudre les problèmes de la répression financière. Une démarche par étape est la seule solution possible pour une économie réprimée qui voudrait se doter d'un système financier moderne.

1.3 Les prolongements du modèle

Les ouvrages de référence de Mac Kinnon et Shaw ont donné naissance à une importante littérature. De nombreuses vérifications empiriques ont été effectuées dans le but de tester la valeur des thèses du *financial deepening* ou le fait qu'un système financier approfondi puisse jouer un rôle dans la croissance économique s'il fonctionne sans entraves.

Fry (1988) et Gupta (1984) passent en revue l'ensemble de ces recherches. En effet, pendant les années 1970, plusieurs auteurs ont repris les thèses néo-libérales, en les commentant et en les élaborant. Dans les cas les plus audacieux, certains ont avancé des arguments en faveur d'un éventuel degré d'interventionnisme mais toujours en acceptant le principe de la nécessité d'un cadre libéral.

D'autre part, le débat purement théorique a évolué et il a été démontré par exemple, la validité des thèses de Shaw et Mac Kinnon même dans le cas d'abandon de l'hypothèse très contestée de la sensibilité de l'épargne au taux d'intérêt. Ce n'est que pendant les années 1980 qu'apparaît une véritable critique de la nouvelle orthodoxie inspirée par Mac Kinnon et Shaw.

Kapur (1976) fut l'un des premiers à compléter leur analyse en l'intégrant dans un modèle dynamique. Le volume du crédit bancaire est la variable principale affectant la croissance économique par son impact positif sur l'investissement. Il conclut néanmoins qu'il est préférable d'augmenter le taux d'intérêt nominal sur les dépôts plutôt que de réduire le rythme de croissance de la masse monétaire. En effet, l'accroissement des taux nominaux permet d'atteindre simultanément deux objectifs. Tout d'abord, il peut entraîner la réduction de l'inflation s'il n'y a pas d'inflation anticipée importante ou une augmentation de la vitesse de circulation de la monnaie. Ensuite, il stimule l'épargne suite à l'accroissement de la demande de monnaie. Finalement, le taux de croissance de l'économie s'élève jusqu'à ce qu'il rejoigne son niveau d'équilibre.

Galbis (1977) remet en cause la sensibilité de l'épargne au taux d'intérêt mais affirme que la hausse du taux d'intérêt permet une meilleure répartition de l'épargne. Il construit un modèle à deux secteurs : un secteur « traditionnel » où le rendement du capital est faible et un secteur « moderne » où le rendement du capital est plus élevé. Le premier autofinance ses investissements tandis que le second les finance par son épargne et par les prêts bancaires, déterminés par l'importance des dépôts. Dans le modèle, la libéralisation financière (la hausse des taux d'intérêt servis sur les dépôts) conduit à un accroissement de la productivité moyenne de l'investissement dans la mesure où elle permet un déplacement de l'épargne du secteur traditionnel vers le secteur moderne.

Vogel et Buser (1976) reprennent l'hypothèse de complémentarité entre les encaisses réelles et le capital et l'intègrent dans un modèle en termes de risque et de rendement. Alors que Mac Kinnon et Shaw s'attachent à considérer la répression financière comme le fait que le rendement réel de la monnaie soit réprimé, Vogel et Buser la décrivent en termes de risque croissant associé à ce même rendement, c'est-à-dire à la variabilité croissante du taux nominal servi sur les dépôts et/ou de l'inflation. De leur analyse découle l'idée que la libéralisation financière peut s'attacher soit à augmenter le rendement réel de la monnaie soit à stabiliser son niveau (en faisant baisser le risque lié à la détention de monnaie).

Mathieson (1979) construit un modèle de libéralisation financière en économie ouverte en tenant compte des variations du taux de change réel liées à cette dernière. En effet, l'augmentation des taux d'intérêt réels peut susciter d'importantes entrées de capitaux, impliquant des tensions inflationnistes, notamment en changes fixes. Cette hausse de prix réduit alors le niveau des taux d'intérêts réels, ce qui peut provoquer une nouvelle hausse des taux nominaux. Pour éviter ce phénomène, Mathieson préconise une importante dévaluation de la monnaie (*overdepreciation*) pour accompagner la politique de libéralisation financière. Cette dévaluation viendra réduire les entrées de capitaux et donc, la hausse non désirée des taux d'intérêt.

D'autres travaux récents ont approfondi les premiers travaux de Shaw et de Mac Kinnon ; ils ont souvent été intégrés dans des modèles de croissance endogène que nous verrons par la suite. Dans tous les cas, les auteurs ont souligné les effets néfastes de la répression financière et ont admis l'efficacité de la politique de libéralisation financière qui permettrait, non seulement le développement financier mais également l'accroissement de la croissance économique.

Pourtant, le débat théorique a fait ressortir un souci commun à beaucoup d'économistes, celui du rôle que l'Etat doit jouer dans la gestion des systèmes financiers des pays en retard. Il a suscité d'importantes critiques, notamment de la part des post-keynésiens, des néo-structuralistes et en prenant en compte les problèmes d'information imparfaite.

2. LES CRITIQUES THEORIQUES

La thèse de la répression financière élaborée par Mac Kinnon et Shaw en 1973 a suscité un grand nombre de débats théoriques de la part des différentes écoles de pensée économique. Les critiques ont souvent été importantes et ont fortement remis en cause les fondements mêmes des politiques de libéralisation financière. Nous analyserons dans un premier temps les modèles post-keynésiens de libéralisation financière qui considèrent les effets néfastes sur la demande effective et la croissance des mesures de libéralisation ainsi que les critiques d'inspiration keynésienne souvent liées aux hypothèses initiales de Mac Kinnon et Shaw.

Dans un second temps, nous aborderons la critique néo-structuraliste qui entreprend de considérer le secteur financier dans son ensemble et non plus le seul secteur financier officiel. L'intégration du secteur financier informel et la prise en compte de ses effets sur le secteur réel est un point intéressant notamment dans les pays d'Afrique sub-saharienne où les études montrent l'ampleur de cette source de financement.

Finalement, dans un troisième temps, la théorie de la libéralisation financière peut être reconsidérée dans un contexte d'information imparfaite et de problèmes de hasard moral et de sélection adverse sur le marché du crédit.

Toutes ces nouvelles théories financières ont permis d'éclairer les échecs des politiques de libéralisation et de relancer les débats sur les réformes appropriées à entreprendre.

2.1 La critique post-keynésienne : les effets déstabilisateurs de la libéralisation financière sur la croissance

La critique post-keynésienne affirme que la libéralisation financière a des effets déformants sur la croissance, que l'économie soit en situation de plein-emploi ou de sous-utilisation des capacités productives. Elle s'appuie sur le concept keynésien fondamental de la demande effective et démontre l'inefficacité d'une hausse des taux d'intérêt.

2.1.1 Les hypothèses des modèles post-keynésiens

Les modèles post-keynésiens de libéralisation financière trouvent leurs fondements dans la théorie monétaire post-keynésienne.

Tout d'abord, l'offre de monnaie est endogène et déterminée par la demande de crédits. Ensuite, concernant les déterminants du taux d'intérêt, le courant post-keynésien s'oppose suivant les écoles. Pour l'école du Markup, le taux d'intérêt est exogène alors qu'il est partiellement endogène pour l'école de la préférence pour la liquidité[53]. Mais, les modèles post-keynésiens de libéralisation financière ne s'intéressent qu'au taux d'intérêt débiteur spécifié exogène.

A l'inverse de l'approche néoclassique de Mac Kinnon et Shaw, l'analyse de la libéralisation financière ne se fait pas suivant ses effets sur l'épargne et l'offre de crédit mais plutôt sur la demande effective.

Dans le respect des écrits fondateurs de Keynes (1936), les post-keynésiens considèrent que l'épargne dépend principalement du revenu compte tenu de la propension à épargner. L'épargne a un statut particulier car elle constitue « une fuite » dans le multiplicateur d'investissement. Plus elle est élevée et plus l'impact de l'investissement est réduit.

De plus, et contrairement à l'analyse néoclassique, le volume de l'épargne ne détermine pas le volume de l'investissement. Ce dernier dépend de la demande

[53] Les auteurs tels que Moore, Kaldor et Rousseas appartiennent à l'école du Markup. Dans l'école de la préférence pour la liquidité, les écrits de Wray représentent la version la plus moderne.

effective c'est-à-dire des anticipations des entrepreneurs sur le volume de la demande future. L'investissement dépend également et de manière négative du taux d'intérêt et de manière positive du taux d'efficacité marginale du capital.

Ainsi, et compte tenu des hypothèses, la libéralisation devrait conduire presque toujours au ralentissement de la croissance économique.

2.1.2 Le modèle post-keynésien dans un contexte de sous-emploi : Burkett et Dutt

Afin d'analyser l'impact de la libéralisation financière sur la demande effective, les modèles post-keynésiens (Kaleckiens) supposent que l'économie dispose d'une capacité excédentaire de production, autrement dit, qu'elle se trouve en situation de sous-emploi (le capital n'est pas totalement utilisé en raison de l'insuffisance de la demande). Dans ce cadre, Burkett et Dutt (1991) montrent qu'une élévation du taux d'intérêt créditeur réel a deux effets opposés sur l'économie :

- D'une part, et conformément à la thèse de la répression financière, la hausse des taux d'intérêt servis sur les dépôts accroît les ressources des banques et permet, toute chose égale par ailleurs, une augmentation de l'offre de fonds prêtables. Dans ce cas, le taux d'intérêt d'équilibre baisse[54] et stimule l'investissement tout en réduisant la marge d'intermédiation.

- D'autre part, si les dépôts sont mieux rémunérés, les agents sont incités à épargner davantage et à consommer moins. Cette chute de la consommation déprime la demande globale et joue en sens inverse du premier effet positif de la libéralisation financière.

Evidemment, il existe d'autres effets de la libéralisation financière sur la demande effective qui n'ont pas été explicitement étudiés dans ce modèle. Ainsi, en économie ouverte, la libéralisation financière entraîne pour les post-keynésiens, une surévaluation de la monnaie via les entrées de capitaux. Ce phénomène réduit la demande de biens domestiques et les exportations. De plus, la hausse des taux d'intérêt, en augmentant les déficits publics, comprime les dépenses du gouvernement et donc la demande globale.

[54] Cette interprétation utilise l'approche de l'équilibre du marché des prêts « Loan market stock equilibrium approach » qui montre que le paiement d'un taux d'intérêt créditeur plus élevé augmente à la fois les dépôts bancaires et l'offre de prêts, entraînant ainsi la baisse du taux débiteur. En revanche, le modèle de Mac Kinnon et Shaw utilise la théorie néoclassique des fonds prêtables « Loanable funds theory of interest rate » qui stipule qu'en l'absence d'intervention du gouvernement, le taux d'intérêt est déterminé sur le marché des fonds prêtables par la confrontation de l'épargne et de l'investissement. Ainsi, le taux d'équilibre correspond aussi bien au taux débiteur que créditeur.

Ce phénomène s'amplifie si les entrepreneurs deviennent pessimistes suite à la baisse des profits. Au total, l'investissement peut s'établir à un niveau inférieur à celui qui prévalait avant la libéralisation financière.

Figure II.3 - L'effet sur l'épargne et l'investissement de la hausse du taux d'intérêt : approche post-keynésienne versus approche de la répression financière.

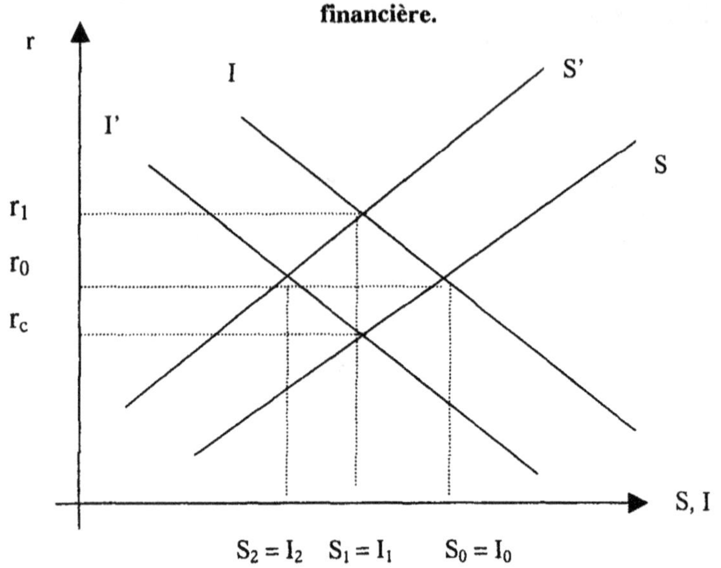

Pour Burkett et Dutt (1991, p 137) « Compte tenu de la hausse des taux créditeurs, la demande effective diminue à cause de la baisse du taux de profit qui réduit l'investissement et la production. Et cet effet négatif domine l'impact positif d'une réduction des taux prêteurs ».

Burkett et Dutt (1991) s'accordent avec l'analyse néoclassique des fonds prêtables en reconnaissant que le plafonnement du taux d'intérêt créditeur (r_c) au-dessous de son niveau d'équilibre crée un déséquilibre sur le marché. Cependant, ils restent sceptiques sur l'impact positif d'une libéralisation financière sur la croissance.

Sur le graphique, S et I sont respectivement les courbes d'offre et de demande de fonds prêtables et r_c représente le taux d'intérêt créditeur maximum dans une situation de répression financière. Par conséquent, les crédits destinés au financement de l'investissement ne peuvent pas dépasser le niveau de l'épargne ($S_1 = I_1$) qui se situe au-dessous du niveau d'épargne d'équilibre (S_0). Dans ce cas, les banques peuvent exiger un taux débiteur élevé correspondant à r_1.

Pour l'école de la répression financière, la libéralisation conduit à l'augmentation du taux d'intérêt réel créditeur de r_c à r_0. En conséquence, l'investissement augmente de I_1 à I_0 et l'économie se trouve dans une situation de plein-emploi.

Mais, les deux auteurs post-keynésiens se placent dans une situation de sous-emploi des capacités productives c'est-à-dire que la hausse des taux d'intérêt entraîne une baisse de la demande effective ainsi qu'une baisse du taux de profit et réduit alors l'investissement, la production et l'épargne. Graphiquement, l'augmentation[55] de r_c en r_0 est consécutive au déplacement simultané des courbes d'épargne et d'investissement en S' et I'. Le nouvel équilibre ($S_2 = I_2$) correspond à une situation de capacité excédentaire de production. Les niveaux d'épargne et d'investissement sont inférieurs à ceux d'une situation de répression financière (S_1 et I_1) ou d'une libéralisation financière à la Mac Kinnon et Shaw (S_0 et I_0).

Au total, l'analyse de Burkett et Dutt (1991) est intéressante mais elle se limite au cas de l'impact d'une hausse du taux d'intérêt réel créditeur à court terme dans une situation de sous-emploi des facteurs de production. Elle stipule que la libéralisation implique la baisse de la demande effective et donc du taux de croissance des économies. Leurs résultats entrent alors en totale contradiction avec ceux de Mac Kinnon (1973) et Shaw (1973).

Le modèle de Dutt (1991) élargit ce premier modèle aux effets de la libéralisation financière non plus à court terme mais à long terme et dans une situation non pas de chômage mais de plein-emploi des facteurs de production.

2.1.3 Le cas de pleine capacité de production : le modèle de Dutt

Si la demande est suffisante, l'économie peut produire en pleine capacité et les pressions inflationnistes sont réduites. Dutt (1991) montre dans ce contexte que la libéralisation financière améliore la distribution du revenu et réduit le taux d'inflation. Mais l'impact sur la croissance reste indéterminé.

Dutt (1991) estime également que les effets de la libéralisation financière dans une situation de chômage sont bien plus néfastes à long terme qu'à court terme car ce type de politique diminue la demande effective et renforce la sous-utilisation des facteurs de production dans le long terme.

A court terme, la libéralisation financière provoque un accroissement de l'épargne et une diminution de l'investissement. Cela se traduit, pour un taux de salaire réel donné, par une diminution du taux d'utilisation des capacités de production, par une baisse du taux de profit et par une réduction du taux de

[55] Ici, les taux débiteur et créditeur sont égaux. Burkett et Dutt ne souhaitent pas adopter la théorie des fonds prêtables mais, par souci de simplification, estiment que les banques sont en concurrence et que les coûts bancaires sont nuls.

croissance de l'économie. Cet effet est d'autant plus important que l'épargne est élastique par rapport au taux d'intérêt.

A long terme, l'effet négatif de la hausse des taux d'intérêt réels est encore plus important. Il se traduit par une diminution du salaire réel provoquant la diminution du taux d'utilisation des capacités de production et par une augmentation du niveau des prix.

A l'inverse, dans une situation où la demande est suffisante, l'accroissement des taux d'intérêt permet une diminution du niveau général des prix et une augmentation du salaire réel d'équilibre de long terme. Cependant, le taux d'investissement est difficile à déterminer car au fur et à mesure que les salaires augmentent, le taux de profit des entreprises décroît.

Au total, l'investissement de long terme peut se fixer à un volume inférieur à celui qui prévalait avant la libéralisation financière.

La contribution de Dutt est intéressante car l'adoption d'hypothèses différentes remet en cause les conclusions des théoriciens de la libéralisation financière. Il place la demande effective et son évolution au centre du processus de croissance économique et affirme que l'épargne ne constitue pas le préalable indispensable à tout investissement. L'égalité entre l'épargne et l'investissement n'est qu'une condition ex-post.

Pourtant, la principale critique faite à ces modèles post-keynésiens de libéralisation financière est d'avoir considéré l'offre de monnaie comme une variable endogène. Par conséquent, si la demande de monnaie est formulée explicitement, l'offre est supposée répondre passivement à la demande. Aucune contrainte ne pèse sur l'offre de crédits et chaque entrepreneur peut emprunter la quantité de fonds qu'il désire pour peu qu'il accepte de payer le taux d'intérêt exigé par les banques. Ainsi, ces modèles ne rendent pas compte des situations de rationnement du crédit.

2.1.4 Les autres critiques d'inspiration keynésienne

Les autres critiques faites à l'encontre de la thèse de la libéralisation financière concernent essentiellement les hypothèses initiales du modèle. Plus particulièrement, Mac Kinnon et Shaw supposent une relation positive entre l'épargne et le taux d'intérêt, un lien positif entre l'approfondissement financier et la croissance économique et une complémentarité parfaite entre les encaisses monétaires et l'investissement. Concernant cette dernière hypothèse, Mac Kinnon ignore que la transformation du volume des encaisses monétaires en volume égal d'investissement dépend non seulement de la propension des intermédiaires financiers à servir des crédits mais également de l'aptitude des investisseurs à supporter le coût du crédit.

De plus, la théorie de la libéralisation financière ne prend pas en compte les aspects institutionnels des systèmes financiers dans les pays et elle ignore les effets de changement de taux d'intérêt sur la santé financière des agents économiques. Les deux auteurs admettent également une définition peu réaliste de la monnaie.

Nous allons maintenant exposer les différentes critiques qui ne sont pas forcément post-keynésiennes mais dont l'inspiration découle des écrits de Keynes. La liste n'est pas exhaustive dans le sens où les critiques ont été très nombreuses et ont touché des domaines et des points très différents dans la mise en place des politiques de libéralisation financière. Nous nous limiterons donc à une revue des principaux débats sur la libéralisation financière tels que la conception de la monnaie, la relation entre l'épargne et le taux d'intérêt et le niveau optimal des taux d'intérêt.

2.1.4.1 Critique de la définition de la monnaie de Mac Kinnon et Shaw

Mac Kinnon et Shaw excluent presque totalement de leur modèle la création de monnaie en tant que choix délibéré des autorités monétaires. La planche à billets est considérée comme la mauvaise monnaie, source d'inflation. La seule monnaie « légitime » est celle qui provient des agents à excédent et qui se base sur un revenu déjà existant. Par conséquent, l'épargnant est à la source de tous les flux monétaires, il assure la naissance de la monnaie et le bien-être de la société tout entière.

Pourtant, cette vision n'est pas acceptable car la monnaie ne peut voir le jour qu'à la suite d'une décision de l'Etat. La création monétaire ne provient pas de la formation de l'épargne.

Mac Kinnon et Shaw ne décrivent pas la création monétaire mais le processus de multiplication du crédit par les dépôts bancaires. Le seul rôle qu'ils accordent à l'Etat et à la Banque Centrale est la stabilisation des prix.

Ils se trompent alors en associant la demande de monnaie à la propension à épargner. Un agent à excédent qui décide de déposer son épargne à la banque se porte demandeur de dépôts bancaires et non demandeur de monnaie. Cette critique remet ainsi en cause l'hypothèse de complémentarité entre la demande de monnaie et l'accumulation du capital.

Par conséquent, ce n'est pas l'épargne qui définit la capacité d'une économie à financer son développement, mais la quantité de liquidités « Banque Centrale » à sa disposition. La création et l'introduction dans le tissu économique de liquidités supplémentaires par la Banque Centrale doit être l'élément central de la politique de développement financier dans les économies en retard. L'encouragement à l'ouverture de nouveaux guichets peut se révéler une tâche prioritaire des autorités monétaires[56].

2.1.4.2 La relation taux d'intérêt et épargne

La théorie de la libéralisation financière suppose une relation croisante entre taux d'intérêt et épargne. Cette hypothèse de forte sensibilité de l'épargne vis-à-vis du taux d'intérêt conditionne le déclenchement de la première étape du processus de libéralisation financière, c'est-à-dire l'augmentation des encaisses monétaires.

Les auteurs ne prennent donc en compte que l'effet de substitution qui implique un accroissement de l'épargne lorsque sa rémunération augmente. Pourtant, il faut y ajouter un effet revenu qui, contrairement à l'effet précédent, implique une relation décroissante entre l'épargne et le taux d'intérêt.

Au total, l'effet est ambigu, sauf si on suppose, comme Mac Kinnon, que l'épargne est initialement tellement faible dans les pays en voie de développement que l'augmentation de sa rémunération ne peut se traduire que par un accroissement de cette dernière.

De plus, à court terme, les fluctuations temporaires des taux d'intérêt influent peu sur le comportement de l'épargne privée, largement déterminée par les anticipations et les projets à long terme. En revanche, si la hausse des taux d'intérêt est perçue comme permanente, elle peut accroître ou diminuer la propension à épargner.

Mais, les études empiriques ne font généralement pas la distinction entre les changements permanents et temporaires des taux d'intérêt et aucune relation simple entre les deux variables n'a été trouvée dans le cas des pays en développement. Tous les résultats et les estimations sont fortement controversés et montrent l'incertitude de la sensibilité de l'épargne au taux d'intérêt dans les pays en voie de développement[57]. Ceci n'a rien d'étonnant, si le revenu présent baisse par rapport au revenu anticipé, si par exemple la déréglementation des taux d'intérêt coïncide avec une période d'inflation rapide et d'austérité, la hausse des taux d'intérêt peut s'accompagner d'une baisse de l'épargne. Par ailleurs, l'accroissement des taux d'intérêt peut diminuer l'épargne si les plans à long terme des ménages peuvent être

[56] Il est intéressant de signaler que les monétaristes de Stanford (Mac Kinnon et Shaw) considèrent la multiplication des guichets comme étant une source supplémentaire de coûts. On retrouve dans cette prise de position, le poids des priorités définies par la conception marginaliste de la monnaie, qui conduit à réduire le problème de la croissance monétaire à une question de prix et à exclure le rôle des infrastructures.

[57] Ces résultats confirment, selon certains auteurs, les thèses keynésiennes qui stipulent que le taux d'intérêt est exclusivement une variable d'allocation de l'épargne (de sa répartition entre les différents actifs : monnaie, actifs réels, actifs financiers, placements bancaires, etc.) mais que son niveau dépend principalement du niveau des revenus réels.

atteints avec une épargne plus faible. De la même façon, un accès plus facile au crédit peut abaisser l'épargne des agents en relâchant la contrainte de revenu.

Dans les pays en voie de développement, les bénéfices non distribués des sociétés représentent une part importante de l'épargne privée. Si les entreprises ont également des ratios d'endettement élevés, une hausse des taux d'intérêt accroît le coût des emprunts nouveaux et le service de la dette, entraînant un effondrement des bénéfices et de l'épargne des sociétés.

Tous ces effets pervers sont renforcés si la déréglementation intervient en période de forte inflation. La hausse des taux d'intérêt n'augmente pas forcément l'épargne intérieure mais risque au contraire de diminuer la stabilité économique et l'investissement.

2.1.4.3 Le niveau optimal des taux d'intérêt : la marge bancaire et l'endettement

La forte hausse des taux d'intérêt peut avoir des conséquences dramatiques tant au niveau des institutions non financières que financières. Beaucoup d'entre elles ne peuvent faire face à l'ajustement des coûts et les contrecoups de cette hausse seront inflationnistes. Tout d'abord, les banques verront leur marge d'intermédiation diminuer suite à l'égalisation progressive des taux débiteur et créditeur. Ensuite, les entreprises et les autres agents endettés verront le poids de leur dette s'accentuer (notamment la dette publique) et la hausse des taux n'incitera pas les agents à demander du crédit à des fins d'investissement.

Beckerman (1988) montre qu'il est tout à fait vraisemblable qu'un taux d'intérêt réel d'équilibre puisse être négatif en raison de la faible demande d'investissement et de l'incertitude qui caractérise les décisions économiques. Il précise qu'il existe toujours une épargne incompressible, pour motif de précaution, même lorsque les taux d'intérêt sont négatifs. Les avantages de la liquidité sont tels qu'ils peuvent compenser les rendements faibles voire négatifs de l'épargne financière. Beckerman maintient aussi que dans de telles circonstances, la politique de libéralisation financière ne ferait que renforcer la répression financière.

Cependant, il approuve l'idée selon laquelle l'instauration de taux d'intérêt réels positifs est un indicateur du bon fonctionnement de l'économie. Mais, il ne faut pas forcer la montée des taux, il faut plutôt réunir les conditions pour stimuler la demande d'investissement et accroître le taux d'intérêt d'équilibre.

Les apports de Beckerman peuvent être complétés par l'analyse de Galbis (1986) qui affirme, compte tenu de la structure oligopolistique des marchés financiers des pays en développement, que la libéralisation des taux d'intérêt peut provoquer une guerre des prix entre les intermédiaires financiers et menacer ainsi, au moins à court terme, la stabilité du secteur tout entier.

La seconde principale critique post-keynésienne montre alors que la libéralisation financière a des effets déformants sur la croissance car elle augmente les opportunités d'activités de recherche de profits improductifs et alloue le crédit de façon sous-optimale vers des emplois spéculatifs.

La libéralisation financière a également été critiquée par l'école néo-structuraliste qui considère dans son analyse, non plus le secteur financier officiel mais le système financier dans son ensemble en intégrant le secteur informel.

2.2 La critique néo-structuraliste : la prise en compte du secteur financier informel

La théorie néo-structuraliste est la critique la plus complète et la plus sophistiquée de la libéralisation financière. Les auteurs affirment que la libéralisation financière gêne la croissance à cause de ses effets pervers, tels que la stagflation et la réduction de l'offre de fonds prêtables.

Pour Mac Kinnon et Shaw, le secteur financier des pays en retard est représenté sous la forme d'un secteur bancaire officiel plus ou moins placé sous la tutelle réglementaire des autorités publiques. Le système financier informel n'est qu'une entité passive qui ne doit son existence qu'à la répression financière.

Le premier intérêt de la critique néo-structuraliste est d'introduire de manière spécifique le secteur financier informel. Les créances sur les marchés financiers souterrains constituent un actif financier alternatif aux dépôts bancaires. Elles entrent en concurrence avec le secteur bancaire et participent au financement de l'accumulation du capital et donc à la croissance économique.

Le second intérêt de cette théorie est d'étudier les facteurs qui déterminent l'offre de crédits. Contrairement aux modèles post-keynésiens, les néo-structuralistes sont à même d'expliquer des situations de rationnement de crédit.

Tous les modèles néo-structuralistes utilisent l'analyse de portefeuille de Tobin (1965) concernant la composition des actifs des ménages. Ainsi, il existe trois actifs parfaitement substituables : l'or ou la monnaie, les dépôts bancaires et les créances du système financier informel.

Cependant, il existe un point commun entre l'école de la libéralisation financière et l'école néo-structuraliste. Ces deux courants sont en effet convaincus de l'impact positif du développement financier sur la croissance économique. Mais, pour les néo-structuralistes, le secteur financier dans son ensemble (secteur informel compris) est plus efficace que le secteur bancaire officiel. Il ressort de leur analyse la supériorité de la finance informelle sur la finance formelle.

Pour eux, la libéralisation financière, en augmentant le taux d'intérêt créditeur officiel, entraîne la baisse de l'offre globale de crédits des secteurs officiel et non officiel et par la suite, la réduction du taux d'investissement et du taux de croissance de la production.

Par conséquent, même si les modèles néo-structuralistes sont d'inspiration keynésienne, ils n'accordent pas assez d'importance aux effets de la libéralisation financière sur la demande de crédits par les entreprises. Ils se contentent d'étudier l'impact de l'endogénéisation du secteur financier sur l'offre globale de crédit.

Les deux plus importants modèles néo-structuralistes que nous allons présenter sont ceux de Van Wijnbergen (1983) et de Taylor (1983). Les auteurs sont intimement convaincus du rôle central que joue la structure propre d'une économie (institutions différentes, comportements différents des agents, etc.).

Dans les pays en voie de développement, la part la plus grande de l'offre de crédit est générée par les marchés financiers informels. Selon Taylor, ces marchés sont « compétitifs et agiles » et ils assurent d'une manière efficace la tâche de l'intermédiation financière. A l'inverse, les banques sont obligées de détenir des réserves obligatoires et de respecter certains ratios de gestion. Elles ont alors une capacité limitée d'offre de crédits et sont des intermédiaires financiers bien moins efficaces.

2.2.1 L'analyse de Van Wijnbergen : La supériorité de la finance informelle

Van Winbergen (1983) considère dans son modèle deux marchés : le marché organisé et le marché informel qui introduit un actif supplémentaire dans le portefeuille des épargnants.

Le cadre d'analyse de Shaw et Mac Kinnon est ainsi élargi en modifiant les implications de la politique du taux d'intérêt. Les taux d'intérêt élevés ont ici un impact négatif sur la croissance et peuvent conduire à l'inflation.

2.2.1.1 Le Modèle

La richesse (R) est constituée de trois actifs substituables : la monnaie (C), les dépôts bancaires (D) et les prêts sur le marché informel (L).

(1) $R = C + D + L$

Les trois fonctions de demande des actifs s'écrivent :

$C^d = f^c(-\pi, r_l, r_d, y)\, R$
$D^d = f^d(-\pi, r_l, r_d, y)\, R$
$L^d = f^l(-\pi, r_l, r_d, y)\, R$

π est le taux d'inflation anticipée, r_l est le taux de rendement réel des prêts sur le secteur informel, r_d est le taux de rendement réel des dépôts à terme du secteur bancaire et y est le PIB réel.

Conformément à l'analyse de Tobin, ces trois demandes sont croissantes du rendement réel de l'actif considéré et décroissantes des rendements réels des deux autres actifs. Un accroissement du revenu réel (y) augmente la demande de monnaie pour motif de transaction et les dépôts à terme.

Compte tenu de l'hypothèse de substituabilité des actifs, la demande des actifs de l'informel est une fonction décroissante de ce même revenu réel. Cette hypothèse est intéressante car elle signifie qu'avec le développement économique, le recours à l'informel se fera de plus en plus rare.

Les banques ont pour seules ressources les dépôts rémunérés du public. Elles ont un taux de réserves obligatoires (p), elles accordent des prêts pour une fraction b et gardent la fraction (1-b) sous forme de réserves libres.

L'offre réelle de prêts officiels vers le secteur productif (L^s) dépend de la demande de crédit, du niveau des dépôts et du ratio des réserves obligatoires :

$$(5)\ L^s = b\,(\pi, r_b)\,(1\text{-}p)\,D \qquad \text{avec } 0 < b < 1$$

π est le taux d'inflation et r_b le taux d'intérêt réel débiteur du secteur bancaire.

Dans la situation de répression financière, ce taux d'intérêt est fixé par le gouvernement au-dessous de son niveau d'équilibre. A l'inverse, le taux du marché financier parallèle est celui de l'équilibre.

Les entreprises déterminent la demande globale de crédit auprès des marchés officiels et non officiels, en fonction des niveaux de salaires réels et de la production :

$$(6)\ D^d = D^d\,(w, y)$$

Les entreprises se tournent d'abord vers les intermédiaires financiers pour obtenir des crédits dans la mesure où le taux prêteur bancaire est inférieur au taux pratiqué dans le secteur informel. Van Wijnbergen (1983) se place en effet dans une situation de répression financière où les autorités fixent le taux débiteur au-dessous se son niveau d'équilibre walrasien.

Le reste des fonds nécessaires est obtenu auprès du secteur informel moyennant le paiement du taux d'équilibre walrasien qui égalise l'offre et la demande de fonds prêtables[58]. Cette demande est d'autant plus élevée que les salaires réels (w) et la production (y) sont importants.

[58] On peut se demander en quoi le secteur financier informel possède un taux d'équilibre walrasien puisque les quantités offertes sont limitées et que les quantités demandées sont des quantités « restantes ». Il s'agirait bien d'un taux d'équilibre sur ce marché particulier mais non le taux qui devrait s'exercer sur le marché officiel.

La condition d'équilibre sur le marché financier dans sa globalité nécessite une offre globale égale à la demande globale. De cette condition, on déduit l'équilibre sur le marché financier parallèle :

$$(7)\ f^{i}(-\pi, r_l, r_d, y)\ R = D^{d}(w, y) - b(\pi, r_b)(1-p)\ f^{d}(-\pi, r_l, r_d, y)\ R$$

La demande sur le marché informel s'exprime comme la différence entre la demande totale et l'offre satisfaite par le marché officiel.

Le calcul de la différentielle de l'équation (6) nous donne une courbe LM croissante (l'équilibre sur le marché des actifs financiers).

De la même façon, le calcul de la différentielle d'une simple équation keynésienne de production nous donne une courbe IS décroissante (l'équilibre sur le marché des biens et des services).

$$(8)\ Y = A(r_l, y) \text{ avec } \frac{\partial A}{\partial r_l} < 0 \text{ et } \frac{\partial A}{\partial y} \in \left]0\ ,1\right[$$

2.2.1.2 La critique de Van Wijnbergen à la théorie de la libéralisation financière

Pour Van Wijnbergen (1983), la libéralisation financière, qui se traduit par une hausse de r_d servi sur les dépôts, conduit à l'augmentation de la demande de ce type d'actifs.

Pour les théoriciens de la libéralisation financière, cette hausse de la demande de dépôts bancaires conduit à une augmentation de l'offre de crédits bancaires. A l'inverse, pour Van Wijnbergen, rien n'assure que l'offre totale de crédits va augmenter.

Etant donnée la substituabilité entre les actifs, si les dépôts bancaires augmentent, la demande de créances sur le marché informel diminue et la libéralisation financière se traduit par une plus grande intermédiation bancaire au détriment de l'intermédiation informelle. Or, Van Wijnbergen affirme que la première est moins efficace que la seconde.

En effet, toute l'analyse est fondée sur une moins grande efficacité du secteur bancaire par rapport au secteur financier informel. Les raisons évoquées sont les suivantes :

- Tout d'abord, les réserves obligatoires auxquelles sont soumises les banques, n'existent pas dans le secteur informel. Ainsi, une unité de ressource ne donne lieu qu'à (1-p) unité de crédit bancaire alors qu'elle donne lieu à une unité de crédit informel.
- Ensuite, les banques doivent constituer des réserves libres pour faire face aux retraits éventuels des déposants. Ainsi, une unité de ressource ne donne lieu qu'à b

unité de prêt. En additionnant les deux phénomènes, on n'obtient que b(1-p) unité de crédit bancaire.

- Finalement, le secteur bancaire des pays en voie de développement est régulièrement soumis à des limitations de l'expansion du crédit.

Au total, la hausse de r_d pourrait laisser inchangée l'offre de crédits bancaires.

Figure II.4 – Les effets sur LM du changement de composition des actifs

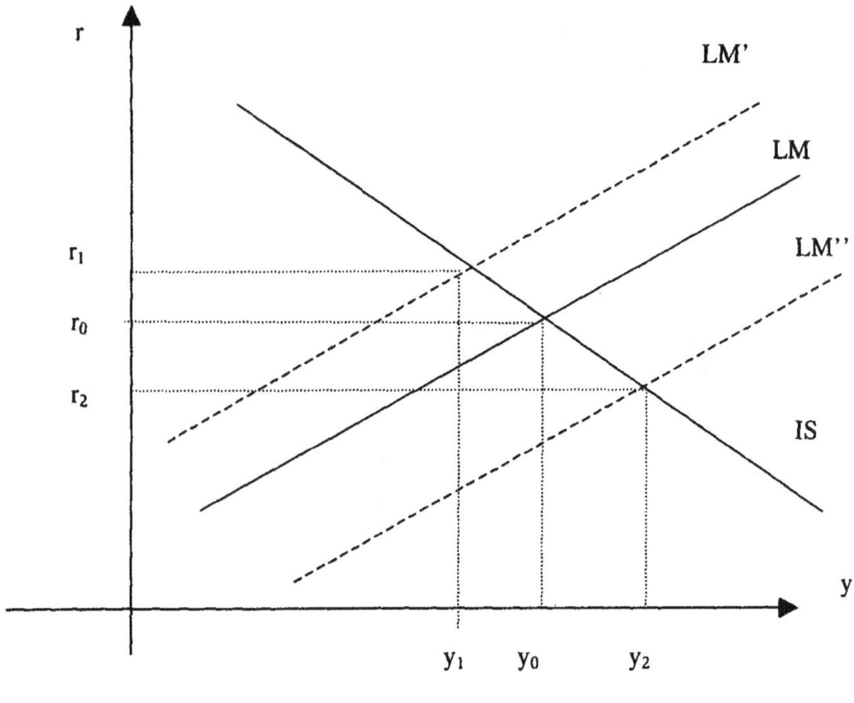

Graphiquement, suite à la libéralisation financière, on distingue deux cas de figure :

1. Les agents substituent principalement dans leur portefeuille des dépôts aux actifs du marché informel. L'offre totale de crédit diminue car l'accroissement des dépôts vient alimenter les réserves obligatoires (LM se déplace en LM'). L'excès de demande se traduit par une hausse du taux d'intérêt d'équilibre en r_1 et conduit à une baisse de la production en y_1. Une politique monétaire restrictive aurait eu les mêmes effets.
2. Les agents substituent principalement des dépôts à la détention d'encaisses monétaires. Dans ce cas, l'offre de fonds prêtables augmente (LM se déplace en

LM''), le taux d'intérêt diminue en r_2 et entraîne une hausse de l'investissement et de la production en y_2.

Les néo-structuralistes sont convaincus de la prédominance du premier effet. En définitive, le déplacement net de LM dépend du ratio des réserves obligatoires et de l'élasticité relative de la demande d'encaisses monétaires et d'actifs informels par rapport au taux d'intérêt créditeur. Alors que l'intermédiation informelle est intégrale (les fonds épargnés sont totalement prêtés), l'intermédiation bancaire n'est que partielle à cause des réserves exigées par la Banque Centrale.

Ainsi, Van Wijnbergen montre qu'une libéralisation financière peut avoir les mêmes effets qu'une politique monétaire restrictive à la suite de la baisse de l'offre globale de crédit. Dans ces conditions, la demande effective diminue en raison de l'augmentation de la propension à épargner.

De plus, si la baisse de l'offre de crédit est plus importante que celle de la demande, la libéralisation devient inéluctablement inflationniste.

La différence est que, pour les théoriciens de la libéralisation financière, les actifs du secteur informel ne sont pas considérés comme des substituts aux dépôts bancaires. Autrement dit, pour Mac Kinnon et Shaw, la hausse des taux d'intérêt réels servis sur les dépôts correspond au deuxième cas de figure, les agents placent en dépôts bancaires leurs actifs improductifs dont les actifs informels font partie.

2.2.2 Le modèle de Taylor (1983) : l'impact négatif de la hausse des taux d'intérêt sur la demande

Taylor (1983) considère également l'impact négatif de la hausse des taux d'intérêt sur la demande. Il reprend l'idée selon laquelle les marchés informels sont plus efficaces que les banques commerciales dans les activités d'intermédiation car le secteur bancaire est supposé incapable de transformer la totalité de l'épargne en crédits.

A l'inverse de Van Wijnbergen, Taylor abandonne l'étude de l'effet des élasticités des encaisses monétaires et des prêts sur le marché parallèle par rapport au taux créditeur. Il s'intéresse plutôt à l'impact de la hausse du taux d'intérêt tant sur l'offre que sur la demande de crédit et s'attache à démontrer le caractère néfaste de la libéralisation financière à court terme.

2.2.2.1 Le modèle

Sous l'hypothèse de plein-emploi, la production Y est une fonction croissante du capital fixe K.

(1) $Y = a K$

La production en valeur s'écrit :

(2) PY = (1 + i) w N + r P K

Le produit est alors décomposé en revenu du travail et du capital avec P le niveau général des prix, i le taux nominal sur le marché informel, w le taux de salaire nominal, N la quantité de travail et r le taux de profit.

Il n'existe pas de substituabilité entre les facteurs de production (N et K) et le travail est proportionnel au produit :

(3) N = b Y = b a K

On obtient alors l'expression du taux de profit des entreprises :

$$(4)\ r = a\left[1 - \frac{(1+i)wb}{P}\right] \text{ avec } b = Y / N$$

Le taux de profit croît avec le niveau général des prix, il décroît avec l'augmentation du taux de salaire (w) et le service de la dette (i).

En inversant l'équation, on obtient le niveau général des prix :

$$(5)\ P = \frac{aw(1+i)b}{a-r}$$

La condition d'équilibre sur le marché des biens en termes réels se résume à l'identité comptable suivante :

(6) Y = C + I + G

avec C : la consommation, I : l'investissement privé et G : les dépenses publiques

Dans le modèle, les entreprises épargnent une partie de leurs profits totaux (r P K) et la consommation en termes nominaux s'écrit :

PC = (1 + i) w N + (1 - s) r P K

En considérant a le taux de croissance du stock de capital, g le taux de croissance du revenu national et γ = G / Y le taux de croissance des dépenses publiques, la condition d'équilibre entre l'épargne et l'investissement est telle que :

(8) $g + \gamma a - s r = 0$

Combinée avec l'équation du niveau général des prix, on détermine les prix d'équilibre. Tout d'abord, le taux d'investissement est égal à la différence entre le taux de profit et le taux d'intérêt réel (i - π). Taylor préfère employer le taux d'intérêt réel plutôt que le taux nominal car il considère l'investissement comme un processus à long terme.

(9) $g = g_0 + h [r - (i - \pi)]$

Le taux de croissance de l'investissement autonome est noté g_0 et h est un paramètre. Compte tenu de cette équation, le niveau général des prix d'équilibre peut s'écrire :

$$(10) \quad P = \frac{(s-h)aw(1+i)b}{[s-(h+\gamma)]a - g_0 + h(i-\pi)}$$

Ainsi, une augmentation du taux d'intérêt (i) a un effet ambigu sur P. D'une part, cette augmentation provoque une hausse des prix en accroissant le coût du travail. D'autre part, elle diminue l'investissement et la demande globale et pousse les prix à la baisse.

Il en résulte dans les deux cas, suivant l'équation (9) que l'élévation du taux d'intérêt est un facteur de récession quel que soit l'effet sur le niveau des prix.

Compte tenu des expressions précédentes, l'équilibre sur le marché des biens s'écrit désormais :

$$(11) \quad \frac{(s-h)a(1+i)wb}{P} - h(i-\pi) + g_0 - [s-(\gamma+h)]a = 0$$

Cette condition définit l'équation de la courbe IS. Elle est croissante dans le repère $(\vec{i}, \vec{P})$ si une augmentation du taux d'intérêt conduit à une hausse du niveau général des prix ou autrement dit, si l'effet sur la hausse du coût de financement l'emporte sur l'effet de la baisse de la demande globale. Dans le cas inverse, IS est décroissante, une augmentation de i conduit à la baisse des prix.

Notons que sur les axes, i représente le taux d'intérêt du marché informel et P le niveau général des prix contrairement aux analyses classiques de ISLM où les axes sont Y, la production et i, le taux d'intérêt officiel.

Concernant la courbe LM et l'équilibre sur le marché des fonds prêtables, Taylor donne tout d'abord la fonction de demande de dépôts bancaires, de la forme :

$$(12) \quad D_p = \Psi(i, i_d, \pi, \pi_2)$$

avec i_d le taux d'intérêt nominal servi sur les dépôts et π_2 le taux de variation du prix de l'or.

Les banques sont tenues de constituer des réserves obligatoires selon un taux μ sur les dépôts. Ces dernières servent à financer la dette de l'Etat (F).

Après consolidation du système financier, en notant P_zZ la détention d'or, la richesse totale (W) des agents se répartit de la façon suivante :

$$W = H + PK + P_zZ$$

Au total, la condition d'équilibre sur le marché des fonds prêtables s'écrit :

$$wbaK - \frac{H}{\mu} + \Psi(i, i_d, \pi, \pi_2)(H + PK + P_zZ) = 0$$

La courbe LM est alors décroissante dans le repère $(\vec{i}, \vec{P})$ et Taylor envisage deux situations. Il montre, à l'instar de Van Wijnbergen (1983) que la libéralisation financière qui se traduit par une hausse de la rémunération nominale sur les dépôts, ne conduit pas forcément à un accroissement de l'offre de crédit.

2.2.2.2 Premier cas de figure : Réussite de la libéralisation

Dans le premier cas, IS et LM sont croissantes dans le repère $(\vec{i}, \vec{P})$. Autrement dit, la hausse de i[59] entraîne une augmentation des prix. Dans ce contexte, la hausse de i conduit les agents à se débarrasser de leur or au profit des dépôts bancaires.

---

[59] Selon Fry (1988), i correspond au taux d'intérêt sur le marché informel. Pourtant, après l'étude du modèle de Taylor, il semblerait plus logique d'admettre qu'il s'agit d'un taux prêteur global.

Figure II.5 – Réussite de la libéralisation financière dans l'approche néo-structuraliste

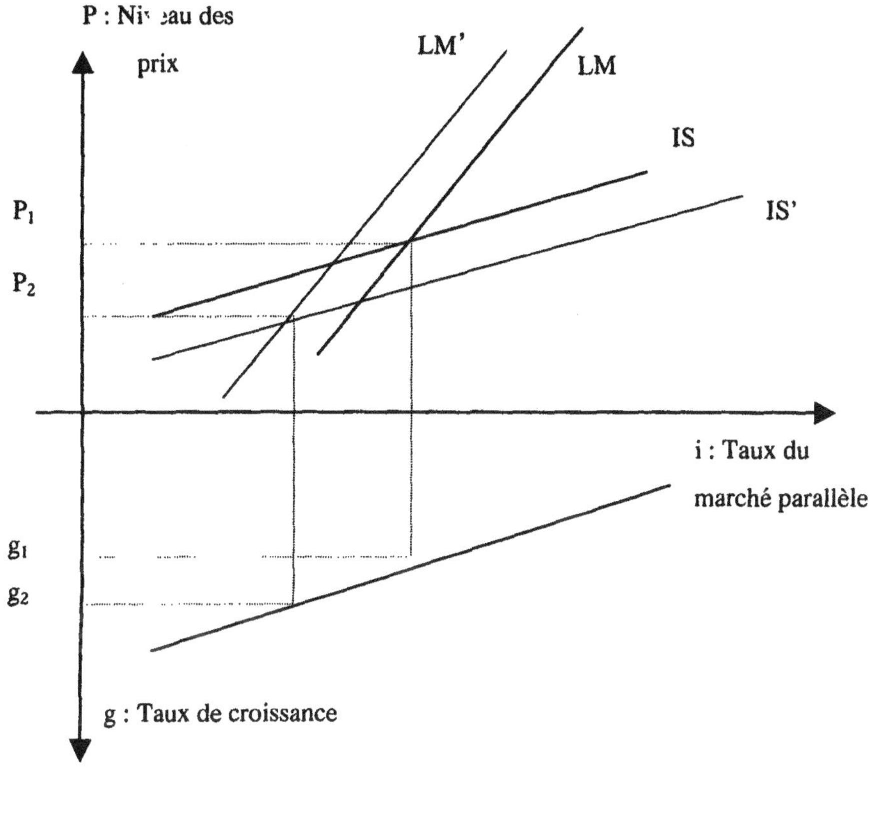

Source : Figure réalisée d'après Fry (1988).

Il s'agit d'un équilibre à court terme avec deux actifs (les dépôts formels et informels). Dans cette première configuration, la libéralisation financière est bénéfique. Les intermédiaires financiers collectent davantage de ressources, l'offre de crédit s'accroît et, pour un niveau donné des prix, le taux d'intérêt prêteur diminue (LM se déplace à gauche en LM').

Parallèlement à ce premier effet, les agents épargnent davantage et la demande globale diminue à taux d'intérêt donné et le niveau des prix baisse (IS se déplace à droite en IS').

Au total, la libéralisation financière a provoqué une baisse du taux d'intérêt prêteur et du niveau général des prix. La valeur nominale du capital fixe des entreprises augmente alors. Ce gain inattendu stimule l'investissement et incite les entreprises à demander davantage de crédits, notamment auprès du secteur informel. Finalement, le taux de croissance augmente (g_1 se déplace en g_2).

2.2.2.3 Deuxième cas de figure : Echec de la libéralisation

LM est croissante et IS est décroissante dans le repère $(\vec{i}, \vec{P})$. Les agents substituent des dépôts bancaires aux dépôts informels. Cette substitution se traduit par une baisse de l'offre totale de crédits puisque le crédit informel est plus efficace que le crédit officiel et, le taux d'intérêt prêteur augmente pour un niveau des prix donné (LM se déplace vers la droite en LM').

Figure II.6 – Echec de la libéralisation financière dans l'approche néo-structuraliste

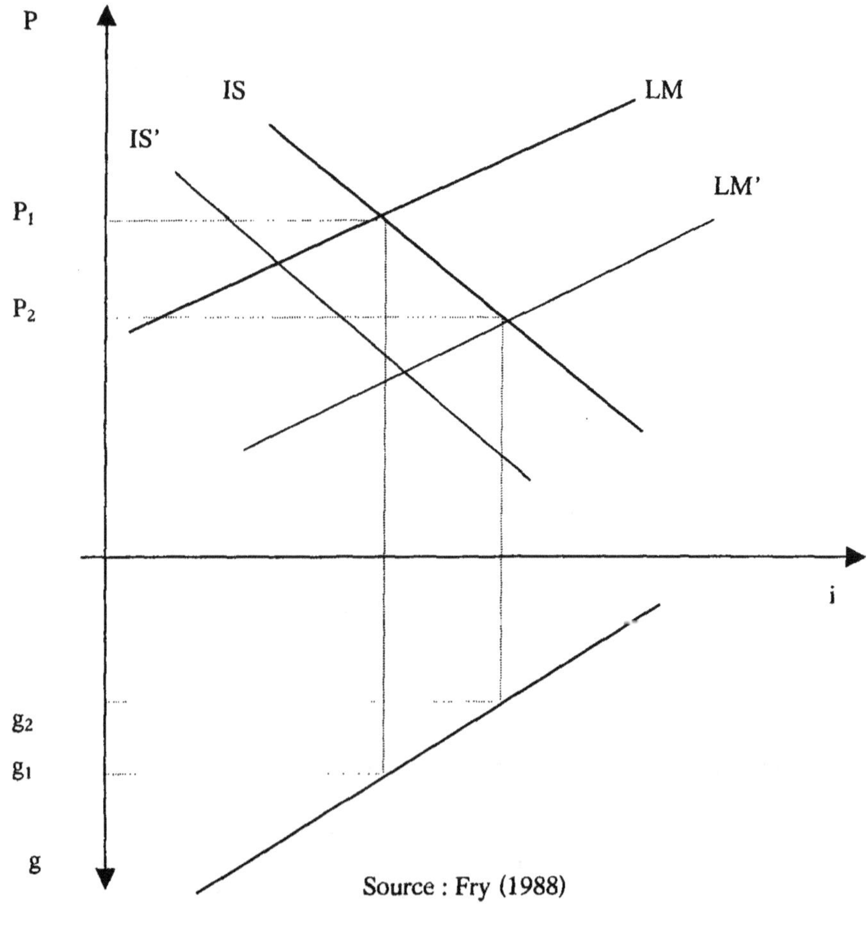

Source : Fry (1988)

IS est décroissante et implique une relation négative entre le taux d'intérêt prêteur et les prix. Sur le marché des biens, la baisse des prix se traduit par une baisse de l'investissement de la part des entreprises (IS se déplace vers la gauche en IS').

Globalement, dans ce cas, la libéralisation financière entraîne une diminution de l'investissement, de la croissance et des prix. Ceci implique que la baisse de la demande (l'effet coût) a été plus importante que celle de l'offre.

Ce résultat de Taylor est proche de celui de Van Wijnbergen. Une libéralisation financière peut se traduire par une diminution de l'offre globale de crédits. Elle ne peut être réussie que lorsqu'elle est soutenue par une politique monétaire expansionniste[60] (un déplacement de LM vers la droite quelle que soit la pente de IS).

Dans le modèle, cette politique prend la forme d'une diminution des réserves obligatoires qui permettrait aux intermédiaires financiers d'accorder davantage de crédits. Ce résultat rejoint celui des théoriciens de la libéralisation financière.

Pourtant, les réserves obligatoires posent un autre problème car Taylor suppose d'une part qu'elles permettent à l'Etat de financer son déficit et d'autre part, qu'elles font du secteur informel un intermédiaire plus efficace que les banques.

En somme, selon la théorie néo-structuraliste, la libéralisation financière a deux effets négatifs :

1. Elle réduit l'offre de fonds prêtables suite à la substitution des dépôts bancaires aux créances sur le marché informel.
2. Elle augmente le taux d'intérêt informel alors que le marché parallèle est le seul à équilibrer l'offre et la demande de fonds prêtables.

Dans ces conditions, l'économie s'installe inéluctablement dans une spirale stagflationniste.

Par ailleurs, la critique néo-structuraliste de la libéralisation financière a fait l'objet de débats et de controverses tant néoclassiques que keynésiennes, remettant en cause ses principaux résultats notamment en ce qui concerne le rôle des réserves obligatoires et la capacité d'intermédiation du secteur financier informel.

2.2.3 Eléments critiques de la théorie néo-structuraliste

La théorie néo-structuraliste a tout d'abord été critiquée par Chang et Jung (1984).

---

[60] Dans la réalité, les politiques de libéralisation financière ont souvent été accompagnées de politiques monétaires restrictives destinées à briser l'inflation. En Afrique sub-saharienne, les réformes se sont traduites par une diminution de l'offre de crédit aussi bien vers le secteur public que privé et par une explosion du secteur financier informel. Ces résultats confirment et renforcent les thèses néo-structuralistes.

Partant du modèle de Van Wijnbergen, les deux auteurs montrent que la constitution des réserves obligatoires permet d'améliorer l'intermédiation du secteur bancaire.

Dans leur modèle, il existe deux marchés informels alternatifs. Le premier est concurrentiel et constitue une sorte de secteur bancaire parallèle qui entre en compétition avec le système officiel. Le second est « primitif », fragmenté et fonctionne indépendamment du secteur bancaire officiel. Il est sous-développé, l'information y est imparfaite et il dispose de relativement peu de fonds et de clients.

Mais, qu'ils soient compétitifs ou non, les marchés informels sont très différents des banques officielles car ils ne sont pas protégés par les autorités monétaires en cas de faillites[61]. En conséquence, sur les marchés informels, les agents sont obligés de détenir des réserves importantes pour faire face à d'éventuelles faillites.

Ainsi, et à l'inverse de ce que stipulent les néo-structuralistes, le secteur informel est incapable d'assurer une intermédiation complète en ce sens qu'il est contraint par un taux de réserves probablement plus élevé que celui du secteur officiel. La comparaison des secteurs officiel et non officiel tient dans leurs taux de réserves respectifs. Si le ratio est plus important dans le secteur parallèle, la substitution des dépôts bancaires aux prêts informels augmenterait l'offre globale de crédits, contrairement aux thèses néo-structuralistes.

De la même façon, Balassa (1990) reproche aux néo-structuralistes de négliger la possibilité de substitution des dépôts bancaires aux actifs physiques et remet alors en cause la notion de « perte » ou de diminution de l'offre de fonds prêtables lorsque les dépôts bancaires se substituent aux prêts sur le marché parallèle.

Il est d'accord sur l'inefficacité de l'intermédiation bancaire liée à la constitution de réserves obligatoires mais envisage le cas où la hausse du taux d'intérêt entraîne une diminution de la détention d'actifs physiques improductifs au profit des dépôts. Cette substitution compenserait la « perte » due à la baisse des prêts sur le marché informel.

Quant à Edwards (1988), il soutient que la substitution des dépôts aux prêts informels n'implique pas forcément la chute de l'offre de crédits et ne réduit pas l'efficacité allocative du marché des fonds prêtables. Ghate (1992, 1993) affirme qu'une hausse du taux d'intérêt créditeur peut avoir des effets aussi bien positifs que négatifs sur le taux d'intérêt informel et qu'au total, l'effet net de la libéralisation financière sur le marché informel demeure souvent indéterminé. Sur ces marchés, l'activité est limitée, les fonds ne sont pas nécessairement alloués aux meilleurs emprunteurs et il existe des situations de monopole.

[61] Les auteurs supposent que l'Etat interviendra pour assurer la pérennité du secteur financier officiel.

Les auteurs keynésiens reprochent aux néo-structuralistes de suivre l'école de libéralisation financière et de s'intéresser particulièrement à l'offre de crédit alors que le problème principal du déséquilibre du marché des fonds prêtables provient pour eux de la baisse de la demande de crédits.

La dernière critique adressée à l'école de la libéralisation financière concerne les imperfections sur le marché du crédit et les problèmes d'asymétries informationnelles. Cette critique s'appuie sur l'hypothèse que la libéralisation entraîne un marché bancaire concurrentiel dans lequel le taux d'intérêt s'établit à son niveau d'équilibre et ajuste les quantités offertes et demandées. Mac Kinnon et Shaw n'ont pas considéré le cas particulier du marché du crédit où les banques ne disposent pas de toute l'information disponible concernant la solvabilité des emprunteurs.

2.3 Marché du crédit et marché imparfait : le modèle de Stiglitz et Weiss

L'approche de Mac Kinnon et Shaw est fondée sur l'hypothèse implicite que le marché financier est un marché parfait. A l'inverse, Stiglitz et Weiss (1981) ont montré qu'il pouvait exister un rationnement du crédit même sur des marchés du crédit concurrentiels. Structurellement, les marchés du crédit ne sont pas des marchés ordinaires dans la mesure où s'y échangent des fonds auxquels sont attachées des promesses de rendement futur.

2.3.1 Sélection adverse et hasard moral

Une implication fondamentale des asymétries d'information est que le profit des banques n'est pas une fonction strictement croissante du taux d'intérêt débiteur. A partir d'un certain niveau de taux, les effets de sélection adverse et de hasard moral augmentent excessivement le nombre d'emprunteurs défaillants, réduisant considérablement le rendement des établissements prêteurs.

Tout d'abord, la sélection adverse fait référence à une situation dans laquelle des biens de qualité variable sont échangés et où, tandis qu'un côté du marché peut observer la qualité des biens, l'autre côté a tout au plus une connaissance statistique (la fonction de distribution de probabilités par exemple) de la qualité de ces biens. Dans ce contexte, les actions entreprises par les agents les mieux informés sont susceptibles d'avoir des effets indésirables puisqu'elles peuvent influencer de manière défavorable la qualité des biens échangés. Les tentatives des agents les moins bien informés pour minimiser les conséquences de ce problème, peuvent à leur tour provoquer de sévères distorsions dans le mécanisme d'allocation.

Ensuite, le problème du hasard moral caractérise deux situations. D'une part, si deux agents s'accordent sur un contrat mais que l'un des agents entreprend ensuite une action qui n'est pas observée par l'autre agent, on a affaire à un problème de hasard moral avec action cachée. Dans ce cas, un des agents peut profiter de sa situation pour mener des actions qui augmentent son bien-être aux dépens du bien-être de l'autre agent.

D'autre part, si deux agents s'accordent sur un contrat mais que, par la suite, il se produit un état de la nature observé par l'un des agents mais pas par l'autre, on est en présence d'un problème de hasard moral avec connaissance cachée. L'agent peut en effet ne pas révéler la véritable réalisation de l'état de la nature et tirer profit de la situation au détriment de l'autre agent.

Bien que les problèmes de hasard moral et de sélection adverse apparaissent tous deux dans une situation d'information asymétrique, une différence fondamentale les distingue. La sélection adverse décrit une asymétrie d'information de type ex-ante, le hasard moral provient en revanche d'une asymétrie d'information ex-post.

La prise en compte des asymétries et des imperfections de l'information empêche, comme le soulignent Stiglitz et Weiss, le fonctionnement même de la loi de l'offre et de la demande et de la loi du prix unique.

2.3.2 Le rationnement du crédit

Stiglitz et Weiss donnent au crédit bancaire une nature spécifique. Ce dernier s'opérant contre une promesse de paiement futur, il existe toujours un risque de défaillance. L'échange de fonds prêtables se produisant dans un monde incertain, le prix d'équilibre ne correspond pas nécessairement à l'égalité entre l'offre et la demande. Ils montrent alors que l'équilibre sur le marché du crédit peut impliquer une demande excédentaire de prêts.

Ce rationnement du crédit se produit quand des emprunteurs potentiels se voient refuser des crédits, même si, pour le prêteur, ils apparaissent indiscernables des emprunteurs dont la demande est satisfaite.

Afin de démontrer qu'un équilibre de rationnement peut être compatible avec le respect de l'hypothèse de maximisation du profit escompté par les banques, les deux auteurs insistent sur la formalisation des agents en présence. Prêteurs et emprunteurs présentent en effet une forte sensibilité aux mouvements de prix du crédit, si bien qu'au fur et à mesure que le taux débiteur croît, la situation de l'ensemble des participants du marché est susceptible de se dégrader. Ainsi, le renchérissement du crédit bancaire provoque non seulement une augmentation du risque de faillite des débiteurs confrontés à un surcroît de frais financiers, mais également une intensification de la probabilité de non-remboursement assumée par la banque dont les recettes anticipées se détériorent. Ce phénomène d'altération de la sécurité sur le marché du crédit consécutif à l'accroissement des taux débiteurs trouve une explication avec les notions de sélection et d'incitation adverses.

Dans le modèle de sélection adverse de Stiglitz et Weiss (1981), le rationnement du crédit est une conséquence des changements dans la composition des emprunteurs.

Ils considèrent un marché constitué de firmes et d'un nombre important de banques qui se font concurrence en choisissant le taux d'intérêt qui maximise leurs profits. Chaque firme arrive sur le marché du crédit avec une garantie C (collateral) et emprunte le même montant B à une banque afin de financer une activité de production dont elle tire des revenus R.

Pour chaque firme, les revenus sont une variable aléatoire ayant une fonction de distribution continûment différentiable : F (R, θ), où θ est un paramètre de risque caractérisant la distribution, c'est-à-dire qu'une hausse de θ signifie un accroissement du risque.

En fonction de la réalisation de R, chaque firme peut soit rembourser sa dette, soit être défaillante. Si la différence entre les revenus et les coûts (en l'occurrence, la dette principale plus les intérêts de la dette : R – B) est supérieure à -C, la firme rembourse la dette.

Si (R – B) < -C, la firme est défaillante.

Soit R' = (rB – C), la valeur maximum de R en dessous de laquelle la firme est défaillante. Si la firme n'est pas défaillante, ses profits sont donnés par (R – rB). En cas de défaut, les firmes perdent leur garantie C. Par conséquent, les profits espérés d'une firme i à partir d'un prêt au taux d'intérêt r sont :

$$\pi_i(r) = \int_{R'}^{+\infty} (R - rB)dF(R,\theta_i) - \int_{-\infty}^{R'} CdF(R,\theta_i)$$

Les firmes participent au marché si et seulement si leurs profits espérés sont positifs ou nuls. Pour chaque firme, il est possible de déterminer un taux d'intérêt « de réservation » r_i* c'est-à-dire un taux au-dessus duquel les firmes ne demanderont aucun crédit.

On considère maintenant les profits qu'une banque tire d'un prêt à une firme i. Si la firme n'est pas défaillante, les profits de la banque se composent de l'intérêt débiteur et du principal. Si la firme est défaillante, ses profits correspondent à la somme des revenus de la firme et du montant des garanties. Par conséquent, le taux de profit que la banque obtient au taux r est défini par :

$$\varrho_i(r) = \frac{1}{B}\left[\int_{R'}^{+\infty} rBdF(R,\theta_i) + \int_{-\infty}^{R'} (R + C)dF(R,\theta_i)\right]$$

Pour simplifier, Stiglitz et Weiss supposent qu'il y a deux types de firmes sur le marché, les firmes sûres, indexées par l et les firmes à risques, indexées par h.

Sous l'hypothèse que θ est un paramètre d'écart préservant la moyenne, les firmes sûres ont un taux d'intérêt de réservation plus faible que les firmes à risques. En effet, selon la définition d'un écart préservant la moyenne, une firme est plus risquée qu'une autre si les extrémités de sa distribution de revenus ont une pondération supérieure. Ceci implique que la probabilité de revenus très bas et très hauts augmente.

Cependant, puisque lorsque les revenus sont bas, une firme est de toute façon défaillante et perd ses garanties, la probabilité accrue de revenus élevés signifie que les profits espérés de la firme augmentent. Puisque plus le risque est important, plus les profits espérés sont élevés, le taux d'intérêt qui annule ces profits sera également plus haut.

De plus, les auteurs font l'hypothèse que les banques ne peuvent pas discriminer entre les deux type de firmes. Si on note μ_h le nombre de firmes à risques sur le marché et μ_l le nombre de firmes sûres, le taux de profit moyen est donné par :

$$\bar{\varrho}(r) = \frac{\mu_h \varrho_h(r) + \mu_l \varrho_l(r)}{\mu_h + \mu_l}$$

Une augmentation du taux d'intérêt améliorera ce taux de profit parce que le prêt rapportera davantage à la banque. Cependant, si le taux d'intérêt devient supérieur au taux de réservation des firmes sûres, ces dernières préféreront se retirer du marché, diminuant ainsi le taux de profit moyen. Si cet effet négatif du taux d'intérêt domine l'effet positif du taux d'intérêt, le taux de profit des banques diminue et ce n'est donc pas une fonction monotone du taux d'intérêt. Voici l'un des effets possibles de la libéralisation financière.

Par ailleurs, l'offre de crédit est une fonction croissante du taux de profit de la banque concurrentielle. Par conséquent, puisque le taux de profit commence à décroître à partir d'un certain niveau, il est optimal pour la banque de ne pas augmenter le taux débiteur imposé à ses clients, mais plutôt de rationner le crédit afin de conserver les firmes les moins risquées sur le marché. La libéralisation financière conduit alors au rationnement du crédit.

Outre cet effet de sélection adverse, l'augmentation des conditions débitrices des banques provoque également un effet d'incitation adverse. Ce dernier concept relève des analyses où intervient le hasard moral dans la mesure où il repose sur l'idée qu'existent des ruptures dans les comportements de certains agents suivant l'attitude adoptée par les autres. Ainsi, lorsque les bailleurs de fonds décident d'accroître le taux d'intérêt afin de résorber un excédent de demande sur le marché du crédit, ils provoquent également un changement des caractéristiques des demandeurs et surtout de leur risque de défaut.

L'effet d'incitation adverse concerne à l'origine les seuls emprunteurs parce qu'à la suite d'une hausse du coût des ressources bancaires, les firmes débitrices sont tentées d'entreprendre des projets plus rémunérateurs et donc plus risqués afin de conserver une marge de profit stable. Par conséquent, les seuls clients qui acceptent de s'endetter sont ceux dont les chances de remboursement se révèlent de plus en plus faibles. Elargi au cas de n emprunteurs, les firmes sont prêtes à encourir des risques importants quand les banquiers pratiquent des conditions débitrices élevées.

Finalement, dans un environnement de sélection et d'incitation adverses, le rationnement du crédit apparaît souvent inévitable. Dès lors, il risque de frapper aveuglément bons et mauvais emprunteurs. Un point intéressant est la possibilité d'éviter le rationnement de crédit en discriminant entre les emprunteurs.

2.3.3 La réponse de Mac Kinnon aux problèmes informationnels sur le marché du crédit

Le modèle de Stiglitz et Weiss sur les problèmes informationnels a été repris et prolongé par de nombreux auteurs.

Par exemple, A. Virmani (1982) a introduit les jugements subjectifs des banques comme déterminant du rendement et du risque sur le marché du crédit des PVD. Ce type de modèle a abouti à justifier certaines formes d'interventionnisme, en s'attaquant aux défauts des théories de l'équilibre sur les marchés des capitaux dans les pays en voie de développement. Cette approche a d'ailleurs convaincu en partie Mac Kinnon, qui, dans un article publié en 1988 a revu certaines de ses positions.

Dans le prolongement, Cho (1986) souligne également l'importance des problèmes informationnels sur les marchés du crédit. « Les régimes seuls d'intérêts libres ne sont pas suffisants pour assurer une allocation optimale complète du capital lorsqu'il existe des imperfections d'information. Les banques vont éviter de financer de nouveaux groupes d'emprunteurs productifs parce qu'ils sont perçus comme trop risqués, et cela même si les banques sont neutres au risque ou qu'il n'existe pas d'administration des taux d'intérêt. ». En d'autres termes, l'allocation du crédit ou l'existence de banques d'investissement d'Etat n'ont pas forcément une influence négative sur le marché mais peuvent être une réponse aux imperfections de ce dernier. Il montre par ailleurs que le développement des activités du marché boursier est une condition *sine qua non* pour réduire les problèmes d'asymétrie d'information et assurer une meilleure affectation du capital. Cho ajoute que le financement par émission d'actions ne crée pas de problèmes de sélection adverse ou de risque moral qui sont deux caractéristiques du financement par la dette.

Plus que toute autre critique, la prise en compte des phénomènes d'imperfection des marchés financiers a ébranlé les théoriciens de la libéralisation financière. Mac Kinnon lui-même, dans ses articles de 1988 et 1991, a revu ses conclusions antérieures à partir de la prise en compte des asymétries et imperfections du marché du crédit. Il demeure cependant persuadé du caractère néfaste de la répression financière et du manque d'approfondissement financier qui en résulte : *« même si le fait de vouloir fixer les taux d'intérêt à leur niveau d'équilibre walrasien n'est pas optimal, l'évidence empirique souligne l'importance d'éviter le syndrome opposé, et malheureusement trop répandu, de la répression financière : le fait que les taux d'intérêt réels soient arbitrairement fixés bien en dessous d'un équilibre approprié de rationnement du crédit et qu'ils soient fréquemment fortement négatifs en termes réels.* » (Mac Kinnon (1988), p 409).

Pourtant, la prise en compte des asymétries d'information conduit Mac Kinnon (1988) à formuler trois propositions supplémentaires :

- Conformément à l'analyse de Cho (1986), il apparaît impératif à Mac Kinnon que des marchés boursiers soient créés. Il souligne que ce type de financement permet aux agents les plus risqués de trouver des fonds en dépit de leur rejet par le système bancaire.
- Il affirme que la stabilisation macro-économique est le préalable indispensable à toute politique de libéralisation financière et que l'instabilité est un facteur supplémentaire de rationnement du crédit. En effet, un environnement économique instable conduit à une plus grande variance (à moyenne constante) des rendements des investissements et à une covariance positive entre les rendements anticipés des projets de telle ou telle classe d'emprunteurs. L'existence de cette covariance positive induit « *une variance stochastique dans le profit des intermédiaires financiers qui ne sont plus protégés par la loi des grands nombres* » (Mac Kinnon (1991), p 407).
- Finalement, l'instabilité économique peut inciter les autorités à mettre en place un système d'assurance publique des dépôts et conduire à créer des problèmes de hasard moral dans le secteur bancaire. Puisque l'instabilité se traduit par une plus grande variance des rendements, une banque peut être incitée à accorder des prêts à des taux d'intérêt très élevés que seuls les emprunteurs les plus risqués accepteront de payer. En agissant ainsi, la banque espère un rendement élevé dans le cas où l'investissement serait un succès et prévoit de limiter ses pertes grâce à l'assurance publique dans le cas où celui-ci serait un échec.

Toutes ces affirmations montrent clairement que Mac Kinnon a intégré le problème des asymétries d'information dans son analyse. Il met désormais l'accent sur la nécessité d'un environnement macro-économique stable comme préalable à toute tentative de libéralisation financière.

2.4 Intérêt des critiques théoriques dans le cas africain

Nous constatons que les analyses post-keynésiennes de la libéralisation financière ne récusent pas l'objectif de l'école de la répression financière, à savoir l'instauration des taux d'intérêt réel positifs d'équilibre. Elles se contentent de critiquer la démarche néoclassique qui néglige complètement les contraintes de la demande.

A ce niveau, pendant les dernières décennies, il semble que l'investissement et la croissance aient été freinés par la demande en Afrique. Les problèmes de demande effective dans les pays considérés découlent principalement de l'inégalité des revenus et de l'exiguïté du marché domestique.

De plus, l'expérience chilienne a donné raison aux post-keynésiens dans la mesure où on a noté un accroissement de l'offre de crédits bancaires en même temps qu'une stagnation de l'investissement productif, résultant de l'élévation des coûts d'emprunt et de la baisse de la demande de produits domestiques.

Par ailleurs, la déréglementation de la sphère financière dans les pays africains s'est souvent inscrite dans le cadre plus vaste des programmes d'ajustement structurel. Or, l'objectif premier de ces programmes consiste à faire diminuer la demande globale pour réduire l'inflation et les déficits publics. Selon Dutt (1991, p 228-229), les problèmes liés à l'insuffisance de la demande effective rendent son analyse pertinente pour les pays en voie de développement, y compris pour les moins développés.

Au total, l'analyse post-keynésienne apporte une explication partielle aux échecs de la libéralisation financière en Afrique en s'appuyant sur les problèmes liés à l'insuffisance de la demande. Elle met également en avant l'importance des anticipations des entrepreneurs qui ne sont pas incités à investir en période de baisse de la demande effective.

Concernant la relation entre le taux d'intérêt et l'épargne, il est indispensable de distinguer l'épargne totale de l'épargne financière. M. Hussain (1997)[62] sépare l'épargne privée entre l'épargne financière privée et l'épargne sous forme non financière qui n'est pas capturée par le secteur bancaire.

Cette dernière s'écrit :

$$L = R + N + U + C + H$$

L, l'épargne non financière se compose de R (les biens réels et l'or), de N (l'épargne sur le marché informel), de U (les devises échangées au marché noir), de C (les sorties de capitaux) et de H (les devises étrangères détenues par les ménages).

[62] Il s'appuie sur le cas très intéressant de l'Egypte car le gouvernement a autorisé les dépôts en devises pour en contrôler les montants. La dollarisation de la monnaie nationale est alors devenue un phénomène important, surtout dans le contexte d'instabilité et de réformes de libéralisation financière.

Par conséquent, seule l'épargne financière peut être positivement liée au taux d'intérêt réel mais non l'épargne globale comprenant la partie non financière.

Cette composante de l'épargne, dont la part semble très importante en Afrique, complique alors considérablement les relations « classiques » entre l'épargne, l'investissement et le taux d'intérêt. Une hausse du taux d'intérêt n'aura un effet sur l'investissement que si elle encourage l'épargne sous sa forme financière et alors la disponibilité du crédit.

De plus, Hussain (1997) considère que les déterminants de l'investissement ne sont pas les mêmes avant et après l'équilibre sur le marché des fonds prêtables. Avant l'équilibre, l'investissement est contraint par l'épargne et, quel que soit le volume de l'épargne, il est égal au volume de l'investissement. Au-delà de l'équilibre, l'investissement devient une fonction décroissante du taux d'intérêt.

En Afrique, de façon macroéconomique, le taux d'intérêt n'est pas une variable pertinente, aussi bien dans la détermination de l'épargne que de l'investissement. Les acteurs économiques accordent beaucoup plus d'importance à la disponibilité des encaisses financières qu'à leur coût. Mais dans ces pays, le faible développement des intermédiaires financiers ne permet pas aux investisseurs d'obtenir les fonds qu'ils souhaitent. Ce problème rejoint celui du nombre de guichets bancaires. Alors que Mac Kinnon et Shaw estiment que leur multiplication est un coût supplémentaire, les Africains vivant en zone rurale n'ont aucune possibilité de se rendre à la banque.

Concernant la critique néo-structuraliste, nous remarquons qu'elle ne s'oppose pas à la libéralisation financière en tant que telle mais insiste sur l'intégration du marché informel dans le processus de libéralisation. L'analyse du secteur financier informel a prouvé son efficacité, son ampleur et ses capacités d'évolution. Il représente une réelle source de financement des activités et des investissements en Afrique et, confirme l'hypothèse selon laquelle les créances informelles peuvent se substituer aux dépôts bancaires. Cependant, nous avons vu dans le premier chapitre que le secteur informel s'était étendu suite aux politiques de libéralisation financière. Ce cas particulier ne correspond ni à la substitution de l'or en dépôts bancaires (réussite de la libéralisation financière) ni à la substitution des créances informelles en dépôts bancaires (échec de la libéralisation financière).

Mais, il paraît insensé d'entreprendre des réformes dans le secteur officiel sans se soucier du secteur parallèle, parfaitement substituable au premier voire plus efficace. Ce phénomène donne un poids très important aux critiques néo-structuralistes et insiste sur la nécessité de prendre en compte les structures et les institutions particulières des économies dans lesquelles sont installées les réformes.

Finalement, la théorie des marchés imparfaits, avec le modèle de Stiglitz et Weiss (1981) a partiellement convaincu les théoriciens de la libéralisation financière qui ont été amenés à revoir certaines de leurs hypothèses. En Afrique, il existe souvent une domination d'une ou deux banques qui exercent un pouvoir oligopolistique, contradictoire à l'esprit même de la réforme de libéralisation financière. Les problèmes de sélection adverse et de hasard moral prennent une place très importante si on considère le rationnement du crédit et le fait que seules les grandes entreprises soient aptes à recevoir des financements bancaires.

L'hypothèse néo-libérale d'un marché du crédit concurrentiel et efficace, notamment à la suite des réformes de restructuration et de libéralisation se heurte à des problèmes d'incitation et de sélection adverses. Nous verrons que les effets de la libéralisation financière sur l'offre de crédits bancaires sont négatifs. Alors que les banques sont redevenues liquides, elles ne redistribuent pas les fonds aux entreprises et l'on parle de « surliquidité bancaire » et de « frilosité excessive ».

Au total, les critiques théoriques énoncées ne s'opposent pas radicalement à la politique de libéralisation financière, elles mettent simplement en garde contre les effets négatifs qui peuvent apparaître. Ces critiques placent au premier rang les conditions initiales observées dans les économies et insistent sur certaines conditions à réunir avant d'adopter les réformes.

Chacune de ces critiques est pertinente et insiste sur un des éléments omis par les théoriciens de la libéralisation financière. Qu'il s'agisse de prendre en compte la demande globale, le secteur informel ou les asymétries sur le marché du crédit, les différentes écoles de pensée économique ont permis d'expliquer les erreurs théoriques. Cependant, à l'épreuve des faits, la politique de libéralisation ne s'est pas traduite de la même façon suivant les économies. Elle a eu des effets mitigés et il convient de faire le bilan des échecs et de ce qu'il s'est réellement passé dans les pays africains.

Ainsi, la section suivante aborde les différentes mesures entreprises dans les pays ainsi que les effets observés sur les structures financières et bancaires.

SECTION II : L'ECHEC RELATIF DES REFORMES FINANCIERES

Les programmes de libéralisation financière en Afrique datent du début et du milieu des années 1980. Dans la plupart des pays, la libéralisation a été mise en place dans le cadre plus large des programmes d'ajustement structurel et concernait particulièrement la déréglementation des taux d'intérêt, le renforcement du système bancaire et de la concurrence ainsi que le développement des marchés monétaires et financiers (notamment par le développement des bons du Trésor et des opérations d'open market). Concernant les programmes d'ajustement structurel, ils devaient permettre de réunir les conditions de réussite de la libéralisation financière, c'est-à-dire assurer un environnement macro-économique stable, réduire les déficits budgétaires et maîtriser l'inflation.

L'objectif principal de la libéralisation financière est l'accroissement des ratios d'épargne et d'investissement et l'approfondissement financier. Mais cette section concerne plus particulièrement les effets des réformes sur le système bancaire et non ses effets sur la croissance qui feront l'objet de la seconde partie.

En tenant compte de ces critères, nous aborderons tout d'abord les différentes mesures entreprises en Afrique ainsi que les expériences mitigées ou insatisfaisantes de libéralisation suivant les zones monétaires. Ensuite, nous analyserons les effets des réformes sur les taux d'intérêt, sur l'écart entre les taux débiteur et créditeur ainsi que sur les performances des banques. Finalement, nous pourrons analyser les raisons des échecs en fonction des caractéristiques des systèmes financiers des pays concernés.

1. LES MESURES DE LIBERALISATION EN AFRIQUE SUB-SAHARIENNE

Le tableau suivant permet également de connaître les mesures adoptées dans chaque pays, à quel moment et sur quelle période. Les * représentent les mesures entreprises qui n'ont pas pu être datées précisément.

Tableau II.1 – Mesures de libéralisation en Afrique sub-saharienne

	Date	Dereglemt. Tx d'int.	Liberalisat. Tx d'int.	Restruct.	Liquidat.	Privatisat.	Abolition contrôle direct	Open Market	Nelles Institut.	Contrôle, surveil., règles prudent.	Resultat Indice
Afrique Sud	1978	Mars 80					Sept. 80			1985	0.91
Bénin	oct-89	1989-93		1989-93	1987-92		*		1989-93	*	-0.48
Botswana		1986-88	Mai 1991				*	Mai 91			-0.11
Burkina	oct-89	1989-93					*			*	0.11
Burundi		*									0.13
Cameroun	oct-89	1990-93		*	1990-94	*	*	1994		*	-0.17
Centrafrique	oct-89	1990-93					*	1994		*	-0.10
Congo	oct-89	1990-93		1995	1990-92	1994	*	1994		*	-0.18
Côte	oct-89	1989-93		1991-94	1989-91	1991-94	1990	Déc-92		Juil-92	-0.05
Ethiopie		Janv 98									0.14
Gabon	oct-89	1990-93					*	1994		*	-0.28
Gambie	août-85	sept-85	Juill. 86		1989		Sept-90	Juil-85		1991	-0.24
Ghana	avr-83	1983-87	Sept 87	juil 89-96		1993	1990	1990	1990-92	1987	-0.02
Guinée	1985			*	*	*			*		
Guinée Equ.	oct-89	1990-93			1991			1994			-0.39
Kenya	1989	1989-90	1991	*	1989		1991	1989	1989	1989	0.30
Lesotho											-0.30
Madagascar		*	*	*		*	*	*		1995	-0.11

Tableau II.1 – Mesures de libéralisation en Afrique sub-saharienne (Suite)

	Date	Deregl.. Tx d'int.	Liberalisat. Tx d'int.	Restruct.	Liquidat.	Privatisat.	Abolition contrôle direct	Open Market	Nelles Institut.	Contrôle, surveil., règles prudent.	Resultat Indice
Malawi	1987	1987-	1990				1991	*		1989	-0.06
Mali	oct-89	1989-93		*	*		*			*	-0.29
Mauritanie		*		*		*					-0.23
Mozambiqu		1993							1993	1991	
Niger	oct-89	1989-93			1988-92		*			*	-0.13
Nigeria	juin-86	janv-87	sept 87-91 et 92-94	1988,		1992	83-87, 92, 93	Nov-89	sept 87-90	1990	-0.42
Ouganda	juil-88	*	*	*		*	*	*		1993	0.07
Rwanda		*	*	*	*		*	*			-0.01
Sénégal	juin-89	1989-93		juin-89	1989	1989				*	-0.28
Sierra											0.21
Swaziland			*				*	*			0.14
Tanzanie	1985	1984-85	1992	1990-		1990	*	1990	1992	1991	-0.08
Tchad	oct-89	1990-93						1994			-0.23
Togo	oct-89	1989-93			1988						0.12
Zaïre							*				0.13
Zambie			*				*	*		1994	-0.28
Zimbabwe	janv-91	1991	*				*	*			0.30

Ce tableau donne une description de la libéralisation financière dans les pays sub-sahariens. Il permet tout d'abord d'avoir une idée générale des dates auxquelles les pays ont commencé à libéraliser leur secteur bancaire. Si on compare avec d'autres pays, on s'aperçoit que l'Afrique (à l'exception de l'Afrique du Sud) a entrepris assez tardivement ses réformes. Par exemple, au Chili, elles ont débuté en 1975 et en Malaisie, en 1978.

D'un point de vue général, le tableau retrace toutes les mesures de libéralisation possibles au niveau financier. Premièrement, il peut s'agir soit d'une déréglementation des taux d'intérêt, soit de leur libéralisation totale. Deuxièmement, les banques peuvent être restructurées, liquidées ou privatisées. Les mesures de restructuration des systèmes bancaires ont été fréquentes. Les banques ne souffrent plus, à l'heure actuelle, de créances douteuses et ont remis leurs capitaux aux mains des intérêts privés. Troisièmement, dans l'adoption d'instruments indirects de politique monétaire, les autorités peuvent soit décider d'abolir les contrôles quantitatifs ou sectoriels des crédits, soit émettre des titres sur le marché monétaire de façon à réguler l'offre de monnaie et les taux d'intérêt (ce sont les opérations d'open market).

De plus, en utilisant notre propre indice de développement financier, le tableau donne une indication du résultat global de la libéralisation en Afrique sur les structures financières existantes. Cet indice de développement financier sera abordé en détail dans la prochaine section où nous justifierons la méthode de calcul et les indicateurs bancaires retenus.

Notre indice prend en compte six indicateurs bancaires (la masse monétaire, la quasi-monnaie, le crédit privé, le crédit intérieur, la base monétaire et les réserves obligatoires) auxquels sont affectés des signes positifs ou négatifs suivant leur impact sur le développement financier. De façon générale, il représente les performances bancaires des différents pays sur la période 1983-1996 et s'avère cohérent avec la réalité tout au long de nos recherches.

Dans le tableau précédent, pour chaque pays, notre indice a été calculé en moyenne sur deux périodes, 1983-89 et 1990-96. Ces deux périodes ont été choisies de façon arbitraire et ne coïncident pas forcement avec les dates de réformes dans les pays. Elles donnent cependant une idée moyenne de l'amélioration ou de la détérioration des systèmes financiers.

Par conséquent, le bilan des réformes est plutôt médiocre puisque sur 34 pays, seuls 11 pays ont amélioré leur système financier[63].

---

[63] Il s'agit de l'Afrique du Sud, du Zimbabwe, du Kenya, de l'Ethiopie, du Swaziland, du Togo, du Burundi, du Burkina Faso, de la Sierra Leone, de l'Ouganda et du Zaïre.

De plus, la libéralisation des taux d'intérêt n'a été effective que dans quelques pays. En général, les économies ont d'abord entrepris de déréglementer les taux d'intérêt avant de les libéraliser totalement.

Le tableau rend compte du fait que la politique de libéralisation financière est une politique complexe qui nécessite plusieurs mesures. Il semble alors que cette politique n'ait été entreprise que de façon partielle dans la majorité des pays et que ces derniers n'aient pas choisi le même ordre ni la même vitesse ni les mêmes réformes. Les cas sont vraiment différents et doivent être appréhendés séparément avant d'être comparés.

Finalement, ce tableau pourra être utilisé pour analyser, dans le dernier chapitre de la seconde partie, l'ordonnancement optimal, la vitesse optimale et les réformes macro-économiques préalables à une libéralisation financière réussie.

Dans certains pays, la libéralisation a plutôt eu des effets mitigés. Plus précisément, certains côtés se sont avérés positifs alors que d'autres ont montré leurs limites. Il est peut-être trop tôt pour apprécier véritablement les effets des mesures entreprises au début des années 1990 mais, quoi qu'il en soit, des réformes à la même date ont fonctionné dans certains pays et pas dans d'autres, soulignant l'importance des conditions initiales dans les économies.

Nous distinguons les pays de la Zone Franc et les autres pays africains car ces derniers ont adopté une nette orientation libérale à partir de 1987 alors que la libéralisation financière est plus récente et plus timide dans la zone CFA

1.1 Les pays de la Zone Franc

Les institutions et le fonctionnement de la Zone Franc africaine imposent une certaine particularité à la politique monétaire poursuivie par les pays membres.

Dans une perspective globale, la politique monétaire dans les pays africains de la Zone Franc est marquée depuis vingt-cinq ans par des cycles amples de restriction et d'expansion monétaire, résultant de la difficulté de concilier deux objectifs. D'une part, il s'agit de limiter la création monétaire à un niveau compatible avec l'équilibre de la balance des paiements (recherche d'une discipline monétaire collective) et d'autre part, d'adapter la politique monétaire à la situation particulière de chaque pays.

Les autorités monétaires ont entrepris depuis les années 1985, des changements dans leur méthode d'intervention et visent en particulier, à réduire le rôle de la monnaie centrale au profit d'une mobilisation accrue de l'épargne, à rechercher des mécanismes de régulation monétaire beaucoup plus flexibles et à libéraliser graduellement le marché du crédit. Elles ont également adopté des instruments indirects de régulation monétaire.

1.1.1 La zone BCEAO : l'exemple de la Côte d'Ivoire

En Afrique de l'Ouest, les pays de l'UMOA ont défini en 1975, de nouvelles règles d'intervention pour leur institut d'émission en lui fixant plusieurs objectifs, dont celui d'assurer une meilleure utilisation des ressources des pays membres à l'intérieur de l'union. Afin d'inciter les agents économiques disposant de liquidités excédentaires à les investir dans la zone d'émission, les autorités monétaires Ouest-africaines ont profondément modifié les conditions de rémunération des dépôts à vue et à terme et des bons de caisse.

Les réformes ont également concerné l'africanisation des postes et le transfert des bureaux de la BCEAO à Dakar.

Depuis le 2 octobre 1989, face à la crise bancaire, d'importantes mesures de libéralisation financière ont été arrêtées. Par le biais de la déréglementation, les autorités monétaires cherchent à affranchir les pays Ouest-africains des principaux effets liés à la « répression financière », dont une des causes réside dans la mise en œuvre de taux d'intérêt faibles et administrés. Simultanément, les taux d'intérêt débiteurs et les taux créditeurs ont été libéralisés. Seule la rémunération des comptes sur livrets demeure fixée (7 % le 27 novembre 1989, 8,5 % depuis le 9 novembre 1992).

Le marché monétaire institué en 1975 a été réhabilité par les réformes de 1989 et le taux d'intérêt du marché monétaire tient désormais un rôle central dans la régulation du marché. Les banques sont ainsi amenées à s'adresser d'abord au marché monétaire avant de solliciter la Banque Centrale et, celles qui ont été rationnées sur le marché monétaire ont la possibilité de se financer sur le marché interbancaire. Les participants du marché monétaire sont désormais, les banques, les établissements financiers et les Trésors nationaux qui ne peuvent pour le moment qu'emprunter.

En tant que membre de l'UMOA, la Côte d'Ivoire ne peut pas poursuivre une politique monétaire indépendante (comme la gestion des taux d'intérêt) mais est libre de développer ses propres structures financières.

Cette situation est identique dans tous les pays de la Zone Franc, aussi bien dans les pays d'Afrique de l'Ouest que les pays d'Afrique Centrale.

La seule possibilité pour les pays était de réformer les structures bancaires et financières existantes. Il s'est agi principalement des mesures de restructuration qui avaient pour objectif de rendre les banques solvables et d'éliminer les créances douteuses et les arriérés de paiement.

Ce même objectif a également induit des liquidations et la privatisation de nombreuses banques.

La Côte d'Ivoire, première puissance économique de l'Afrique de l'Ouest, a connu une crise économique et financière au début des années 1980. Le revenu national a stagné, le niveau de l'investissement en 1992 ne représentait qu'un quart de celui de 1980 et alors que le taux d'épargne atteignait en moyenne 15 % du PIB dans les années 1960 et 1970, il était tombé à moins de 10 % dans les années 1990.

Cet effondrement de l'épargne était dû à la baisse du niveau de vie, à la baisse des flux de capitaux et à un manque de confiance dans le système bancaire (accumulation de créances douteuses de la part des secteurs privés et publics).

L'indice de développement financier[64] que nous avons calculé, a commencé à décroître en 1991 juste après la politique de libéralisation financière et le programme de reconstruction et de stabilisation économique (PAS FI) et s'est stabilisé à partir de 1994 à un niveau inférieur à celui de 1983.

Figure II.7 - Evolution de l'indice de développement financier ivoirien

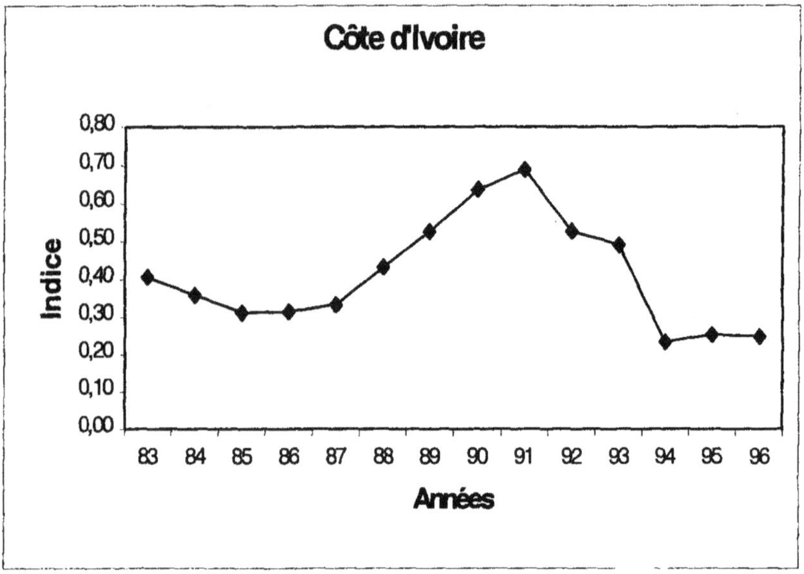

En 1990, le PAS FI a été introduit pour améliorer les finances publiques et mobiliser les ressources nationales. Dans ce programme, le volet financier avait pour objectif de « promouvoir, avec une structure institutionnelle appropriée, un système financier solvable, diversifié et étendu, capable de satisfaire les demandes d'épargne et de crédit des agents économiques » et de « financer le développement sur des bases saines, c'est-à-dire sans l'appropriation des fonds par le secteur public »[65].

[64] Nous détaillerons le calcul de l'indice de développement financier dans la prochaine section. Cependant, nous souhaitons l'utiliser pour connaître l'évolution globale des performances bancaires dans les différents pays.

[65] Banque Africaine de Développement (1994) *Rapport sur le Développement en Afrique*.

Mais les résultats de la libéralisation du secteur financier n'ont pas été à la mesure des résultats escomptés et en particulier, la déréglementation des taux d'intérêt n'a pas suscité la mobilisation de l'épargne nationale. La titrisation de 90 % de la dette publique en 1992 n'a en fait été qu'un simple jeu d'écriture.

En revanche, le paysage bancaire ivoirien a été profondément modifié par la conjugaison du PAS FI et de la dévaluation. Le marché monétaire fonctionne de façon autonome depuis décembre 1992, de nombreuses restructurations ont été entreprises et une nouvelle loi sur le secret bancaire a été adoptée le 27 juillet 1992.

1.1.2 La zone BEAC

En Afrique centrale, après la réforme des statuts de la BEAC de 1972, les mesures prises par les conseils nationaux du crédit ont visé à favoriser la rétention des capitaux au sein de la zone, la protection des petits épargnants, le maintien à un niveau modéré du coût du crédit et la stabilité des marges bancaires.

Pour l'essentiel, les mesures prises dans ce domaine furent similaires à celles relevées pour l'UMOA mais les taux de rémunération des dépôts diffèrent selon les pays et l'Afrique centrale reste toujours en retard par rapport à l'autre zone d'émission.

Par ailleurs, la BEAC avait utilisé pendant plus de trente ans, comme technique principale de sa politique monétaire, les plafonds globaux de réescompte. Cette technique a été remplacée par une méthode de programmation monétaire, décidée le 20 mars 1991 et utilisée en janvier 1992. Elle vise essentiellement à déterminer le montant de refinancement maximum par pays en fonction du produit intérieur brut, des avoirs extérieurs nets, des crédits bancaires nets à l'Etat. Les pays membres se sont également engagés, depuis 1990, dans une politique de déréglementation des taux d'intérêt et depuis le 1er juillet 1994, le marché monétaire est effectif avec un compartiment interbancaire où les établissements de crédit peuvent s'échanger des liquidités à des conditions librement négociées.

Mais l'appartenance à la Zone Franc et à des groupements monétaires régionaux est source de contraintes dans la mesure où des taux d'intérêt identiques ou proches s'appliquent à un ensemble de pays dont la situation économique, et notamment les taux de croissance et d'inflation diffèrent parfois. Pour les pays les moins inflationnistes, des taux d'intérêt élevés constituent une lourde charge pour le système bancaire et risquent de ralentir le rythme des investissements.

A la suite de la dévaluation des francs CFA de janvier 1994, les taux créditeurs et débiteurs ont été majorés dans la Zone Franc pour atteindre 14%. Plusieurs d'entre eux ont été réduits en juin 1994 quand les intermédiaires financiers ont disposé de liquidités accrues, pour être ramenés à près de 7,75% à la fin de l'année 1994, lorsque les anticipations inflationnistes se sont estompées.

1.2. Les autres pays africains

Dans les pays africains anglophones (Ghana, Gambie, Nigeria, Kenya), les programmes de libéralisation financière ont souvent été accompagnés par une plus grande flexibilité des régimes de taux de change et par l'utilisation d'un nouvel instrument : le mécanisme d'enchère pour l'accès aux devises extérieures.

La libéralisation totale des taux d'intérêt a été entreprise plus tôt que dans la Zone CFA ainsi que le développement des marchés des titres publics et l'adoption d'une meilleure supervision bancaire. Cependant, la rapidité des réformes n'a pas été identique. En Gambie et au Nigeria, les autorités ont opté pour la thérapie de choc c'est-à-dire pour une libéralisation brutale des taux d'intérêt. Au Kenya et au Ghana, les taux d'intérêt ont été libéralisés de façon graduelle sur plusieurs années.

1.2.1 Le cas mitigé du Ghana

Les réformes financières ont commencé en 1983 au Ghana dans le cadre d'un programme d'ajustement structurel (*The Economic Recovery Program*) visant à libéraliser la politique de change et la politique du crédit par des mécanismes de régulation indirecte.

Avant ces réformes, le système financier était sous la tutelle de la Banque Centrale du Ghana. Dans les années 1960 et 1970, plusieurs banques de développement avaient pour objectif de promouvoir l'industrie, l'agriculture, le logement et il existait également plusieurs banques rurales. Mais, les banques commerciales étaient fortement contrôlées par la Banque Centrale, notamment au niveau des secteurs à financer (y compris le gouvernement) et du volume des crédits à accorder.

En 1982, le secteur public recevait 94 % du crédit national, les taux d'intérêt réels étaient négatifs et les taux débiteurs et créditeurs complètement administrés. Le plafonnement de ces taux a été aboli en 1988 et plusieurs banques ont été restructurées. En 1989, un nouveau cadre légal et réglementaire (*The Amended Banking Law*) a été installé, spécifiant le capital à détenir en pourcentage de l'actif des banques, améliorant la gestion et le contrôle du système financier par la *Bank of Ghana*. En 1990, les bons émis par la Banque Centrale sur le marché avait pour objectif d'améliorer la gestion des liquidités par des opérations d'open market.

Figure II.8 - Evolution de l'indice de développement financier ghanéen

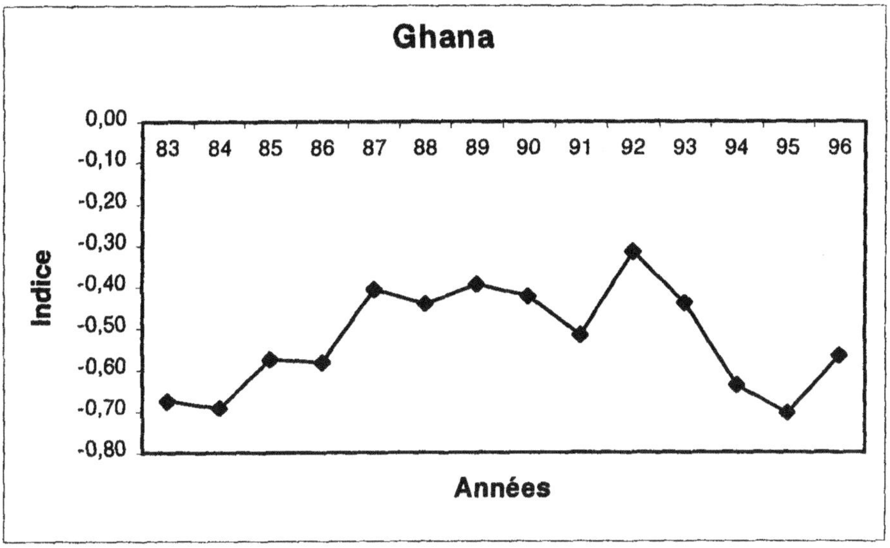

L'indice ghanéen montre une tendance à la hausse entre 1983 et 1992 et à la baisse ensuite. L'année 1992 correspond à une grave détérioration de la balance des paiements suite à l'effondrement des cours du cacao. La forte diminution de la production a fait chuter les recettes en devises et le cédi s'est déprécié de 15 %. Le déficit courant a été financé par des avances de la Banque Centrale qui a augmenté de 30 % la masse monétaire.

Pourtant, un des effets immédiats des nouveaux instruments financiers et de l'augmentation des taux d'intérêt a été le détournement des banques de leur activité de prêt au secteur privé au profit des bons du Trésor.

Le système ghanéen souffre maintenant d'un excès de liquidités et d'une demande de crédit à très court terme de la part des entrepreneurs. Les taux d'intérêt sont devenus positifs en 1991 et 1992 mais le taux d'épargne n'a pas répondu à ce changement puisqu'il n'a toujours pas retrouvé son niveau des années 1970. Au total, la libéralisation financière n'a pas eu les effets escomptés au Ghana. Le crédit au secteur public atteignait encore 64,4 % en 1994.

1.2.2 l'expérience positive du Kenya

Au Kenya, l'harmonisation des taux d'intérêt entreprise en 1989 s'est faite en plusieurs étapes sur deux ans, ce qui a permis aux banques d'avoir une plus grande flexibilité et de varier leur taux d'intérêt en fonction des prêts. Précédemment, elles devaient appliquer indifféremment les taux plafonnés par le gouvernement.

L'utilisation d'instruments de contrôles monétaires indirects comme les opérations d'open market a débuté en même temps que la libéralisation de façon à réguler les réserves bancaires et la capacité de prêt du système.

En 1993, l'autorisation est donnée aux banques d'ouvrir des comptes en monnaies étrangères.

Figure II.9 – Evolution de l'indice de développement financier kenyan

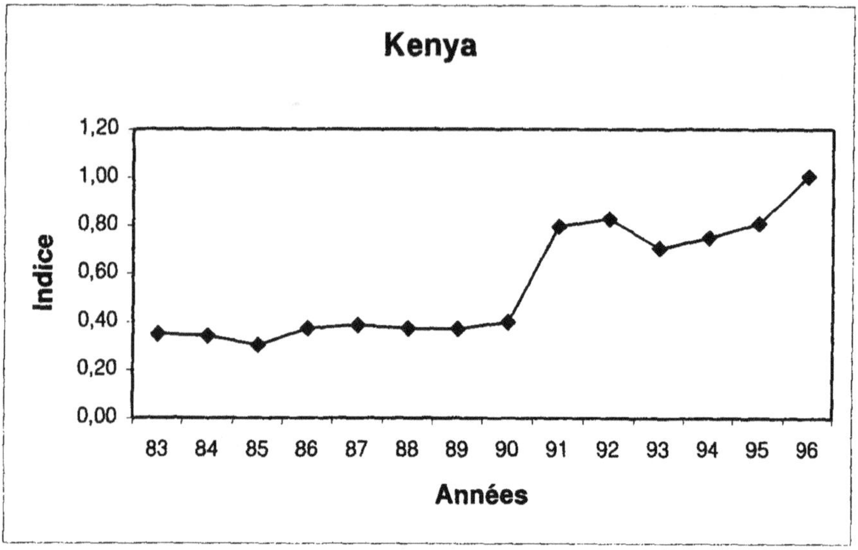

L'indice de développement financier du Kenya est en hausse à partir des réformes de 1989. L'année 1993 correspond à trois dévaluations successives du shilling kenyan. En effet, la forte conditionnalité des aides internationales a poussé le gouvernement à réduire la masse monétaire par l'émission de Bons du trésor et à augmenter les coefficients de réserves des banques commerciales. A cette date, plusieurs banques en difficulté ont fait l'objet de mesures de redressement ou de liquidation.

Par conséquent, comme le Ghana et contrairement au Nigeria, le Kenya a pris en considération les conditions initiales du système bancaire dans son programme de réformes. Cette approche graduelle a eu des effets positifs sur la stabilité économique.

La libéralisation financière a amélioré le crédit au secteur privé. Mais, même avant les réformes, le Kenya possédait l'un des systèmes financiers les plus développés et les mieux diversifiés d'Afrique.

2. LES EFFETS MITIGES DES REFORMES SUR LES SYSTEMES BANCAIRES

De façon générale, un des effets positifs de la libéralisation financière a été la restructuration et la privatisation des banques dans les pays d'Afrique sub-saharienne. En effet, le gouvernement a été écarté du secteur bancaire et ne détient plus, à l'heure actuelle, d'intérêt majoritaire dans le capital des banques. Ainsi, la libéralisation financière a certainement permis l'amélioration du fonctionnement de ce secteur dont le poids du secteur public étouffait les décisions d'allocation des crédits.

Cependant, la libéralisation a également eu des effets défavorables sur le secteur bancaire et nous étudierons son impact sur les taux d'intérêt, le « spread », défini comme l'écart entre les taux débiteur et créditeur ainsi que sur la liquidité des banques, et leurs performances globales.

2.1 Le problème de la surliquidité

Un des effets de la libéralisation financière a été de produire un excès de liquidités du système bancaire. Ce phénomène souligne l'existence d'un problème d'adaptation entre l'offre et la demande de crédit en Afrique sub-saharienne. Les banques ne souhaitent pas utiliser leurs fonds pour des emplois trop risqués et exigent des garanties et des formalités qui évincent les possibilités pour les petites et moyennes entreprises d'obtenir un financement. Ainsi, Eboué (1998b) attribue la surliquidité au manque d'opportunités d'investissement dans le secteur privé et au comportement passif des banques.

Elles continuent d'offrir leurs liquidités aux grandes entreprises déjà bien installées et ignorent totalement les autres emprunteurs, premières victimes du fonctionnement bancaire en Afrique. Que ce soit avant ou après les réformes, les petites et moyennes entreprises éprouvent d'énormes difficultés pour trouver un soutien financier. Dans certains cas, les économistes estiment que les demandes de financement sont rares mais, les formalités et les garanties exigées n'incitent pas les emprunteurs potentiels à déposer une demande. Ils s'adressent alors au secteur financier informel ou tentent d'autofinancer leurs investissements mais la croissance de l'entreprise et de l'économie tout entière est freinée par ce problème.

Par exemple, au Cameroun, après avoir été illiquides sur une longue période, les banques connaissent une situation de surliquidité. En 1994, les dépôts bancaires ont augmenté de 150 milliards de francs CFA en 11 mois[66] mais les banques se sont

[66] Voir Tamba et Tchamanbe Djine (1995). Ainsi, fin 1994, le ratio de liquidité de Amity Bank était de 378,3 %, celui du Crédit Agricole de 304,8 %, celui du Crédit Lyonnais de 160,3 %, etc.

heurtées à des difficultés concernant l'emploi de ces fonds (le crédit intérieur a chuté de 10,8 % entre décembre 1993 et septembre 1994).

Figure II.10 - Evolution de l'indice de développement financier camerounais

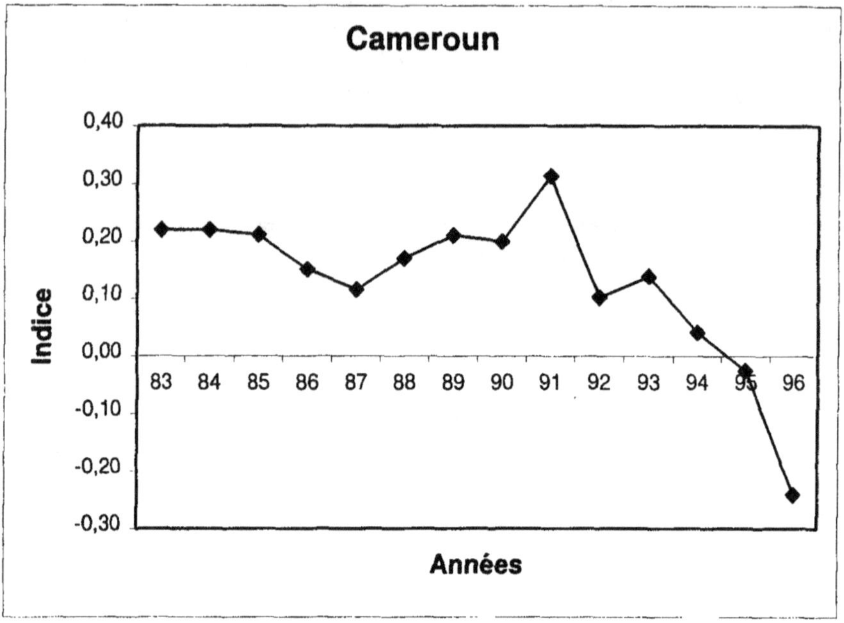

A partir de 1991, l'indice de développement financier du Cameroun est en chute libre. Le pays a accusé une grave crise bancaire et économique et les plans d'ajustement signés avec le FMI en septembre 1988 et en décembre 1991 n'ont pas eu les résultats escomptés. Le système bancaire camerounais repose maintenant sur des bases financières précaires. Après de nombreuses liquidations et de graves dysfonctionnements, le système demeure globalement insolvable. Les dernières estimations de ratios prudentiels en août 1994 montraient la situation très inquiétante de certaines banques.

Au Botswana, la situation de surliquidité est impressionnante mais n'est pas due à la politique de libéralisation financière. Les banques ont multiplié par 22,6 leurs liquidités excessives entre 1980 et 1994[67].

[67] Bank of Botswana (1994) *Annual Report.*

En 1982, le pays a mis en exploitation la nouvelle mine de diamants de Jwaneng, exploitée par l'entreprise Debswana dont l'Etat est un important actionnaire.

L'Etat a donc bénéficié d'un fort afflux de devises suite à l'exportation des produits de la mine et à la faible capacité d'absorption intérieure.

Par conséquent, les dépôts de l'Etat (qui ne sont pas comptabilisés dans la masse monétaire) à la *Banque du Botswana* ont augmenté de 70 % par an entre 1982 et 1988 sans compter les dépôts de la Debswana. La Banque Centrale a alors été amenée à jouer le rôle « d'accepteur de dépôts en dernier ressort » car les banques commerciales se montraient de plus en plus réticentes à accepter des dépôts rémunérés étant donnée la relative faiblesse de la demande de crédit. Ces dernières ont également beaucoup augmenté leurs dépôts à la Banque Centrale, très au-delà du niveau des réserves obligatoires. Elles se sont retrouvées en situation de liquidité excessive, les apports des déposants ayant largement dépassé les opportunités de prêt.

Au total, la croissance des crédits au secteur privé a été modérée et le crédit intérieur net est devenu fortement négatif.

L'indice de développement financier du Botswana n'est pas représentatif car le crédit intérieur est fortement négatif à cause des dépôts du gouvernement auprès du secteur bancaire. Il est cependant en forte baisse à partir de 1992.

2.2 Les effets des réformes financières sur les taux d'intérêt

La théorie de la libéralisation stipule que le seul relèvement des taux d'intérêt à un niveau réel positif est favorable à la croissance. Cependant, qu'il s'agisse du niveau réel des taux d'intérêt ou de l'évolution de la marge bancaire (l'écart entre les taux d'intérêt débiteur et créditeur), les réformes financières n'ont pas eu les effets escomptés et la hausse des taux d'intérêt nominaux est loin d'être uniforme.

2.2.1 Les taux d'escompte réels

Les taux d'escompte réels correspondent aux taux d'intérêt réels auxquels la Banque Centrale refinance les banques de second rang. Ces derniers déterminent également les taux d'intérêt débiteurs demandés auprès des emprunteurs.

Les indicateurs de développement africains établis par la Banque Mondiale (1994 et 1998) montrent que les taux d'escompte des Banques Centrales demeurent négatifs en termes réels. Suite aux situations de surliquidité, ils ont même diminué.

Sur les périodes 1983-89 et 1990-96, nous avons noté en gras les pays sub-sahariens pour lesquels les taux d'escompte réels ont diminué. De même, nous avons été frappés de voir que dans certains pays, les taux d'escompte réels continuent d'être négatifs (Burundi, Congo, Ethiopie, Malawi, Mauritanie, Nigeria, Sierra Leone, ex-Zaïre, Zambie et Zimbabwe).

Tableau II.2 – Les taux d'escompte réels

moy 1984-1989	moy 1990-1996	Pays
2,20	3,61	Afrique du Sud
-3,15	0,87	Botswana
8,03	11,67	Burkina Faso
-0,32	**-0,82**	**Burundi**
1,88	4,22	Cameroun
8,23	**5,08**	**Centrafrique**
3,67	**-0,23**	**Congo**
4,98	**3,23**	**Côte d'Ivoire**
0,46	**-3,10**	**Ethiopie**
7,02	**4,45**	**Gabon**
-4,30	8,56	Gambie
-4,43	3,10	Ghana
16,58	**12,10**	**Guinée Equ.**
3,22	4,50	Kenya
-0,28	2,97	Lesotho
-6,33	-2,49	Malawi
6,60	**4,91**	**Mali**
-0,65	-0,37	Mauritanie
11,02	16,70	Niger
-10,27	**-14,93**	**Nigeria**
-41,32	5,54	Ouganda
6,53	**2,56**	**Rwanda**
5,68	**4,84**	**Sénégal**
-37,58	-8,40	Sierra Leone
-1,12	0,47	Swaziland
-16,70	3,28	Tanzanie
7,30	**4,75**	**Tchad**
9,97	**2,53**	**Togo**
-18,68	**-74,21**	**ex-Zaire**
-14,70	**-21,36**	**Zambie**
-3,08	-0,04	Zimbabwe
-1,92	-0,52	Moyenne

Source : Banque Mondiale (1995).

Ainsi, la libéralisation des taux d'intérêt n'a pas toujours conduit au relèvement des taux réels à l'exception des pays de la Zone Franc. Cependant, dans la zone monétaire d'Afrique Centrale, les crédits aux gouvernements continuent d'être accordés à des taux préférentiels.

2.2.2 Les taux d'intérêt préférentiels en Zone Franc

Concernant les taux d'intérêt en Zone Franc, selon une politique d'inspiration keynésienne, ils ont d'abord été maintenus à un niveau bas après les indépendances, pour favoriser les investissements. On admit le principe qu'avec de faibles taux d'intérêt, une impulsion serait donnée aux investissements et donc au revenu national, ce qui entraînerait un surplus croissant d'épargne.

Tableau II.3 - Taux d'intérêt en pourcentage dans la Zone Franc

BCEAO	TEP	TATr	TEN	TES	TAT	BEAC	TEP	TATr	TEN	TP
1976	5,5		8,0		9,5	**1976**	4,5	4,0	6,5	10,0
1977	5,5		8,0		9,5	**1977**	4,5	4,0	6,5	10,0
1978	5,5		8,0		9,5	**1978**	4,5	4,0	6,5	10,0
1979	5,5		8,0		9,5	**1979**	5,25	4,0	8,5	10,0
1980	8,0		10,5		12,0	**1980**	5,25	4,0	8,5	13,0
1981	8,0		10,5		12,0	**1981**	5,25	4,0	8,5	13,0
1982	10,0		12,5		14,0	**1982**	5,25	4,0	9,0	18,0
1983	8,0		10,5		12,0	**1983**	5,25	4,0	9,0	18,0
1984	8,0		10,5		12,0	**1984**	5,25	4,0	9,0	18,0
1985	8,0		10,5		12,0	**1985**	5,25	4,0	9,0	18,0
1986	6,0		8,0		9,5	**1986**	5,0	4,0	8,0	16,0
1987	6,0		8,5		10,0	**1987**	5,0	4,0	8,0	16,0
1988	6,0		8,5		10,0	**1988**	6,5	4,5	9,5	16,0
1989	9,0		10,0		11,5	**1989**	6,5	4,5	10,0	16,0
1990	Sup.	9,975	Sup	11,0		**1990**	Sup.	5,5	11,0	16,0
1991	Sup.	9,975	Sup.	11,0		**1991**	Sup.	7,5	10,75	16,0
1992	Sup.	9,975	Sup.	11,0		**1992**	Sup.	9,5	12	16,0
1993	Sup.	9,725	Sup.	10,5		**1993**	Sup.	11	11,5	18,0
1994	Sup.	7,75	Sup.	8,5		**1994**	Sup.	7,75	Sup.	15,0
1995	Sup.	4,595	Sup.	7,5		**1995**	Sup.	8	Sup.	15,0
1996	Sup.	5,168	Sup.	7,5		**1996**	Sup.	7,75	Sup.	15,0
1997	Sup.	5,0	Sup.	6,25		**1997**	Sup.	7,75	Sup.	15,0
1998	Sup.	4,95	Sup.	6,25		**1998**	Sup.	7,50	Sup.	15,0

Sources : BCEAO, Notes d'Information et Statistiques. BEAC, Rapport Annuel.

Ainsi, jusqu'en octobre 1989, la BCEAO accordait trois sortes de prêts. Le prêt aux gouvernements nationaux et aux secteurs économiques favorisés (tels que l'agriculture, la petite entreprise, le développement des infrastructures) était alloué au taux d'escompte préférentiel ou TEP. Le taux d'escompte normal ou TEN s'appliquait aux autres prêts et aux secteurs non concernés par le TEP. Finalement, le taux des avances sur titres ou TAT, établi 1,5 points au-dessus du TEN, était appliqué sur tous les emprunts garantis.

En octobre 1989, le TEP et le TEN ont été abolis en faveur du taux d'escompte de l'institut d'émission ou TES, déterminé en tenant compte du marché et le prêt aux gouvernements a été assujetti au taux spécial des avances aux Trésors ou TATr. Ainsi, les gouvernements bénéficient d'un taux d'intérêt préférentiel.

Le système de la BEAC est plus complexe avec quatre taux d'intérêt sur les prêts. Le taux des avances aux Trésors (TATr) et le taux d'escompte préférentiel (TEP) s'appliquent respectivement aux prêts aux gouvernements et aux secteurs favorisés. Le taux d'escompte normal (TEN) s'applique aux autres prêts et le taux de pénalité (TP), aux entreprises ayant dépassé les limites de prêts autorisés.

En 1988, un second taux de pénalité a été établi un point au-dessus du TATr pour les gouvernements ayant dépassé les plafonds autorisés et en 1990, le TEP a été aboli.

Par conséquent, la BCEAO et la BEAC continuent de prêter aux gouvernements à des taux préférentiels.

Par ailleurs, la BCEAO et la BEAC intègrent dans leur statut deux règles de base de politique monétaire afin de limiter le crédit aux gouvernements et de garder un montant minimum de réserves de change.

En effet, pour se prémunir du risque de monétarisation du déficit budgétaire, les deux banques centrales limitent les avances totales aux gouvernements à 20% des recettes budgétaires de l'année précédente. La règle paraît simple mais la question des crédits assujettis à cette limite est plus compliquée et varie entre les deux banques. Chaque banque centrale garde également 20% de ses engagements à vue sous forme de réserves de change.

2.2.3 La volatilité du spread et l'inversion de la structure des taux

La théorie de la libéralisation financière prévoit que l'écart entre les taux d'intérêt débiteur et créditeur (le « spread ») augmente légèrement dans les premiers temps d'instauration des réformes de façon à ce que les banques s'adaptent aux lois du marché. Cependant, à terme, la concurrence accrue entre les banques doit entraîner non seulement l'harmonisation des taux d'intérêt mais également la réduction de la marge bancaire. En effet, en situation de concurrence pure et parfaite, les forces du marché conduisent à l'égalisation des taux d'intérêt créditeur et débiteur. Autrement dit, la marge bancaire est nulle.

Cependant, les chiffres de la Banque Mondiale (1998) indiquent que la marge bancaire demeure très volatile et qu'elle s'est accrue dans tous les pays d'Afrique sub-saharienne.

Figure II.11 – La volatilité de la marge bancaire

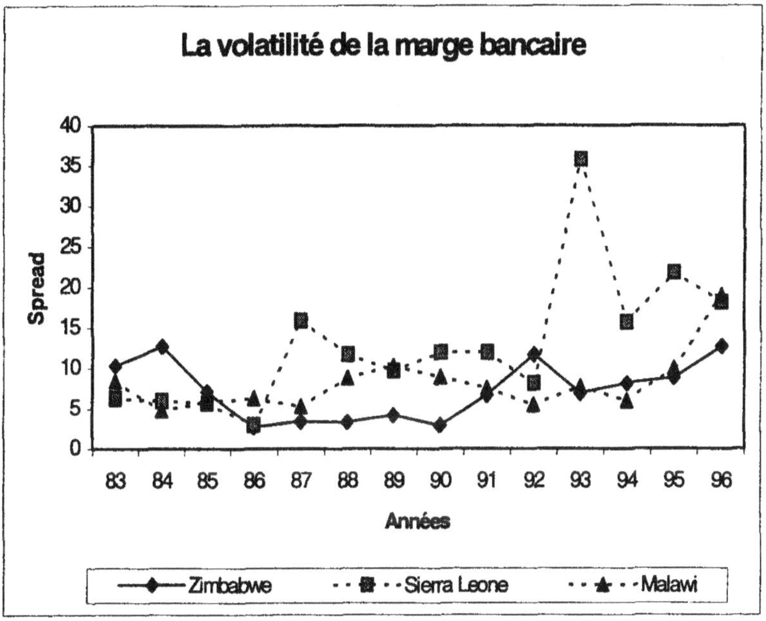

Les cas du Zimbabwe, de la Sierra Leone et du Malawi ne sont pas isolés. Dans pratiquement tous les pays, le spread montre une évolution variable même s'il a augmenté plus régulièrement en Zone Franc.

La libéralisation financière a également entraîné l'augmentation systématique de l'écart entre les deux taux d'intérêt.

Figure II.12 – L'augmentation systématique du spread

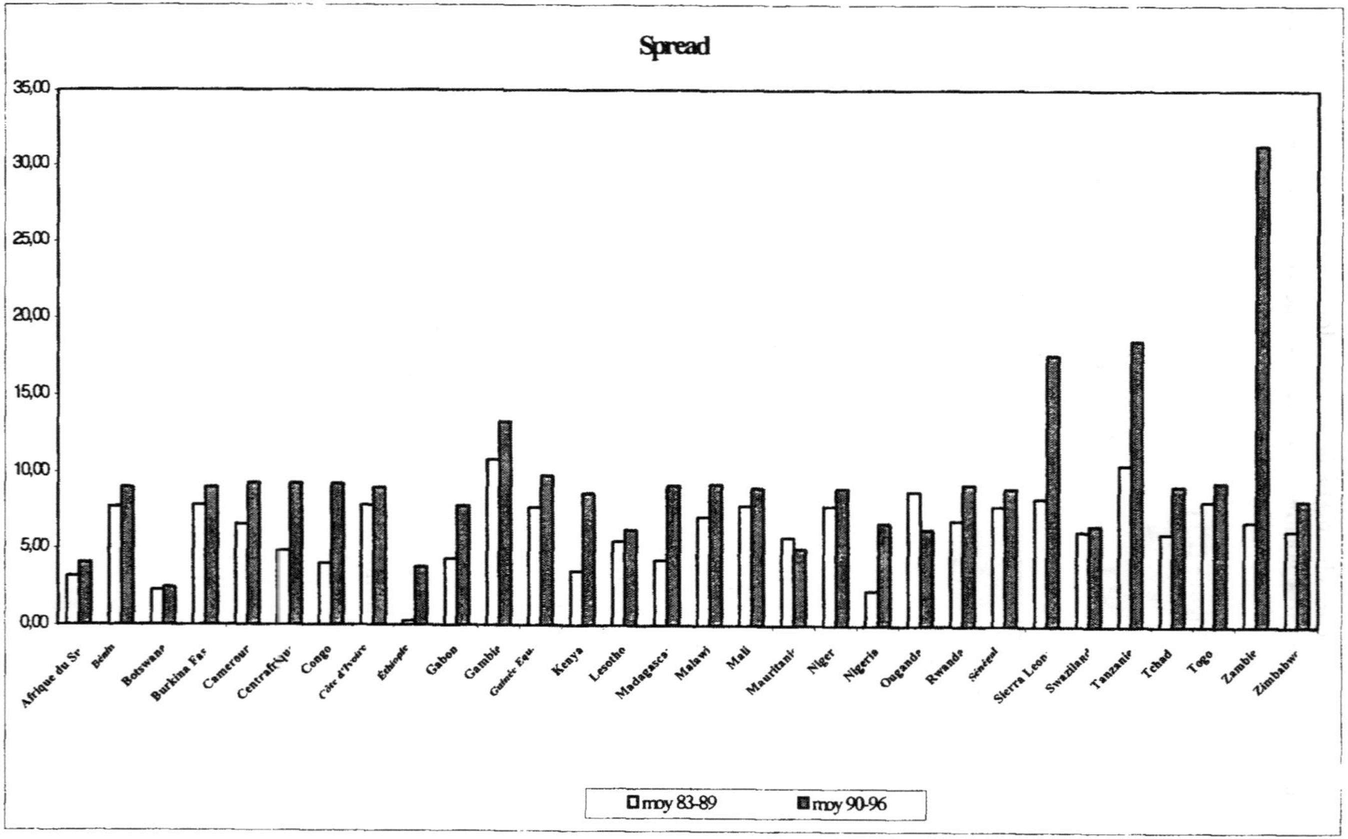

Ainsi, l'augmentation de la marge bancaire est l'un des principaux effets de la libéralisation financière en Afrique sub-saharienne. Ce résultat mérite d'être souligné car il est très rare de trouver une tendance générale pour tous ces différents pays.

De plus, dans certains pays, la structure des taux s'est inversée puisque les taux d'intérêt offerts aux épargnants sont devenus supérieurs aux taux d'intérêt demandés aux emprunteurs. Ainsi, en Ethiopie, la marge bancaire était négative entre 1987 et 1989 [Banque Mondiale (1998)]. En Gambie, au premier trimestre 1985, les taux débiteurs ont augmenté moins vite que les taux créditeurs. Eboué (1998b) attribue cette inversion de la structure des taux à la thérapie de choc adoptée par les pays. En effet, alors que de nombreux pays ont préféré l'approche graduelle et la libéralisation des taux d'intérêt sur plusieurs années, la Gambie (et le Nigeria) ont brutalement libéralisé les taux d'intérêt.

Au total, la politique de libéralisation avait pour principal objectif l'augmentation des taux d'intérêt et l'égalisation des taux créditeur et débiteur par le biais d'une concurrence accrue. Force est de constater que la libéralisation des taux d'intérêt n'a pas eu les effets désirés et a entraîné une phase d'instabilité sur les marchés du crédit. Les marges bancaires se sont accrues mais ont tendance à varier très fortement.

En outre, les Banques Centrales n'ont pas montré l'exemple en continuant de refinancer les banques de second rang à des taux d'intérêt négatifs. A priori, ce phénomène est lié aux situations de surliquidité des banques apparues suite aux réformes bancaires. Il montre qu'un des principaux maux des secteurs bancaires africains est la frilosité des banques qui ne financent pas les activités économiques. De plus, dans la Zone Franc, la répression financière continue de s'exercer à travers des taux d'intérêt préférentiels accordés aux gouvernements.

Au terme de cette analyse, nous avons considéré que les taux d'intérêt, aussi bien nominaux que réels n'avaient aucune signification au niveau des performances bancaires et ne conditionnaient ni les demandes ni les offres de crédit. Ainsi, dans la prochaine section traitant de l'analyse quantitative de la libéralisation financière, nous ne tiendrons pas compte des taux d'intérêt. Nous considérons que les performances bancaires s'évaluent à partir de l'octroi de crédit, de la quantité de dépôts auprès des banques commerciales et du taux de réserves obligatoires.

Par ailleurs, les mesures de restructuration et de privatisation devaient entraîner une augmentation du nombre de banques et une concurrence bancaire plus importante.

2.3 Les effets de la déréglementation sur les structures bancaires

Les mesures de restructuration du secteur bancaire se sont tout d'abord traduites par la faillite et la liquidation de nombreux établissements financiers. Ainsi, dans un premier temps, le nombre de banques a diminué et la structure oligopolistique du secteur bancaire a persisté. Alors que la libéralisation se conçoit dans un environnement concurrentiel, les secteurs bancaires africains reposent sur un nombre très faible de banques, concentrées dans les zones urbaines.

Nous étudierons plus en détail les cas très intéressants du Nigeria qui a connu une explosion brutale du nombre d'agences bancaires et de la Tanzanie dont le système socialiste détenait les trois agences bancaires nationales.

2.3.1 L'échec de la libéralisation financière au Nigeria

Le Nigeria s'est lancé dans la libéralisation financière en 1986 dans le cadre d'un plan d'ajustement structurel.

Avant 1985, le gouvernement contrôlait 60 % du capital des banques et 33 % de leur actif financier était lui-même contrôlé par la Banque Centrale. La répression financière s'exerçait sous la forme de taux d'intérêt réels négatifs, de plafonnement du crédit et de son allocation à des secteurs spécifiques.

Une libéralisation partielle des taux d'intérêt a été mise en place en janvier 1987 puis, seulement après quelques mois, en septembre 1987, la Banque Centrale du Nigeria a totalement libéralisé les taux d'intérêt aussi bien débiteurs que créditeurs.

D'autres mesures ont été prises concernant la restructuration du secteur bancaire, la création de nouvelles institutions non bancaires et la réglementation prudentielle.

Le nombre de banques commerciales est passé de 29 à 65 entre 1986 et 1992 et celui des banques d'affaires, de 12 à 54.

Mais, cette explosion du nombre d'agences n'était absolument pas le signe d'un environnement bancaire sain et concurrentiel. Cette croissance rapide s'explique par la possibilité d'accès aux rentes par le biais du système de distribution des devises. En effet, les propriétaires d'établissements bancaires pouvaient, une fois par semaine, spéculer sur le marché des changes aux enchères.

De plus, la libéralisation des taux d'intérêt avait été entreprise bien trop rapidement et d'autres erreurs de politique économique ont été commises. Ainsi, début 1991, le plafonnement des taux d'intérêt a été imposé à nouveau puis libéralisé une seconde fois en 1992. En janvier 1994, le problème de la crédibilité des politiques a résurgi et la déréglementation des taux d'intérêt a été arrêtée.

Le Nigeria a donc connu des retours en arrière et a fini par arrêter la politique de libéralisation financière. Ce cas est intéressant et a notamment permis d'expliquer certaines erreurs à ne pas commettre en matière d'ordonnancement et de vitesse appropriée pour les réformes.

La première erreur a été de ne pas prendre en compte le problème de l'instabilité macro-économique et de permettre le retrait en devises étrangères des dépôts commerciaux. La seconde a été de ne pas s'intéresser à la santé financière des banques et d'attendre 1990 avant d'introduire des règles prudentielles. Finalement, la libéralisation totale des taux d'intérêt s'est faite seulement 9 mois après le début des réformes et la politique de « Yo-Yo » ou de « Stop and Go » qui a suivi, n'a pas amélioré la crédibilité du gouvernement.

Figure II.13 - Evolution de l'indice de développement financier nigérian

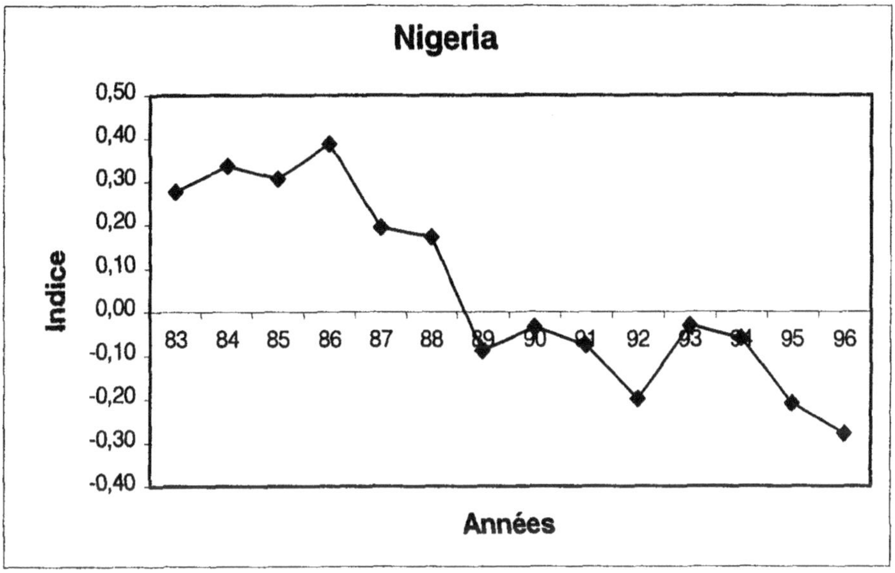

Depuis le début des réformes en 1986, l'indice de développement financier du Nigeria montre une nette tendance à la baisse mais les politiques entreprises n'ont pas été appropriées.

Le financement du déficit budgétaire par la création monétaire et le seigneuriage ont aggravé le ratio du déficit public par rapport au PIB et, en dépit de l'amélioration de la mobilisation des dépôts (notamment en zone rurale), la libéralisation n'a pas réellement approfondi le système financier ni permis l'augmentation des prêts au secteur des micro-entreprises rurales. Les banques ont préféré garder leurs liquidités et le taux d'investissement a chuté de 16,5 % a 15,4 % entre 1986 et 1994.

2.3.2 La restructuration bancaire en Tanzanie

Le cas de la Tanzanie est différent de celui des autres pays car, comme la Guinée, l'Angola et le Mozambique, l'économie tanzanienne était basée sur l'idéologie socialiste avec un système de planification centrale.

Avant les réformes, le secteur bancaire de la Tanzanie était une agence de finances publiques et il n'existait que trois banques principales. Très peu de banquiers étaient des professionnels ou possédaient la qualification nécessaire, la gestion et les contrôles étaient très faibles et la Banque Centrale n'avait pas de rôle approprié.

« *The Economic Recovery Program* » entrepris en 1986 devait stimuler le système bancaire, restructurer les institutions existantes mais surtout, fournir un environnement macro-économique stable. Les taux d'intérêt ont été libéralisés progressivement sur deux ans. Le gouvernement a encouragé l'établissement de banques privées (entre 1986 et 1991, le nombre d'institutions financières est passé de 3 à 14) et a redéfini le rôle et les fonctions de supervision de la Banque Centrale. Cette dernière a commencé à utiliser le contrôle monétaire indirect en 1990 et, en octobre 1993, le système bancaire était sain et solvable.

Figure II.14 - Evolution de l'indice de développement financier tanzanien

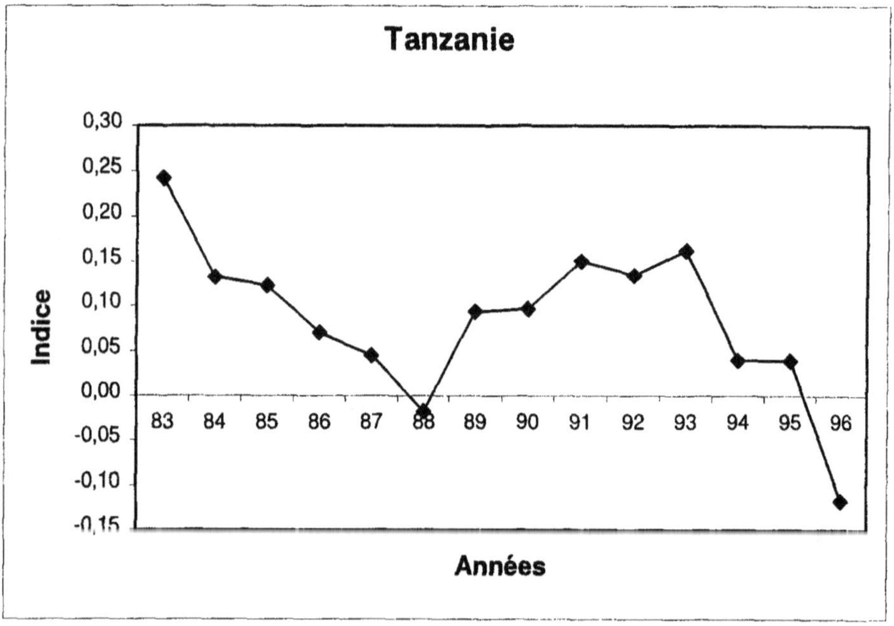

Le résultat de la libéralisation financière est plus mitigé en Tanzanie qu'au Kenya. L'indice de développement financier a fortement chuté à partir de 1993.

D'après la Banque Africaine de Développement (1994), le capital détenu a l'étranger par les tanzaniens durant la répression financière a été rapatrié, ce qui prouve que la confiance dans le secteur financier est revenue.

Mais, en même temps que les réformes financières, le déficit budgétaire a été réduit ainsi que l'inflation, ce qui a facilité une meilleure allocation des ressources dans l'économie. La Tanzanie a pris en considération à la fois la santé des secteurs réels et financiers, et adapté l'ordre et la vitesse des réformes aux conditions initiales du pays.

Ainsi, les mesures de libéralisation financière sont multiples et les expériences diffèrent très fortement suivant les pays. De façon générale, alors que Mac Kinnon (1973) et Shaw (1973) avaient décrit un processus de croissance fondé sur l'élévation des taux d'intérêt, les réformes n'ont pas eu les effets escomptés sur cette variable. Leur harmonisation est loin d'être uniforme et alors que les taux réels continuent d'être négatifs dans certains pays, les autorités monétaires de la Zone Franc accordent encore des taux préférentiels sur les crédits aux gouvernements. En conséquence, l'évolution des taux d'intérêt ne permet pas d'évaluer les politiques de libéralisation financière qui se sont plutôt traduites par les restructurations des banques et l'adoption d'instruments indirects de politique monétaire.

A l'exception du Kenya et de la Tanzanie, l'augmentation du nombre et de la variété des institutions financières et le développement de nouveaux services n'ont pas significativement amélioré l'approfondissement financier. Ils n'ont pas permis non plus l'accroissement des crédits au secteur privé et particulièrement aux petites et moyennes entreprises, ni au secteur agricole ni aux ménages ruraux.

Il est intéressant de noter que tous les pays pour lesquels la libéralisation financière s'est révélée positive, ont pris en compte les conditions réelles et financières initiales ainsi que les problèmes d'ordonnancement des programmes.

Ce phénomène souligne l'importance de ces considérations pour une libéralisation financière réussie. Des politiques complémentaires doivent accompagner la libéralisation et promouvoir la stabilité économique, la discipline budgétaire et l'amélioration des revenus réels des ménages. Elles doivent également établir un environnement institutionnel adéquat, améliorer le capital humain et le degré de qualification des responsables bancaires ainsi que le système de surveillance et de contrôle. Toutes ces mesures ainsi que les conditions de succès de la libéralisation financière seront analysées dans le dernier chapitre de la seconde partie.

De façon générale, l'Afrique manque de capitaux à long terme pour le financement des investissements. Les situations de surliquidité des banques montrent que les banques n'assument pas leur rôle d'intermédiaire financier. Ce résultat coïncide avec les théories concernant les imperfections du marché du crédit et les problèmes d'information, de hasard moral et de sélection adverse. Plus précisément, la libéralisation du secteur bancaire n'entraîne pas forcément une allocation efficace des capitaux à long terme en présence d'asymétries informationnelles.

D'après les résultats précédents, il est possible d'affirmer que le développement financier n'a pas suivi les réformes de libéralisation. Pourtant, il s'agit d'une analyse qui repose essentiellement sur les taux d'intérêt et le nombre de banques. Il est alors nécessaire de la compléter par une analyse quantitative de l'évolution des structures bancaires qui prenne en compte d'autres variables financières pertinentes.

En effet, nous considérons que l'évolution des dépôts bancaires, des crédits aux différents secteurs ainsi que le changement de la monétisation des économies et des réserves obligatoires donne une idée plus précise et mieux adaptée au cas africain de l'impact de la libéralisation financière sur les structures bancaires.

SECTION III : ANALYSE QUANTITATIVE DE L'EVOLUTION DES STRUCTURES BANCAIRES

Au niveau des structures financières, nous avons effectué deux analyses statistiques utilisant six variables bancaires qui correspondent à la répartition de la masse monétaire entre la base monétaire, les dépôts, les crédits privés et totaux ainsi que les réserves obligatoires.

La première analyse utilise l'indice de développement financier que nous avons calculé à partir des six indicateurs bancaires et qui nous a permis de classer les pays suivant différentes catégories de développement financier.

La seconde analyse reprend les indicateurs bancaires dans une analyse factorielle des correspondances. D'une part, elle confirme les premiers résultats obtenus par l'indice de développement financier et d'autre part, elle permet de mettre en avant l'évolution dans le temps des différents indicateurs suivant les pays et les années.

Ces analyses statistiques permettent à la fois une mesure précise du développement financier de chaque pays sub-saharien mais également de son évolution au cours de la période d'ajustement. Au terme de cette étude quantitative, nous pourrons confirmer l'impact négatif de la politique de libéralisation financière sur la majorité des économies africaines.

1. ELABORATION D'UN INDICE DE DEVELOPPEMENT FINANCIER

Dans la mise en place des politiques de libéralisation financière, l'un des principaux objectifs est de restructurer le système bancaire existant en adoptant des instruments de contrôle monétaire indirects, en élevant les taux d'intérêt réels à des niveaux positifs, en privatisant et liquidant certaines banques. D'autre part, le volet externe de la libération a impliqué la création de marchés financiers et l'ouverture des comptes de capitaux des économies sur le reste du monde.

Concrètement, il s'agit d'améliorer et de rendre efficace le système financier puisque celui-ci délimite les possibilités des entreprises d'une part, et les choix et les moyens des gouvernements d'autre part. Son rôle est de transformer des ressources liquides en emplois à plus long terme de façon à ce que les chefs d'entreprises puissent financer leurs activités de production et leurs investissements, sources de croissance économique. Notre objectif est de trouver les critères macro-économiques permettant de mesurer et de caractériser un système financier efficace afin de construire un indice de développement financier.

Cette étude s'inspire des travaux réalisés par la Banque Mondiale en 1996. En effet, les auteurs, Demirgüç-Kunt et Levine (1996a) ont construit un indice de développement des intermédiaires financiers à partir de sept indicateurs dans le cas de 44 pays (industrialisés ou en voie de développement) sur la période 1986-1993. Malheureusement, leur indice ne concerne que trois pays africains et les indicateurs qu'ils utilisent ne sont généralement pas disponibles ni applicables au cas de l'Afrique. Notre indice africain permettra alors d'analyser la structure financière des pays étudiés pour estimer les possibilités de croissance et apprécier les politiques de libéralisation financière.

Le premier paragraphe s'attache à définir un système financier efficace et reprend la construction de l'indice des intermédiaires financiers élaboré par la Banque Mondiale. Le second paragraphe répertorie les différents critères pertinents et disponibles que nous utiliserons pour calculer l'indice et le dernier paragraphe est consacré au calcul de l'indice et conclut sur les principaux résultats obtenus.

1.1 Définition d'un système financier efficace

La définition d'un système financier « efficace » est une des premières étapes indispensables pour la construction d'un indice de développement financier. En effet, cette définition nous permettra de définir et de mettre en avant les variables pertinentes que nous pourrons utiliser dans la construction de l'indice africain de développement financier.

Dans cette optique, nous analyserons d'abord les travaux de Mac Kinnon (1973) et Shaw (1973) puis ceux de la Banque Mondiale afin de les améliorer et de les adapter au cas de l'Afrique sub-saharienne. Nous devrons également prendre en compte les contraintes de disponibilité des données.

1.1.1 L'analyse de référence de Mac Kinnon et Shaw : répression financière et inefficacité de l'intermédiation bancaire

Mac Kinnon (1973) et Shaw (1973) – avec le développement de la thèse de la répression financière - estiment que des réformes appropriées du système financier peuvent promouvoir la croissance économique.

Les critères macroéconomiques qu'ils retiennent pour définir un système financièrement réprimé sont les suivants :

- Les taux de réserves obligatoires sont élevés.
- Les taux d'intérêt sont artificiellement faibles.
- Le crédit est rationné et alloué à des secteurs spécifiques.
- Les gouvernements détiennent les institutions financières importantes et utilisent le droit de seigneuriage pour financer les déficits budgétaires.

Dans ces conditions, les banques ne peuvent pas assurer leur rôle d'intermédiation financière et les possibilités de croissance sont réduites. Pourtant, leurs critères ne sont pas tous quantifiables ni disponibles et il est nécessaire d'en trouver de nouveaux.

1.1.2 L'indice de développement des intermédiaires financiers de la Banque Mondiale

La Banque Mondiale a également retenu des critères de développement des intermédiaires financiers afin de construire un indice. Sur la période 1986-1993, les auteurs, Demirgüç-Kunt et Levine (1996a), ont retenu sept indicateurs moyens et se sont intéressés à 44 pays développés ou en voie de développement.

Pourtant, leurs résultats n'ont pas été appliqués aux pays d'Afrique. Seuls trois pays, l'Afrique du Sud, le Nigeria et le Zimbabwe ont été pris en compte.

Les critères retenus par les auteurs sont les suivants :

- La masse monétaire en pourcentage du PIB
- La quasi-monnaie en pourcentage du PIB
- Le crédit au secteur privé en pourcentage du PIB
- Les dépôts bancaires en pourcentage du PIB
- L'écart entre les taux d'intérêt débiteur et créditeur
- La part du capital détenu par les institutions financières non bancaires en pourcentage du PIB
- La part du capital détenu par les compagnies d'assurance et les caisses de retraite en pourcentage du PIB.

Tout d'abord, les trois derniers indicateurs ne sont pas disponibles pour les pays africains et les deux derniers n'ont aucun intérêt étant donnée la faiblesse du nombre d'IFNB, de compagnies d'assurance et de caisses de retraite.

Concernant l'écart entre les taux d'intérêt créditeur et débiteur, nous avons essayé de réunir les chiffres pour les pays africains mais les données manquantes sont très importantes et certains pays n'ont pas de taux créditeur rendant impossible le calcul de l'écart.

Pour calculer l'indice de développement des intermédiaires financiers, les auteurs se servent d'une méthode que nous utiliserons mais que nous ne développerons que par la suite.

Un des principaux problèmes de leur indice est qu'il prend en compte des pays très différents tels que le Luxembourg, le Venezuela, la Thaïlande ou le Canada et qu'il utilise la moyenne des indicateurs. La moyenne ainsi obtenue représente alors une sorte de moyenne internationale des 44 pays sans avoir de sens ou de valeur interprétable. Dans le cas de notre indice, les pays étant situés sur le même continent, nous obtiendrons une moyenne africaine.

Concernant les trois pays africains étudiés, la valeur de l'indice n'a pas beaucoup de sens mais leur place relative par rapport aux autres économies est plus intéressante.

Sur 42 pays, l'Afrique du Sud est classée 27ème, le Zimbabwe est 34ème et le Nigeria 38ème. La Suisse obtient la première place, suivie par le Japon et les quatre dernières économies font partie de l'Amérique latine (Mexique, Colombie, Brésil puis Argentine).

Au total, les trois pays africains n'obtiennent pas un bon indice de développement des intermédiaires financiers mais, si d'autres pays (africains ou non) avaient été ajoutés, les résultats auraient été différents.

Notre indice de développement financier est fondé sur ces premiers travaux de la Banque Mondiale. Il conserve la méthode de calcul mais s'appuie sur des pays uniquement situés en Afrique sub-saharienne et utilise d'autres indicateurs.

1.1.3 Efficacité bancaire et disponibilité des données

Tout d'abord, dans l'analyse des systèmes financiers, nous ne nous intéresserons pas à l'étude des marchés financiers. Ainsi, aucun indicateur de développement des marchés financiers ne sera pris en compte.

En effet, les sphères financières africaines sont essentiellement tournées vers le secteur bancaire. De plus, les marchés, qualifiés de « pré-émergents », sont difficiles à caractériser et les interprétations sur leur efficacité sont aléatoires, notamment à cause d'indicateurs extrêmement faibles ou élevés suite aux programmes de privatisations massives. Les marchés financiers seront traités dans la seconde partie de cet ouvrage.

Les critères macro-économiques permettant de mesurer l'efficacité du système bancaire ont souvent été classés en trois catégories : les dépôts, les crédits et les taux d'intérêt.

Tout d'abord, la monétisation et le volume de l'intermédiation sont évalués par l'importance et la croissance des différents dépôts bancaires. En effet, la masse des dépôts dans une économie délimite en partie les crédits et donne une idée de la confiance accordée aux banques.

Ensuite, les crédits sont supposés être source de croissance puisqu'ils permettent de financer les investissements des secteurs publics et privés. Toutefois, l'utilisation par le gouvernement des fonds bancaires doit être étudiée car ils peuvent servir à financer des projets improductifs mais également des investissements publics, notamment en infrastructures, qui ont un rôle à jouer sur la croissance.

Finalement, les taux d'intérêt donnent une appréciation de la rentabilité des banques. La marge bancaire ou l'écart entre les taux d'intérêt débiteurs et créditeurs permet aux banques de financer et de développer leurs activités d'intermédiaires financiers. Mais, à l'inverse, si l'équilibre concurrentiel suppose que le rendement marginal du crédit est égal à son coût marginal, de forts écarts signifieront une faible concurrence bancaire. Les taux d'intérêt sont par conséquent difficiles à interpréter, certains auteurs prennent en compte leur niveau en termes réels.

Par ailleurs, d'autres indicateurs peuvent être utilisés tels que le poids de l'Etat dans le système financier et les liens de ce dernier avec l'extérieur. Pourtant, dans la construction d'un indice de développement financier, la multiplicité des critères ne permet pas une analyse très précise et il est préférable de garder uniquement les critères internes d'efficacité des banques précédemment définis.

Il aurait également été impossible de prendre en considération des indicateurs qualitatifs pour lesquels les données ne sont pas toujours disponibles et surtout pour lesquels les comparaisons et les mesures sont souvent délicates. Il s'agit d'indicateurs institutionnels ou réglementaires tels que :

- L'indépendance de la Banque Centrale et son poids politique.
- Les considérations politiques ou économiques de l'allocation des ressources.
- La mesure du rationnement du crédit et de l'allocation sectorielle du crédit.
- L'importance du système financier informel.
- La régulation de la concurrence bancaire.

Par conséquent, seuls les critères concernant le crédit, les dépôts et les taux d'intérêt ont été retenus. Les données sont quelquefois manquantes ou bien inexactes mais elles ont toutes été tirées des tableaux du FMI ou de la Banque Mondiale par souci d'harmonisation. De la même façon, les PIB utilisés sont exprimés en monnaie nationale afin d'éviter tout problème de conversion par le taux de change soit en dollars soit dans une autre monnaie.

Il convient maintenant de donner des détails sur la manière dont ont été calculés ces indices de développement financier à partir des différents indicateurs.

1.2 Les indicateurs de développement financier retenus

Dans le cas africain, pour le calcul de notre indice, il a été possible de réunir les données de 34 pays[68] sur une période allant de 1983 à 1996 (14 ans).

L'Afrique du Sud a été ajoutée à la liste afin de servir en quelque sorte de « référence » puisque le système bancaire de cet état est largement comparable à celui de nombreux pays industrialisés. C'est le plus développé des systèmes sur l'ensemble des pays sub-sahariens.

La prise en compte de l'Afrique du Sud tend à montrer les écarts et le retard des autres secteurs bancaires ainsi qu'à relativiser le rang d'autres pays autrement mieux placés. Il conforte également les résultats obtenus par l'indice de développement financier.

Pour mesurer le niveau de développement des intermédiaires financiers, six indicateurs ont été pris en considération :

- La masse monétaire en pourcentage du PIB, notée MM
- La quasi-monnaie en pourcentage du PIB, notée QM
- Le crédit intérieur en pourcentage du PIB, noté CI
- Le crédit privé en pourcentage du PIB, noté CP
- Les réserves bancaires en pourcentage de la masse monétaire, notées RO
- La base monétaire sur la monnaie plus la quasi-monnaie, notée BM

1.2.1 La masse monétaire en pourcentage du PIB (annexe 1)

La monnaie au sens large englobe la plupart des engagements des institutions monétaires d'un pays à l'égard des résidents, à l'exclusion de l'administration centrale. Pour la majorité des pays, elle correspond à la somme de la monnaie et de la quasi-monnaie.

La monnaie prend en compte les moyens de paiement de l'économie (la circulation fiduciaire hors banques et les dépôts à vue autres que ceux de l'administration centrale). La quasi-monnaie comprend les dépôts à terme et d'épargne ainsi que les dépôts en devises des secteurs résidents autres que l'administration centrale. Lorsque les institutions financières non bancaires sont d'importants émetteurs d'engagements quasi-monétaires, ceux-ci sont également inclus dans la monnaie au sens large.

Le ratio de la masse monétaire sur le PIB mesure en quelque sorte la taille du secteur financier formel par rapport à la taille de l'économie. Si la taille du système

---

[68] Sur les 47 pays d'Afrique sub-saharienne, nous avons volontairement exclu les îles du continent (à l'exception de Madagascar) ainsi que les pays pour lesquels les données n'étaient pas disponibles tels que la Guinée, la Guinée Bissau, le Mozambique, la Namibie et la Somalie.

financier est positivement liée à la promotion de services financiers, ce ratio est un bon indicateur de développement financier.

Les disparités entre les pays sont très importantes mais, en moyenne, le secteur financier représente 25 % des PIB sub-sahariens avec une dégradation sur la période 1990-1996 et des situations inquiétantes (comme au Kenya, au Rwanda, en Zambie).

1.2.2 La quasi-monnaie en pourcentage du PIB (annexe 2)

Le ratio de la quasi-monnaie en pourcentage du PIB complète le premier ratio, celui de la masse monétaire sur le PIB. En soustrayant M1 (la monnaie au sens strict), ce ratio mesure la taille des intermédiaires financiers car M1/PIB est essentiellement composé de dépôts fortement liquides qui ne peuvent pas être associés à l'efficacité de l'intermédiation bancaire comme les dépôts à plus long terme auprès des banques. En fait, ce ratio se focalise sur les dépôts à long terme.

Concernant, les pays d'Afrique sub-saharienne, ces dépôts ne représentent en moyenne que 9 % à 10 % du PIB sub-saharien avec de fortes disparités. On note tout de même une très légère amélioration sur la période 1990-1996.

Il existe également des systèmes bancaires constitués essentiellement de dépôts liquides où la quasi-monnaie est pratiquement inexistante (c'est le cas de l'ex-Zaïre, du Tchad, de l'Ouganda, de la Guinée Equatoriale et de la République centrafricaine).

Pourtant, la masse monétaire et la quasi-monnaie pouvant servir à financer les déficits des gouvernements, elles ne reflètent pas forcément l'efficacité des services bancaires (telle que l'acquisition d'information sur les entreprises, la diversification des risques, la facilité des transactions, etc.). Le ratio du crédit au secteur privé en pourcentage du PIB donne alors une meilleure indication. De la même façon, le crédit intérieur est positivement lié au développement financier. Si les crédits les plus productifs se dirigent vers le secteur privé, les crédits au secteur public peuvent également être rentables et productifs, notamment lorsque l'Etat décide d'améliorer les infrastructures et l'environnement productif.

1.2.3 Le crédit intérieur en pourcentage du PIB (annexe 3)

Le crédit intérieur fourni par le secteur bancaire inclut tous les crédits alloués aux différents secteurs de l'économie sur une base brute, à l'exception du crédit au gouvernement qui est net. Le secteur bancaire comprend les autorités monétaires et les banques de dépôts ainsi que les autres institutions bancaires pour lesquelles les données sont disponibles.

Le crédit au gouvernement est net, c'est-à-dire qu'est déduit du crédit que les banques accordent au gouvernement, celui que le gouvernement accorde aux banques. Au total, si les banques ont beaucoup d'engagements vis-à-vis de l'administration centrale, le crédit intérieur en pourcentage du PIB est négatif. En d'autres termes, le crédit privé (toujours positif) ne compense pas le crédit public net (négatif).

Au Botswana par exemple, le crédit intérieur est négatif sur toute la période. Au Lesotho, il devient négatif à partir de 1994.

La référence à l'Afrique du Sud nous montre qu'un système financier développé peut accorder des crédits pour un montant dépassant largement celui du PIB (160,2 % en 1996).

La comparaison entre la période 1983-89 et 1990-96 indique que le crédit intérieur a fortement baissé en Afrique sub-saharienne. Sur 34 pays, 26 pays ont vu leur crédit diminuer et certaines fois, pour atteindre des montants très faibles (Gambie, Lesotho, Swaziland).

Par ailleurs, ces chiffres doivent être rapprochés du crédit privé en pourcentage du PIB. La différence entre les deux séries de chiffres nous donne une indication sur l'importance du crédit public.

1.2.4 Le crédit au secteur privé en pourcentage du PIB (annexe 4)

Logiquement, le crédit intérieur doit être supérieur au crédit privé puisque d'autres crédits (aux entreprises publiques, aux autres institutions bancaires, etc.) sont pris en compte, bien que le crédit au gouvernement soit net.

Ce n'est pas le cas au Botswana, au Burkina Faso, au Swaziland, ce qui signifie que le secteur bancaire est endetté vis-à-vis du gouvernement.

En revanche, certains écarts sont importants entre les deux crédits, ce qui implique que les crédits publics sont élevés et que l'intermédiation financière se fait au détriment du secteur privé. C'est le cas du Burundi, de l'Ethiopie, du Ghana, de la Guinée Equatoriale, du Kenya, de Madagascar, du Malawi, du Nigeria, de la Sierra Leone, du Soudan, de la Tanzanie, de l'ex-Zaïre, de la Zambie et du Zimbabwe.

De la même façon que le crédit intérieur, le crédit privé en pourcentage du PIB s'est détérioré sur la période 1990-1996, 23 pays ont vu leur crédit privé chuté de façon quelques fois dramatique.

1.2.5 Les réserves bancaires en pourcentage de la masse monétaire (annexe 5)

Les réserves bancaires représentent l'encaisse des banques créatrices de monnaie et leurs dépôts auprès des autorités monétaires.

Quand le ratio des réserves bancaires sur la masse monétaire est élevé, Mac Kinnon et Shaw qualifient le système bancaire de " financièrement réprimé ". Nous estimerons également qu'un taux de réserves obligatoires important réduit les possibilités de prêts des banques. Cet indicateur est par conséquent négativement lié au développement financier et, dans la construction de l'indice agrégé, il sera multiplié par –1 de façon à prendre en compte l'effet négatif de ce ratio sur le développement financier.

Dans le cas de l'Afrique sub-saharienne, les moyennes par pays prennent en compte de grandes variations sur l'ensemble de la période. Contrairement aux autres indicateurs qui montraient une évolution par pays cohérente (soit en hausse, soit en baisse mais de façon presque régulière), les réserves obligatoires ont tendance à varier énormément, amenant à penser que les moyennes ne reflètent que partiellement la réalité.

1.2.6 La base monétaire sur la monnaie plus la quasi-monnaie (annexe 6)

La base monétaire englobe la monnaie en circulation, les dépôts des banques créatrices de monnaie et les dépôts des autres résidents (à l'exclusion de l'administration centrale) auprès des autorités monétaires. Ce ratio mesure donc la place que représente la monnaie de la banque centrale dans la masse monétaire totale. Il peut être assimilé à l'inverse d'un multiplicateur de crédit. En d'autres termes, il nous permet de savoir, pour une unité de monnaie créée par les autorités monétaires, combien les banques vont créer de nouvelles unités de monnaie via le crédit.

Si la base monétaire représente un pourcentage important de la masse monétaire au sens large, l'économie est faiblement monétisée. Par conséquent, cet indicateur sera multiplié par –1 dans la construction de l'indice agrégé car il est négativement lié au développement financier.

Les ratios d'Afrique sub-saharienne sont dans l'ensemble très élevés et se situent en grande majorité au-dessus de 40 %. On note encore une fois une dégradation sur la période 1990-96 et des situations extrêmes comme en République centrafricaine, au Tchad ou au Zaïre où la base monétaire représente plus de 70 % de la monnaie en circulation. Ces pays sont donc faiblement monétisés et les chiffres obtenus coïncident avec les faibles indicateurs de la quasi-monnaie sur le PIB.

1.3 L'indice africain de développement financier

Quels sont les systèmes bancaires les plus développés en Afrique ? Quels sont, à l'inverse, les systèmes nécessitant de profondes réformes ?

La construction d'un indice de développement financier peut nous servir, dans un premier temps, à classer les pays par ordre décroissant de développement financier et dans un second temps, à appréhender ce développement selon les réformes entreprises (échec ou succès de la libéralisation financière) et selon le développement économique du pays ou d'autres indicateurs. Il peut finalement nous permettre de tirer des conclusions et d'éventuelles politiques financières mieux appropriées aux différentes catégories de systèmes financiers.

Les deux périodes étudiées, 1983-89 et 1990-96 n'ont pas été choisies au hasard. Cela n'est pas forcément vrai pour tous les pays retenus mais la majorité des pays sub-sahariens ont entrepris des réformes financières importantes à partir du milieu des années 1980. Beaucoup ont tenté d'appliquer des mesures de libéralisation financière, d'autres ont complètement restructuré et reconsolidé leur secteur bancaire, notamment en Zone Franc.

La comparaison entre l'indice de développement financier de la période 1983-89 et celui de la période 1990-96 pourra nous éclairer sur l'efficacité des réformes entreprises bien qu'il faille éventuellement un délai plus long pour véritablement voir apparaître l'amélioration des indicateurs.

1.3.1 La construction de l'indice

Tout d'abord, l'indice sera calculé sur une période donnée en utilisant la moyenne des indicateurs pour les années définies puis nous verrons, dans le cas de quelques pays, son évolution année par année.

Pour calculer l'indice de développement financier, nous avons procédé en deux étapes. Pour chaque pays i, nous avons calculé six indicateurs normalisés X^i_j* à partir des X^i_j (i = 1,..,34 et j = 1,..,6) correspondant aux variables MM , QM, CI, CP, RO et BM choisies.

$$X^i_j * = \frac{X^i_j - \overline{X_j}}{\overline{X_j}}$$

où $\overline{X_j}$ est la moyenne de l'indicateur j sur les 34 pays.

Le numérateur qui représente l'écart entre le pays j et la moyenne africaine peut être positif lorsque le pays possède un indicateur supérieur à la moyenne sur les 34 pays ou bien négatif dans le cas inverse. Les résultats obtenus nous permettent alors de connaître rapidement la situation du pays.

Une fois calculés les X^i_j* pour chaque pays, l'indice global de développement financier correspond simplement à la moyenne arithmétique des six indicateurs.

$$Y^i = \frac{1}{6}\sum_{j=1}^{6} X^i_j *$$

1.3.2 Les résultats obtenus

Tableau II.4 – L'indice de développement financier africain

	1983-89	Rang	1990-96	Rang	1983-96	Rang
Afriq. du Sud	1,52	1	2,43	1	1,94	1
Bénin	0,18	12	-0,30	25	-0,06	18
Botswana	-0,23	27	-0,34	26	-0,28	26
Burkina Faso	-0,31	30	-0,20	21	-0,25	25
Burundi	-0,11	19	0,02	11	-0,05	17
Cameroun	0,22	10	0,05	8	0,14	10
Centrafrique	-0,26	28	-0,36	28	-0,31	28
Congo	0,07	17	-0,11	17	-0,02	16
Côte d'Ivoire	0,44	4	0,39	4	0,42	4
Éthiopie	0,22	9	0,37	5	0,29	6
Gabon	0,21	11	-0,07	15	0,07	12
Gambie	0,15	14	-0,08	16	0,03	15
Ghana	-0,51	32	-0,53	32	-0,52	33
Guinée Equ.	-0,18	23	-0,57	33	-0,40	31
Kenya	0,40	5	0,70	3	0,55	3
Lesotho	0,45	3	0,14	7	0,30	5
Madagascar	-0,02	18	-0,13	18	-0,08	20
Malawi	-0,19	25	-0,24	22	-0,21	23
Mali	-0,15	22	-0,45	30	-0,30	27
Mauritanie	0,18	13	-0,05	14	0,06	13
Niger	-0,29	29	-0,42	29	-0,36	29
Nigeria	0,27	8	-0,15	19	0,06	14
Ouganda	-0,55	33	-0,48	31	-0,51	32
Rwanda	-0,19	24	-0,19	20	-0,19	21
Sénégal	0,32	6	0,04	10	0,18	8
Sierra Leone	-0,47	31	-0,26	24	-0,37	30
Soudan	-0,21	26	-0,26	23	-0,21	22
Swaziland	0,11	16	0,25	6	0,18	7
Tanzanie	0,13	15	0,05	9	0,09	11
Tchad	-0,12	20	-0,35	27	-0,24	24
Togo	-0,12	21	-0,01	13	-0,06	19
Zaire	-0,75	34	-0,62	34	-0,69	34
Zambie	0,30	7	0,02	12	0,17	9
Zimbabwe	0,52	2	0,81	2	0,63	2

Les indices qui représentent le développement financier de chaque pays, ont été calculés sur les trois périodes : la première période (1983-89), la seconde période (1990-96) et l'ensemble de la période (1983-1996).

1.3.2.1 Les catégories de développement financier

A l'issu de ces calculs, sur l'ensemble de la période, nous pouvons tout de suite classer les 34 pays en trois catégories différentes :

- 10 pays financièrement développés pour lesquels l'indice est supérieur à 0,10.
- 10 pays ayant un développement financier moyen, l'indice est compris entre [-0,10 ; +0,10].
- 14 pays ayant un faible développement financier, l'indice est inférieur à – 0,10.

Tableau II.5 – Les différentes catégories de développement financier

Développement financier élevé	Développement financier moyen	Développement financier faible
		Rwanda
Afrique du Sud	Tanzanie	Soudan
Zimbabwe	Gabon	Malawi
Kenya	Mauritanie	Tchad
Côte d'Ivoire	Nigeria	Burkina Faso
Lesotho	Gambie	Mali
Ethiopie	Congo	Centrafrique
Swaziland	Bénin	Niger
Sénégal	Togo	Sierra Leone
Zambie	Burundi	Guinée Equatoriale
Cameroun	Madagascar	Ouganda
		Ghana
		Ex-Zaïre

D'autre part, lorsque l'on s'intéresse au changement entre les deux périodes, on s'aperçoit que plusieurs pays ont connu une amélioration ou une détérioration de leur système financier

1.3.2.2 L'évolution de l'indice financier dans le temps (annexe 7)

Entre 1983-89 et 1990-96, classés par ordre décroissant, les pays suivants ont vu leur indice financier nettement diminuer ou augmenter :

Tableau II.6 – Evolution de l'indice de développement financier entre les périodes 1983-89 et 1990-96

Nette amélioration du secteur bancaire	Nette détérioration du secteur bancaire
Afrique du Sud (+1.15)	Bénin (-0.43)
Zimbabwe (+0.38)	Nigeria (-0.37)
Kenya (+0.38)	Guinée Equatoriale (-0.34)
Sierra Leone (+0.27)	Lesotho (-0.26)
Ethiopie (+0.23)	Mali (-0.25)
Burundi (+0.22)	Gabon (-0.24)
Togo (+0.17)	Zambie (-0.21)
Swaziland (+0.17)	Sénégal (-0.20)
Burkina Faso (+0.15)	Gambie (-0.19)
Ex-Zaïre (+0.16)	Tchad (-0.18)
	Botswana (-0.14)
	Mauritanie (-0.14)
	Congo (-0.13)
	Cameroun (-0.11)
	Niger (-0.10)

Dix pays ont nettement amélioré leur système financier, quinze ont connu une nette détérioration de leur structure bancaire. On remarque que les pays de la Zone Franc ont plus généralement régressé, à l'exception du Togo et du Burkina Faso.

Par ailleurs, l'évolution des indices dans le temps n'est absolument pas similaire suivant les pays. Les expériences de libéralisation financière n'ont pas donné les résultats escomptés et dans l'ensemble, les indices de développement financier ont plutôt eu tendance à baisser.

Mais, quel que soit le développement financier initial et la catégorie dans laquelle se situent les pays, la libéralisation financière a touché très différemment les économies sub-sahariennes.

Tableau II.7 – Evolution de l'indice financier dans le temps suivant les catégories de développement financier

	Développement financier élevé	**Développement financier moyen**	**Développement financier faible**
Indice financier croissant	Afrique du Sud, Kenya, Zimbabwe	Togo, Burundi	Sierra Leone
Indice financier décroissant	Sénégal, Lesotho	Nigeria	Centrafrique, Niger
Indice financier décroissant puis croissant			Guinée Equatoriale, Mali
Indice financier croissant puis décroissant	Cameroun, Côte d'Ivoire	Rwanda	
Evolution fortement irrégulière de l'indice financier	Ethiopie, Gabon, Swaziland, Tanzanie, Zambie	Congo, Gambie, Madagascar, Mauritanie	Bénin, Burkina Faso, Malawi,
Evolution faiblement irrégulière de l'indice financier		Soudan	Botswana, Ghana, Ouganda, Tchad, Ex-Zaïre

Au total, aucune tendance générale ne peut se déduire quant à l'évolution des indices financiers. La libéralisation financière semble avoir amélioré les systèmes financiers les plus développés d'Afrique australe (Afrique du Sud, Zimbabwe, Kenya) mais beaucoup de pays ont connu des évolutions irrégulières. Elle aurait eu plutôt tendance à entraîner de l'instabilité financière, notamment dans les pays à développement financier élevé (Ethiopie, Gabon, Swaziland, Tanzanie, Zambie). A l'inverse, les variations et l'instabilité sont plus faibles dans les pays moins développés financièrement. On remarque également que les pays de la Zone Franc, à l'exception du Togo, ont des indices bien moins stables et dont l'évolution s'est plutôt faite à la baisse.

Pour conclure, nous avons repris la méthode de calcul de l'indice de développement des intermédiaires financiers de la Banque Mondiale en 1996, mais dans le cas des pays africains, avec d'autres indicateurs et une période étudiée plus importante. Nous avons finalement obtenu un indice global reflétant le développement financier de chaque pays.

Tout d'abord, les résultats coïncident avec la réalité africaine. Les pays financièrement développés de l'Afrique australe tels que l'Afrique du Sud, le Zimbabwe et le Kenya retrouvent également le même rang avec l'indice de développement financier. A l'inverse, les pays pauvres où le système financier est encore au stade embryonnaire, ont un indice négatif et un rang très bas.

Il est alors possible de classer ces pays par catégories de développement financier en moyenne sur la période et d'obtenir ainsi une typologie des systèmes financiers.

Ensuite, l'évolution des indices ne s'est pas faite en faveur des thèses de la répression financière. Dans la majorité des cas, l'indice financier est plutôt en baisse et les fortes variations de ce dernier ne montre pas une tendance nette à l'augmentation ou à la diminution. Par ailleurs, nous reprenons dans la seconde partie de cette section, les mêmes indicateurs pour faire une analyse factorielle des correspondances (AFC) des divers systèmes financiers africains. Le point le plus intéressant est que les résultats de l'AFC confirment et renforcent ceux que nous venons d'obtenir.

Nous pouvons alors prétendre avoir calculé un indice solide qui pourra être repris et utilisé dans la suite de ces travaux de recherche.

2. L'ANALYSE FACTORIELLE DES CORRESPONDANCES

L'analyse factorielle des correspondances permet de représenter graphiquement un tableau de contingence créé par les croisements de plusieurs variables. La méthode vise à rassembler sur un graphique (le plan factoriel) la plus grande partie possible de l'information contenue dans le tableau en s'attachant non pas aux valeurs absolues mais aux correspondances entre les caractéristiques, c'est-à-dire aux valeurs relatives. De plus, deux paramètres numériques permettent une analyse plus fine des graphiques obtenus. Il s'agit en premier lieu des contributions qui informent sur le poids de la variable dans le calcul d'un axe et, en second lieu, du cosinus carré qui donne une information sur la bonne représentation de la variable sur l'axe[69].

Cette méthode possède de nombreux intérêts puisqu'elle permet sur un même graphique, de représenter et de projeter des pays qui ont chacun six coordonnées (ou indicateurs) et des indicateurs ayant chacun une trentaine de coordonnées (les pays). Le principe de dualité permet par un changement d'échelle de rassembler ces deux profils (lignes et colonnes) sur un même graphique de façon à rendre compte du maximum d'information possible.

Sur le graphique, les pays et les indicateurs sont placés suivant leurs coordonnées sur les deux axes principaux. Pour lire les informations, il faut savoir ce que représentent les axes ou quelles sont les contributions les plus importantes

[69] Par exemple, plus la contribution est élevée, plus le pays est important sur l'axe et plus les pays proches possèdent le même profil que le pays en question. Si le cosinus carré est proche de 0 (angle à 90°) la projection de la variable sur le plan principal est mauvaise et à l'inverse, s'il est proche de 1 (l'angle est faible), on considère que la variable est bien représentée.

dans le calcul de ces derniers. Par exemple, si le crédit intérieur contribue fortement au calcul de l'axe 1 et qu'il a une coordonnée positive, tous les pays de coordonnée positive sur l'axe 1, auront un crédit intérieur important (à condition qu'ils soient bien représentés c'est-à-dire que leur cosinus carré soit élevé).

Par ailleurs, cette méthode ne s'applique pas dès lors qu'il existe dans le tableau des variables négatives ou manquantes. Pour cette raison, quelques pays d'Afrique sub-saharienne ne peuvent pas être représentés certaines années ou même plusieurs.

Le tableau de contingence a été établi avec les données précédemment définies, c'est-à-dire que figurent en lignes les différents pays (34 dans le cas maximum) et en colonnes, les six indicateurs retenus[70]. L'analyse factorielle des correspondances a été effectuée pour l'année 1989 qui se trouve au milieu de la période considérée (1983-1996) et pour les deux années les plus éloignées, 1983 et 1996 afin d'évaluer les changements liés à la politique de libéralisation financière.

La première partie présentera les principaux résultats pour l'année 1989 et la seconde partie s'intéressera à l'évolution financière globale des pays sub-sahariens en comparant les deux années 1983 et 1996.

2.1 La carte financière de l'Afrique en 1989

En 1989, seuls 32 pays ont pu être pris en compte étant données les variables manquantes ou négatives (annexe 8).

L'analyse factorielle nous donne deux axes principaux qui permettent de tenir compte de 82,7 % de l'information totale (63,3 % pour l'axe 1 et 19,4 % pour l'axe 2).

[70] Il s'agit de la masse monétaire en pourcentage du PIB, de la quasi-monnaie en pourcentage du PIB, du crédit privé en pourcentage du PIB, du crédit intérieur en pourcentage du PIB, des réserves bancaires en pourcentage de la masse monétaire et de la base monétaire en pourcentage de la masse monétaire.

Figure II.15 - La Carte Financière de l'Afrique sub-saharienne en 1989

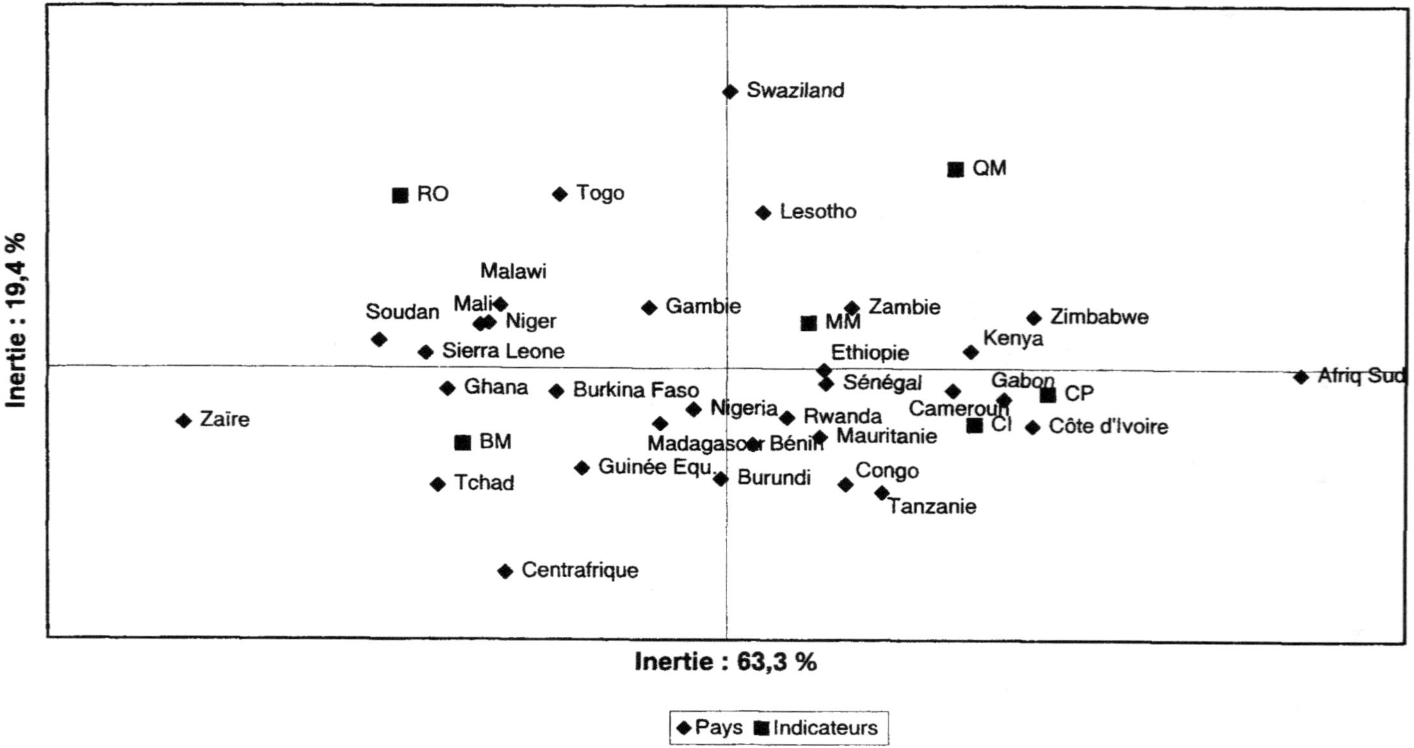

2.1.1 La représentation des profils lignes – les pays (annexe 9)

Sur l'axe 1, l'Afrique du Sud possède la plus grande contribution (30,7 %), son cos^2 est égal à 0,92, elle est donc bien représentée sur l'axe et sa coordonnée est la plus grande, 0,84.

Autrement dit, les pays les plus proches de l'Afrique du Sud ont à peu près le même profil financier. Si on s'intéresse aux pays proches de l'Afrique du Sud et possédant un cos^2 élevé, on trouve le Zimbabwe, le Kenya, le Cameroun, la Côte d'Ivoire et le Gabon.

Il s'agit effectivement des pays relativement bien développés au niveau financier et on retrouve approximativement les catégories déjà obtenues par le calcul de l'indice de développement financier (annexe 10). Ce résultat est intéressant car il confirme la validité de l'indice de développement financier et renforce la façon dont il a été construit.

L'axe 1 oppose ces pays à ceux dont la proximité est bonne (cos^2 élevé) mais qui ont une coordonnée négative sur l'axe. On trouve alors le Burkina Faso, le Ghana, le Malawi, le Mali, le Niger, la Sierra Leone, le Soudan, le Zaïre et le Tchad. De la même façon, ce résultat coïncide encore une fois avec celui obtenu par l'indice de développement financier.

On note également la présence de pays très proches, c'est le cas du Malawi avec le Mali et le Niger et du Gabon avec la Côte d'Ivoire et le Cameroun. Les résultats n'ont bien entendu de valeur que pour l'année 1989 et il serait faux de tirer des conclusions hâtives sur la proximité financière de ces pays, d'un point de vue général.

L'axe 2 donne une moins bonne information que l'axe 1 puisqu'il ne représente que 19,4 % de l'inertie totale. Cependant, l'axe 2 oppose également deux catégories de pays. D'un côté, de coordonnée positive et de cos^2 élevé, on trouve le Togo, le Swaziland (contribution la plus élevée) et le Lesotho. Du côté négatif, apparaissent le Burundi, la République centrafricaine et le Congo.

Par ailleurs, en rapprochant les profils lignes des profils colonnes (les indicateurs), on peut donner une explication à cette opposition des pays sur les axes.

2.1.2 La représentation des profils colonnes – les indicateurs (annexe 9)

L'axe 1 oppose le crédit privé et le crédit intérieur à la base monétaire. Autrement dit, soit le système financier est tourné vers l'octroi de crédit et le développement financier est qualifié d'élevé, soit l'essentiel de la monétisation des pays est représentée par la base monétaire et le développement financier est faible. En reprenant les pays préalablement cités suivant les profils lignes, les deux analyses se recoupent et se renforcent.

L'axe 2 représente du côté positif la quasi-monnaie et les réserves obligatoires (contribution et cos² assez élevés). Par conséquent, les pays dont le développement financier est élevé (quadrant de droite) ont aussi une part importante de quasi-monnaie dans leur système financier s'ils se trouvent dans le quadrant du haut. De la même façon, les pays dont le développement financier est faible (quadrant de gauche) ont des réserves obligatoires importantes s'ils sont également dans le quadrant du haut.

2.1.3 Les structures bancaires en 1989

En reprenant notre analyse, nous considérons la carte africaine suivante[71] :

Tableau II.8 – Les structures bancaires en 1989

	Quasi-monnaie importante	**Quasi-Monnaie faible**	**Réserves obligatoires élevées**	**Réserves obligatoires faibles**
Crédits importants	Afrique du Sud, Zimbabwe, Kenya, Lesotho, Swaziland	Côte d'Ivoire, Gabon, Cameroun, Congo		
Base monétaire élevée			Togo, Malawi, Mali, Niger, Sierra Leone, Soudan	Ghana, Burkina Faso, Tchad, Centrafrique, Ex-Zaïre

Pour 1989, on trouve alors 4 catégories de pays, les colonnes de ce tableau faisant apparaître les pays par développement financier décroissant, avec les pays d'Afrique australe en tête, puis les pays les plus développés de la Zone Franc, les pays financièrement moins développés et pour finir, les pays possédant un système financier au stade embryonnaire.

Par ailleurs, il est intéressant de faire une analyse factorielle des correspondances pour les seuls pays de la Zone Franc en 1989.

[71] Dans le tableau, n'apparaissent que les pays étant bien représentés sur la carte (le cos² est élevé ou au moins supérieur à 0,5).

Figure II.16 - La carte financière de la Zone franc en 1989

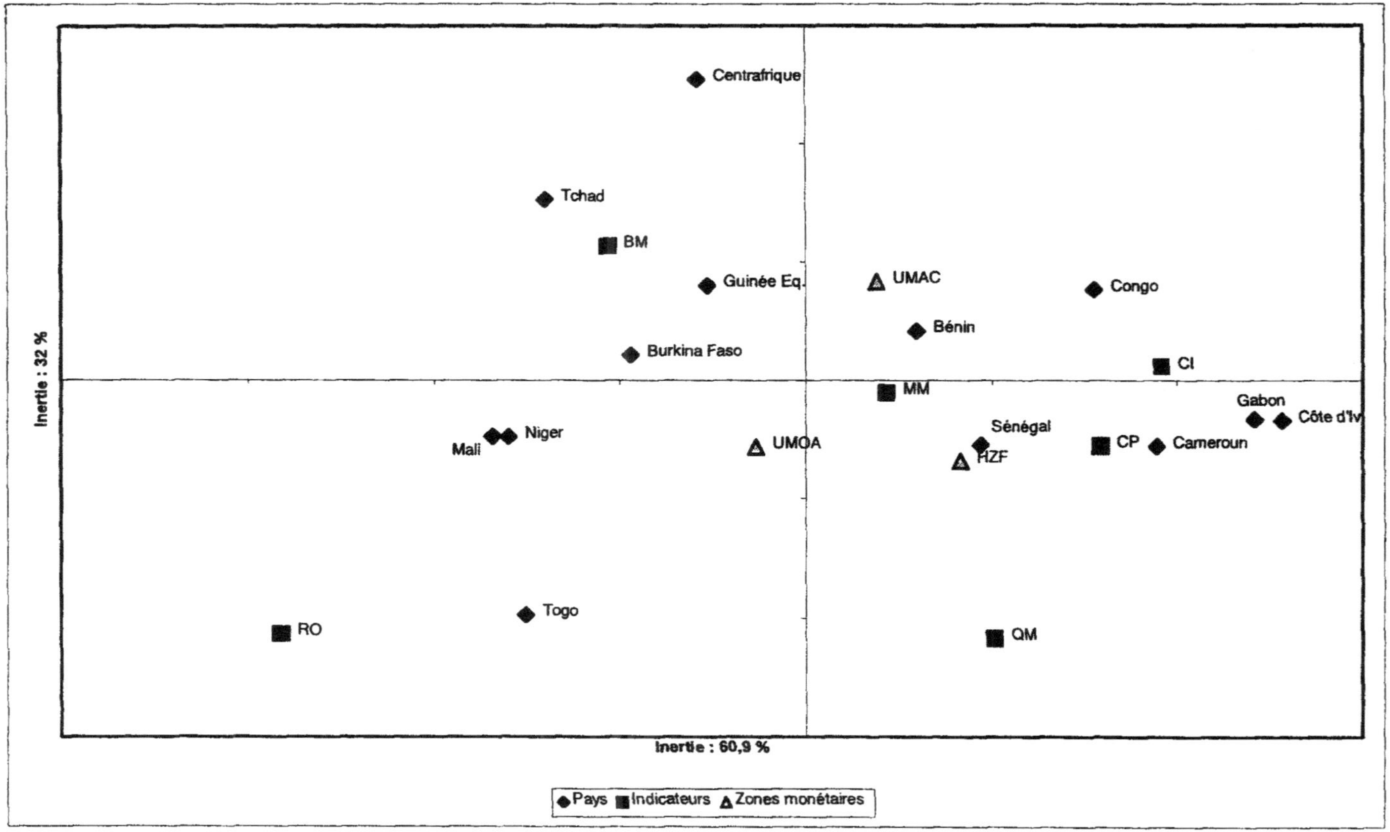

2.1.4 La Zone Franc en 1989 (annexe 11)

Si on considère les pays ne faisant pas partie de la Zone Franc d'une part et d'autre part, les pays de la Zone Franc séparés suivant les deux zones monétaires existantes : l'UMOA et l'UMAC, on s'aperçoit que, en moyenne, les pays hors Zone Franc sont mieux placés et possèdent des structures bancaires plus performantes.

Les pays de l'UMAC accordent en moyenne plus de crédit mais ont une base monétaire plus importante que les pays de l'UMOA. Il s'agit bien évidemment d'une moyenne.

L'axe 1 oppose les pays pour lesquels le crédit est important et les pays pour lesquels la base monétaire et les réserves obligatoires sont élevés. L'axe 2 oppose la base monétaire (du côté positif) et la quasi-monnaie (du côté négatif). Au total, les pays de la Zone Franc sont très hétérogènes et on trouve des structures bancaires variées. Le pays le plus développé financièrement est la Côte d'Ivoire, le « géant de l'Afrique de l'Ouest » suivi du Gabon, du Cameroun et du Sénégal. Les pays les moins développés financièrement sont ceux du quadrant gauche en haut (Burkina Faso, Guinée Equatoriale, Centrafrique, Tchad). Le Bénin et le Congo accordent du crédit mais ont une base monétaire élevée et le Mali, le Niger et le Togo ont une base monétaire plus faible mais des réserves obligatoires plus importantes.

Finalement, l'analyse factorielle des correspondances concerne l'année 1989 mais, ce n'est qu'un choix possible parmi les 14 années considérées ; c'est en fait l'année qui se trouve au milieu de la période 1983-1996.

En revanche, l'étude des deux années les plus éloignées, 1983 d'une part et 1996 d'autre part, peut nous donner un aperçu des changements financiers qui se sont effectués au niveau de l'Afrique sub-saharienne.

Bien entendu, chaque année, le plan factoriel se modifie puisque les pays ainsi que les six indicateurs retenus ne représentent plus le même « poids » que l'année précédente. Pourtant, l'intérêt de cette comparaison est de voir les modifications principales ou les changements radicaux (l'évolution marquée des différents pays et des différents indicateurs).

2.2 Comparaison des années 1983 et 1996

Tout d'abord, les pays présents en 1983 ne le sont pas forcément tous en 1996 et vice versa. Par rapport à 1983, le Lesotho, le Swaziland et le Zaïre ne figurent plus dans l'analyse factorielle des correspondances de 1996 et, à l'inverse, apparaissent des pays tels que la Guinée Equatoriale et le Zimbabwe qui n'étaient pas pris en compte en 1983 (annexes 12 et 13).

2.2.1 Les indicateurs (annexes 14 et 15)

En 1996, par rapport à 1983, on observe une augmentation du poids du crédit privé et du crédit public dans le total des indicateurs ainsi qu'une baisse de la base monétaire. De la même façon, les réserves bancaires prennent plus d'importance en 1996 dans le calcul de l'axe 2. Il s'agit d'une évolution générale des structures bancaires.

Au total, on retrouve tout de même un profil assez identique avec, à droite de l'axe 1 les deux crédits, la masse monétaire et la quasi monnaie et à gauche, les réserves obligatoires qui se trouvent en bas et la base monétaire en haut.

Il est assez difficile de prolonger l'analyse des autres indicateurs étant donné qu'ils sont mal représentés dans le plan (les $\cos^2$ sont inférieurs à 0,5).

2.2.2 Les pays

Tout d'abord, l'Afrique du Sud a pris de l'importance en 1996 par rapport à 1983, sa contribution dans le calcul de l'axe 1 est passée de 22,6 % à 46,6 %. Autrement dit, l'écart financier (ou le retard) entre les pays sub-sahariens et l'Afrique du Sud s'est accru.

On remarque également une dégradation générale de la situation financière des pays africains entre 1983 et 1996.

Figure II.17 - Les cartes financières de l'Afrique en 1983 et en 1996

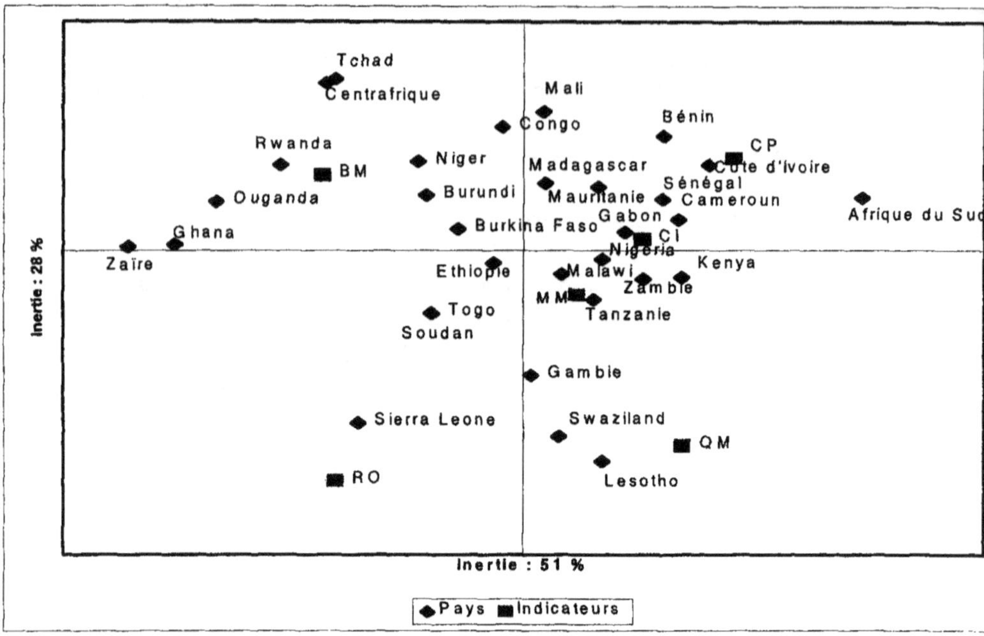

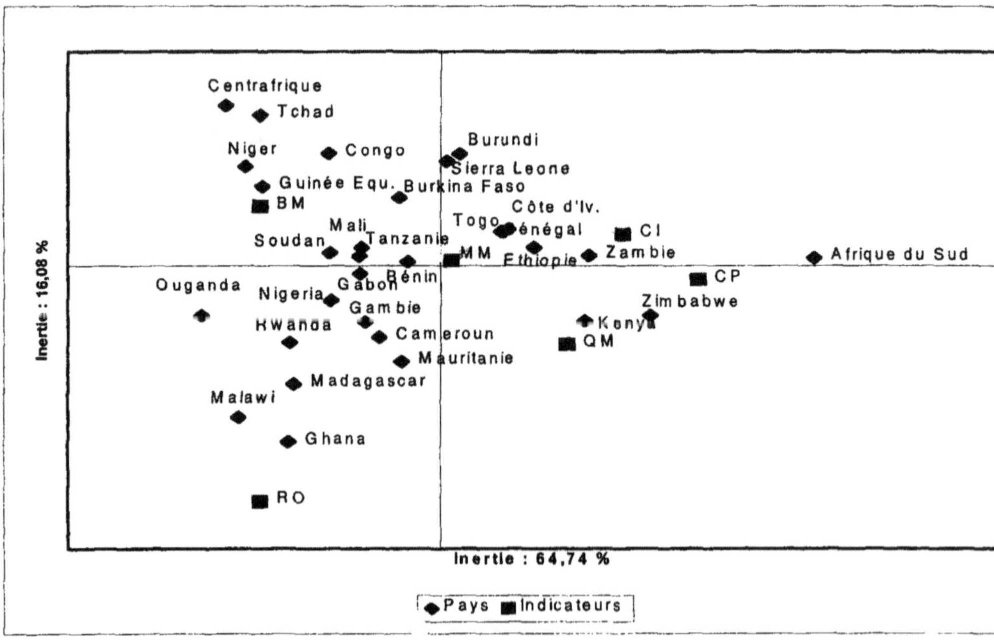

2.2.3 Libéralisation financière et évolution générale des structures bancaires

En 1983, 45 % des pays avaient un faible développement financier dans le sens où ils avaient des coordonnées négatives sur l'axe 1 ; ils sont bien plus nombreux en 1996 puisqu'ils atteignent 67 %.

D'un point de vue général, la situation financière des pays africains était bien meilleure en 1983 qu'en 1996. Après plus d'une décennie d'ajustement et de réformes de libéralisation financière, les résultats ne sont pas en faveur des politiques entreprises.

Plus particulièrement, on note une forte dégradation financière des pays suivants : Bénin, Cameroun, Congo, Côte d'Ivoire, Gabon, Gambie, Madagascar, Malawi, Mali, Mauritanie, Niger, Nigeria et Tanzanie. Cette détérioration concerne en grande partie des pays de la Zone Franc.

A l'inverse, quatre pays ont vu leur situation financière s'améliorer, il s'agit du Burundi, de l'Ethiopie, de la Sierra Leone et du Togo. Le cas du Togo est intéressant, c'est le seul pays de la Zone Franc qui ait amélioré sa situation financière.

Sur l'axe 2, certains pays ont également changé de place par rapport à la situation initiale de 1983. Le Cameroun, le Ghana, Madagascar, la Mauritanie, l'Ouganda, le Rwanda et la Sierra Leone qui avaient des coordonnées positives en 1983, ont des coordonnées négatives sur cet axe en 1996. La place des réserves obligatoires a donc augmenté dans ces pays. Seul le Togo a encore une fois amélioré sa situation en passant du côté positif de l'axe en 1996.

Au total, alors que les indicateurs n'ont pas réellement été modifiés, plusieurs pays se placent de façon radicalement différente sur les axes. Le Togo, le Cameroun, Madagascar, la Mauritanie, la Sierra Leone sont les cas les plus intéressants à retenir étant donné la comparaison entre les années 1983 et 1996. A priori, ces pays ont de façon significative changé de comportement financier.

Conclusion du chapitre II

Ainsi, les critiques théoriques de la politique de libéralisation financière se trouvent confirmées par l'analyse empirique de l'évolution de l'approfondissement financier en Afrique sub-saharienne. Les réformes n'ont pas eu les effets escomptés.

En effet, l'indice financier que nous avons calculé en perfectionnant la méthode de la Banque Mondiale (1996) montre que les pays africains ont accusé un retard important en matière de développement des intermédiaires financiers. Alors que les pays d'Afrique australe possèdent des structures bancaires développées, d'autres pays ont parfois des structures bancaires au stade embryonnaire (Centrafrique, Tchad, Guinée Equatoriale).

De plus, l'évolution de l'indice indique que de nombreux pays ont connu une nette détérioration de leur structure bancaire entre les périodes 1983-89 et 1990-96 et la libéralisation financière semble avoir entraîné une forte instabilité financière puisque l'évolution de l'indice dans le temps est très irrégulière.

Les résultats obtenus par l'analyse factorielle des correspondances sont tout d'abord intéressants dans le sens où ils renforcent l'analyse en terme d'indice de développement financier. Ils permettent d'obtenir une carte financière des pays pour une année donnée et de comparer leurs structures bancaires. Ainsi, nous opposons quatre catégories de pays : les pays d'Afrique australe, les pays financièrement développés de la Zone Franc, les pays faiblement monétisés ayant des réserves obligatoires importantes (Togo, Malawi, Mali, Niger, Sierra Leone, Soudan) ou faibles (Ghana, Burkina Faso, Tchad, Centrafrique, ex-Zaïre).

Le cas particulier de la Zone Franc montre l'importante disparité des structures bancaires de ces pays ayant pourtant une politique monétaire commune.

Finalement, la comparaison des années 1983 et 1996 indique que la majorité des pays ont connu une dégradation de l'approfondissement financier alors que les politiques de libéralisation financière ont été entreprises à la fin des années 1980.

Bien que l'indice de développement financier et l'analyse factorielle des correspondances soient des méthodes d'analyse essentiellement descriptive, dans le cas de l'Afrique sub-saharienne, seul ce type de recherches peut se justifier et permettre une meilleure connaissance de la réalité.

En définitive, étant donnés les résultats et les différences de systèmes financiers existants, il est difficile d'admettre que la politique de libéralisation financière puisse fonctionner sans tenir compte des spécificités nationales et du stade de développement du secteur bancaire.

CONCLUSION DE LA PREMIERE PARTIE

Les économies financièrement réprimées se caractérisent par des taux d'intérêt réels faibles voire négatifs, une forte intervention des autorités dans l'allocation des crédits et des taux de réserves obligatoires importants.

Dans ces conditions, Mac Kinnon et Shaw (1973) ont préconisé la libéralisation des taux d'intérêt pour que l'économie bénéficie d'une croissance plus grande, à la fois par l'amélioration du niveau d'épargne et de la quantité et la qualité des investissements.

Mais, cette thèse néo-libérale a été critiquée car les hypothèses sur lesquelles elle se fonde, omettent un certain nombre de problèmes importants. Par exemple, la libéralisation financière a également des effets sur la demande effective et conduit selon les post-keynésiens à un ralentissement presque inéluctable de la croissance. Elle a aussi un impact sur le coût du crédit et sur la santé financière des agents économiques et, les politiques de libéralisation financière ont fréquemment entraîné des crises financières et accru la vulnérabilité des pays aux chocs économiques.

D'autre part, les néo-structuralistes intègrent dans leur analyse le secteur financier informel. Il remet en cause l'augmentation de l'offre globale de crédits devant suivre la libéralisation des taux d'intérêt car les agents peuvent s'approvisionner ailleurs que sur le marché bancaire officiel.

De plus, le modèle de Stiglitz et Weiss (1981) montre que les asymétries et les imperfections de l'information empêchent le fonctionnement de la loi de l'offre et de la demande et de la loi du prix unique sur le marché du crédit. Dans un monde incertain, les auteurs affirment que le rationnement du crédit est un phénomène fréquent, cette conclusion ayant en partie convaincu Mac Kinnon qui est revenu sur certaines de ses positions en 1988 et en 1991.

Pourtant, il est indispensable de noter que toutes ces critiques ne s'opposent pas radicalement à la libéralisation financière et ne proposent pas forcément d'autres politiques. Elles se contentent d'en énoncer certaines limites, de mettre en garde contre certains de ses effets possibles et de souligner les conditions nécessaires à une politique de libéralisation financière réussie.

Dans le cas africain, ces différentes critiques trouvent leur intérêt. Qu'il s'agisse des problèmes de demande effective liés à l'insuffisance et à l'inégalité des revenus, qu'il s'agisse de l'insensibilité de l'épargne au taux d'intérêt, qu'il s'agisse de l'étendue et de l'ampleur de la finance informelle ou d'un environnement bancaire non concurrentiel et incertain, les mises en garde des écoles opposées au courant néo-libéral peuvent expliquer les échecs possibles de la libéralisation financière dans le cas des économies sub-sahariennes.

Mis à part la libéralisation des taux d'intérêt, de nombreuses autres mesures ont été entreprises en Afrique dans le cadre des réformes financières. Il s'agit tout d'abord des mesures de restructuration des secteurs bancaires qui ont pris la forme de liquidations, de privatisations ou de recapitalisations. Il s'agit ensuite de l'abolition des contrôles directs de crédits et l'adoption d'instruments de contrôle monétaire indirects tels que les opérations d'open market et l'établissement de marchés interbancaires. Il s'agit en dernier lieu de l'amélioration de l'environnement bancaire par l'adoption d'un nouveau cadre réglementaire.

Il est intéressant de noter que la libéralisation des taux d'intérêt n'a été effective que dans certains pays et que d'autres ont simplement entrepris de les déréglementer.

La libéralisation financière a donc plusieurs visages.

Suivant les pays, les mesures entreprises sont différentes, elles peuvent n'être que partielles, l'ordre et la vitesse diffèrent ainsi que les conditions financières et macroéconomiques initiales des économies.

Différents exemples ont été abordés, ceux de la Côte d'Ivoire, du Ghana, du Nigeria, du Cameroun, du Botswana, de la Tanzanie et du Kenya. Ils mettent clairement en avant que les différentes politiques suivies par les gouvernements n'ont pas eu les mêmes effets et peuvent varier de la réussite effective à l'échec total.

En effet, à l'épreuve des faits, les résultats obtenus en Afrique ne sont pas satisfaisants. Pour 34 pays sub-sahariens, sur les périodes 1983-1989 et 1990-1996, l'indice de développement financier que nous avons calculé à partir de six indicateurs bancaires (la masse monétaire, la quasi-monnaie, le crédit privé, le crédit intérieur, les réserves obligatoires et la base monétaire) nous a d'abord permis de distinguer les pays suivants des catégories de développement financier : élevé, moyen et faible.

Mais, l'évolution de l'indice dans le temps ne s'est pas faite en faveur de la libéralisation financière. Dans la plupart des pays (à l'exception des pays ayant les systèmes bancaires les plus développés), l'indice financier a eu tendance à baisser suite aux programmes de libéralisation.

De la même façon, l'analyse factorielle des correspondances renforce les conclusions obtenues par l'indice financier. La carte financière de l'Afrique sub-saharienne de 1983 a été comparée, quatorze années plus tard, à celle de 1996. La détérioration financière a été un phénomène général, touchant plus particulièrement les pays de la Zone Franc et bien moins les pays financièrement développés.

Les interrogations portent alors sur l'importance des politiques complémentaires pour promouvoir un environnement adapté à la libéralisation financière (stabilité économique, discipline budgétaire, environnement institutionnel, etc.) et sur l'ordre et la vitesse des mesures à entreprendre. Toutes ces considérations feront l'objet du dernier chapitre.

Dans la seconde partie de cet ouvrage, nous allons aborder la dimension financière du développement économique. Plus précisément, alors que nous nous sommes intéressés à l'impact de la libéralisation financière sur les structures bancaires, nous allons maintenant étudier son impact sur les variables réelles, l'épargne, l'investissement et la croissance.

SECONDE PARTIE : LA DIMENSION FINANCIERE DU DEVELOPPEMENT ECONOMIQUE

INTRODUCTION DE LA SECONDE PARTIE

La première partie de nos recherches concernait les structures financières et les expériences de libéralisation financière en Afrique sub-saharienne. Nous avons alors travaillé sur les données bancaires et monétaires des pays concernés et nous avons totalement omis les questions liées aux variables réelles telles que l'épargne, l'investissement et la croissance. A ce niveau, il faut rappeler que le but des réformes de libéralisation financière entreprises est, à terme, l'accroissement du taux de croissance de l'économie.

Cette seconde partie, intitulée « la dimension financière du développement économique », a pour objectif de mettre en avant les liens existant entre les sphères réelle et monétaire et de définir une politique financière susceptible de favoriser le développement économique en Afrique puisque les expériences de libéralisation se sont généralement soldées par un échec, comme nous l'avons montré dans la première partie.

Le premier chapitre de cette seconde partie concerne donc les liens de corrélation et de causalité existant entre les variables réelles et financières.

Si depuis Keynes, dichotomie entre les sphères réelle et monétaire a disparu et qu'il apparaît certain que des événements réels ont des conséquences monétaires et vice-versa, de nombreuses interrogations se posent encore.

Il s'agit tout d'abord de faire le point sur la théorie économique traitant de ces questions, en s'intéressant d'une part aux prédécesseurs de Mac Kinnon et Shaw, aux interactions négatives pouvant exister entre les deux sphères et aux modèles récents de croissance endogène intégrant le secteur financier. Ces nombreuses approches montrent, d'un point de vue théorique, qu'il n'est pas évident qu'une politique de libéralisation du secteur bancaire puisse promouvoir la croissance.

Dans une seconde section, nous nous intéresserons au rôle des marchés financiers dans le processus africain de croissance. Bien que l'établissement de bourses de valeurs mobilières n'entre pas dans les mesures de réformes de libéralisation financière interne mais dans les mesures externes, il nous a paru essentiel de voir, d'une part, les liens pouvant exister entre les banques et le marché et, d'autre part, les possibilités de croissance liées à l'établissement d'un tel marché.

Finalement, d'un point de vue empirique, nous aborderons les liens de corrélation et de causalité dans le cas africain. Il s'agit de s'interroger sur les déterminants de certaines variables financières et réelles et d'effectuer des tests de causalité entre l'indice de développement financier et la production nationale.

Le dernier chapitre, d'un point de vue plus général, tente de définir une politique de développement financier adaptée au cas africain. Dans une première section, nous nous intéresserons à la micro- finance et aux financements de l'activité rurale et des micro-activités.

Les programmes de micro-finance représentent une solution pour le financement des petits investissements et de l'essentiel de l'activité productive africaine. Nous avons déjà abordé ces programmes dans l'étude du secteur financier informel dans le début de nos recherches. Nous concluons sur cette possibilité, qui apparaît, à l'heure actuelle, comme étant le compromis entre un secteur bancaire inefficace et un besoin de crédit pour les investisseurs exclus de ce secteur.

Bien entendu, de tels programmes existent déjà mais nous nous permettrons d'étudier les bonnes modalités de son fonctionnement et d'ouvrir la voie à de nouvelles solutions mieux adaptées et plus efficaces.

La seconde section retrace les conditions de succès des réformes telles qu'elles ont été définies par la nouvelle approche de la libéralisation financière. Il apparaît actuellement beaucoup plus compliqué de réunir les conditions d'une libéralisation pouvant promouvoir le développement économique que celles qui avaient été mises en exergue dans les années 1970 et 1980.

Finalement, la toute dernière section retrace les obstacles au développement financier et conclut sur l'étendue du chemin qu'il reste à parcourir pour de nombreuses économies africaines. Il est impossible de se cacher les yeux et de ne pas montrer du doigt les difficultés politiques et économiques qui freinent le développement du secteur bancaire et du secteur réel. Nous aurons alors fait le tour des questions financières qui se posent aujourd'hui dans les pays africains et serons en mesure d'apporter certains éléments de réponse.

CHAPITRE III : CORRELATIONS ET CAUSALITES ENTRE LES VARIABLES REELLES ET FINANCIERES

Introduction

Tout d'abord, la théorie économique est soumise à controverses concernant les liens de corrélations existant entre le développement financier et le développement économique. Le premier débat concerne le rôle de l'Etat dans le système financier. Si la majorité des auteurs s'accordent sur l'effet positif de la finance indirecte dans le développement économique, tous ne sont pas d'accord sur le rôle attribué à l'Etat. Le second débat s'intéresse aux possibles effets néfastes liés à l'approfondissement financier, notamment aux risques de crise bancaire et de fragilisation financière. De ce point de vue, les modèles de croissance endogène intégrant la sphère financière ne donnent pas tous les mêmes résultats et ne permettent pas d'affirmer avec certitude que la politique de libéralisation est nécessaire au développement économique.

Une fois les débats théoriques analysés, nous nous intéresserons au rôle des marchés financiers dans le processus de croissance et aux liens qu'ils entretiennent avec la finance indirecte puis, de façon empirique, aux liens de corrélation et de causalité que nous pourrons mettre en évidence dans certaines économies africaines.

L'objet de ce chapitre sera donc d'analyser la politique de libéralisation dans une autre dimension que la seule dimension financière. En prenant en compte les variables réelles et la croissance, nous serons en mesure d'appuyer les résultats de la première partie, à savoir que la politique de libéralisation n'a ni permis le développement financier ni le développement économique.

SECTION I - LE ROLE DE LA FINANCE INDIRECTE DANS LE DEVELOPPEMENT ECONOMIQUE

Le rôle de la finance indirecte dans le développement économique a souvent été analysé de façon positive. En effet, à l'instar des théoriciens de la libéralisation financière, les auteurs ont depuis longtemps admis que les banques, en allouant du crédit et en permettant aux chefs d'entreprise d'investir autrement qu'en ayant recours à l'autofinancement, avaient un rôle positif sur le taux de croissance des économies. Pourtant, plusieurs points restent à éclaircir ; le premier concerne le rôle de 1'Etat dans le secteur financier et le second, la possibilité qu'un secteur bancaire inefficace ou qu'une politique de libéralisation puisse, à l'inverse, freiner le développement économique en entraînant des crises financières.

De ce point de vue, la question n'a pas été réellement clarifiée et les modèles de croissance endogène n'ont pas apporté de réponse, qu'ils s'intéressent aux effets de la répression financière sur la croissance ou aux effets de l'intermédiation financière sur cette dernière.

Nous verrons donc successivement, l'interaction positive des banques sur le développement économique puis à l'inverse, l'interaction négative et finalement, l'analyse fournie par les modèles de croissance endogène.

1. UNE INTERACTION POSITIVE: LES PREDECESSEURS DE MAC KINNON ET SHAW

Bien avant les années 1970, les prédécesseurs de Mac Kinnon et Shaw s'étaient déjà intéressés aux effets positifs de l'intermédiation financière sur le développement économique. Nous ferons donc brièvement l'inventaire des analyses qu'ils proposaient en remarquant que le principal point de désaccord entre eux concernait le rôle attribué à l'Etat dans le secteur financier. Si pour Schumpeter et Gerschenkron, l'Etat possède un rôle primordial et se doit d'assurer la stabilité monétaire et la politique d'orientation de l'investissement, Gurley et Shaw, Cameron et Goldsmith refusent toute intervention gouvernementale dans ce secteur.

1.1 L'intervention nécessaire de l'Etat dans le processus bancaire

Schumpeter et Gerschenkron, ces deux prédécesseurs de Mac Kinnon et Shaw, ont pour point commun d'affirmer le rôle essentiel du crédit dans le processus de développement mais également et à l'inverse de la théorie de la répression financière, de donner une grande importance à l'intervention de l'Etat. Pour eux, sans cette intervention, l'économie ne peut se réguler d'elle-même et le système financier ne peut fournir de façon optimale les fonds nécessaires à sa croissance. Nous verrons d'abord l'analyse de Schumpeter puis, celle de Gerschenkron.

1.1.1 L'analyse de Schumpeter

Pour Schumpeter[72], le crédit est indissociable de l'innovation et il n'y a pas de théorie du développement qui ne soit une théorie monétaire. Il part d'une économie de plein emploi où la seule source d'évolution est la modification et l'amélioration des combinaisons productives précédentes.

Le rôle attribué au crédit n'est toutefois affirmé que parce que les moyens financiers requis par les entrepreneurs ne sont pas tirés de l'épargne. Cette dernière, selon Schumpeter, n'est pas un acte d'abstinence vis-à-vis de la consommation

[72] Cette présentation s'appuie sur la *Théorie de l'évolution économique. Recherches sur le profit, le crédit, l'intérêt et le cycle de la conjoncture*, Dalloz, Paris de Schumpeter, publiée en allemand en 1911 et traduite en français en 1935. Par ailleurs, on fera aussi référence à *Business Cycles, A Theoretical, Historical, and Statistical Analysis of the Capitalist Process*, McGraw-Hill Book Compagny, paru en 1939.

finale, mais elle présuppose l'existence de gains accumulés antérieurement au cours d'un processus de développement.

Pourtant, l'épargne n'est pas suffisante pour satisfaire le besoin de monnaie des entrepreneurs et il faut recourir à la création de pouvoir d'achat par les banques. Il appelle cette création monétaire le « crédit essentiel » en opposition au « crédit non essentiel » nourri par l'épargne.

Le rôle attribué au crédit se situe à deux niveaux. En premier lieu, il ne peut y avoir de changement qualitatif dans la sphère des biens et donc de développement, sans l'octroi de crédit par les banques. En second lieu, le mécanisme de crédit constitue la force régulatrice (ou dérégulatrice) principale du système ; Le comportement des banques détermine alors les fluctuations cycliques de l'économie.

De plus, l'Etat doit en quelque sorte garantir le crédit qui « *ouvre à l'entrepreneur l'accès au courant économique des biens avant qu'il en ait acquis naturellement le droit d'y puiser* » (1935, p 375). Or, ce droit, il l'a uniquement grâce à sa production. Si le pouvoir d'achat émis par les banques ne rencontre pas sa contrepartie réelle, il aura un effet purement inflationniste et l'Etat doit établir un cadre réglementaire (notamment par le biais des réserves obligatoires) afin de définir les limites de la création de pouvoir d'achat. Son importance est essentielle en vue du contrôle des mouvements inflationnistes.

Schumpeter donne donc un instrument d'analyse différent de celui proposé par les théories traditionnelles, où les encaisses monétaires sont présentes dans le circuit économique mais où le modèle se limite à étudier ses différentes formes de répartition. Il considère le processus d'évolution économique à partir de la décision des banques d'émettre les nouvelles liquidités nécessaires aux nouveaux projets. Les banques ne sont donc pas de simples intermédiaires financiers, leur décision de création monétaire (fondée sur leur perception des chances de réussite des projets qu'elles financent) est intimement liée au processus productif qui va suivre. L'Etat a également la charge de veiller à limiter la création excessive de crédit bancaire et à assurer l'accès au crédit bancaire pour les entrepreneurs.

Ce point est intéressant pour le cas africain puisque l'Etat utilise les fonds bancaires pour son propre compte mais n'oblige en aucun cas les banques à fournir du crédit au secteur privé.

1.1.2 L'approche de Gerschenkron

Gerschenkron (1962) propose des bases très intuitives à la compréhension du lien entre le système financier et la croissance économique dans les pays en retard.

Deux aspects ressortent de son analyse. D'une part, la création de crédit bancaire est la principale source de financement dans les pays qui ne disposent pas de capital préalablement accumulé. D'autre part, plus le pays est en retard, plus le système bancaire doit être soumis au contrôle coordinateur des autorités. Il affirme de façon importante le rôle de l'Etat dans les premières phases de développement.

L'étude proposée par Gerschenkron (1962) sur le rôle du système financier dans le développement économique s'inscrit dans la tradition de la théorie monétaire schumpeterienne. Chez cet auteur, l'importance du système bancaire augmente avec le retard de l'économie. Son rôle est celui de pourvoyeur de pouvoir d'achat par le biais du crédit. Cette activité sera favorisée si le processus d'industrialisation est de type « dérivatif ou imitatif », les banques étant plus disposées à prendre des risques sur des projets déjà expérimentés (« advantages of backwardness »). De cette constatation découle l'importance du système financier en tant que promoteur de développement économique.

D'autre part, selon Gerschenkron, plus l'effort de création financière de la part des banques est grand (pour les pays très en retard), plus l'intervention de l'Etat devient une condition de sa réussite. En effet, l'Etat doit pouvoir planifier les projets à grande échelle afin de créer un climat de confiance, indispensable à l'octroi des crédits qui se fondent justement sur l'évolution future de l'économie.

Par ailleurs, le rôle des banques dans le développement d'un pays change selon le stade de développement de ce dernier. Son analyse s'inscrit dans une vision pluridimensionnelle du développement industriel. En opposant son approche à celle de Rostow (1963), Gerschenkron soutient que l'idée du processus uniforme de développement est une vision incomplète de la réalité. En étudiant l'histoire de l'industrialisation et en tenant compte du « processus de formation », Gerschenkron est en mesure de mettre en évidence le rôle des banques. Il part alors à la recherche des conditions de l'industrialisation et la disponibilité du capital semble jouer un rôle central. Il remarque que le manque de capital fut compensé (notamment en Europe) par le système bancaire grâce à la création de crédit. Ce phénomène est connu aujourd'hui sous le nom de « paradoxe de Gerschenkron ». Or, l'Afrique manque justement de capitaux pour le financement des investissements mais cette carence n'est pas compensée par le secteur bancaire. Ainsi, si le libre jeu du marché n'incite pas les banques à offrir des crédits aux entrepreneurs, nous considérons, avec lui, que l'Etat peut seul encourager les institutions financières à redistribuer leurs liquidités.

Dans l'exemple d'un pays très en retard, comme ce fut le cas de la Russie à la fin du XIXème siècle, tout l'appareil industriel était à bâtir et nécessitait des investissements à très grande échelle. Devant un tel besoin en capital, les limites du système bancaire en tant que fournisseur de capital étaient évidentes. L'offre de capital fut dès lors assurée par la politique de taxation de l'Etat, qui visait ainsi à diriger le revenu vers l'investissement. Dans un tel cas, le rôle de l'Etat va au-delà du simple pourvoyeur de fonds : Il assure l'organisation et le contrôle bureaucratique des investissements[73].

---

[73] La politique d'allocation sectorielle des crédits n'a pas fonctionné en Afrique et n'est plus à l'ordre du jour. Cependant, avec la politique de libéralisation financière, certains secteurs autrefois « privilégiés » n'ont plus accès aux fonds bancaires.

Gerschenkron affirme également que l'industrialisation se fait avec des instruments institutionnels différents selon le stade de « retard » (« backwardness ») dans lequel se trouve le pays par rapport aux pays plus avancés. Nous considérons également que les réformes financières doivent tenir compte du niveau initial de développement bancaire et financier des économies. Ainsi, la politique de libéralisation financière ne peut pas s'appliquer de la même façon au Kenya ou au Tchad. Schumpeter et Gerschenkron insistent donc sur l'intervention de l'Etat pour réguler le système financier et assurer l'efficacité du secteur bancaire.

D'autre part, Stiglitz (1993), dans le cas des pays en voie de développement, affirme que l'intervention de l'Etat sur les marchés financiers s'est avérée nécessaire et positive. Son intervention a notamment consisté à créer des institutions financières car ces dernières ne pouvaient pas émerger naturellement du marché (ou alors difficilement) à cause des faibles opportunités d'investissement et du niveau requis des taux d'intérêt pour couvrir l'importance des défauts. La question se pose de savoir si ce sont les opportunités d'investissement qui développent le système bancaire ou si, à l'inverse, les banques facilitent les investissements.

Cependant, l'analyse des structures bancaires africaines nous permet d'affirmer que le libre fonctionnement de ce secteur n'a pas incité les banques à distribuer des crédits. Cette carence laisse alors la place aux politiques interventionnistes et incitatives de l'Etat pour corriger ces situations de surliquidité.

A l'opposé de leur thèse, d'autres auteurs affirment que les forces du marché financier permettent seules d'obtenir cette efficacité et que l'Etat doit se tenir à l'écart de toute intervention.

1.2 L'efficacité du marché bancaire sans intervention gouvernementale

De la même façon que les théoriciens de la libéralisation financière, Gurley et Shaw, Cameron et Goldsmith avaient déjà affirmé dans les années 1960 que le marché bancaire fonctionnerait plus efficacement dès lors que l'Etat se garderait de toute intervention.

1.2.1 La théorie de Gurley et Shaw

Gurley et Shaw ont écrit deux articles en 1955 et en 1956[74] où ils exposaient déjà les concepts qui seront développés d'une façon plus complète dans l'ouvrage de 1960, *Money and the theory of finance*.

[74] Gurley J.G et Shaw E.S (1955) « Financial Aspects of Economic Development » *The American Economic Review*, septembre 1955.
Gurley J.G et Shaw E.S (1956) « Financial Intermediaries and Saving-Investment Process » *Journal of Finance*, vol. 11, n° 2, mai 1956.

En s'opposant au modèle keynésien accusé d'être trop simple, ils bâtissent une approche de portefeuille qui tient compte, pour la détermination du taux d'intérêt, de tous les actifs financiers et pas uniquement de la « préférence pour la liquidité ». L'analyse de portefeuille sert ainsi à expliquer la croissance, à définir l'importance des intermédiaires financiers et d'une façon très approximative, du caractère de la politique monétaire.

Tout d'abord, Gurley et Shaw affirment que la fonction principale des intermédiaires financiers est de transférer les revenus non dépensés des agents à excédent aux agents à déficit. En remplissant ce rôle, ils contribuent à faire monter les niveaux de l'épargne, de l'investissement et à répartir l'épargne rare de manière optimale face aux possibilités d'investissement. Par conséquent, les intermédiaires financiers rendent possible une augmentation du taux de croissance du produit et du revenu. En effet, le rôle essentiel du système financier, et de la diversification de ses instruments, est de permettre une croissance économique optimale. A l'inverse, sans actifs financiers, chaque agent devrait avoir sa position budgétaire en équilibre et, « *cette situation conduirait très vraisemblablement à un niveau d'investissement et d'épargne relativement bas et par suite à un taux de croissance du produit relativement bas* » (1960, p 179).

Ensuite, la politique monétaire (stabilisation des prix et des taux d'intérêt) permet aux autorités d'influencer la croissance de l'économie. L'action de cette politique, qui joue sur la masse monétaire en circulation, influence le marché financier dans son ensemble, par une restructuration des portefeuilles des agents et donc de leurs demandes sur les différents marchés. Elle détermine ainsi le niveau du revenu. De plus, un processus multiplicateur s'enclenche lorsque la banque centrale augmente la quantité de réserves obligatoires dans le portefeuille des banques. Elle fixe la quantité nominale de réserves des banques commerciales en augmentant ou en réduisant cette quantité par des achats ou des ventes de titres primaires[75].

Dans le cas d'une hausse des réserves (achat de titres primaires par la banque centrale), les banques commerciales vont augmenter leur portefeuille d'obligations et émettre plus de monnaie. Elles vont alors fournir des encaisses excédentaires aux agents économiques[76] (c'est la multiplication monétaire). Cet excédent se répercutera sur les marchés des biens, du travail et des titres. Un nouvel équilibre sera trouvé à un nouveau niveau de revenu (c'est la multiplication du revenu). Le concept de multiplicateur se définit ainsi comme la relation entre la variation des actifs financiers et la croissance du revenu.

---

[75] Les titres primaires sont les dettes émises par les agents économiques non financiers à déficit en faveur des agents à excédent sous la forme d'actions et d'obligations privées, de créances hypothécaires et d'autres sortes de dettes à court et moyen terme. Ils comprennent aussi les titres publics.

[76] A ce niveau, on peut se demander si les banques ont vraiment le pouvoir de distribuer de la monnaie contre la volonté des agents économiques.

Finalement, dans l'article de 1956, Gurley et Shaw expliquent comment le développement des intermédiaires non-monétaires se fait au détriment des intermédiaires monétaires. Les premiers ont l'avantage de ne pas être soumis à la politique monétaire et peuvent ainsi librement proposer des substituts de la monnaie.

L'Etat est ainsi considéré comme un facteur d'entrave à la création monétaire par les institutions bancaires.

1.2.2 L'approche de Cameron

Cameron (1967) conclut, comme Gerschenkron, que le rôle du système financier et son fonctionnement changent avec le contexte qui caractérise le pays.

Cameron (1967) affirme que l'importance du rôle du système bancaire augmente si, encore une fois, l'industrialisation est de type « dérivatif ou imitatif ». En effet, les banques seront plus portées à prendre des risques, car elles connaissent les résultats liés aux précédentes applications des projets qu'elles financent. Pourtant, cette constatation se rapproche du concept de Gerschenkron « advantages of backwardness » sans pour autant en saisir la portée. Cameron, en effet, se limite à affirmer que les banques prêtent plus volontiers si elles connaissent ceux qu'elles financent. Une telle remarque est banale et n'a rien de fondamental, dans la mesure où elle ne spécifie pas le lien entre le niveau de développement, la structure du capital et la structure du système financier. Cameron affirme également, sur la base de mystérieuses évidences, que lorsque les pays se trouvent dans une phase de concurrence pure et parfaite, la contribution du système financier à la croissance est plus grande. Il insiste alors fortement sur le rôle perturbateur que peut jouer l'Etat. Si ce dernier peut assurer l'existence de conditions financières et politiques minimales, il doit se garder de toute inférence dans le système financier.

1.2.3 L'analyse de Goldsmith

Goldsmith (1969) montre que l'élargissement du système financier exerce un effet positif sur le revenu national réel. En effet, la diversité des instruments financiers, l'élargissement des marchés des capitaux et l'accroissement du nombre des participants sur ces marchés ne peuvent que stimuler l'épargne et l'investissement. Le développement financier se présente ainsi comme un facteur positif du développement économique. Dans le droit fil de l'analyse de Gurley et Shaw (1960), la démarche de Goldsmith est avant tout historique et porte sur une douzaine de pays développés dont les structures financières diffèrent (taille et diversité des instruments financiers et des institutions financières) ainsi que leur évolution dans le temps (apparition des différents instruments financiers, vitesse de pénétration dans les différents secteurs économiques et adaptation aux modifications de l'environnement économique). Par cette prise en compte des singularités financières nationales, Goldsmith met en lumière l'impact du développement financier sur le développement économique.

Tout d'abord, il établit une typologie des systèmes financiers à partir d'un certain nombre de ratios dont le FIR (*Financial Interrelations Ratios*) défini comme étant le rapport du total des actifs financiers sur la richesse nationale. La valeur de ce ratio lui permet de définir trois catégories de développement financier. Le premier type de structures financières correspond à un FIR faible, de l'ordre de 0,2 à 0,5. Dans ce cas, les relations de gré à gré dominent, les institutions financières ne détiennent qu'une faible part des actifs financiers et les banques commerciales sont les institutions financières dominantes. Ce serait le cas de la majorité des pays d'Afrique sub-saharienne. Le second type se caractérise par les conditions du premier stade mais le rôle joué par les institutions financières et l'Etat est plus important. De plus, même si elle est faible, l'épargne financière existe. L'Etat possède donc un rôle, mal défini par Goldsmith, dans le système financier mais qui concerne uniquement la politique monétaire. Ce rôle croît dès lors qu'il existe un secteur financier mieux structuré. Cette affirmation s'oppose à l'analyse de Gerschenkron qui considère que le rôle de l'Etat augmente avec le retard du secteur bancaire. Nous considérons également que l'Etat doit intervenir de façon à inciter les systèmes financiers embryonnaires à développer leur activité de crédit. A l'inverse, si les banques assurent correctement leur rôle d'intermédiaires financiers, et c'est le cas des systèmes bancaires d'Afrique australe, l'intervention des autorités publiques dans l'allocation des crédits n'est plus nécessaire. La troisième catégorie de structures financières englobe les pays développés dans lesquels le FIR est proche ou supérieur à 1. Une part importante des actifs financiers est détenue par les institutions financières, ces dernières sont plus diversifiées et un rôle plus important est accordé aux institutions financières de prévoyance et d'assurance.

A ces trois niveaux de développement financier correspondent des niveaux de développement économique d'autant plus élevés que le système financier est complexe et diversifié. Goldsmith conclut alors que le développement financier permet le développement économique.

Pour lui, ce sont la multiplicité et la diversité des instruments financiers qui permettent un investissement supérieur au montant de l'épargne nationale et conduisent à un taux de croissance plus élevé. Ces conditions améliorent également l'efficacité de l'investissement grâce à une allocation optimale de l'épargne à l'investissement par le mécanisme du marché.

Au total, tous ces prédécesseurs de Mac Kinnon et Shaw ont insisté sur l'effet positif de l'intermédiation financière sur le développement économique. Ils mettent en avant le recours au crédit ou à d'autres instruments financiers qui permet aux investissements de s'accroître de façon plus importante que par le seul recours à l'autofinancement. L'unique point de désaccord concerne le rôle donné à l'Etat dans le système financier, notamment en fonction du stade de développement de ce secteur. Si pour les deux premiers auteurs, l'intervention de l'Etat est nécessaire pour assurer la stabilité monétaire et l'orientation de la politique d'investissement, les trois derniers auteurs insistent sur l'importance du libre fonctionnement du marché bancaire.

Mais, tous ces auteurs sous-entendent que les banques assument parfaitement leur rôle d'intermédiaires financiers et qu'elles allouent efficacement l'épargne aux différents projets d'investissement. Dès lors que cette condition tombe, on peut voir apparaître les effets néfastes du secteur financier sur le développement économique.

2. UNE INTERACTION NEGATIVE : LA FRAGILITE FINANCIERE

D'autres théories affirment également qu'on ne devrait pas observer un effet systématiquement positif du développement financier sur la croissance[77]. En effet, en raison des imperfections de l'activité financière, on peut voir apparaître des problèmes de rationnement du crédit, de risque systémique et surtout d'instabilité financière qui affaiblissent la croissance. En conséquence, on peut s'attendre à ce qu'un niveau trop important de développement financier ou de libéralisation financière ait également des effets négatifs sur la croissance dus à un risque de système accru par une trop grande concurrence bancaire.

Dans la *Théorie Générale*, Keynes (1936) avait mis l'accent sur le rôle central de l'investissement dans la théorie de la production globale et de l'emploi. Il a rejeté les fondements micro-économiques de l'investissement qui s'appuyaient exclusivement sur les conditions technologiques de la productivité du capital et a mis en exergue l'incertitude, la finance et les facteurs monétaires comme les déterminants fondamentaux de l'investissement. L'un des objectifs essentiels de Keynes était d'examiner les conditions sous lesquelles la « monnaie » définie au sens large, influençait la dynamique macro-économique réelle. Ce but apparaît clairement dans sa théorie de l'investissement dans laquelle les conditions financières et monétaires déterminent de manière décisive la dépense en capital des firmes. Ces « intuitions » keynésiennes ont engendré une littérature théorique et empirique durant les décennies qui ont suivi la publication de la *Théorie Générale*. Il s'est en particulier développé ce qu'on pourrait appeler un « keynésianisme financier » dont l'objet principal a été de souligner le rôle essentiel des influences financières sur l'investissement. En d'autres termes, selon cette approche, on ne peut pas comprendre l'investissement en faisant abstraction de l'analyse de son financement.

Ces idées ont cependant été controversées. En particulier, les néoclassiques et leurs successeurs ont mis en doute le fait que des facteurs purement financiers puissent avoir un impact sur un phénomène réel tel que l'investissement. Dans ce

[77] Robert LUCAS, prix Nobel en 1995, soutient que les économistes exagèrent souvent le rôle des facteurs financiers dans le développement économique.

cas, l'interaction entre la croissance et le développement financier est nulle. Leurs résultats sont fondés sur le théorème de Modigliani - Miller (1958)[78] qui montre l'indépendance des décisions réelles et financières sous certaines conditions. Il stipule que, sous l'hypothèse de marchés complets, la structure du passif des firmes (la proportion entre les dettes et les fonds propres) n'a aucun effet sur leurs décisions de produire et d'investir. Fama (1980) a étendu cette analyse à tous les choix financiers. Quelles que soient les proportions dans lesquelles les agents détiennent des dépôts bancaires, des obligations ou des actions, l'équilibre macroéconomique n'en est pas affecté si les marchés sont complets.

Mais, nous étudierons plus particulièrement les interactions négatives entre la finance et la croissance. Dans un premier temps, nous aborderons les analyses post-keynésiennes, avec l'analyse de Minsky, qui ont soutenu les intuitions originelles de Keynes ; L'instabilité des relations financières étant susceptible d'être à l'origine des fluctuations de l'investissement et du système économique. Dans un second temps, nous verrons les derniers travaux des grandes institutions internationales qui ont mis un « coup de poignard » à la théorie de la libéralisation financière en affirmant qu'elle engendrait une importante fragilité financière et avait souvent conduit à des crises financières.

2.1 Le point de vue de Minsky

Minsky (1986) affirme que l'investissement est essentiellement un phénomène financier. Ce dernier se produit lorsque la valeur actualisée du capital égalise le prix de l'investissement mais uniquement après que la valeur actualisée a été modifiée par le risque de l'emprunteur et que le prix de l'investissement a été modifié par le risque du prêteur.

Ainsi, pour Minsky, « *le rythme de l'investissement variera à mesure que les risques du prêteur et de l'emprunteur se modifient* » (1986, p 193). Il incorpore donc deux aspects essentiels de la théorie de Keynes : l'incertitude fondamentale et l'aspect central des relations financières qu'il intègre comme des déterminants fondamentaux de la décision d'investissement. Pour Minsky, il s'opère sur la demande de monnaie une contrainte en termes de quantité de financement disponible, distincte de l'action des taux d'intérêt. Cette contrainte est imputable au risque du prêteur qui incite les banquiers à limiter la disponibilité du financement lorsque celui-ci dépasse un certain montant, créant ainsi une sorte de rationnement. Nous retrouvons ici l'un des principaux résultat du modèle de Stiglitz et Weiss (1981).

---

[78] Modigliani et Miller (1958), " The cost of capital, corporation finance and the theory of investment ". *American Economic Review*, juin 1958, p 261-297.

Dans sa théorie, l'investissement est un phénomène financier mais la variable financière essentielle n'est pas le taux d'intérêt (comme dans le modèle ISLM), elle est articulée autour d'un modèle de négociation banquiers - hommes d'affaires.

Ces négociations financières entre banquiers et hommes d'affaires (les deux types d'agents pertinents) sont les déterminants fondamentaux du revenu, des profits et de l'emploi. Les crises financières de l'histoire sont alors associées à « une suspension radicale de l'incrédulité des gestionnaires de portefeuille, des détenteurs d'actifs, des hommes d'affaires et des banquiers ». En définitive, l'incertitude peut conduire à une relation négative entre la finance et la croissance.

Les négociations dépendent de trois éléments-clés :

1. La proforma ou le document préparé pour l'emprunteur et qui précise les hypothèses sous lesquelles il espère pouvoir rembourser le prêteur.
2. Les prévisions de revenus qui tiennent compte : de l'évolution anticipée de l'économie, de l'évolution escomptée des marchés sur lesquels la firme opère et des avantages relatifs de la firme particulière par rapport à la concurrence. Les hommes d'affaires et les banquiers doivent donc s'accorder pour que les prévisions de revenus anticipées couvrent les coûts totaux et laissent une marge disponible justifiant le projet d'investissement.
3. Le degré de validation des contraintes de remboursement. C'est le facteur essentiel du modèle de Minsky car il souligne nettement l'aspect temporel de l'activité de financement. En d'autres termes, la disposition et la capacité des banques (ou d'autres institutions financières) à octroyer un crédit à une période donnée dépendent du comportement des actifs financiers qu'elles détiennent (du degré de validation courant des obligations de remboursement qui lui-même dépend du fonctionnement courant de l'économie).

Par conséquent, lorsque l'investissement et les décisions de financement passées sont, dans l'ensemble, fortement validés, la confiance accordée par les prêteurs et les emprunteurs au modèle de l'économie est renforcée et vice-versa. La conséquence directe est que le taux d'intérêt est d'une importance secondaire. Ce résultat s'adapte très bien au cas africain où, suite à la crise bancaire des années 1980 en Zone Franc, les banquiers n'accordent plus leur confiance aux différents emprunteurs et connaissent des situations de surliquidité.

Par ailleurs, dans l'analyse de Minsky, l'instabilité financière est « naturelle » et endogène. Le niveau d'investissement global a une évolution cyclique induite par un mécanisme financier endogène au système. Le premier facteur d'instabilité endogène de l'investissement concerne l'interaction dynamique entre structures financières et les anticipations incarnées par les risques de l'emprunteur et du prêteur. Si les cash-flows réalisés sont supérieurs aux cash-flows anticipés, le montant de financement externe sera inférieur au montant anticipé. Le second facteur est le fait que les conditions sur les marchés financiers se modifient effectivement au cours du cycle. Tout ceci peut conduire à une crise financière.

Pourtant, la dynamique des fluctuations économiques s'appuie également sur deux types d'agents institutionnels : les intermédiaires financiers et les autorités publiques. Ces agents, en réagissant à l'évolution de l'activité économique, introduisent dans le système des impulsions qui modifient - en l'accentuant ou en l'atténuant - la dynamique induite par les facteurs financiers de l'économie. Ainsi, Minsky accorde un rôle important à l'Etat qui peut inverser les anticipations pessimistes des agents ainsi qu'aux banques qui peuvent, en suspendant le crédit, aggraver la situation réelle de l'économie. En Afrique, aussi bien l'Etat que les intermédiaires financiers ont contribué, selon nous, à accentuer le sous-développement de l'économie réelle.

Par conséquent, l'intérêt de l'analyse de Minsky est d'insister sur le rôle de l'incertitude et des anticipations réalisées par les agents. Si des risques importants sont anticipés, les banques refuseront d'accorder des crédits. Ce point de vue rejoint celui de Stiglitz et Weiss (1981) sur les imperfections du marché du crédit. Dès lors que les banques ne veulent pas prendre de risques, elles rationnent le crédit et n'assurent plus leur rôle d'intermédiaire financier indispensable au développement économique. Le point suivant concerne non pas les liens négatifs entre intermédiation financière et croissance mais les effets néfastes de la libéralisation financière sur la croissance.

2.2 La nouvelle approche des organisations internationales

L'article de Demirgüç-Kunt et Detragiache (1998) sur la libéralisation financière et la fragilité financière est extrêmement intéressant. Tout d'abord, ces auteurs font partie de la Banque Mondiale et du Fonds Monétaire International et abordent avec une nouvelle vision les politiques mises en place dans les années 1980. Ils donnent la preuve que les grandes institutions internationales sont revenues sur leurs positions et sur la solution miracle de la libéralisation financière au développement économique. Leurs conclusions sont essentiellement fondées sur le cas de pays en voie de développement ayant entrepris leurs réformes bien avant les pays africains. Il s'agit de pays asiatiques et d'Amérique Latine dans lesquels de fortes crises sont apparues cette dernière décennie. Mais, d'un point de vue théorique et empirique, cet article nuance les conclusions hâtives des années 1980 et remet en cause les résultats attendus des réformes en Afrique.

S'appuyant sur 53 pays et sur la période 1980-1995, les auteurs constatent que les crises bancaires ont plus de chance de se produire dans les systèmes financiers libéralisés bien que cette fragilité s'amenuise quand l'environnement macro-économique est stable. Ils s'intéressent également au moment d'apparition de la crise et affirment que les crises bancaires et financières se sont produites en général, quelques années après le début de la libéralisation financière. Les raisons théoriques évoquées sont les suivantes :

- Tout d'abord, dans un système réglementé, les taux prêteurs étant plafonnés, les banques ne prennent pas de prime de risque et financent peu de projets risqués. A l'inverse, la libéralisation financière permet à ces projets risqués de trouver un financement. Même si les portefeuilles des banques sont bien diversifiés, ils sont plus vulnérables aux chocs économiques et les banquiers n'ont pas toujours l'expérience ni la qualification nécessaire pour se couvrir contre le risque.
- Ensuite, les taux d'intérêt nominaux sont plus fluctuants dans un système libéralisé. Les banques qui transforment les ressources à court terme en prêts à long terme se retrouvent avec des problèmes de liquidité quand les taux d'intérêt sont élevés, notamment s'il n'existe pas de marché interbancaire.
- De plus, l'augmentation de la concurrence bancaire fait disparaître les profits monopolistiques et incite les banques à prendre un portefeuille de prêts plus risqués, augmentant ainsi les problèmes de hasard moral.
- Finalement, les politiques de libéralisation financière ont souvent été combinées avec l'abolition des contrôles sur les mouvements de capitaux. Les intermédiaires financiers prennent alors des risques de change, ils achètent les devises étrangères disponibles sur les marchés internationaux et les prêtent aux emprunteurs nationaux. Le plus souvent, les crises bancaires observées se sont accompagnées de crise du taux de change.

Les chiffres parlent d'eux-mêmes : 78 % des crises bancaires récentes sont apparues dans des périodes de libéralisation financière, souvent trois à quatre ans après le début, peut-être parce que la libéralisation des taux d'intérêt s'est faite graduellement. Les auteurs insistent sur la qualité de l'environnement institutionnel et macro-économique qui réduit la probabilité d'apparition des crises financières. En effet, la libéralisation financière tend à augmenter la probabilité de crises bancaires dans les pays où les règles de droit ne sont pas appliquées, où la corruption est importante, où la bureaucratie est excessive et où les mécanismes de renforcement des contrats sont inefficaces. Nous retrouvons donc ici plusieurs caractéristiques des économies africaines, suggérant que ces dernières sont plus sujettes que d'autres à une crise financière. Cependant, ils nuancent leurs résultats en distinguant plusieurs cas. La première distinction porte sur l'importance de la répression financière, certains pays sont qualifiés de « réprimés financièrement » tandis que d'autres ne sont que « contraints financièrement ». Ils affirment que les pays ayant entrepris une libéralisation financière à partir d'une situation de contrainte financière et qui ont connu une crise bancaire, ont finalement un niveau de développement financier similaire à celui de pays qui n'aurait pas libéralisé et qui n'aurait pas connu de crise.

A l'inverse, les pays ayant libéralisé à partir d'une situation de répression financière, montrent un plus haut niveau de développement financier à long terme, qu'ils aient subi ou non une crise bancaire.

Au total, la libéralisation financière est associée à un plus haut niveau de développement financier et à une plus forte croissance. Pour les pays contraints financièrement, le gain de la libéralisation financière en termes de développement financier est pratiquement équivalent au coût de la crise bancaire et supérieur à long terme. Cette conclusion habile en faveur des politiques de libéralisation financière ne laisse cependant pas indifférent lorsqu'on observe l'ampleur de certaines des crises bancaires récentes comme au Mexique en 1994 ou en Thaïlande en 1997. Notre avis personnel dans le cas africain est qu'il faut à tout prix leur éviter une nouvelle crise bancaire.

Cependant, en considérant les raisons théoriques évoquées par les auteurs, il semble peu probable que les politiques de libéralisation financière entraînent une nouvelle crise bancaire. En effet, en ce qui concerne le financement de projets d'investissement plus risqués, l'analyse du cas africain montre à l'inverse la frilosité et l'aversion au risque des banques. Ces dernières investissent dans les bons du Trésor et conservent leurs liquidités de façon souvent excessive. Ainsi, les crises de liquidité observées au Mexique ou en Thaïlande suite aux politiques de libéralisation financière, ont peu de chance de se reproduire pour le moment en Afrique. De la même façon, la concurrence bancaire ne s'est pas accrue et les marges bancaires ont augmenté dans pratiquement tous les pays. Autrement dit, la fragilité financière observée sur les continents asiatique et sud-américain ne se généralise pas à tous les continents et montre qu'une même politique peut avoir des conséquences différentes. Les effets remarqués en Asie et en Amérique Latine, sur les taux d'intérêt, la concurrence bancaire et sur les prises de risque de la part des banquiers, ne sont pas apparus en Afrique. Ce résultat renforce la particularité africaine.

Néanmoins, le mérite de cet article est de reconnaître, à l'instar des post-keynésiens, que la libéralisation financière peut être source d'instabilité et qu'elle ne doit pas être entreprise sous n'importe quelle condition. De plus, cet article montre que les organisations internationales sont revenues sur leur position initiale. Loin de constituer un avis isolé, les programmes de la Banque Mondiale et du FMI ont pris « un visage humain » dans le sens où ils s'intéressent désormais au développement dans toutes ses dimensions. Ainsi, la réduction de la pauvreté et l'intégration des femmes dans le processus de développement fait maintenant partie intégrante de leurs programmes. Les effets mécaniques de l'ajustement structurel et de la libéralisation financière ont montré leurs limites et ont prouvé que la seule manipulation des taux d'intérêt s'avérait inefficace à promouvoir le développement économique.

En définitive, les théories prévoient des effets controversés de la finance indirecte sur le développement économique. Alors que les prédécesseurs de Mac Kinnon et Shaw admettent un secteur bancaire qui alloue efficacement les crédits aux différents projets d'investissement, les analyses de Minsky (1986) et de Demirgüç-Kunt et Detragiache (1998) montrent que le système bancaire peut être porteur d'imperfections. Ces dernières peuvent se répercuter sur l'allocation des crédits et sur l'économie réelle et jouer négativement sur les taux de croissance des économies.

Par ailleurs, les modèles de croissance endogène intégrant la sphère financière ont repris le débat théorique des effets de la finance indirecte sur le développement économique. Ils distinguent cependant l'environnement dans lequel le système bancaire évolue, selon qu'il s'agit d'un système financier réprimé ou libéralisé.

3. LES MODELES DE CROISSANCE ENDOGENE

Le modèle de base de croissance équilibrée - celui de R. Solow (1956) - est caractérisé par une fonction de production à rendements d'échelle constants ayant pour arguments un facteur accumulable, le capital, et un facteur non accumulable, le travail, substituables l'un à l'autre.

Cependant, ce type de modèles présente plusieurs inconvénients.

En premier lieu, la seule possibilité de croissance réside dans l'intervention d'un facteur exogène qui est, soit la croissance naturelle de la population, soit un progrès technique qui accroît l'efficacité productive de cette population. En l'absence d'un tel facteur, l'accumulation du capital tendrait vers zéro. En second lieu, il est sous-entendu que les économies ayant un même accès à ces sources exogènes de croissance ont le même taux de croissance. Aucune explication n'est donc fournie de la différence persistante des taux de croissance entre les pays.

En troisième lieu, aucune place n'est faite à des politiques de croissance, car l'équilibre concurrentiel coïncide avec l'optimum social.

Les théories de la croissance endogène et les modèles correspondants sont censés pallier ces inconvénients. En effet, ils décrivent la croissance dans les termes d'équilibres intertemporels et explicitent des sources dites endogènes de cette croissance. L'endogénéisation tient ici, soit à la prise en considération de l'existence de rendements croissants, soit à l'explication de comportements d'innovation répondant à des incitations spécifiques produites par la croissance elle-même.

L'intérêt apparent de cette théorie de la croissance endogène est de mettre en évidence la multiplicité des sources de la croissance (externalités de l'accumulation de capital physique, de capital humain, mécanisme des dépenses de recherche et développement, différenciation des biens, infrastructures publiques, institutions, système financier, etc.) mais aussi de reconsidérer le rôle des politiques de croissance.

En montrant que l'intermédiation financière pouvait avoir des effets non seulement sur le niveau de capital par tête ou celui de la productivité, mais aussi sur leurs taux de croissance respectifs, les théories de la croissance endogène ont permis d'éclaircir partiellement la question en montrant l'impact généralement positif des intermédiaires financiers sur la croissance.

En marge de cette littérature théorique, un certain nombre de contributions empiriques ont également tenté de mettre en relief les liens économiques pertinents entre croissance et finance. L'une des questions souvent évoquées est celle de l'effet de la répression financière sur la croissance ; les conclusions obtenues pouvant être radicalement opposées selon les démarches économétriques utilisées. Ainsi, alors que Roubini et Sala-i-Martin (1992) concluent à un effet négatif de la répression financière sur la croissance en reprenant les équations de Barro (1991)[79], Demetriades et Devereux (1992) montrent au contraire que cette même répression, qui se traduit par des taux d'intérêt administrés relativement bas, peut être bénéfique à la croissance. Un autre courant de littérature, essentiellement inspiré par le travail initial de Barro (1991) étudie l'influence de l'intermédiation financière sur la croissance à l'aide d'équations de rattrapage. Ainsi, il est montré par King et Levine (1993b) que le développement financier, mesuré par quatre indicateurs différents, est favorable à la croissance, à court terme comme à long terme.

Le premier point de cette section concerne les relations entre la répression financière et la croissance économique et le second point, les modèles de croissance endogène intégrant l'intermédiation financière.

3.1. Répression financière et croissance

Les modèles de croissance endogène s'intéressant aux liens de corrélation existant entre la répression financière et la croissance montrent des résultats opposés suivant les auteurs. D'après les théoriciens de la libéralisation financière, cet effet devrait être négatif. Or, nous verrons que d'autres auteurs y attribuent des effets plus nuancés et que certains pensent qu'il existe un degré optimal de répression financière si le déficit de l'Etat est trop important.

---

[79] Barro R. (1991) « Economic Growth in a cross-section of countries », Quaterly Journal of Economics, p 407-443.
Les formes de régression qu'il utilise tentent d'expliquer la croissance entre les différents pays.
La variable dépendante (déterminée) dans de telles régressions est généralement le taux de croissance moyen enregistré par chacun des pays sur une longue période. Les variables explicatives incluent généralement le niveau initial du PNB par tête, une mesure du capital humain telle que le taux de scolarisation dans le secondaire et une mesure de la stabilité politique.
Les effets de politique particulière sont alors testés en ajoutant la variable appropriée à la régression de base, pour voir si cette variable montre une corrélation partielle avec le taux de croissance moyen. Si c'est le cas, la question est de savoir si la variable concernée affecte le taux de croissance en impliquant une plus grande accumulation des ressources productives ou en améliorant l'efficacité des ressources utilisées. Ceci est testé en ajoutant le taux d'investissement à l'équation de la croissance et en déterminant si le coefficient de la variable en question garde son signe et sa signification statistique. Si c'est le cas, on détecte alors un effet d'efficacité. Si la variable reste significative, dans une équation similaire à la régression de base mais avec le taux d'investissement comme variable déterminée, alors l'association avec la croissance est attribuée à un effet d'accumulation de ressources.

3.1.1 L'effet négatif de la répression financière sur la croissance

Roubini et Sala-i-Martin (1992) et Pagano (1993) supposent qu'une partie de l'épargne disparaît dans le secteur financier au cours de sa « transformation » en investissement :

$$I = \phi . S \qquad \text{avec } 0 < \phi < 1$$

ϕ représente l'efficacité de l'intermédiation financière qui prend une valeur inférieure à 1. Dans le cas où $\phi = 1$, les marchés financiers sont parfaits[80].

Soient S1, l'épargne des ménages et S2, l'épargne (ou l'autofinancement) des entreprises. Cette dernière dépend de la politique de versements des dividendes des firmes. Seule une partie $\phi 1$ de l'épargne des ménages (S1) est dirigée vers le système financier, car les ménages subissent des prélèvements fiscaux et des coûts de traitement de leurs opérations bancaires. Ces coûts de transaction traduisent les différentes imperfections des marchés financiers et, $(1 - \phi 1)$ correspond à cette fuite de l'épargne hors du système financier. Cette fuite est d'autant plus importante que le système financier couvre mal le risque de liquidité ou que l'on est en présence d'une concurrence imparfaite sur le marché des dépôts. De la même façon, seule une partie $\phi 2$ des ressources traitées par le système financier parvient aux entreprises et, la partie $\phi 3$ seulement des ressources financières des entreprises (l'autofinancement et le financement externe) sera effectivement investie. L'investissement I peut alors s'écrire de la façon suivante :

$$I = \phi 3 . ((\phi 2 . \phi 1 . S1) + S2)$$

$\phi 2$ dépend tout d'abord des coûts de fonctionnement du système financier dans son ensemble (ces coûts sont liés aux réserves obligatoires, à l'assurance sur les dépôts, à la fonction de prêteur en dernier ressort et à la réglementation bancaire). Il dépend ensuite des risques liés à l'asymétrie d'information (une partie de l'épargne n'est pas utilisée car les projets sont jugés trop risqués) et finalement, des imperfections liées à la concurrence imparfaite sur le marché du crédit (les banquiers préfèrent ne pas transformer en engagements toutes les ressources collectées).

$\phi 3$ traduit également plusieurs phénomènes tels que le risque d'illiquidité des entreprises (elles préfèrent conserver un capital liquide par crainte de faillite) ou le risque d'irréversibilité de l'investissement. De plus, les entreprises utilisent une partie de leurs ressources à d'autres fins que l'investissement.

La répression financière joue alors sur $\phi 1$ et $\phi 2$, la perte de ressources en dehors du système financier et en dehors du circuit de l'investissement.

C'est ce que montrent Roubini et Sala-i-Martin (1992) dans le cadre d'un modèle de croissance endogène, avec la présence d'une rente de seigneuriage de l'Etat. Avec un tel présupposé, la répression financière, en contraignant le développement du secteur d'intermédiation financière, réduit l'épargne et par conséquent, la croissance économique. Ils concluent notamment que, « *afin*

[80] Cette présentation est celle d'Amable B. et Chatelain J-B (1995), p 103.

d'augmenter la rente de seigneuriage, les gouvernements pilotant à vue peuvent choisir d'accroître la demande d'encaisses réelles par tête en réprimant le système financier (taxe de répression financière). L'effet dérivé de cette politique sera alors de diminuer l'échelle des services offerts par le système financier à l'ensemble de l'économie avec comme conséquence la réduction de la productivité marginale asymptotique des inputs susceptibles d'accumulation, tels que le stock de capital privé, le stock de capital public ou le stock de capital humain, et donc la réduction du taux de croissance d'équilibre stationnaire ».

Cette conclusion justifie par l'absurde l'intérêt de la libéralisation financière.

Les mêmes auteurs utilisent également une régression en coupes transversales sur un échantillon de 60 pays sur la période 1960-1985 et affirment que différents indicateurs de la répression financière ont des effets négatifs sur la croissance. Ils reprennent les équations de rattrapage testées par Barro (1991, *op. cit.*) en conservant les mêmes variables explicatives de la croissance et en y ajoutant des variables financières.

Mais, la répression financière est assez sommairement représentée par une variable indicatrice lorsque le taux d'intérêt réel moyen sur la période d'estimation est négatif ou par le taux de réserves obligatoires.

Les coefficients portant sur ces variables se révèlent être significativement négatifs, menant à la conclusion que les pays où s'exerce la répression financière croissent en général moins vite que les autres.

Les auteurs admettent cependant que la répression financière peut être un moyen de financer les déficits publics.

Pour King et Levine (1993b), la taxation du système financier (la taxe de la répression financière) fait baisser le taux d'intérêt réel pour un taux de croissance donné de l'activité en volume.

Les taxes sur le système de financement sont équivalentes à des taxes sur l'innovation technologique, dans la mesure où elles se traduisent par la réduction des gains escomptés par les intermédiaires financiers consécutivement au financement des entreprises les plus performantes.

Plus généralement, les autres formes de répression financière telles que l'encadrement du crédit, l'accroissement des taxes sur les profits des entreprises ou les atteintes aux droits de propriété, ont pour effet comme chez Roubini et Sala-i-Martin, de réduire l'échelle des services offerts par le système de financement aux agents privés (les épargnants et les producteurs). Ceci cause alors la baisse du rendement attendu sur l'innovation, la diminution du nombre des projets productifs évalués, et par conséquent, du volume de financements externes mobilisés. C'est ainsi que l'innovation technologique et la croissance sont réduites.

Au total, dans les années 1990, Roubini et Sala-i-Martin (1992) et King et Levine (1993b) ont appuyé les thèses de Mac Kinnon (1973) et Shaw (1973). En utilisant des modèles de croissance endogène, les auteurs ont affirmé qu'un pays en situation de répression financière avait un taux de croissance moins important que dans le cas d'un système libéralisé.

Mais, des résultats différents ont été trouvés par d'autres auteurs. Nous verrons donc dans le point suivant les effets plus nuancés de la répression financière sur la croissance.

3.1.2 Les effets plus nuancés de la répression financière sur la croissance

Demetriades et Devereux (1992) s'attaquent au même problème mais prennent en compte de manière plus complète le secteur financier. Ils supposent, conformément aux hypothèses des structuralistes, l'existence d'un système financier informel qui est de fait présent dans de nombreux pays d'Afrique sub-saharienne. Deux valeurs du taux d'intérêt sont prises en considération : le taux d'intérêt administré (national) et le taux du marché international des capitaux comme indicateur du taux pratiqué sur le marché informel.

La répression financière prend une définition plus large que chez Roubini et Sala-i-Martin (1992) ; il suffit que le taux administré en termes réels soit inférieur au taux réel du marché mondial, et non qu'il soit négatif. De plus, la technique économétrique utilise les données dans leur dimension temporelle et non plus en coupes.

Un modèle structurel de l'investissement, et non de taux de croissance comme chez Roubini et Sala-i-Martin (1992), est estimé sur un panel de 63 pays sur la période allant de 1962 à 1990. Il ressort des estimations que le taux d'intérêt administré a peu d'effet sur l'investissement, ce qui n'est pas le cas pour le taux mondial. Ce résultat va dans le sens des thèses néo-structuralistes de Taylor (1983).

Les taux administrés abaissent le coût moyen du crédit, les marchés informels fournissent le crédit marginal et peuvent être plus efficaces que les marchés financiers officiels. Par conséquent, dans le cas d'un système de financement dual, la libéralisation financière augmente le coût moyen du crédit et peut faire diminuer l'investissement et la croissance.

Demetriades et Luintel (1996 et 1997) démontrent, en employant des séries temporelles, que les effets directs de la répression financière sont plus prononcés que les seuls effets du taux d'intérêt administré.

Pourtant, ils soutiennent également que ces effets ne sont pas forcément négatifs. D'un point de vue théorique, il est possible que les marchés financiers imparfaits dus à une concurrence imparfaite ou à des asymétries informelles, renversent les conclusions de la thèse de la libéralisation financière.

Ils estiment que la structure du système financier a des implications importantes sur la façon dont la déréglementation des taux d'intérêt affecte le système financier. Si le système bancaire est cartélisé, les plafonds sur les taux débiteurs peuvent encourager les banques à mieux gérer leurs dépôts. En effet, en présence de contrôle sur les prix, les banques peuvent trouver que le seul moyen d'augmenter les profits est d'accroître le volume du crédit et des dépôts.

Par conséquent, la répression financière peut encourager les banques à devenir plus actives pour attirer les déposants soit en ouvrant de nouvelles filiales soit en faisant de la publicité ou en offrant une meilleure qualité de services.

D'autre part, Stiglitz (1993) met en avant sept types d'imperfections du système financier qui justifient l'intervention du gouvernement. Sous l'hypothèse d'information parfaite, certaines formes de répression financière peuvent contribuer à réduire les problèmes de hasard moral et de sélection adverse et donc encourager le développement financier. A l'inverse, les taux d'intérêt élevés associés à la libéralisation financière rendent le système financier plus vulnérable aux crises en aggravant les problèmes de hasard moral et de sélection adverse.

Cependant, la préférence de Stiglitz est plutôt en faveur du contrôle du crédit que de l'administration des taux d'intérêt, permettant selon lui d'atteindre l'objectif mis en avant par Mac Kinnon en 1988 : la stabilité macro-économique.

Cette réhabilitation de la répression financière prend une autre forme dans le point suivant puisqu'il existe également, pour certains auteurs, un degré optimal de répression financière dès lors que le déficit public est élevé.

3.1.3 Le degré optimal de répression financière

Bencivenga et Smith (1992) montrent l'existence possible d'un degré optimal de répression financière pour les pays où le déficit public doit être monétisé. En 1991, ils avaient déjà élaboré un modèle de croissance endogène et mis en avant les liens entre le développement financier et la croissance. Ce modèle sera plus particulièrement étudié avec les modèles de croissance endogène s'intéressant aux liens existant entre l'intermédiation financière et le développement économique.

Le modèle de 1992 est une extension du modèle de 1991 où les deux auteurs prennent en compte le fait que dans les pays en voie de développement, les gouvernements sont souvent dans l'impossibilité de financer leur déficit par émission de titres.

Ils se placent tout d'abord dans une situation de laisser-faire avant d'analyser la situation de répression financière et considèrent deux générations. Les jeunes travailleurs épargnent une partie de leur salaire qui leur permettra de consommer aux périodes suivantes.

Dans le premier cas (la situation de laisser-faire), l'Etat finance sa consommation grâce à l'impôt qu'il prélève sur le salaire des travailleurs. Si ses dépenses sont supérieures à ses recettes, l'Etat est supposé émettre des encaisses nominales puisqu'il ne peut pas offrir sur un marché des titres de la dette publique. Bencivenga et Smith (1992) affirment que l'accroissement de la masse monétaire en circulation se traduit par une augmentation du niveau général des prix dans l'économie et donc par une diminution du bien-être des agents.

L'épargne intérieure quant à elle, peut être placée sous la forme de trois actifs dont les taux de rendements sont différents.

En effet, les épargnants ont la possibilité de déposer leur argent sous forme de dépôts bancaires dont le taux d'intérêt se situe à un niveau r_1 si le placement dure une seule période ou bien à un niveau r_2 après deux périodes. L'épargne ainsi collectée par les intermédiaires financiers est allouée soit à l'investissement direct en capital qui offre un rendement R mais qui représente un risque soit aux encaisses réelles pour lesquelles il n'existe aucune rémunération. De la même façon, le jeune épargnant détient une fraction de ses ressources sous forme d'encaisses réelles et il existe un risque pour qu'il perde le montant de son épargne allouée à l'investissement.

Dans une situation de déficit budgétaire, la valeur réelle de la monnaie qui diminue avec l'augmentation des prix, incite les agents à ne conserver leur épargne qu'une seule période au taux de rémunération r_1. Mais, si r_1 est supérieur au taux de croissance des prix, les jeunes n'ont aucun intérêt à garder des encaisses dont la valeur réelle va diminuer.

De plus, les auteurs notent que les banques maximisent l'utilité du déposant sous contraintes de ressources suffisantes pour honorer les retraits, après une ou deux périodes. Le résultat est que r_1 est égal au taux d'inflation et que r_2 est égal à R (le rendement du capital).

Par conséquent, dans une situation de laisser-faire, l'épargne est placée sous forme de dépôts bancaires et tout l'investissement direct en capital est intermédié.

Dans le second cas, celui où l'Etat exerce une répression financière sur le secteur bancaire, la situation est différente. Dans l'hypothèse où l'Etat se trouve confronté à un déficit continu, l'émission d'encaisses supplémentaires entraîne une diminution de la base de l'impôt inflationniste, car les agents préfèrent ne pas détenir de monnaie. L'Etat a alors le choix entre la mise en place de réserves obligatoires élevées ou la fixation administrative des taux d'intérêt.

Benvicenga et Smith (1992) s'intéressent plus particulièrement au cas des réserves obligatoires. Selon eux, un taux élevé de réserves obligatoires inciterait les agents et notamment les banques à détenir un montant plus important d'encaisses que dans la situation de laisser-faire ; l'Etat augmentant de fait la base de l'impôt inflationniste.

Pourtant, l'Etat ponctionne alors une partie des ressources, affectée par les banques, à l'investissement direct en capital. On conclut alors à un effet négatif de cette répression sur le montant de l'investissement et donc sur le stock de capital d'équilibre stationnaire. L'effet de ce type de politique sur la croissance est alors identique aux conclusions de Roubini et Sala-i-Martin (1992).

Mais, les deux auteurs montrent aussi qu'il existe un niveau optimal de répression financière. Pour ce taux optimal de réserves obligatoires, les agents continuent de détenir des dépôts bancaires, l'ensemble du capital est intermédié et l'Etat parvient à financer son déficit par le biais de l'impôt inflationniste. L'effet négatif de cette politique est en fait compensé par la réduction de l'inflation observée dans une situation de laisser-faire.

Autrement dit, si les agents se détournent des encaisses dans une situation de laisser-faire, l'Etat devra fortement augmenter la masse monétaire et donc l'inflation pour financer son déficit. S'il choisit au contraire d'obliger les agents à détenir des encaisses par le biais des réserves obligatoires, il réduit ainsi le montant de l'inflation nécessaire au financement de son déficit.

Par ailleurs, lorsque la répression financière dépasse son niveau optimal, elle devient néfaste pour l'économie. Elle se traduit par la nécessité pour les agents de financer une partie de l'investissement en dehors du système financier parce que les banques, à cause du montant élevé de réserves obligatoires, ne peuvent pas satisfaire l'ensemble de la demande en capital.

Cet accroissement de l'autofinancement implique tout d'abord que l'accumulation du capital n'est plus totalement intermédiée mais aussi qu'« *une fraction de l'investissement se réalise au travers d'un système non soumis à la constitution de réserves obligatoires c'est-à-dire, le secteur financier informel* ».

Par conséquent, Bencivenga et Smith (1992) pensent que le dualisme financier et que la présence d'un système de financement non officiel dans l'économie ne représentent pas une situation optimale ; ils plaident en faveur de l'intégration de ce système par le secteur financier officiel.

Au total, selon les travaux de Bencivenga et Smith (1992), il existerait bien un taux optimal de répression financière, lié à l'incapacité des pouvoirs publics à financer leur déficit par d'autres moyens. De plus, pour des déficits très importants, la politique de libéralisation financière s'avère dangereuse dans le sens où elle se traduit par une diminution des détentions d'encaisses réelles. En revanche, pour un taux de répression financière optimal, la réduction des dépenses gouvernementales ouvre la voie à une politique de libéralisation financière efficace.

En d'autres termes, en plus d'un environnement macro-économique stable, la réussite de la libéralisation financière serait également conditionnée par le niveau initial du déficit public. Cette conclusion justifie, *a posteriori*, les politiques de libéralisation financière entreprises par le FMI dans un cadre plus large de Plans d'Ajustement Structurels dont les objectifs premiers sont la réduction des déficits budgétaires et la stabilisation macro-économique.

Venet (1996) critique le modèle de Bencivenga et Smith (1992) à plusieurs niveaux et propose un autre modèle de répression financière optimale.

En effet, Venet (1996) s'oppose tout d'abord à la façon dont les deux auteurs présentent l'Etat. Dans leur modèle, l'Etat ne produit pas de bien public susceptible d'augmenter le bien-être des agents. En d'autres termes, il n'existe aucune possibilité pour que l'accroissement de l'inflation soit compensé par une variation positive de la production publique et donc du bien-être. Dans ces conditions, Venet « *comprend mal l'utilité de la présence de l'Etat. Dans un modèle d'équilibre général, et compte tenu de cette hypothèse, le niveau optimal des dépenses publiques serait nul* » (*op. cit.*, p 143).

Il s'attaque ensuite à la manière dont est justifiée la présence du système financier informel. Selon les deux auteurs, cette présence est uniquement liée à la répression financière qui s'exerce dans l'économie.

Venet (1996) construit alors un autre modèle mieux adapté et trouve également, dans le cas d'un déficit public important, un degré optimal de répression financière à ne pas dépasser.

Au total, les modèles de croissance endogène traitant du rôle de la répression financière dans le développement économique concluent généralement à un rôle négatif. La répression financière qui s'exerce notamment par le biais de réserves obligatoires importantes conduit à détourner une partie des ressources bancaires disponibles au détriment du secteur privé.

Mais la répression financière peut aussi correspondre à une situation plus efficace que la libéralisation financière, notamment lorsque les hypothèses de marché du crédit parfait ne tiennent plus. Il s'agit d'abord du modèle de Demetriades et Devereux (1992) dans lequel il existe un marché financier parallèle et dont les résultats rejoignent les thèses néo-structuralistes. Il s'agit ensuite du modèle de Demetriades et Luintel (1996 et 1997) où les imperfections informationnelles sur le marché du crédit peuvent renverser les conclusions de la libéralisation financière. Nous retrouvons les thèses de Stiglitz et Weiss (1981) que nous avions abordées dans la première partie.

Finalement, Bencivenga et Smith (1992) ainsi que Venet (1996) soutiennent que la répression financière est plus efficace que la libéralisation financière dans le cas particulier où le déficit public est important.

Il faut souligner que ces dernières possibilités, qui correspondent à des situations particulières, sont fréquentes en Afrique (existence d'un marché financier informel, d'imperfections informationnelles et de déficits publics élevés). Il est indéniable que les situations de répression financière dans les pays africains ont permis de financer les déficits publics par le biais de la taxe inflationniste. Ainsi, la politique de libéralisation financière peut entraîner de l'instabilité macro-économique en réduisant les ressources de l'Etat et en aggravant les déficits budgétaires.

Qu'en est-il des modèles de croissance endogène traitant de l'intermédiation financière et de la croissance ? Les différents auteurs s'accordent-ils sur les effets positifs de la première sur la dernière ?

3.2. Intermédiation financière et croissance

La libéralisation financière est justifiée plus positivement à partir de l'argument suivant lequel, un système financier développé permet une meilleure allocation des ressources disponibles pour l'investissement, en raison de sa plus grande capacité à gérer le risque et à collecter l'information.

A ce niveau, Levine (1996) évoque cinq principaux arguments théoriques en faveur d'une liaison positive et forte entre l'approfondissement financier et la croissance. Tout d'abord, le système financier faciliterait la protection contre le risque et le partage du risque. Il permettrait une allocation optimale des ressources ainsi qu'un meilleur contrôle des managers et de l'entreprise par les actionnaires. Finalement, il faciliterait la mobilisation de l'épargne intérieure ainsi que l'échange de biens et de services.

Nous verrons tout d'abord la diminution du risque de liquidité et du risque technologique rendue possible par le secteur bancaire puis, la possibilité de développement financier suivant les niveaux de développement économique.

3.2.1 Intermédiation financière et diminution du risque de liquidité

Bencivenga et Smith (1991)[81] montrent qu'un système bancaire permet de réduire le risque de liquidité. En effet, en l'absence de banques, les ménages se protègent des chocs de liquidité par des investissements en actifs liquides mais peu productifs.

Cette inefficacité peut être considérablement réduite par les intermédiaires financiers qui, ayant un grand nombre de déposants, ont la capacité de mettre en commun les risques de liquidité des épargnants et d'investir une part plus importante de leurs fonds dans des projets illiquides mais plus productifs. Il est ainsi montré que les banques augmentent la productivité des investissements, à la fois en dirigeant les fonds vers des technologies illiquides à haut rendement et en diminuant le nombre

[81] Les auteurs utilisent la fonction d'utilité de Diamond D. et Dybwig P. (1983), « Bank Runs, Deposit Insurance and Liquidity », *Journal of Political Economy*, vol. 93, n° 3, p 401-419. Dans leur article, les agents ont une durée de vie finie et ne connaissent pas avec certitude la période au cours de laquelle ils désireront consommer. Cette incertitude se répercute alors sur la demande de liquidités.

d'investissements « gâchés » par des liquidations prématurées. Les intermédiaires financiers réduisent donc la partie de l'épargne maintenue sous forme liquide et improductive (un élément explicatif de ϕ2, *supra*), et éliminent les liquidations d'actifs productifs qui exercent un effet défavorable sur la croissance. C'est en ce sens que le développement financier est un levier à la croissance.

D'un point de vue empirique, on s'attend donc à trouver une corrélation positive entre la taille du secteur de financement intermédié et la croissance économique.

Ce résultat a été obtenu par King et Levine (1993b) qui, mesurant le développement du secteur intermédié par quatre indicateurs différents, ont effectivement observé des corrélations instantanées positives entre la croissance et ces indicateurs.

Ils estiment aussi des équations de rattrapage sur la période 1960-1989 concernant 80 pays, en coupe transversale et en combinant coupe et moyenne des variables sur les décennies 1960, 1970 et 1980. Les quatre indicateurs de développement financier sont les suivants :

1. La « surface financière » : M2/PIB.
2. L'importance des banques de dépôts par rapport à la Banque Centrale dans l'allocation du crédit national : dépôts en banques / (dépôts en banque + dépôts en Banque Centrale).
3. Le crédit aux entreprises privées sur le total du crédit domestique.
4. Le ratio crédit aux entreprises privées sur le PIB.

Ces deux derniers indicateurs sont supposés témoigner de l'efficacité du système financier vis-à-vis du secteur privé. L'hypothèse de base est que, avant de prêter à un investisseur privé, les intermédiaires financiers se livrent à une meilleure évaluation des projets que lorsqu'ils prêtent à un investisseur public. En fait, les deux derniers indicateurs représentent aussi la taille du secteur privé dans l'économie.

Ils utilisent quatre indicateurs de la croissance comme variables expliquées :

1. Le taux de croissance du PIB par tête.
2. Le taux de croissance du stock de capital.
3. Le ratio de l'investissement sur le PIB.
4. Une approximation de la productivité totale des facteurs.

Ils trouvent toujours que les quatre variables financières (utilisées séparément) ont un effet significatif sur la croissance et leurs résultats sont également robustes par sous-groupes de pays.

Ils ont en outre obtenu un autre résultat intéressant ; la taille du secteur financier joue positivement et significativement sur la croissance présente mais aussi future de l'économie.

Pourtant, leurs travaux ont été soumis à controverses.

D'une part, d'après Galetovic (1994), leurs résultats semblent robustes à de nombreux changements de spécification, même si la restriction de leur échantillon aux pays de l'OCDE produit des résultats plus faibles, voire contradictoires.

D'autre part, Arestis et Demetriades (1997) critiquent fortement le modèle de King et Levine (1993) car leur étude utilise des régressions en coupes transversales (*cross-country regressions*). Leur approche implique donc l'utilisation de variables moyennes sur de grandes périodes (trois décennies) devant expliquer les variations des taux de croissance entre les pays. Il s'agit uniquement de l'influence moyenne des déterminants de la croissance économique. Les résultats sont difficiles à interpréter et sont fondés sur des bases statistiques fragiles. La limite liée à « l'effet moyen » d'une variable peut être évitée par des études en séries temporelles.

Nous pensons également que le cas africain nécessite des études en séries temporelles. En effet, l'analyse en coupes transversales agrège les données d'un ensemble de pays très hétérogènes et rend compte de l'effet « moyen » des variables financières sur les variables réelles. A plusieurs reprises, nous avons insisté sur la particularité du continent africain ; peu nous importe de connaître, au niveau des 80 pays testés, le résultat moyen puisque nous considérons qu'il ne peut pas être généralisé au seul continent africain.

De nombreux modèles théoriques montrent par ailleurs que des systèmes financiers adaptés peuvent également aider à identifier et diversifier les risques technologiques.

3.2.2 Intermédiation financière et diminution du risque technologique

Dans les modèles de Greenwood et Jovanovic (1990) et de Saint Paul (1992), les intermédiaires permettent la diversification technologique. Cette dernière favorise l'investissement dans des technologies plus productives mais plus risquées, et stimule ainsi la croissance. Ces travaux théoriques donnent un sens à l'ensemble des travaux empiriques évoqués qui démontrent l'effet positif du développement financier sur la croissance ; les intermédiaires bancaires assurant ce rôle de diversification du risque technologique.

Pour Greenwood et Jovanovic (1990), les intermédiaires financiers répartissent le risque sur un grand nombre d'investisseurs. Leur modèle incorpore en fait plusieurs effets : collecte d'information, répartition du revenu et diversification des risques. Il présente deux techniques de production, l'une avec un rendement sûr, l'autre avec un rendement risqué et deux composantes du choc technologique, une composante agrégée et une composante spécifique.

L'instauration d'intermédiaires financiers a cependant un coût. Les intermédiaires investissent les montants confiés par les agents en leur promettant un rendement sûr contre le paiement d'un coût fixe. Ils fournissent une assurance contre les risques spécifiques et garantissent au moins le rendement sûr.

La collecte d'information sur les projets d'investissement est aussi une des tâches du système financier. L'établissement d'un secteur d'intermédiation financière permet à chaque agent de recueillir de l'information sur les rendements des autres projets. En effet, l'intermédiaire investit dans certains projets tests et compare leur rentabilité avec celle de l'investissement sûr. Si le rendement des projets tests est supérieur, l'intermédiaire financera les autres projets à risque. Sinon, les ressources seront investies dans les projets sûrs. Les projets tests ont donc un rôle d'apprentissage de l'information sur les risques, même lorsqu'il n'y a pas d'asymétrie d'information entre le système financier et les emprunteurs.

Dans la même lignée, Saint Paul (1992) présente un modèle où la croissance de la productivité provient d'un accroissement de la division du travail. La contrepartie de cette spécialisation accrue est l'augmentation du risque spécifique portant sur les ressources investies. Les intermédiaires financiers permettent une diversification du risque et rendent donc plus attractive la spécialisation des investissements, facilitant ainsi une croissance de la productivité plus élevée.

La diversification des risques par l'intermédiaire d'un système financier se substitue donc au choix en faveur de technologies plus flexibles mais moins productives. L'existence d'une intermédiation financière assouplit les termes du dilemme entre flexibilité et efficacité provenant de la spécialisation.

Jusque là, l'intermédiation financière est source de croissance dans le sens où elle permet de diversifier les risques, qu'ils soient technologiques ou liés à la liquidité. Néanmoins, il existe également une nuance importante à faire : l'efficacité de l'intermédiation financière croît avec le développement économique.

3.2.3 Intermédiation financière et niveau initial de développement économique

Berthélémy et Varoudakis (1994) et (1995) expliquent le phénomène de piège de pauvreté associé à l'inefficacité allocative d'une économie où les agents privés vivraient en autarcie financière. Une des solutions proposées par les auteurs est de subventionner le secteur bancaire pour permettre à ce dernier de se développer.

Cependant, ils affirment l'importance de la politique menée vis-à-vis du secteur financier et, selon eux, les phases de répression financière peuvent avoir un effet négatif persistant sur la croissance économique.

Tout d'abord, ils modélisent le fonctionnement du secteur financier en interaction avec le secteur réel sous la forme d'un modèle de croissance endogène à deux secteurs. Le secteur réel peut exercer une externalité positive sur le secteur financier alors qu'en retour, un développement de l'intermédiation assure une meilleure utilisation de l'épargne, ce qui tend à augmenter la croissance.

Ces effets croisés permettent l'éventuelle existence d'équilibres multiples : un faible (fort) développement financier s'accompagne d'une faible (forte) croissance économique.

Mais, en appréhendant les liens entre le développement financier et le rattrapage, les auteurs considèrent qu'il existe des effets de seuil. En deçà d'un certain niveau de développement financier, la croissance est plus lente et le rattrapage plus difficile. L'article de 1995 propose un test de cette idée : en dessous d'un certain niveau d'éducation et d'un ratio seuil M2/PIB, les pays restent bloqués dans un club de convergence particulier. Il leur est alors pratiquement impossible d'accéder au développement financier.

Ce phénomène de piège de pauvreté s'applique aux pays africains. La première partie de nos recherches montre l'impossibilité de certaines économies à développer aussi bien leur secteur réel que monétaire et la catégorie des pays faiblement développés financièrement coïncide avec des indicateurs économiques et humains très faibles.

Dans leur cas, la politique de libéralisation financière ne peut pas se traduire par l'approfondissement financier. En rejoignant les conclusions de Berthélémy et Varoudakis (1995), nous estimons que toute réforme financière ne peut s'appliquer que dans les pays possédant au préalable des structures bancaires relativement développées.

Ainsi, leurs travaux montrent que les développements économique et financier des pays sont étroitement liés et qu'il existe une double causalité entre les variables avec des effets retour. Ce phénomène conduit à des situations vertueuses dans le cas de pays avancés et à des situations perverses dans le cas des pays les plus pauvres. S'ils soutiennent les politiques de libéralisation financière, les auteurs conseillent néanmoins aux autorités de subventionner le secteur bancaire dans les premières phases de développement.

En conclusion, les différents modèles de croissance endogène intégrant la sphère financière, s'accordent sur les effets positifs liés à l'intermédiation bancaire et les effets négatifs liés à la répression financière.

La dernière situation gêne l'approfondissement financier mais elle a l'avantage de fournir des ressources à l'Etat. Ainsi, nous retiendrons que la libéralisation financière est une politique qui peut, à l'inverse de la répression financière, entraîner l'approfondissement financier mais qui nécessite au préalable l'ajustement des déficits budgétaires et un niveau « seuil » de développement économique et bancaire. Les banques servent avant tout à diversifier les risques technologiques ou de liquidité. Il est dès lors très important pour les pays d'établir une structure financière adéquate pour permettre cette diversification et, à terme, le développement des investissements et de la croissance. L'Afrique sub-saharienne a besoin d'un secteur intermédié qui assure pleinement son rôle en distribuant des crédits au secteur privé. Si ce rôle est établi, les effets positifs que les différents auteurs ont soulignés, pourront améliorer les situations réelles de ces pays.

Cependant, dans la recherche d'un financement, les agents ont le choix et peuvent s'adresser aussi bien aux banques qu'au marché financier s'il existe. En effet, la finance dite « directe » permet également de financer une économie et ses activités productives. Le développement des marchés financiers fait partie du volet externe de la libéralisation financière mais nous l'aborderons en tant qu'instrument de financement des activités nationales et de promotion de la croissance, au même titre que les banques.

Ainsi, nous considérerons que la possibilité de développement économique lié à la création ou au développement de marchés financiers est très faible en Afrique sub-saharienne. Les marchés boursiers ne permettent pas de financer les activités réelles et la priorité concerne essentiellement la réhabilitation du secteur bancaire.

SECTION II - LES MARCHES FINANCIERS

Le développement des marchés boursiers a constitué une partie importante de la libéralisation financière dans les années 1980 et le processus continue avec l'encouragement des institutions de Bretton Woods.

Pourtant, si le lien entre les banques et la croissance a souvent été établi, le rôle des bourses dans le processus de développement économique reste à définir.

Il s'agit tout d'abord d'identifier les bénéfices que ces marchés fournissent à l'économie nationale et aux investisseurs étrangers. Financent-ils véritablement les activités de production ou sont-ils le lieu où d'importants profits peuvent être réalisés ? D'autre part, le financement de la croissance pouvant être assuré par le système bancaire, le problème est de savoir si la finance par titres peut se substituer à la finance intermédiée ou si, à l'inverse, leur développement et leur bon fonctionnement sont corrélés. Finalement, le marché peut-il entraîner l'augmentation des agrégats macroéconomiques ? Ou fait-il peser sur le secteur réel des risques inutiles quand on considère l'importante volatilité des cours et les entrées massives de capitaux ayant des effets déstabilisateurs sur l'économie ?

Il existe huit marchés financiers en Afrique sub-saharienne mis à part celui de l'Afrique du Sud. Mais ce dernier représente un cas à part du fait de son importance et du développement économique de ce pays. Sur les sept marchés financiers, un seul se trouve en Afrique francophone, la bourse d'Abidjan en Côte d'Ivoire.

Au Kenya et au Zimbabwe, les bourses fonctionnent depuis l'époque de l'indépendance, environ quarante ans. Elles avaient été conçues comme des outils d' « indigénéisation » des sociétés à capitaux étrangers plus que comme des outils de développement du secteur privé, aptes à canaliser l'épargne locale et étrangère.

Au Botswana, au Ghana, en Namibie et en Zambie, les bourses ont ouvert à la fin des années 1980 ou au début des années 1990.

Par conséquent, les marchés financiers d'Afrique sub-saharienne sont jeunes et possèdent les caractéristiques des marchés pré-émergents. Ils ont été construits suite aux programmes de libéralisation financière et aux privatisations massives du début des années 1990.

Dans un premier temps, nous verrons les caractéristiques des marchés financiers africains en s'intéressant tout d'abord à l'intérêt de l'établissement de tels marchés, aux liens de complémentarité qui existent entre les banques et le marché et enfin, à l'analyse des différents indicateurs boursiers africains.

Dans un second temps, nous reprendrons les analyses théoriques traitant du rôle des marchés financiers dans le processus de croissance et les risques qui y sont liés. Nous serons alors en mesure de savoir si la création de marchés financiers est une nécessité pour les économies africaines.

1. LES CARACTERISTIOUES DES MARCHES FINANCIERS EMERGENTS

D'un point de vue général, les marchés financiers émergents sont très hétérogènes. Suivant les pays, on trouve des variations considérables dans le nombre de compagnies cotées, le nombre des nouvelles cotations par an, la capitalisation du marché et les valeurs des actions échangées. Ces différences reflètent les caractéristiques économiques et l'environnement financier des pays. Pourtant, les marchés émergents possèdent des caractéristiques communes. Il s'agit souvent de marchés risqués, d'une part à cause de la volatilité importante des cours et d'autre part à cause de la moindre fiabilité des informations et du manque de transparence. L'excès de volatilité (souvent compensée par un supplément de rentabilité) provient généralement de l'insuffisance de liquidités et de la faible capitalisation du marché. En effet, les échanges concernent souvent quelques titres seulement et seules quelques sociétés dominent le marché.

Par ailleurs, les marchés émergents sont soumis à des contraintes réglementaires plus importantes que leurs homologues développés et très peu de sociétés étrangères y sont cotées. Ils sont donc peu ouverts et mal intégrés au niveau international. Quel est donc l'intérêt de tels marchés ? De quelle façon peuvent ils se substituer à la finance indirecte et quel est l'état de fonctionnement des marchés financiers en Afrique ? Nous répondrons dans l'ordre à ces trois interrogations.

1.1 Intérêt des marchés financiers émergents

Tout d'abord, la vraie création de richesses ne se situe pas en bourse, elle se situe dans les entreprises dans le sens où l'investissement productif est supérieur à l'investissement spéculatif en termes de croissance.

Il semble donc important de rappeler que la raison d'être d'un marché financier est de canaliser l'épargne vers les entreprises en permettant le développement des émissions nouvelles d'actions et d'obligations. Le marché financier doit également, pour réussir sa mission, attirer l'épargne stable, celle à la recherche d'un placement à moyen terme et à long terme. Le rôle du marché apparaît donc très proche de celui des banques. Il s'agit de financer les éventuels investissements et de permettre aux économies d'atteindre des niveaux de croissance plus importants.

Or, à l'heure actuelle, l'intérêt principal des marchés émergents se situe au niveau de la diversification des portefeuilles mondiaux (ce qui présuppose une facilité d'accès sur le marché pour les investisseurs étrangers) et non au niveau des levées de capitaux pour les entreprises locales. Les placements sur ces marchés ne sont pas uniquement motivés par des considérations de rendements mais également par des objectifs de réduction de risque[82]. D'autre part, leur développement n'est pas une réponse évolutionnaire aux forces du marché mais plutôt le fait des gouvernements, qui ont joué un rôle actif dans les programmes de privatisation et de libéralisation des mouvements de capitaux.

Par ailleurs, au niveau macroéconomique, les marchés émergents permettent d'attirer l'épargne étrangère et d'aider les pays à devenir indépendants des taux d'intérêt internationaux qui les exposent à une variation du montant du service de la dette quand ils sont élevés.

Dans l'analyse des deux modes de financement possibles - l'un direct et l'autre indirect - la question la plus souvent retenue est de savoir si l'un des systèmes est supérieur à l'autre. Le mode de financement est en effet susceptible d'affecter à la fois le volume et la nature des investissements ainsi que la croissance.

Tout d'abord, la finance par titres a l'avantage de garantir des liquidités et de contrecarrer la pénurie de capital dans les pays où les prêts bancaires sont limités à certains secteurs ou se font à des taux d'intérêt élevés. De plus, on associe souvent le marché à une meilleure discipline financière des entreprises, les actionnaires et les groupes financiers ayant un droit de regard et le marché faisant planer la menace de rachat ou de prises de participations.

Néanmoins, le marché décourage les investissements à long terme (souvent plus risqués) car les firmes se préoccupent des rendements financiers à court terme pour satisfaire les actionnaires. En effet, les relations étroites et anciennes entre les entreprises industrielles et les banques sont découragées en présence du marché alors qu'elles permettent d'effectuer des investissements en recherche et

[82] Même en diversifiant considérablement un portefeuille national, il n'est pas possible d'éliminer le risque de marché. L'adjonction de valeurs étrangères, même à plus haut risque, à un portefeuille uniquement national réduit le risque total du portefeuille dès lors que la corrélation entre ces valeurs et le marché national est faible.

développement et à plus long terme. L'intermédiation financière a l'avantage de réduire le risque concernant notamment le caractère révocable des engagements.

Si les désavantages de la banque existent, les avantages du marché n'ont pas été prouvés. Mais, les deux modes de financement étant souvent présents dans une même économie, la question essentielle concerne les liens reliant ces deux types de finance.

1.2 Les liens de complémentarité entre la banque et le marché

L'analyse des liens existant entre la banque et le marché montre qu'il existe une complémentarité entre la banque et le marché. Autrement dit, la finance directe a du mal à se substituer aux financements bancaires dans le sens où l'efficacité de ces deux types de finance est liée. Le marché financier d'un pays n'a de chances de se développer que s'il existe des structures bancaires adéquates et propres à soutenir son évolution.

1.2.1 Le stade ultime de développement financier

Les tenants de la libéralisation financière n'opposent pas le développement bancaire et le développement des marchés financiers.

Les différents indicateurs de développement des marchés boursiers et des intermédiaires bancaires calculés par King et Levine (1996) sont fortement corrélés. En général, une structure bancaire fragile va de pair avec un marché peu liquide, étroit, volatil et mal intégré à l'échelle internationale. Les auteurs concluent qu'il n'y a pas lieu d'opposer le développement des marchés boursiers à celui du secteur bancaire; les marchés financiers et les banques offrant des services financiers différents, ils stimulent tous deux et indépendamment, la croissance.

Par ailleurs, l'expérience prouve qu'un secteur bancaire raisonnablement efficace est nécessaire au développement des marchés des titres. Tout d'abord, le système bancaire contribue au développement du marché en fournissant du crédit aux participants et favorisant ainsi les échanges de titres et la liquidité du marché.

De plus, les banques sont des acteurs importants sur ces marchés auxquels on associe souvent une fonction régulatrice.

A l'inverse, un faible système bancaire nécessitant une restructuration, une recapitalisation contraint le développement économique et celui du marché. L'effort pour développer des marchés des titres face à une infrastructure bancaire, institutionnelle et réglementaire inadéquate peut entraîner des risques inutiles à la fois sur les échanges de titres et plus généralement sur le système financier tout entier à cause des effets d'entraînement.

Il faut donc en priorité réformer le système bancaire avant de libéraliser les mouvements de capitaux et ouvrir les marchés à la concurrence étrangère. Ce résultat s'oppose à l'analyse de Cho (1986) et de Mac Kinnon (1973) dans ses premiers écrits.

Partant du résultat de Stiglitz et Weiss (1981) qui met en évidence les défaillances du marché du crédit en situation d'information imparfaite, Cho (1986) montre que le développement d'un marché boursier est une condition *sine qua non* pour réduire les problèmes de sélection adverse et de hasard moral et pour assurer une meilleure affectation du capital.

Cependant, Gurley et Shaw (1960) affirment que le marché boursier ne peut se développer qu'au dernier stade de développement du système financier. En effet, il ne peut y avoir de bourses que si le marché du crédit est totalement libéralisé de façon à ne plus offrir de crédits bancaires préférentiels aux grandes entreprises (Mac Kinnon, 1988).

Ainsi, et contrairement à Cho (1986), le développement du marché boursier est tributaire des réformes financières et du développement du secteur bancaire. De plus, le financement par émission d'actions ne représente qu'une petite part des activités productives. Dans une étude effectuée dans huit pays industrialisés, Mayer (1990) conclut que la part du financement boursier par rapport au financement total des investissements est de moins de 5 %. Les choses ont certainement beaucoup évolué en une décennie mais il est d'une part très difficile de connaître l'emploi des fonds levés sur les marchés financiers et d'autre part, il semble qu'effectivement, les grandes entreprises cotées en bourse utilisent les fonds de leurs actionnaires à d'autres fins que l'investissement productif. Pour ce dernier, elles préfèrent s'adresser traditionnellement au secteur bancaire.

En conséquence, il semble que les marchés boursiers ne puissent pas jouer de rôle significatif dans le développement des économies africaines.

1.2.2 Les imperfections sur les marchés financiers

Cho (1986) fonde la nécessité de créer des marchés boursiers sur l'absence d'imperfections informationnelles. Mais, ce marché ne présente pas moins d'imperfections que le marché bancaire.

Tout d'abord, et nous l'avons dit précédemment, le marché financier favorise le court-termisme à l'instar du système financier anglo-saxon. Amable et Chatelain (1995) affirment que les investisseurs prêtent davantage d'attention aux profits et aux dividendes de court terme qu'aux rendements de long terme. Ce système financier anglo-saxon contraste avec les systèmes financiers japonais et allemand qui assurent une intermédiation bancaire privilégiant les relations de long terme.

Par ailleurs, Stiglitz (1989) montre que l'offre d'actions peut faire l'objet de rationnement. En effet, les nouvelles émissions d'actions entraînent une baisse importante de la valeur du marché de la firme, de telle manière que peu d'entreprises sont incitées à émettre de nouveaux titres pour augmenter leur stock de capital.

De plus, les dirigeants des entreprises favorisent les intérêts des actionnaires et renoncent à émettre de nouvelles actions. Ils préfèrent recourir à l'endettement lorsqu'ils ont besoin de nouveaux capitaux.

Au total, Greenwald, Stiglitz et Weiss (1984) prouvent que les imperfections sur le marché financier peuvent être plus accentuées que sur le marché du crédit. En effet, il semble que les dirigeants des entreprises financées par actions puissent détourner les profits vers des usages privés plus facilement que les dirigeants d'entreprises financées par la dette. Ainsi, l'argument de Cho (1986) ne tient plus. Le marché boursier ne peut pas se substituer à un marché bancaire imparfait.

En fait, le développement du marché financier nécessite le développement du secteur bancaire et n'est pas pour autant exempt d'imperfections. Sa création n'est souhaitable qu'au dernier stade du développement financier, une fois que le secteur bancaire est bien structuré et fonctionne correctement.

Dans le cas de l'Afrique, il apparaît donc inutile pour le moment d'inciter à la création de tels marchés. Les entreprises exclues du financement bancaire seront également exclues du financement par titres. Il serait coûteux et inefficace de forcer les gouvernements à posséder leur propre marché boursier. Les efforts doivent en priorité se tourner vers la réhabilitation du système bancaire.

Nous allons maintenant étudier les différents indicateurs des marchés boursiers pour apprécier leur performance réelle.

1.3 La faiblesse des indicateurs sur les marchés financiers africains

Les indicateurs des marchés financiers africains confirment les recommandations précédemment exposées.

Tableau III.1 - Indicateurs des marchés financiers en Afrique sub-saharienne

	Capitalisation boursière en millions de dollars		Capitalisation boursière en % du PIB		Valeurs échangées % du PIB		Ratio turnover		Nombre de compagnies cotées	
	1990	**1997**	**1990**	**1996**	**1990**	**1996**	**1990**	**1997**	**1990**	**1996**
Afriq Sud	137 540	232 069	128.9	191.3	7.6	21.5		18.3	732	626
Nigeria	1 372	3 646	4.8	11.1	0	0.2	0.9	3.9	131	183
Zimbabwe	2 395	1 969	35.2	48.1	0.7	3.4	2.9	17.1	57	64
Kenya	453	1 846	5.3	20	0.1	0.7	2.2	3.7	54	56
Ghana	76	1 492	1.2	23.5	0	0.3	0	1.1	13	21
Namibie	21	473	0,7	14,6	0	1,2	0	12,1	3	12
Côte d'Ivoire	549	914	5.1	8.6	0.2	0.2	3.4	2.2	23	31
Botswana	261	326	6.6	6.6	0.2	0.6	6.1	9	9	12
Zambie		229		6.8		0.1		1		5

Source: Banque Mondiale (1998) *World Development Indicators*.

Les marchés financiers africains n'ont à l'heure actuelle qu'un très faible intérêt dans le développement de la production et des entreprises. En effet, si on considère la taille du marché et la taille des échanges, il apparaît évident qu'ils ne peuvent pas permettre une croissance plus importante en Afrique.

Nous avons classé les pays en fonction de la capitalisation boursière en millions de dollars en 1997. Ainsi, les marchés financiers les plus jeunes (du Ghana, de la Namibie, de la Zambie, du Botswana et de la Côte d'Ivoire dont le marché est devenu un marché régional à la fin des années 1990) sont également les moins développés.

1.3.1 La taille du marché

La taille du marché est généralement estimée par le ratio de la capitalisation du marché c'est-à-dire la valeur totale des titres cotés soit en millions de dollars soit divisée par le PIB.

Tout d'abord, il faut se méfier de la traduction en dollars du volume de la capitalisation boursière car elle est fortement influencée par le jeu des taux de change. En pourcentage du PIB, en 1996, la capitalisation boursière était en dessous de 10% au Botswana, en Côte d'Ivoire et au Nigeria, Pour les autres marchés, elle était située entre 11,1 %et 48,1 % pour le Zimbabwe. Ce sont donc des marchés de petite taille d'après la capitalisation boursière mais ce résultat est confirmé par le nombre de compagnies cotées. Avec 183 entreprises cotées, le Nigeria détient le record d'Afrique sub-saharienne pour 1996, suivi du Zimbabwe (64) et du Kenya (56), les autres pays s'échelonnant entre 5 et 31.

Mais, à part l'Afrique du Sud, les marchés financiers sub-sahariens sont de petite taille. Nous retrouvons également les résultats de l'indice de développement financier à savoir que les systèmes financiers d'Afrique australe dans leur ensemble, sont plus développés.

1.3.2 La taille des échanges : la liquidité

Bien qu'il existe plusieurs définitions de la liquidité, les analystes utilisent généralement le terme pour se référer à la capacité et à la facilité de vente et d'achat de titres. La liquidité permet aux investisseurs de modifier leur portefeuille rapidement et à moindre coût.

La première mesure de la liquidité est la valeur totale des actions échangées sur le marché boursier en pourcentage du PIB du pays. Elle mesure donc les échanges par rapport à la taille de l'économie. Ce ratio complète celui de la capitalisation du marché car la capitalisation peut être importante mais les échanges peu nombreux (c'est le cas de l'Afrique du Sud).

La taille des échanges est en général très faible : 3,4% au Zimbabwe et les autres pays sont en dessous de 1% pour l'année 1996.

La seconde mesure est la valeur des actions échangées en pourcentage de la capitalisation du marché (le ratio du turnover). Un turnover important indique généralement de faibles coûts de transaction, il mesure les échanges par rapport à la taille du marché. Ce ratio complète celui de la capitalisation car un marché peut être petit mais très actif. A l'exception du Zimbabwe, tous les ratios de turnover sont en dessous de 10%, ce qui indique que les échanges sont peu nombreux et les marchés très peu liquides.

Les marchés sub-sahariens sont donc petits et peu liquides, ce qui n'incite pas les agents étrangers à investir en Afrique noire.

1.3.3 Intérêt des marchés pour le financement local et les capitaux étrangers

A priori, l'intérêt des marchés pour le financement local est très faible. Il est fréquemment noté que les bourses africaines s'adressent aux professionnels et sont demeurées confidentielles à défaut d'être grand public.

Dans beaucoup de pays africains, seules quelques sociétés dominent le marché et la forte concentration a un effet négatif sur la liquidité. Par exemple, les dix titres les plus importants représentent 51% de la capitalisation boursière au Nigeria, sur la période 1986-1993 et 44% au Zimbabwe[83].

Au niveau des capitaux étrangers, les marchés restent relativement fermés.

La Banque Mondiale (1998) donne trois mesures du risque qui s'échelonnent de 0 à 100 sur les marchés financiers. Plus la mesure est proche de 0 et plus le marché est risqué. La première est le taux composite de risque ICRG (*International Country Risk Guide*), la seconde correspond au risque de défaut des pays, évalué par les investisseurs institutionnels. La dernière mesure le risque lié à l'investissement dans un pays, évalué par l'Euromoney. Les pays sont classés en fonction du risque évalué par les investisseurs institutionnels.

Dans le tableau suivant, nous pouvons remarquer que le risque composite est toujours plus élevé que celui évalué par les investisseurs institutionnels et l'Euromoney. Or, ce sont ces derniers qui sont susceptibles de placer leurs fonds à l'étranger. Peu de pays d'Afrique sub- saharienne obtiennent la moyenne, ce sont des pays à risque. En effet, les structures institutionnelles et réglementaires sont faibles et ne donnent pas confiance aux investisseurs.

[83] Dermirgüç-Kunt A. et Levine R. (1996), tableau n°1.

Tableau III.2 - Les risques sur les marchés financiers d'Afrique sub-saharienne

	Mesure 1 Décembre 97	Mesure 2 Septembre 97	Mesure 3 Septembre 97
Nigeria	57	15,3	30,6
Zambie	64,3	16	24
Côte d'Ivoire	63,8	20,1	37
Kenya	62,3	28,6	40,5
Ghana	63,5	31,5	45,6
Zimbabwe	63,3	33,8	40,9
Afriq du Sud	73,8	46,4	67,8
Botswana	81	51,2	53,4
Namibie	79	n.d	30,8

Source: Banque Mondiale (1998) *World Development Indicators.*

Les bourses sont alors très mal intégrées à l'échelle internationale et les indicateurs institutionnels et réglementaires du Zimbabwe et du Nigeria sont proches de 0,6 alors que la moyenne internationale se trouve à 1,19[84].

Les bourses n'inspirent donc pas confiance et les obstacles à leur développement, aussi bien du côté de l'offre, de la demande et des institutions, sont nombreux.

1.4 Les obstacles au développement des marchés financiers en Afrique sub-saharienne

Le développement des marchés financiers se heurte à de nombreux obstacles en Afrique sub-saharienne.

Nous l'avons tout d'abord observé en Côte d'Ivoire avec la Bourse Régionale des Valeurs Mobilières d'Afrique de l'Ouest (BRVM). Initialement prévu pour le 18 décembre 1997, le lancement effectif de la BRVM n'a pas eu lieu avant fin 1998.

Elle remplace la BVA (Bourse des Valeurs d'Abidjan) de la Côte d'Ivoire et, sous la direction de la BCEAO, elle est devenue une bourse régionale. C'est une expérience unique au monde puisque les huit pays de l'union monétaire Ouest africaine - la Côte d'Ivoire, le Sénégal, le Niger, le Bénin, le Burkina, le Mali, le Togo et la Guinée Bissau - possèdent un seul et même marché financier.

La BRVM est destinée à être un marché de placement pour les opérateurs locaux et non un marché spéculatif.

---

[84] Dermirgüç-Kunt A. et Levine R. (1996), tableau no1. Les indicateurs institutionnels et réglementaires sont calculés de telle façon qu'un niveau élevé indique une parfaite ouverture du marché des capitaux, une bonne comptabilité et transmission de l'information par les entreprises ainsi qu'une protection adéquate des investisseurs.

Pourtant, les retards successifs liés à la mise en place du système central mais aussi à l'installation des antennes nationales dans chaque pays laissent les opérateurs économiques sur leur faim et les questions sur la viabilité d'une bourse régionale germent dans certains esprits.

1.4.1 Les obstacles du côté de l'offre d'instruments financiers

Tout d'abord, les entreprises s'appuient sur l'autofinancement, le financement bancaire ou des emprunts divers comme ceux de la finance informelle. Les grands chefs d'entreprises ne sont pas habitués à diffuser l'information financière les concernant et préfèrent le plus souvent cultiver le secret. Les titres émis sont détenus par des individus ou des groupes fermés qui se connaissent entre eux.

D'autre part, les crédits sont souvent subventionnés ou alloués par le gouvernement et les avantages fiscaux incitent à l'endettement et non au financement par titres. De plus, la détermination arbitraire des prix auxquels un titre peut être offert sur le marché et l'omniprésence du gouvernement et qui émet des bons du Trésor, constituent deux obstacles supplémentaires.

Finalement, les lourdes procédures de demande pour l'émission de titres et la mauvaise compréhension des techniques financières par les entreprises, font que le rôle du marché est très faible au niveau du financement local.

Au total, les grandes entreprises, qui sont les seules aptes à émettre des titres sur le marché financier, ne représentent qu'un très faible pourcentage de la valeur ajoutée brute des pays d'Afrique sub-saharienne puisque les petites et moyennes entreprises sont excessivement nombreuses. Par conséquent, l'offre de titres reste faible et a du mal à se développer. Il en est de même du côté de la demande.

1.4.2 Les obstacles du côté de la demande d'instruments financiers

Le manque d'information et de transparence, l'absence de marchés secondaires assurant un degré de liquidité suffisant, les faibles performances du marché financier sont autant d'obstacles à la demande de titres de la part des agents économiques. De plus, la faiblesse du système juridique sur les contrats, la mauvaise protection des investisseurs et les contraintes de convertibilité des changes et de rapatriement des dividendes n'incitent pas les agents étrangers à placer leurs fonds en Afrique sub- saharienne.

Au total, le marché n'inspire pas confiance et souffre d'un manque de surveillance et de transparence. Leur développement paraît fortement compromis pour les années à venir étant donnés les efforts institutionnels, juridiques, économiques et liés aux changements des mentalités à mettre en oeuvre.

Cependant, si les conditions actuelles de la finance directe sont difficiles, avant de songer à mettre en place les transformations nécessaires à son développement, encore faut-il s'assurer qu'un lien existe entre la croissance économique et les marchés financiers.

2. LES MARCHES FINANCIERS ET LA CROISSANCE ECONOMIQUE

Si les liens entre les banques et la croissance ont été établis depuis longtemps, aussi bien au niveau empirique que théorique[85], un des volets encore mal exploités et donnant lieu à controverses est le rôle des marchés financiers dans le processus de développement économique et le sens de la causalité qui s'exerce entre les deux.

Nous verrons que la théorie économique ne s'accorde pas sur les liens existant entre les marchés et la croissance et que les résultats des corrélations et des causalités diffèrent souvent Finalement, nous aborderons les problèmes liés à l'ouverture des marchés et aux flux de capitaux susceptibles de déstabiliser les économies.

2.1 Les controverses théoriques

Concernant les liens existant entre le développement économique et le développement des marchés financiers, les défenseurs de la libéralisation des mouvements de capitaux mettent l'accent sur l'importance de la liquidité des marchés pour stimuler la croissance.

Mc Kinnon (1988) indique que le développement des marchés est indispensable pour une libéralisation financière réussie et qu'en absence d'un tel marché, le gouvernement doit intervenir. En effet, suite à la libéralisation et à J'augmentation du prix du capital sur le marché du crédit (élévation des taux d'intérêt réels), les entreprises doivent pouvoir obtenir des liquidités à moindre coût afin de financer leurs investissements et la croissance économique. En principe, si le marché fonctionne sans entrave, il devrait avoir le même impact sur la croissance que le taux d'intérêt d'équilibre c'est-à-dire augmenter à la fois le taux d'épargne, la qualité et la quantité des investissements.

Dans la même lignée, Ross Levine (1996) soutient que les marchés boursiers peuvent donner un réel élan au développement en créant des liquidités En effet, sur les marchés d'actions liquides, les investissements sont souvent moins risqués, plus attrayants et peuvent s'effectuer à plus long terme Ce n'est alors ni la taille ni la volatilité du marché boursier qui importent mais la facilité avec laquelle les actions peuvent être échangées. Or, dans le cas des marchés sub-sahariens, nous venons de voir que la liquidité est faible, que les échanges d'actions sont peu nombreux et que les placements sont risqués.

---

[85] On citera notamment les travaux de Gurley et Shaw (1955 et 1960), de Goldsmith (1969), de Mc Kinnon et Shaw (1973).

A l'inverse, le courant post-keynésien considère les effets fortement négatifs sur le secteur réel de la volatilité et d'une spéculation excessive souvent présentes sur les marchés émergents.

A l'opposé des vues orthodoxes, Singh (1997) affirme que la faiblesse principale du système de marché est de fournir aux investisseurs des liquidités immédiates. Ces liquidités signifient que les investisseurs n'ont pas d'engagements à long terme avec l'entreprise, contrairement aux groupes bancaires. Par ailleurs, même les marchés émergents les plus développés ne possèdent pas d'infrastructures réglementaires appropriées ni l'information permettant d'estimer les nouvelles entreprises cotées. Tout ceci conduit à un environnement bruyant et à des prix arbitraires et volatils. Dans ces circonstances, les ressources ne peuvent pas être allouées de façon efficace. La volatilité décourage les épargnants et les investisseurs averses au risque et n'incite pas les entreprises à entrer en bourse ou à augmenter leur capital.

Le problème de la volatilité paraît moins important quand le marché est relativement petit. Elle résulte de l'étroitesse des échanges et elle est supposée s'atténuer au fur et à mesure que le marché s'élargit et s'approfondit.

Un problème beaucoup plus important concerne l'augmentation du prix des titres entraînant la formation de bulles spéculatives. L'effet de la correction du prix ou tout simplement de l'éclatement de la bulle sur l'économie réelle peut être considérable et détériorer le système financier tout entier.

L'effet fortement négatif de la crise financière sur la confiance peut entraîner une baisse de la consommation et de l'investissement et une chute de la croissance économique. Pour promouvoir la croissance, le marché financier doit entraîner l'augmentation des agrégats d'épargne et d'investissement et non seulement de la productivité des investissements.

La théorie ne s'accorde pas sur les liens existant entre les marchés et la croissance, nous allons voir que les résultats des modèles empiriques ne permettent pas non plus d'avoir un avis unique sur les liens de corrélation et de causalité.

2.2 Corrélation et causalité entre le marché financier et la croissance économique

Les résultats les plus souvent obtenus montrent qu'une causalité existe effectivement et qu'elle s'exerce de façon positive dans le sens marché financier → croissance.

Le tableau ci-après énumère les principaux modèles reliant les marchés financiers à la croissance économique. Il retrace les liens de corrélations et de causalités existant ainsi que les hypothèses retenues par les différents auteurs.

Pourtant, les modèles ne sont pas toujours fiables et posent des problèmes d'interprétation des résultats.

Tableau III.3 - Résultats des principaux modèles reliant le marché financier et la croissance économique

Modèles	Corrélation	Causalité	Résultats
King et Levine (1993)	Positive	Marché → Croissance	Le marché stimule la croissance en créant des liquidités
Atje et Jovanovic (1993)	Positive	Marché → Croissance	Les émissions d'actions sont facteurs de croissance
Levine et Zervos (1996)	Positive	Marché → Croissance	Le marché améliore la capacité de l'économie à mobiliser le capital et à diversifier le risque
Grossman et Yangawa (1993)	Positive au-dessus d'un certain seuil de développement	Marché → Croissance	La divergence entre les valeurs financières et les valeurs fondamentales engendre la formation de bulles spéculatives pouvant être nuisible au-dessous d'un certain seuil de développement
Greenwood et Jovanovic (1990)	Positive	Marché financier↔Croissance	Les deux variables sont conjointement déterminées. L'incitation à participer aux marchés financiers croît quand l'économie se développe.
Berthélémy et Varoudakis (1995)	Positive au-dessus d'un certain seuil de développement	Marché financier↔Croissance	Apparition de pièges de pauvreté quand la croissance n'est pas suffisante pour autoriser un développement conséquent du système financier. Cette atrophie ralentit en retour la croissance. A l'inverse, apparition possible de spirales vertueuses.
Laroche, Lemoine, Millien, Prats et Zhang (1995)	Variable	Marché financier→Croissance	La corrélation est positive si on ne prend pas en compte la volatilité des cours.
Arestis et Demetriades (1997)	Variable	Variable	Les liens entre les deux variables dépendent des opérations effectuées par les intermédiaires financiers et des politiques poursuivies par les pays.

2.2.1 Les différences de résultats

Les théories prévoient que nous ne devrions pas observer un effet systématiquement positif du développement financier sur la croissance. En effet, en raison des imperfections de l'activité financière, on peut voir apparaître des problèmes de rationnement du crédit, de risque systémique et surtout d'instabilité financière qui affaiblissent la croissance. En conséquence, on peut s'attendre à ce qu'un niveau trop important de développement ou de libéralisation ait également des effets négatifs sur la croissance dus à l'apparition de bulles spéculatives ou à un risque de système accru.

P. Arestis et P. Demetriades (1997) affirment que le lien de causalité entre croissance et finance est crucialement déterminé par la nature et les opérations des intermédiaires financiers et des politiques poursuivies dans chaque pays. Dans leur étude en séries temporelles, pour la moitié des pays, il existe une interaction entre la croissance et la finance mais dans plusieurs autres, la relation se fait dans le sens croissance → finance. Laroche, Lemoine, Millien, Prats et Zhang (1995) concluent qu'avec le seul contrôle par des variables de rattrapage, d'éducation, de degré d'ouverture économique, de dépenses gouvernementales et de taux d'inflation, le développement des marchés des titres ne contribue pas de façon significativement positive à la croissance économique. En revanche, si l'on contrôle également par la variance des cours boursiers (la volatilité), les variables de développement des marchés des titres jouent désormais souvent un rôle significativement positif sur la croissance économique.

Une autre façon d'appréhender les liens entre le développement financier et le développement économique est de considérer qu'il existe des effets de seuil. En deçà d'un certain niveau de développement financier, la croissance est souvent plus lente et le rattrapage plus difficile. Un test de cette idée est proposé par Berthélémy et Varoudakis (1996). En dessous d'un certain niveau d'éducation et d'un ratio seuil de M2/PIB, les pays restent bloqués dans un club de convergence particulier.

2.2.2 Le problème de la validité des résultats

Tout d'abord, les résultats économétriques testés posent quasiment systématiquement la croissance économique comme une variable expliquée par les variables financières. Or, ces modèles ne permettent de mettre en évidence que des corrélations entre développement financier et croissance et non des causalités. De plus, le secteur financier n'est pas un facteur de croissance au même titre que l'innovation et le changement technique.

Ensuite, la plupart de ces études sur la relation marché financier/croissance utilisent des indicateurs et des mesures du développement financier fondé sur les banques (les dépôts bancaires en pourcentage du PIB par exemple) et non exclusivement sur des indicateurs boursiers. Les résultats sont alors faussés puisqu'il existe des liens de complémentarité entre ces deux types de finance.

En outre, la question de la causalité ne peut être soulevée dans une structure de coupe transversale. Les régressions impliquent l'utilisation de variables moyennes sur de longues périodes (30 ans) permettant d'expliquer les variations des taux de croissance entre les pays. On obtient l'influence moyenne des déterminants de la croissance économique mais les résultats sont difficiles à interpréter et sont fondés sur des bases statistiques fragiles. Ce problème peut être évité par des études en séries temporelles.

Finalement, les tests statistiques restent très en dessous des considérations théoriques, à cause de la complexité des modèles mais aussi et surtout en raison de l'insuffisance quantitative et qualitative des données.

Les régressions sur un large échantillon de pays manquent de robustesse quand on fait des estimations sur des sous-échantillons.

De nouveaux travaux doivent donc être faits dans ce domaine, prenant en compte les conditions initiales, les institutions et les politiques propres à chaque pays. Les liens empiriques entre le développement financier et la croissance économique nécessitent d'être approfondis. Spécifiquement, il faudrait examiner l'impact de la libéralisation sur la volatilité du marché et les effets de cette dernière sur l'investissement et la croissance.

Par ailleurs, dans l'analyse des liens existant entre la croissance et le marché financier, les flux de capitaux semblent jouer un rôle important. En effet, les bourses permettent le recours à l'épargne étrangère lorsque les investisseurs extérieurs sont confiants. Ces flux de capitaux peuvent entraîner des taux de croissance plus importants dans les économies mais posent certains problèmes.

2.3 Les flux de capitaux et la stabilité économique

Les flux de capitaux ne doivent pas devenir trop importants de façon à ne pas créer de risque d'explosion des systèmes financiers. Ils ont parfois des répercussions sur l'économie réelle et la croissance qui peuvent tourner à la catastrophe. Nous verrons alors, dans un premier temps, les dangers des entrées massives de capitaux et dans un second temps, les investissements de portefeuille en Afrique sub-saharienne.

2.3.1 Les dangers des entrées massives de capitaux

On considère souvent que la libéralisation des marchés financiers et leur ouverture aux investissements étrangers constituent pour les pays émergents, une grande chance en vue d'attirer les flux de capitaux étrangers dont leurs économies ont fort besoin.

Pourtant, la taille, la nature de ces flux et leur rapidité à pénétrer les systèmes économiques peuvent causer quelques problèmes de gestion macroéconomique et des effets déstabilisateurs.

On peut citer l'exemple de la crise mexicaine de 1994. Le Mexique utilisait les flux de capitaux afin de financer la consommation et les importations de biens de consommation. Sa balance commerciale excédentaire en 1988 est devenue déficitaire et a atteint un solde négatif de 20 milliards de dollars en 1993. Dans le même temps, le taux de croissance du PIB entre 1990 et 1994 était seulement de 2,5% par an, presque équivalent à la croissance démographique. Une bulle spéculative a éclaté en décembre 1994 quand les flux de capitaux se sont soudainement arrêtés et l'impact a été catastrophique entraînant un effet de contagion sur d'autres marchés. En 1995, le PIB réel a baissé de 7% au Mexique et de 5% en Argentine.

Plus récemment, on peut citer l'exemple du krach asiatique de 1997 suite à la faillite de la plus grande banque commerciale thaïe et ses effets de contagion à l'ensemble des marchés de capitaux mondiaux. Si l'augmentation des flux de capitaux permet d'alléger la contrainte extérieure, d'un autre côté, elle accroît la monétisation et les pressions inflationnistes.

De plus, le marché des titres et le marché des changes interagissent et les fortes entrées de capitaux tendent à apprécier le taux de change réel et à entraîner une instabilité macroéconomique. Les entrées de capitaux sont souvent déstabilisatrices, elles entraînent une plus grande incertitude, une plus grande instabilité et peuvent réduire la croissance à long terme. Leurs effets entrent en contradiction avec les politiques budgétaire, monétaire et de change mises en place dans les programmes de libéralisation interne.

L'ouverture des marchés à la concurrence internationale peut donc s'avérer très néfaste, surtout lorsque les systèmes bancaires ne sont pas assez structurés ni aptes à soutenir la stabilité des titres et des changes sur les marchés.

2.3.2 Les investissements de portefeuille en Afrique

Les mises en garde sur la nécessité de limiter les flux de capitaux en provenance de l'étranger ne sont guère d'actualité en Afrique. En effet, nous avons vu que ces pays étaient particulièrement risqués pour les investisseurs institutionnels et étrangers. Par conséquent, l'analyse des investissements de portefeuille montre que les montants investis sont très faibles voire nuls.

Le tableau suivant donne les flux de ressources privées totales qui comprennent la dette privée c'est-à-dire les emprunts contractés auprès des banques étrangères ou d'autres créditeurs, les investissements directs étrangers (nets) et les investissements de portefeuille (en actions et en obligations). Ces derniers sont relativement faibles surtout si on exclut l'Afrique du Sud. Seul le Ghana a réussi à attirer les investisseurs étrangers sur son marché boursier en 1996 mais il faudrait voir l'évolution des chiffres dans le temps.

Pourtant, d'un point de vue général, il est bien évident que les investissements de portefeuille ne constituent pas l'essentiel des ressources privées. Ces dernières sont principalement constituées de dettes et d'investissements directs.

Par ailleurs, ces apports de liquidités que constituent les ressources privées sont une chance à saisir pour les économies à condition que les capitaux soient alloués de façon efficace (en l'occurrence au financement des activités productives), que le système financier soit renforcé et que les entrées de capitaux n'atteignent pas des montants considérables, surtout si on les compare aux agrégats nationaux.

Tableau III.4 - Les flux de capitaux privés vers l'Afrique sub-saharienne en 1996 et en millions de dollars

	Afrique du Sud	Botsw.	Côte d'Ivoire	Ghana	Kenya	Nigeria	Zambie	Zimbab.	Namibie
FLUX DE RESSOURCES TOTALES PRIVEES	**1417**	**66**	**160**	**477**	**-104**	**706**	**33**	**42**	**n.d**
• Dette privée (Banques commerciales et autres créditeurs privés)	-845	-9	109	-18	-160	-690	-25	-8	n.d
• Investissements directs étrangers (nets)	136	75	21	120	13	1 391	58	63	47
• Investissements de portefeuille :									
Obligations	367	0	0	250	0	0	0	-30	0
Actions	1 759	0	30	124	43	5	0	17	0

Source : Banque Mondiale (1998), *World Development Indicators.*

En définitive, le développement d'un marché financier n'est pas nécessairement un signe de maturité et de développement économique et ne favorise pas obligatoirement le financement des activités de production. Il faut prendre en considération le système financier dans son ensemble et plus particulièrement le rôle des banques.

En effet la création des marchés boursiers constitue le stade ultime de développement financier et il est vain de vouloir établir un marché efficace tant que le système bancaire n'est pas capable de fonctionner correctement. A ce niveau, le comportement des banques des pays d'Afrique sub-saharienne ne permet pas d'assurer le bon fonctionnement de l'activité réelle. Les pays doivent donc en priorité réformer et étendre les groupes bancaires existants. C'est sur les bases d'un système financier consolidé et renforcé que pourront véritablement s'établir et se développer leur marché financier.

Les modèles de croissance intégrant des indicateurs boursiers prévoient généralement une corrélation positive et une causalité s'exerçant dans le sens marché financier → croissance mais ils utilisent des méthodes économétriques discutables et ils ne rendent pas compte des imperfections pouvant exister sur les marchés financiers.

La méfiance vis-à-vis des bourses s'explique à trois niveaux.

Tout d'abord, la volatilité inhérente et le processus arbitraire des cours boursiers font des marchés de pauvres guides pour l'allocation des ressources. Ensuite, l'interaction des marchés des titres et des devises peut entraîner des chocs défavorables, accroître l'instabilité macro-économique et endommager la croissance à long terme. Finalement, le risque de bulles spéculatives lié au développement des bourses est une menace sur le système bancaire en place.

Mais, l'analyse des indicateurs boursiers en Afrique sub-saharienne nous permet de dire qu'ils sont étroits, peu liquides, risqués et qu'ils n'ont qu'un très faible intérêt pour le financement des activités locales d'une part et pour l'attrait de capitaux étrangers d'autre part. Les marchés souffrent d'un manque juridique et institutionnel sérieux qui crée un environnement incertain et instable pour leur développement. La priorité n'est donc pas la création de nouvelles places boursières. Il semble inopportun de vouloir exporter des structures modernes qui ne fonctionneront pas mieux que le système bancaire. Le développement financier africain doit s'appuyer essentiellement sur les banques qui, lorsqu'elles assumeront leur rôle d'intermédiaires aptes à financer la production, seront peut-être en mesure de créer de nouveaux instruments financiers et de soutenir le développement d'une place financière.

La section trois de ce chapitre conclura sur les liens de corrélation et de causalité entre les variables réelles et financières en Afrique. Nous ne reviendrons pas sur les marchés financiers qui constituent le volet externe de la libéralisation financière mais nous nous intéresserons à nouveau au rôle des banques et utiliserons des indicateurs bancaires pour effectuer les tests empiriques.

SECTION III – FINANCE ET CROISSANCE EN AFRIQUE SUB-SAHARIENNE

L'objet de cette section est de déterminer les corrélations et les causalités existant entre les variables réelles et financières dans les pays d'Afrique sub-saharienne.

Il s'agit, dans un premier temps, d'étudier les corrélations entre les variables financières en reprenant les variables bancaires utilisées dans le calcul de l'indice financier. En effet, les indicateurs de développement bancaires sont généralement corrélés entre eux.

Dans un second temps, nous aborderons de façon théorique les liens entre la croissance, l'investissement et l'épargne dans les pays en voie de développement et les déterminants financiers de ces variables de façon à tirer plusieurs conclusions dans le cas africain. Effectivement, la théorie économique nous enseigne que les variables réelles (les taux d'épargne, d'investissement et de croissance) entretiennent des relations très étroites entre elles dès lors que l'économie est « sous-développée ». Nous analyserons également les différentes fonctions d'investissement des pays d'Afrique sub-saharienne, calculées en fonction des variables bancaires. La régression multiple ainsi obtenue nous permettra d'éclairer les politiques financières à mettre en œuvre.

Finalement, le troisième paragraphe concerne les débats théoriques sur le sens de causalité qui s'exerce entre les deux types de variables. Nous effectuerons des tests de causalité pour quelques pays, sur la période 1970-1996, en reprenant l'indice financier et le PIB national ou le PIB par tête.

1. CORRELATION ENTRE LES VARIABLES FINANCIERES

Les variables bancaires que nous avons utilisées dans la première partie de notre thèse sont souvent corrélées entre elles. Nous étudierons donc ces différentes corrélations et nous reprendrons l'indice de développement financier pour voir si les différentes catégories de pays ont vu leur indice financier évoluer en fonction de certaines de ces variables bancaires.

1.1 Corrélation entre les variables bancaires

Le tableau III.5 des corrélations entre les variables financières montre qu'il existe de nombreux liens entre les différents indicateurs bancaires retenus. Nous avons utilisé pour tester les corrélations le coefficient de détermination R^2 qui se définit de la façon suivante :

$$R^2 = \frac{\operatorname{cov}^2(X,Y)}{Var(X)Var(Y)}$$

Le coefficient de détermination, toujours positif, peut être interprété comme la proportion de la variance de Y imputable à la variance X. Lorsque la corrélation est parfaite, R^2 est égal à 1 et lorsque que les deux variables ne sont pas corrélées, il est égal à 0. Dans le tableau, seuls les coefficients de détermination supérieurs à 0,5 ont été répertoriés. De plus, lorsqu'ils sont supérieurs à 0,8, ils apparaissent en gras.

Nous rappelons que MM est la masse monétaire, QM, la quasi-monnaie, CI, le crédit intérieur, CP, le crédit privé, RO, les réserves obligatoires et BM, la base monétaire.

Tableau III.5 – Corrélations entre les indicateurs bancaires

	MM/QM	MM/CI	MM/CP	MM/RO	MM/BM	QM/CI	QM/CP	QM/RO	QM/BM	CI/CP	CI/RO	CI/BM	CP/RO	CP/BM	RO/BM
Afrique du Sud	**0,832**	0,53	0,536		0,76	0,692	0,719		**0,817**	**0,995**		**0,855**		**0,851**	
Bénin		0,577	0,548	0,646	0,694	0,587	0,601			**0,966**					**0,885**
Botswana	0,711														0,627
Burkina Faso	0,719			0,581			0,529			0,693					0,753
Burundi			0,64						0,733						
Cameroun	0,785	0,537													
Centrafrique				0,59						0,537		0,534		0,626	
Congo	0,723					0,73				0,682		0,534	0,553	0,517	0,674
Côte d'Ivoire	0,58									**0,95**					0,665
Éthiopie		0,65								0,61					
Gabon	**0,901**	0,662	0,567		0,54	0,719	**0,818**		0,653					0,694	0,757
Gambie	0,591									**0,877**		0,753		0,736	
Ghana	**0,847**		0,696		0,568		0,644		0,767					0,573	
Guinée Equ.			0,675	0,556											
Kenya	0,69		**0,89**	0,54			0,58	0,79							0,524
Lesotho	**0,98**	0,63				0,62				0,6	0,629	0,72			0,73
Madagascar	0,554					0,605	0,559			**0,936**					0,611
Malawi						0,518				0,532				0,699	0,627
Mali						0,674	0,563	0,612		**0,887**					**0,887**
Mauritanie		0,765	0,57							**0,839**					**0,929**
Niger	**0,891**			0,744				0,757	0,592	**0,959**					0,684
Nigeria	**0,804**	0,735	0,516			**0,815**	0,763			0,76					**0,901**
Ouganda						0,739	0,547							0,586	
Rwanda		0,687	0,694							0,651					
Sénégal		**0,83**	0,77							**0,94**					**0,843**
Sierra Leone	0,606		0,545	0,622				0,686							
Soudan		**0,813**	0,694							**0,859**					0,511
Swaziland	**0,853**										0,516				**0,811**
Tanzanie	0,52		0,6								0,58				
Tchad			0,614							**0,815**				0,583	
Togo					0,595			0,709	0,515						0,769
Zaire		0,712													0,61
Zambie	**0,88**		0,69												
Zimbabwe															

Ainsi, certaines corrélations sont statistiquement plus significatives que d'autres et certaines variables ne sont, d'après ces calculs, pratiquement pas liées entre elles.

Les liens statistiques les plus importants ont été trouvés entre la masse monétaire et la quasi-monnaie (MM/QM), entre la masse monétaire et les deux crédits (MM/CP et MM/CI), entre le crédit intérieur et le crédit privé (CI/CP) et entre la base monétaire et les réserves obligatoires (RO/BM).

Tout d'abord, s'agissant de la masse monétaire et de la quasi-monnaie, il est normal de trouver plusieurs corrélations significatives car la quasi-monnaie représente une partie de la masse monétaire. Il s'agit de la partie correspondant aux dépôts à long terme. En conséquence, les pays pour lesquels il existe une forte corrélation sont ceux qui possèdent une quasi-monnaie importante, représentant une part élevée de la masse monétaire. Nous trouvons donc dans une grande majorité des économies appartenant à la catégorie des pays financièrement développés (Afrique du Sud, Cameroun, Gabon, Kenya, Lesotho, Swaziland, Zambie).

Concernant la masse monétaire et le crédit (intérieur et privé), il peut sembler logique de trouver une corrélation entre la masse monétaire et le crédit privé dans le sens où les banques accordent des prêts en fonction du montant de leurs dépôts. Ainsi, au Kenya, au Sénégal et au Soudan, il existe une forte corrélation entre les variables étudiées.

S'agissant du crédit intérieur et du crédit privé, la forte corrélation entre les deux variables s'explique parfaitement lorsque l'essentiel de crédit intérieur est composé du crédit privé.

En ce qui concerne les réserves obligatoires et la base monétaire, la forte corrélation s'explique puisque les réserves des banques auprès des autorités monétaires constituent une partie de la base monétaire. Ainsi, dans les pays où l'essentiel de la base monétaire est constituée des réserves obligatoires le coefficient de détermination est élevé. Il s'agit en général de pays moyennement développés (Bénin, Mauritanie, Niger, Soudan).

Par ailleurs, les variables bancaires ont été utilisées dans le calcul de l'indice de développement financier. L'indice suit-il plus particulièrement l'évolution de certaines de ces variables ? Et dépend-il de la catégorie de développement financier auquel le pays appartient ?

1.2 Corrélation entre l'indice financier et les variables bancaires

Comme le montre le tableau ci-dessous, l'indice financier que nous avons calculé dans la première partie suit l'évolution de certaines variables bancaires.

Tableau III.6 – Corrélation entre les indicateurs bancaires et l'indice de développement financier

	MM	QM	CI	CP	RO	BM
Financièrement développés						
Afrique du Sud	**0,709**	**0,862**	0,95	0,963		0,924
Cameroun	**0,817**	0,556		0,593	0,551	
Ethiopie	**0,728**			0,514		
Gabon	**0,769**	**0,911**	0,632	0,861	0,581	0,83
Kenya	**0,93**	**0,75**		0,94		
Lesotho	**0,917**	**0,939**	0,528			
Sénégal	**0,81**		0,88	0,8		
Zimbabwe		**0,81**				0,67
Côte d'Ivoire			0,91	0,84		
Tanzanie			0,7			0,62
Zambie			0,69			
Swaziland				0,549	0,698	0,513
Développement financier moyen						
Bénin	0,725		**0,715**	**0,602**	0,913	0,897
Burundi	0,704	0,684		**0,782**	0,621	0,687
Congo		0,664	**0,93**	**0,82**	0,615	0,7
Gambie			**0,717**	**0,727**		0,855
Madagascar			**0,617**	**0,668**	0,71	0,56
Malawi				**0,923**	0,535	0,815
Nigeria	0,58	0,856	**0,738**	**0,87**	0,647	0,681
Mauritanie	0,598				0,772	0,635
Togo					0,838	0,658
Développement financier faible						
Burkina Faso					**0,894**	**0,84**
Centrafrique			0,641	0,904		**0,825**
Guinée Equatoriale	0,805				**0,852**	
Mali		0,719			**0,957**	**0,793**
Niger						**0,84**
Ouganda					**0,882**	
Tchad	0,72		0,756	0,877		**0,688**

Nous remarquons que les indices financiers sont corrélés, de façon générale, suivant la catégorie de développement financier à laquelle ils appartiennent.

En effet, les pays financièrement développés ont un indice corrélé soit avec la masse monétaire soit avec la quasi-monnaie à l'exception de la Côte d'Ivoire, de la Tanzanie, de la Zambie et du Swaziland pour lesquels l'indice est corrélé au crédit intérieur. Les pays ayant un développement financier moyen ont tendance à avoir un indice corrélé au crédit intérieur ou au crédit privé sauf pour la Mauritanie et le Togo dont l'indice est corrélé aux réserves obligatoires.

Finalement, les pays faiblement développés au niveau financier, ont un indice corrélé à la base monétaire ou aux réserves obligatoires.

Au total, il est normal de trouver des corrélations significatives entre les différentes variables financières que nous avons utilisées.

Cette analyse se justifie alors par la nécessité de trouver les indicateurs pertinents. En effet, il semble que la masse monétaire et la quasi-monnaie permettent un développement financier plus important. Ce résultat confirme l'intérêt d'une monétisation accrue dans les pays d'Afrique sub-saharienne. Dès lors que les économies sont faiblement monétisées, l'efficacité du secteur bancaire est forcément réduite.

Les crédits à l'économie ont également un poids important pour le développement financier. Ils mesurent l'efficacité des banques à allouer les ressources mobilisées sous forme de dépôts à l'ensemble de l'économie.

Finalement, les réserves obligatoires et les bases monétaires élevées indiquent que le pays est faiblement développé, faiblement monétisé et qu'il n'alloue pas les ressources bancaires au secteur réel.

Un problème plus pertinent concerne les relations entre ces variables financières et les variables réelles telles que la croissance, l'épargne et l'investissement. En effet, les liens sont beaucoup moins évidents mais nous permettraient de mieux comprendre les possibilités de développement économique liées aux réformes financières.

2. EPARGNE, INVESTISSEMENT, CROISSANCE ET VARIABLES FINANCIERES

Au milieu des années 1990, l'intérêt pour l'accumulation du capital, le progrès technique et la croissance économique est réapparu. Cette résurgence reflète d'une part un changement par rapport aux années 1980 où la discussion macroéconomique était fondée sur l'ajustement à court terme et la stabilisation, et d'autre part un nouveau consensus parmi les économistes du développement qui pensent que l'amélioration des niveaux de vie et l'élimination de la pauvreté doit être le fait d'une augmentation durable de la production.

Bien que les questions de la formation du capital, du progrès technique et de l'épargne soient analysées depuis deux ou trois siècles, les relations et les causalités entre ces variables sont loin d'être claires. Nous traiterons ces problèmes dans le premier paragraphe.

Dans un second paragraphe, nous analyserons les déterminants financiers des variables réelles pour estimer les possibilités de développement économique liées au développement du secteur bancaire ou à la libéralisation financière.

2.1 Les relations entre les variables réelles

Quelle est la relation et, plus spécifiquement, la direction de causalité qui s'exerce entre la croissance et l'épargne ? Quel est le lien existant entre l'épargne et l'investissement, l'épargne nationale se transforme-t-elle en investissement national ? Quelle est la contribution de l'accumulation du capital à la croissance, l'investissement est-il crucial pour promouvoir la croissance ?

La réponse à ces questions a une grande importance pour l'établissement des politiques de développement économique. Si l'épargne entraîne la croissance par une transformation de l'épargne en investissement, l'objectif principal de la politique sera l'encouragement de l'épargne. Si l'investissement dépend d'autres facteurs que de l'épargne, les politiques doivent promouvoir l'investissement. Finalement, si la croissance résulte moins de l'épargne et de l'accumulation du capital que d'autres facteurs comme l'innovation technologique ou l'amélioration du capital humain, ces facteurs doivent être les cibles principales de la politique.

2.1.1 L'épargne et la croissance

Bien que la forte corrélation entre l'épargne et la croissance du revenu soit fermement établie, il est difficile d'identifier les liens précis de causalité existant entre elles.

Une première théorie, dans la lignée keynésienne, fait l'hypothèse que l'épargne réagit aux fluctuations cycliques du revenu :

$$S_t = Y_t - C_t$$

avec

$$C_t = a\,Y_t + C_0$$

La croissance du revenu entraîne d'abord la croissance de la consommation et le supplément d'épargne qui en résulte n'est qu'un résidu. Dans ce cas, la causalité s'exerce de la croissance vers l'épargne.

Pourtant, les résultats dans les pays en développement montrent que l'épargne n'est pas cyclique et qu'elle répond moins au revenu temporaire que ne le prédit la théorie[86]. En revanche, la relation est plus significative entre l'épargne privée et la tendance à long terme du revenu (la moyenne du revenu sur plusieurs cycles).

---

[86] Schmidt-Hebel, Servén et Solimano (1996), p 90.

D'autre part, le modèle du revenu permanent de Milton Friedman (1957) et l'hypothèse de cycle de vie de Franco Modigliani (1963)[87] tentent de repérer l'importance de la croissance du revenu par tête, du revenu permanent ou de la richesse dans les fonctions d'épargne. Tous deux prévoient alors un effet négatif de la croissance sur l'épargne car les individus ajustent (ou lissent) leur consommation courante en anticipant un revenu futur plus élevé.

Mais, si les habitudes de consommation changent lentement, une croissance rapide peut contribuer à des taux d'épargne plus élevés. De plus, les auteurs ajoutent que si les revenus sont incertains, l'épargne pour motif de précaution peut augmenter.

La dernière explication considère une causalité inverse c'est-à-dire que l'épargne se transforme automatiquement en accumulation de capital et en croissance. Cette hypothèse est celle qui a été retenue par les théoriciens de la libéralisation financière.

La thèse de « l'épargne préalable à la croissance économique » aboutit à la mise en évidence de cercles de croissance vertueux entre l'épargne, l'investissement et la croissance.

Pourtant, l'évidence empirique estime que l'épargne suit et ne précède pas la croissance[88].

Mais, quelle que soit l'hypothèse retenue, que l'épargne suive la croissance ou résulte de cette dernière, l'importance de la contrainte extérieure et la raréfaction des capitaux extérieurs en Afrique requièrent une plus grande mobilisation de l'épargne domestique.

2.1.2 L'épargne et l'investissement

Comprendre le lien entre l'épargne et l'investissement est important pour au moins deux raisons. Premièrement, il peut expliquer la corrélation positive entre l'épargne et la croissance. Deuxièmement, si l'accumulation du capital est le moteur de la croissance, comprendre l'interaction entre l'épargne et l'investissement est crucial pour estimer le principe selon lequel l'augmentation de l'épargne est le moyen le plus sûr d'augmenter la croissance.

Pourtant, les ouvrages macroéconomiques supposent que les déterminants de l'épargne sont différents de ceux de l'investissement. L'épargne dépend

[87] Friedman M. (1957) *A theory of the Consumption fonction,* Princeton University Press.
Modigliani F. (1963) « The Life Cycle Hypothesis of Saving : Agregate Implications and Tests ». *American Economic Review,* vol.53, Part I.

[88] Carroll et Weil (1993) " Savings and Growth : A Reinterpretation ". *NBER Working Paper* n° 4470, septembre 1993.

principalement du revenu et de la richesse, l'investissement dépend de la rentabilité et du risque.

Puisque l'épargne et l'investissement résultent de deux décisions indépendantes, ils peuvent être différents *ex-ante*. Mais, en économie fermée, l'épargne et l'investissement nationaux doivent être égaux *ex-post*. Selon les ouvrages, le mécanisme d'ajustement peut être une variation du revenu, une variation des taux d'intérêt ou une variation des deux.

Le problème est plus compliqué en économie ouverte car les flux de capitaux introduisent une inégalité entre l'épargne et l'investissement nationaux *ex-post*. L'épargne nationale peut ne pas être utilisée pour l'investissement intérieur, elle peut être investie à l'étranger. Sous l'hypothèse d'une parfaite mobilité internationale des capitaux, chaque épargne nationale se dirigera dans la partie du monde offrant les plus hauts taux de rentabilité. Une augmentation de l'épargne nationale se traduira alors par un surplus de la balance courante plutôt que par un investissement intérieur et une croissance plus forte.

Ce raisonnement est pourtant en contradiction avec les études empiriques qui admettent une forte corrélation positive entre l'épargne et l'investissement nationaux[89].

Il y a eu un débat pour savoir si ce résultat était le fait de la faible mobilité des capitaux. Certains auteurs[90] ont soutenu que la mobilité internationale des capitaux ne jouait aucun rôle, même si les barrières à leur circulation étaient relativement faibles, car les détenteurs préfèrent garder leur capital dans leur pays pour éviter les risques politiques et les risques de change. Par conséquent, l'épargne est retenue à l'intérieur des nations.

D'autres auteurs[91] ont estimé que la corrélation entre l'épargne et l'investissement était le résultat des politiques et d'autres facteurs qui font que l'épargne et l'investissement fluctuent ensemble à long terme. Une grande variété de mécanismes a été proposée pour expliquer la forte corrélation même en présence d'une forte mobilité des capitaux. Ces mécanismes s'appuient sur les taux d'intérêt, les changements démographiques et les facteurs technologiques ainsi que sur la contrainte budgétaire.

Un argument différent s'attache à la faible mobilité intérieure des capitaux et aux liens étroits entre l'investissement des entreprises et les bénéfices (qui

---

[89] Feldstein et Horioka (1980). "Domestic Saving and International Capital Flows". *Economic Journal*, vol. 90, p 314-329.
Dooley, Frankel et Mathieson (1987). "International Capital Mobility : What do Saving Correlations tell us ?". *IMF Staff Papers*, vol. 34, n° 2, p 503-530.

[90] Feldstein et Horioka (1980) « Domestic Savings and International Capital Flows ». *Economic Journal*, vol. 90, n° 358, p 314-329.

[91] Frankel J. (1992) « Measuring International Capital Mobiliy : A Review ». *American Economic Review*, vol. 82, n° 2, p 197-202.

représentent la principale source de financement de l'investissement). Ces liens permettent d'expliquer la corrélation entre l'investissement et l'épargne agrégée en supposant que l'épargne des ménages ne baisse pas et ne compense pas l'augmentation de l'épargne des entreprises destinée à financer l'investissement. Ce mécanisme semble particulièrement pertinent dans les pays d'Afrique où les imperfections sur les marchés des capitaux sont étendues et où l'emprunt est contraint.

Finalement, la dernière explication s'appuie sur les restrictions de prêts internationaux ou de la politique des dirigeants qui entraînent une forte corrélation entre l'épargne et l'investissement *ex-post*. Dans la situation extrême où l'accès au capital étranger est faible ou nul - condition à laquelle ont été confrontés les pays d'Afrique sub-saharienne dans les années 1980 - l'épargne et l'investissement nationaux sont très fortement liés.

Ainsi, dans les pays africains, l'épargne et l'investissement sont étroitement liés car les entreprises sont contraintes à l'autofinancement et les acteurs économiques ont difficilement accès aux sources de financement extérieures. Ce résultat coïncide avec la thèse de la libéralisation financière qui stipule que la hausse du taux d'épargne entraîne une augmentation du taux d'investissement dans l'économie. Le sens de causalité s'exerce alors de l'épargne vers l'investissement. Les politiques incitatrices de mobilisation de l'épargne intérieure peuvent ainsi permettre un développement économique plus important.

2.1.3 L'investissement et la croissance

La forte association entre les ratios d'investissement national et la croissance à long terme est bien établie. Par exemple, de 1970 à 1995, les économies d'Asie du Sud-est ont été capables de maintenir des taux de croissance du PNB de l'ordre de 7-8 % par an, soutenus par des taux de formation brute de capital d'environ 30 % du PNB[92].

A l'inverse, la faible croissance en Afrique serait reliée à la faiblesse de l'investissement.

Le rôle critique de l'investissement dans le processus de croissance a été étudié par les théoriciens néoclassiques de la croissance dans les années 1960 et 1970. Le modèle néoclassique de Solow (1956) suppose que l'accumulation du capital affecte la croissance uniquement pendant les périodes de transition entre les états stationnaires. La croissance à long terme est déterminée seulement par le taux de changement technologique qui est supposé exogène.

Ce point de vue a été considérablement critiqué, notamment sur la distinction entre l'investissement et l'innovation (ou le changement technologique) car

[92] Schmidt-Hebel, Servén et Solimano (1996), p 93.

l'innovation technologique est incluse dans les nouvelles machines et l'équipement et représente une variable endogène. Ce concept date de Young (1928) et Schumpeter (1934)[93].

Les études fondées sur le modèle néoclassique confirment que les différences de croissance à long terme entre les pays s'expliquent en partie par les différences de ratios d'investissement et que les changements technologiques jouent un rôle principal dans la croissance à long terme.

En effet, les récents travaux ont replacé au centre du processus de croissance le rôle de l'accumulation du capital mais de façon indirecte.

Une première ligne de recherche considère la complémentarité entre l'investissement en capital physique et l'investissement en capital humain. Les nouveaux équipements technologiques nécessitent des opérateurs formés et qualifiés et l'identification des projets d'investissement rentables et innovateurs requiert des entrepreneurs compétents et conscients des opportunités nouvelles.

Dans cette optique, Mankiw, Romer et Weil (1992)[94] ont prolongé le modèle de Solow (1956) en intégrant le capital humain. En supposant que l'accumulation du capital humain est déterminée par le capital physique, ils trouvent que cette variable explique directement ou indirectement les variations de taux de croissance entre les pays.

Une seconde ligne de recherche s'intéresse aux liens étroits existant entre l'accumulation du capital physique et le changement technologique. Si la croissance de la productivité est endogène et liée à l'accumulation du capital (physique ou humain), une augmentation du taux d'investissement peut augmenter le taux de croissance. Dans le modèle de Kenneth Arrow (1962)[95] « *learning by doing* » le stock de connaissances de la société dépend de l'investissement brut cumulé.

2.1.3.1 La contribution de l'investissement à la croissance

La corrélation entre l'investissement et la croissance a été approfondie au niveau empirique et, le seul corrélateur robuste selon les pays et les périodes est le ratio investissement physique / PNB.

La littérature récente considère également la composition de l'investissement et ses conséquences sur la production réelle et la croissance.

---

[93] Schumpeter (1934) *The theory of Economic development*, Cambridge, Mass. : Harvard University Press. Young (1928) « Increasing Returns and Economic Progress », *Economic Journal*, vol. 38, n° 152, p 527-542.

[94] Mankiw, Romer et Weil (1992) « A contribution to the Empirics of Economic Growth ». *Quaterly journal of Economics*, vol. 107, n° 2, p 407-437.

[95] Arrow K. (1962) « The Economic implication of learning by doing ». *Review of Economic Studies*, n° 29, p 155-173.

Lorsque l'investissement est désagrégé entre investissement structurel et investissement d'équipement, les études trouvent que l'investissement d'équipement contribue plus à la croissance du PNB par tête que l'investissement structurel.

Par ailleurs, l'accumulation du capital public a un effet positif sur l'investissement privé, ce qui suppose qu'une politique expansionniste d'investissements publics est un instrument pour augmenter la croissance.

Pourtant, dans la plupart des cas, l'investissement public a plus ou moins été identifié à l'infrastructure publique. Bien que cette confusion soit possible pour les pays industrialisés, elle ne l'est plus dans les pays en développement car l'Etat est impliqué dans de multiples activités. Dans ces circonstances, les différents types d'investissement public sont susceptibles d'avoir différents effets sur l'investissement privé et la croissance globale.

L'investissement dans les ports, les routes et les télécommunications constitue la base de l'infrastructure nécessaire à la rentabilité des projets d'investissement privé et il est susceptible d'avoir un effet maximum sur la croissance. L'investissement public dans les activités commerciales et industrielles, en revanche, activités dans lesquelles les entreprises publiques concurrencent les firmes privées, est susceptible de décourager l'investissement privé et d'avoir un effet moins favorable sur la croissance.

2.1.3.2 L'investissement comme condition nécessaire mais pas suffisante à la croissance

Bien que les résultats empiriques confirment le lien entre la croissance et l'investissement, ils ne disent rien sur la direction de la causalité. De ce point de vue, la distinction entre le court et le long terme peut être intéressante.

A court terme, l'investissement dépend du taux de croissance de la production et de la capacité d'utilisation des facteurs de production, ce sont des indicateurs de la demande future et de la contrainte de liquidité des firmes.

Pendant le cycle de production, le produit détermine l'investissement par le principe de l'accélérateur. Cette sensibilité de l'investissement aux variations cycliques suppose qu'une récession à court terme peut avoir des effets à long terme à cause de la baisse de l'investissement.

A long terme, les économistes ont traditionnellement maintenu que l'accumulation du capital était la cause fondamentale de la croissance à long terme.

Pourtant, Benhabib et Jovanic (1991)[96] ont estimé que le co-mouvement des taux d'investissement et de croissance pouvait être expliqué par un troisième facteur : L'innovation technologique. Pour eux, l'accumulation du capital est une

[96] Benhabib et Jovanovic (1991) « Externalities and Growth Accounting » *American Economic Review*, vol. 81, n° 1, p 82-113.

conséquence et non la cause du processus de croissance résultant de facteurs technologiques.

Mais, l'investissement est une condition nécessaire pour une croissance soutenable et il est difficile de trouver des pays capables d'avoir des taux de croissance élevés sur le long terme sans un effort important d'accumulation de capital. Par ailleurs, l'accumulation du capital physique n'est pas une condition suffisante pour garantir la croissance à long terme, elle dépend également de deux autres éléments.

Le premier élément est l'accumulation d'inputs complémentaires tels que le capital humain et la connaissance technologique. On a souvent estimé que la croissance africaine était freinée par un manque de dépenses publiques dans les secteurs de l'éducation et de la santé. Les dépenses d'acquisition sont pourtant traitées comme des dépenses de consommation dans les comptabilités nationales alors que leur rôle économique est comparable à celui de l'investissement en capital physique.

Le second élément est l'efficacité ou la qualité de l'investissement physique. Un important effort d'accumulation peut avoir un très faible effet sur la croissance s'il concerne des activités dont la productivité sociale est faible. L'expérience de nombreux pays en développement dans les années 1970 peut être citée en exemple, lorsque l'emprunt étranger massif a été utilisé pour financer des projets industriels considérables qui se sont avérés inefficaces. Ces investissements de faible qualité ont été l'une des causes principales de l'explosion de la dette au début des années 1980.

Au total, la littérature récente estime que l'investissement ne peut pas être le seul moteur de la croissance mais elle place l'accumulation du capital au centre du processus.

Pour conclure, les variables réelles sont fortement corrélées entre elles. L'épargne, l'investissement et la croissance, notamment dans les pays d'Afrique sub-saharienne, évoluent dans le même sens. Ce résultat n'est pas surprenant si l'on considère les faibles possibilités de faire appel à des fonds extérieurs pour financer l'activité et les faibles taux d'investissements directs étrangers. Ces trois variables étant statistiquement corrélées, l'objet du second paragraphe est de s'intéresser aux déterminants financiers de l'épargne et de l'investissement. Nous souhaitons savoir si les politiques de développement financier peuvent résoudre le problème de l'épargne et de l'investissement et finalement, de la croissance dans les pays considérés.

2.2 Les déterminants financiers des variables réelles

Les déterminants financiers des variables réelles peuvent nous permettre d'éclairer les possibilités de croissance liées au développement du secteur bancaire et de tirer des conclusions sur les principales réformes à établir. En premier lieu, nous porterons notre analyse sur la question de l'épargne et sur les politiques d'incitation à l'augmentation de cette dernière puisque nous avons vu qu'elle avait un rôle moteur dans le processus d'investissement. En second lieu, nous établirons les fonctions d'investissement de certains pays africains en fonction des six variables bancaires déjà considérées et du taux d'épargne. La régression multiple nous apportera de nouveaux éléments et nous permettra de définir les politiques financières prioritaires à l'élévation des taux d'investissement.

2.2.1 La question de l'épargne

Quelle que soit la définition utilisée, l'épargne est très différente selon les régions et les périodes. Même à l'intérieur des pays, les variations sont frappantes.

Les recherches récentes sur l'épargne et la consommation ont dépassé les théories traditionnelles structuraliste et néoclassique. Elles ont fait de nouvelles hypothèses sur l'épargne de précaution, sur les contraintes d'emprunts, sur l'héritage et les habitudes de consommation.

Chacune de ces théories éclaire un aspect particulier des décisions intertemporelles de consommation. Pourtant, aucune d'entre elles ne permet d'expliquer les grandes différences internationales de niveaux d'épargne, la forte corrélation entre l'épargne et la croissance ou les changements importants de taux d'épargne à l'intérieur des pays depuis les années 1960.

Nous traiterons tout d'abord des liens existant entre l'épargne privée, l'épargne publique et l'épargne étrangère puis plus particulièrement de la sensibilité de l'épargne au taux d'intérêt et aux réformes financières.

2.2.1.1 L'épargne publique et l'épargne étrangère

Les théories ont des points de vue opposés sur l'efficacité de la politique budgétaire par rapport à l'épargne. Soit l'épargne publique vient s'ajouter à l'épargne privée et augmente ainsi l'épargne nationale, soit les variations de l'épargne publique sont entièrement compensées par les variations inverses de l'épargne privée. La dernière proposition est connue sous le nom « d'équivalence ricardienne ».

L'évidence empirique dans les pays en développement rejette plus ou moins l'équivalence ricardienne mais estime que l'épargne privée compense en partie l'épargne publique. Ceci implique que l'épargne publique peut être un instrument efficace pour augmenter l'épargne nationale.

Par ailleurs, plus la mobilité internationale des capitaux est forte, plus le degré d'endogénéité de l'épargne étrangère pour les décisions nationales d'épargne et d'investissement est élevé.

Tout d'abord, la littérature empirique distingue les flux de ressources étrangères sans concessions et l'aide étrangère car seuls les premiers impliquent un transfert de richesse.

Chenery et Strout (1966)[97] trouvent un effet initial négatif des flux de capitaux étrangers sur l'épargne mais un effet inverse sur la croissance qui tend à augmenter l'épargne.

Les études sur les effets de l'aide étrangère se sont focalisées sur la façon dont elle est répartie entre la consommation et l'investissement. Dans plusieurs pays sub-sahariens, on a estimé un effet négatif significatif de l'aide étrangère sur l'épargne nationale. La Banque mondiale (1994) a calculé une propension marginale à consommer de 0,4 et une propension marginale à investir de 0,6 pour les transferts nets reçus par les pays d'Afrique sub-saharienne à la fin des années 1980.

L'aide étrangère peut également affecter l'épargne et l'investissement de façon indirecte, en augmentant la croissance de la productivité.

Finalement, les estimations empiriques des effets de l'aide étrangère (et de l'épargne étrangère en général) sur l'épargne varient largement suivant les échantillons, les spécifications des modèles et les méthodes empiriques utilisées.

2.2.1.2 La sensibilité de l'épargne au taux d'intérêt et aux réformes financières

Les gouvernements ont tenté d'augmenter l'épargne par la libéralisation des taux d'intérêt, par des incitations fiscales, par des réformes sur les marchés des capitaux. Mais, l'échec de ces tentatives pose la question de la sensibilité de l'épargne à de telles politiques.

L'évidence empirique montre généralement que les taux d'intérêt et les incitations fiscales ont peu ou pas d'effet sur l'épargne. Dans les rares cas où les chercheurs trouvent une réponse positive, elle est faible.

Si l'épargne privée est insensible au taux d'intérêt réel, quelques implications politiques peuvent être mises en avant. En effet, les politiques de libéralisation financière qui s'attachent à augmenter les taux d'intérêt réels n'augmenteront pas automatiquement l'épargne. Ce résultat est en contradiction avec ceux des théoriciens de la libéralisation financière. En revanche, elles peuvent entraîner un changement dans le portefeuille des épargnants et éviter les sorties de capitaux par la détention de biens nationaux. Par ailleurs, ces politiques impliquent d'autres

[97] Chenery et Strout (1966) « Foreign assistance and economic Development ». *American economic review*, vol. 66, n° 4, p 679-733.

réformes susceptibles d'affecter le taux d'épargne via différents canaux de transmission.

Tout d'abord, la libéralisation financière et l'approfondissement des marchés bancaires peuvent augmenter l'efficacité de l'intermédiation financière et ainsi l'épargne privée. L'augmentation conséquente du nombre d'institutions financières, de la gamme des instruments financiers et de la qualité de la réglementation et de la supervision bancaire peuvent entraîner l'augmentation permanente du stock d'épargne privée (et temporairement, des flux d'épargne). Mais, aucun de ces canaux de transmission n'a permis d'augmenter l'épargne privée dans les pays d'Afrique sub-saharienne. Mwega (1995) s'interroge même sur le cas particulier de ces pays où le taux d'épargne n'a cessé de chuter au cours du temps et où l'écart entre le taux d'épargne et d'investissement devient de plus en plus important.

De plus, si la libéralisation financière entraîne l'extension des prêts aux consommateurs et la baisse des contraintes d'emprunt, elle peut diminuer l'épargne privée.

Nous retiendrons que la libéralisation financière n'a pas d'effets significatifs sur l'épargne financière privée, aussi bien par la hausse des taux d'intérêt créditeurs que par l'élargissement du spectre des actifs financiers.

Pourtant, encourager l'épargne demeure un des objectifs intermédiaires pertinents d'une part pour créer de meilleures conditions de financement du capital et d'autre part, pour éviter un écart trop important entre les taux d'investissement et d'épargne, source de pressions inflationnistes et de déséquilibres de la balance des paiements.

2.2.1.3 Les politiques incitatrices de l'épargne

Dans les pays en développement dans lesquels les imperfections sur les marchés de capitaux et les contraintes de liquidité des firmes et des ménages sont communes, augmenter l'épargne privée peut être essentiel pour accroître l'investissement.

Plusieurs leçons concernant l'efficacité des politiques peuvent être retracées.

Tout d'abord, augmenter l'épargne publique est une façon efficace et directe d'augmenter l'épargne totale.

Ensuite, les flux d'épargne étrangère encouragent l'investissement national même s'il finance en partie la consommation. L'aide étrangère, en revanche, est moins efficace que les flux de capitaux non concessionnels sur l'investissement national.

Troisièmement, l'épargne privée n'augmente pas avec la libéralisation des taux d'intérêt et l'approfondissement financier mesuré par le stock d'épargne financière, a des effets ambigus sur l'épargne privée.

Finalement, les politiques incitatrices de l'épargne sont difficiles à mettre en œuvre. Qu'il s'agisse de la réduction du déficit budgétaire ou de l'appel à l'épargne étrangère, les pays d'Afrique sub-saharienne se trouvent dans une situation délicate qui demande du temps. La seule solution est d'augmenter rapidement la croissance qui pourra favoriser l'élévation des revenus, de la consommation et de l'épargne. Cette possibilité passe certainement par le développement des investissements.

2.2.2 Les facteurs de l'investissement

L'investissement est tout d'abord une variable économique qui dépend fortement du contexte économique et politique intérieur. Il faut tout d'abord souligner que le climat d'incertitude et de corruption qui règne en Afrique ne crée pas les conditions favorables à son augmentation.

Mais, l'investissement répond également favorablement à certaines variables financières qui méritent d'être définies. A l'aide de la régression multiple, nous établirons les fonctions d'investissement de plusieurs pays d'Afrique sub-saharienne pour mettre en avant les réformes bancaires nécessaires à un meilleur financement de ce dernier.

2.2.2.1 La nature incertaine et irréversible de l'investissement

Les théories traditionnelles se focalisent sur le coût du capital et le coût de remplacement de l'investissement.

Elles ne considèrent pas que la plupart des décisions d'investissement prennent en compte l'incertitude sur les bénéfices et les coûts futurs ni le fait que les investisseurs puissent contrôler la vitesse des investissements et attendre l'information adéquate pour réduire l'incertitude. En effet, la plupart des décisions d'investissement sont en partie ou complètement irréversibles, une fois que le stock de capital est en place, il ne peut pas être utilisé différemment sans entraîner de coûts économiques élevés.

Ceci a entraîné une nouvelle approche considérant l'investissement comme la possibilité d'acheter un bien à différents moments du temps et de façon à égaliser la valeur d'attente d'informations et le coût d'annulation des décisions.

Les études confirment que la valeur d'attente des informations peut être considérable, surtout dans un environnement incertain. L'implication politique importante est que l'incertitude rend l'investissement moins sensible aux incitations fiscales ou aux subventions et que seules de très fortes incitations pourront contrecarrer l'impact inverse de l'incertitude sur l'investissement privé. Ce problème nécessite d'être souligné dans le cas de l'Afrique puisque l'instabilité politique et économique est néfaste à l'investissement. Les chocs externes importants, les crises financières, l'aggravation des conflits sociaux et politiques créent une incertitude considérable sur les variables décisives à l'investissement. Par ailleurs, même après l'amélioration des conditions intérieures et extérieures, les investisseurs mettent du temps à réviser leurs anticipations.

De plus, dans les pays en voie de développement, l'efficacité des incitations à investir est sévèrement limitée à cause de la faiblesse du système administratif et des distorsions sur les marchés telles que le rationnement du crédit ou l'intervention gouvernementale dans l'allocation de changes étrangers. Dans ces conditions, les incitations fiscales affectent plus l'allocation des rentes que les décisions d'investissement.

L'importance des droits de propriété pour l'investissement a également été établie. Ces droits doivent cependant être complétés par un système judiciaire qui garantisse leur efficacité. Le manque de mécanismes permettant de résoudre les conflits augmente la probabilité du nombre de contrats non honorés et les coûts des entreprises.

Le problème de la corruption est aussi crucial pour les projets d'investissement car ils peuvent nécessiter plusieurs étapes administratives et augmenter les coûts si les investisseurs doivent payer des « pots de vin ».

L'élimination des règlements inutiles et la baisse de la corruption peuvent alors favoriser l'investissement et la croissance. Nous reviendrons sur ces problèmes dans le dernier chapitre de cette thèse.

Si l'investissement et l'innovation sont essentiels pour une croissance soutenable, une politique interventionniste peut néanmoins être nécessaire.

En théorie, l'intervention ne se justifie que par l'existence d'externalités positives (biens publics, activités de R&D) qui entraîne un investissement social suffisant. En effet, l'investissement dans les infrastructures publiques et le capital humain sont fortement complémentaires avec l'investissement privé et peuvent aussi promouvoir la croissance.

En pratique pourtant, une politique interventionniste est limitée par la capacité administrative et institutionnelle du gouvernement à définir les investissements justes nécessaires et à éviter les recherches de rentes.

Par ailleurs, l'incertitude et l'instabilité politique font que les incitations à investir sont essentielles pour produire un effet sur l'investissement privé. Par conséquent, une façon de promouvoir la formation du capital, l'innovation, les avancées technologiques et la croissance, est d'établir une structure politique et institutionnelle adéquate.

Cependant, l'investissement répond favorablement à certaines des six variables bancaires que nous avons déjà utilisées précédemment ainsi qu'au taux d'épargne. L'analyse suivante précise, dans le cas de plusieurs pays, les déterminants financiers importants sur lesquels les politiques économiques peuvent s'appuyer.

2.2.2.2 Les déterminants bancaires de l'investissement

L'analyse suivante utilise les taux d'investissement domestiques bruts sur la période 1983-1996 pour les dix-sept pays d'Afrique sub-saharienne dont les données ont pu être rassemblées. Les chiffres proviennent de la Banque Mondiale (1998) *African Development Indicators*.

Nous avons donc régressé les taux d'investissement en fonction des six variables bancaires (MM, QM, CI, CP, RO et BM) et du taux d'épargne domestique brut. Nous avons ensuite éliminé les variables non significatives statistiquement et nous n'avons retenu que les modèles pour lesquels les indicateurs statistiques étaient pertinents.

La première conclusion concerne l'épargne intérieure brute en pourcentage du PIB. Pour de nombreux pays, l'investissement est positivement corrélé au taux d'épargne. La seconde touche le crédit intérieur et le crédit privé. Les corrélations ne sont pas identiques suivant les pays et l'investissement peut répondre négativement au crédit privé et positivement au crédit intérieur ou inversement mais il est systématiquement lié de façon positive à l'un des crédits à l'économie. La troisième conclusion s'intéresse à la réduction des réserves obligatoires qui selon Mac Kinnon (1973) et Shaw (1973) détournent les fonds bancaires au détriment des activités de financement de l'investissement. Leur thèse est validée dans plusieurs cas. La dernière conclusion concerne la monétisation de l'économie par l'augmentation de la masse monétaire ou de la quasi-monnaie. En effet, l'investissement est parfois négativement lié à la base monétaire (qui représente également l'inverse d'un multiplicateur de crédit).

2.2.2.2.1 La complémentarité entre l'épargne et l'investissement

En accord avec les résultats trouvés dans les pays en voie de développement, dans la majorité des pays, l'investissement répond positivement au taux d'épargne brut.

Nous avons noté INV le taux d'investissement brut et EP le taux d'épargne brut. Les fonctions d'investissement des pays concernés sont les suivantes :

Régression III.1 – La fonction d'investissement du Sénégal

$$INV = \underset{(0{,}226)}{0{,}88486} + \underset{(4{,}35)}{0{,}534262}\,EP + \underset{(3{,}64)}{0{,}457521}\,MM - \underset{(-2{,}888)}{0{,}155931}\,RO$$

$R^2 = 0{,}7756$
R^2 ajusté $= 0{,}70828$
$F = 11{,}52$
$DW = 2{,}788$

Le modèle est robuste car 77,56 % de la variation de l'investissement est expliquée par les variables EP, MM et RO. Globalement, avec un F statistique de 11,52, le modèle est significatif au seuil de confiance de 0,01. Les trois variables jouent un grand rôle dans la variation de l'investissement car les T de Student entre parenthèses sont tous significatifs à 95 %. Le Durbin-Watson (DW) teste les résidus pour déterminer s'il n'existe pas d'autocorrélations entre les variables. Etant supérieur à 1,4, ce problème est écarté.

De la même façon, nous présentons le cas du Ghana où le modèle est robuste et statistiquement significatif. En dehors du taux d'épargne, la base monétaire joue négativement sur le taux d'investissement, à l'inverse du crédit privé.

Régression III.2 – La fonction d'investissement du Ghana

INV = 20,9678 - 0,283082 BM + 1,0446 CP + 0,53421 EP
(4,2043) (-4,22271) (2,34839) (3,56041)

R^2 = 0,9062
R^2 ajusté = 0,8781
F = 32,22
DW = 1,8074

Ce résultat de complémentarité entre l'épargne et l'investissement a été trouvé pour onze pays sur les seize testés. Les fonctions d'investissement et les indicateurs statistiques ont été joints dans l'annexe n° 16. Il s'agit de la Zambie, de l'Ethiopie, de la République centrafricaine, du Niger, du Cameroun, du Rwanda, du Malawi, de la Guinée Equatoriale et du Togo. Tous les résultats sont statistiquement significatifs au seuil minimal de 90 % et les coefficients de détermination sont tous supérieurs à 0,7.

2.2.2.2.2 L'influence des crédits sur l'investissement

Concernant le crédit privé et le crédit intérieur dans la détermination de l'investissement, les résultats diffèrent selon les pays. De façon générale, l'investissement est positivement lié à au moins l'un des deux crédits.

Nous exposerons le cas du Mali et du Niger où le crédit privé joue négativement dans l'un des cas et où le crédit intérieur joue négativement dans l'autre cas.

Régression III.3 – La fonction d'investissement du Mali

INV = 21,9272–0,23836 CI+0,45182 CP–0,416118 MM+2,35293 QM–0,21092 RO
(3,367) (-2,522) (2,033) (-2,224) (6,116) (-7,098)

R^2 = 0,9514
R^2 ajusté = 0,921

F = 31,33
DW = 1,568

Le modèle de l'investissement au Mali est fortement robuste puisque plus de 95 % de la variation de l'investissement sont expliqués par les variables CI, CP, MM, QM et RO et le F statistique est élevé. Les T de Student sont tous significatifs au seuil de 0,1. Les réserves obligatoires sont négativement corrélées à l'investissement ainsi que la masse monétaire mais les dépôts à plus long terme (la quasi-monnaie) jouent positivement sur ce dernier.

Alors que le crédit privé est positivement lié à l'investissement, le crédit intérieur joue négativement. Il semble alors que le crédit public (le crédit intérieur moins le crédit privé) ne soit pas alloué à l'investissement. Le cas opposé a été trouvé au Niger.

Régression III.4 – La fonction d'investissement du Niger

$$INV = \underset{(0,119)}{0,358249} + \underset{(2,13)}{1,22925}\ CI - \underset{(-2,07)}{1,11331}\ CP + \underset{(7,16)}{0,9728}\ EP$$

$R^2 = 0,86557$
R^2 ajusté = 0,82524
F = 21,46
DW = 2,448

Encore une fois, les variables explicatives sont statistiquement significatives au seuil de 90 % et le modèle est robuste. A l'inverse du Mali, le cas du Niger montre que le crédit privé joue négativement dans la détermination de l'investissement alors que le crédit intérieur est positivement lié. En l'occurrence, il semble que le crédit public est alloué à des fins d'investissement.

Les autres résultats (en annexe n° 16) indiquent que le crédit privé joue positivement dans la détermination de l'investissement en Centrafrique, au Ghana et au Cameroun. Le crédit intérieur joue positivement au Swaziland, au Burundi, au Rwanda, au Burkina Faso et au Malawi.

2.2.2.2.3 La répression financière par le biais des réserves obligatoires

Dans toutes les fonctions d'investissement qui prennent significativement en compte les réserves obligatoires, ces dernières sont négativement liées à l'investissement. Ce résultat coïncide avec la thèse de la répression financière de Mac Kinnon (1973) et Shaw (1973) et montre que les réserves obligatoires détournent des fonds bancaires autrement destinés à l'investissement.

Nous avons déjà exposé le modèle d'investissement du Sénégal et du Mali où la variable RO jouait négativement sur la variation de l'investissement. Il en est de même pour le Lesotho, le Swaziland et le Malawi (annexe n° 16).

2.2.2.2.4 L'impact de la base monétaire sur l'investissement

Le ratio de la base monétaire sur la masse monétaire plus la quasi-monnaie représente l'inverse du multiplicateur de crédit. Par conséquent, nous devrions trouver un effet négatif de cette variable sur l'investissement. C'est le cas du Ghana, que nous avons déjà exposé, et de l'Ethiopie.

2.2.2.2.5 La complémentarité entre les encaisses réelles et la formation du capital

Mac Kinnon (1973) avait posé l'hypothèse de la complémentarité entre les encaisses réelles et la formation du capital. Très fortement critiquée, cette hypothèse avait été abandonnée par Shaw (1973) et les successeurs qui ont prolongé le modèle de la libéralisation financière.

Selon Mac Kinnon (1973), la variable QM qui représente les dépôts à long terme devrait jouer positivement sur le taux d'investissement puisque les banques, disposant de fonds à long terme, sont susceptibles d'accorder plus de crédits. De la même façon, la variable MM qui représente la taille du système financier et qui inclut la quasi-monnaie, devrait jouer positivement sur l'investissement.

Cependant, les résultats diffèrent suivant les pays et aucune conclusion générale ne peut être tirée des modèles d'investissement.

Certains pays, en accord avec la thèse de la répression financière, possèdent des taux d'investissement positivement liés aux variables MM ou QM mais jamais simultanément. Par exemple, MM joue positivement sur la formation de capital au Sénégal. QM est positivement liée à l'investissement au Togo.

Mais, à l'inverse, MM joue négativement sur le taux d'investissement du Cameroun, de la République centrafricaine et du Burundi et QM dans le cas de la Zambie et du Rwanda.

Dans certains cas, plus fréquents, l'une des deux variables joue positivement et l'autre négativement. Nous avons déjà exposé la fonction d'investissement du Mali où la quasi-monnaie avait un impact positif et la masse monétaire un impact négatif. Au Lesotho, au Burkina Faso et au Malawi, c'est la masse monétaire qui joue positivement alors que la quasi-monnaie possède un signe négatif.

Régression III.5 – La fonction d'investissement du Lesotho

$$\underset{(11{,}1514)}{INV = 122{,}182} + \underset{(2{,}144)}{2{,}52774\,MM} - \underset{(-3{,}829)}{6{,}45381\,QM} - \underset{(-1{,}9)}{0{,}477628\,RO}$$

$R^2 = 0{,}950524$
R^2 ajusté $= 0{,}935681$
$F = 64{,}04$
$DW = 2{,}5198$

Par conséquent, alors que l'hypothèse de complémentarité entre les encaisses réelles et la formation du capital est validée dans certains cas, elle est difficilement généralisable dans le cas africain.

L'analyse des fonctions d'investissement nous a permis d'obtenir un certain nombre de conclusions intéressantes concernant les réformes financières à entreprendre. Cependant, la régression multiple effectuée sur les dix-sept pays d'Afrique sub-saharienne pour lesquels les données étaient disponibles, montre que les variables bancaires ont des effets totalement différents sur le taux d'investissement suivant les pays considérés. En ce sens, il est très délicat d'entreprendre les mêmes réformes financières pour l'ensemble de ces pays. Le tableau suivant montre les principaux facteurs de développement de l'investissement dans les différents pays étudiés.

2.2.2.2.6 Les résultats de la régression multiple

Tableau III.7 – La sensibilité de l'investissement aux différentes variables bancaires en Afrique sub-saharienne

	EP	CI	CP	RO	MM	QM	BM
Burkina Faso		+			+	-	
Burundi		+					
Cameroun	+		+				
Centrafrique	+		+		-		
Ethiopie	+	-					-
Gabon		-			-	+	
Ghana	+		+				-
Guinée Equat.	+						
Lesotho				-	+	-	
Mali		-	+	-	-	+	
Malawi	+	+			+	-	+
Niger	+	+	-				
Rwanda	+	+		-		-	
Sénégal	+			-	+		
Swaziland		+		-	-		
Togo	+					+	
Zambie	+					-	

Il s'agit donc de développer les variables notées d'un signe + et de diminuer celles dans les pays dotés d'un signe -. Ces politiques devraient permettre d'augmenter les taux d'investissement dans les pays considérés.

Ainsi, il semble que la monétisation des économies soit un problème important en Afrique sub-saharienne. Qu'il s'agisse d'un manque d'épargne ou tout simplement d'une faible masse monétaire (ou de dépôts à long terme), l'investissement nécessite une certaine quantité de monnaie disponible à son financement. Ce résultat rejoint celui des réserves obligatoires et des crédits intérieurs et privés. En effet, les taux de réserves obligatoires importants évincent les possibilités de financement du secteur privé et nous considérons que la libéralisation financière, en abaissant ces taux, peut permettre le développement des investissements.

Cependant, la condition *sine qua non* à ce financement est l'accord de crédits de la part des banques puisque celles-ci, comme nous l'avons vu, préfèrent garder leurs liquidités pour minimiser les risques. Seul le développement des crédits, et plus particulièrement au secteur privé, peut relancer la croissance africaine. Il s'agit alors d'inciter les banques à prendre plus de risques.

Au total, les liens entre l'épargne, l'investissement et la croissance sont complexes et les causalités peuvent jouer dans différentes directions. Pourtant, la littérature théorique et empirique permet de conclure sur quatre points. Premièrement, l'épargne et la croissance se renforcent mutuellement, la causalité jouant dans les deux directions. Deuxièmement, l'épargne et l'investissement sont fortement corrélés suite à la faible mobilité des capitaux et les politiques nationales qui restreignent les déséquilibres des comptes courants poussent les deux variables dans la même direction. Troisièmement, l'investissement est une condition nécessaire mais pas suffisante à la croissance. Quatrièmement, l'investissement en capital humain, l'innovation technologique et des politiques adéquates sont également nécessaires pour une croissance soutenable.

En fait, ces trois variables réelles sont fortement liées, notamment en Afrique sub-saharienne et l'une des solutions pour promouvoir la croissance est d'augmenter à la fois les taux d'épargne et d'investissement. L'intervention de l'Etat paraît indispensable, qu'il s'agisse de l'épargne et de l'investissement publics qui entraînent des externalités positives mais également de la mise en place de structures institutionnelles et réglementaires adéquates. De plus, dans les réformes financières, les gouvernements peuvent décider de baisser les taux de réserves obligatoires et inciter les banques à octroyer plus de crédits. La monétisation des économies africaines est également importante dans plusieurs cas, l'investissement serait alors freiné par le manque de monnaie nécessaire à son financement.

Finalement, le dernier point dans l'analyse des liens entre les variables réelles et financières concerne le sens de la causalité qui s'exerce. La finance entraîne-t-elle une croissance plus élevée ou bien, à l'inverse, est-ce la croissance d'un pays qui permet d'obtenir un développement financier plus important ?

3. LE SENS DE CAUSALITE ENTRE LA FINANCE ET LA CROISSANCE

L'existence d'une corrélation entre développement financier et croissance ne donne pas d'indication sur le sens de la causalité. Mais, l'influence du développement financier sur la croissance économique a donné lieu a de nombreuses approches contradictoires.

D'un point de vue schumpeterien (1911), les institutions financières sont nécessaires à l'innovation technologique qui sous-tend la croissance.

Pour Robinson (1962), en revanche, la causalité est inverse, le développement financier n'étant que le résultat de la croissance économique.

Face à de telles contradictions, les théories de la croissance endogène ont constitué un apport conséquent. En général, les modèles théoriques supposent que c'est le développement financier qui entraîne une croissance plus soutenue.

Il est toutefois nécessaire de rappeler, d'un point de vue économétrique, que seule l'introduction de retards sur les variables financières explicatives peut permettre des conclusions un tant soit peu robustes quant au sens réel de la causalité.

A ce niveau, le concept de causalité le plus souvent retenu est celui défini par Granger en 1969[98]. Ses travaux consistent à construire un modèle VAR (Vector AutoRegressive) à deux équations dans lequel on régresse d'une part une première variable en fonction de ses valeurs passées et en fonction des valeurs passées d'une seconde variable. D'autre part, on régresse cette seconde variable en fonction de ses valeurs passées et de celles de la première. Il s'agit donc d'estimer deux régressions à retard distribuées de la forme suivante :

$$(1) x_t = \sum_{i=1}^{n} \alpha_i x_{t-i} + \sum_{i=1}^{n} \beta_i y_{t-i} + \varepsilon_{1t}$$

$$(2) y_t = \sum_{i=1}^{n} \lambda_i x_{t-i} + \sum_{i=1}^{n} \delta_i y_{t-i} + \varepsilon_{2t}$$

Avec n, le nombre de retards

Si les coefficients β_i sont significativement différents de zéro, alors l'introduction de la variable y_t permet d'enrichir le pouvoir explicatif du terme

[98] Granger C. W. J. (1969) « Investigation Causal Relations by Econometric Models and Cross Spectral Methods » *Econometrica*, p 423-438.

autorégressif. On peut donc considérer que y_t cause x_t au sens de Granger, on conclut à l'existence statistique d'une causalité de la seconde variable sur la première. De la même façon, si les coefficients λ_i sont significativement différents de zéro, on peut considérer que x_t cause y_t au sens de Granger.

Si les deux causalités sont constatées, on considère qu'il existe une causalité en retour (feedback causality) entre les deux variables.

Il existe également une causalité au sens de Sims (1972)[99] qui est légèrement différente de celle de Granger (1969). L'idée du test est la suivante : si les valeurs futures de y_t permettent d'expliquer les valeurs présentes de x_t alors y_t est la cause de x_t.

En premier lieu, nous reprendrons le débat théorique sur le sens de la causalité qui s'exerce entre les variables réelles et financières. Puis, dans un second temps, nous utiliserons notre indice financier et effectuerons des tests de causalité dans quelques pays africains.

3.1 Un débat controversé : la causalité entre la croissance et le développement financier

Patrick (1966) distingue deux étapes dans le développement économique d'un pays. Dans le premier stade, c'est le développement financier qui induit le développement économique. Dans ce cas, on est en présence d'un phénomène de « *supply leading* » où l'approfondissement financier permet, comme chez Schumpeter, le transfert des ressources d'un secteur traditionnel peu productif vers un secteur moderne plus efficace. Le transfert de ressources doit être progressif puisqu'il peut entraîner un risque de faillite des institutions financières et Patrick (1966) imagine même un soutien provisoire de l'Etat au système financier (sous forme de subventions, de faibles montants de réserves obligatoires ou de faible taux de réescompte, par exemple).

Une fois ce premier stade franchi, les marchés financiers se perfectionnent, ils deviennent plus liquides et donc moins risqués et le sens de causalité s'inverse, comme chez Gurley et Shaw (1960). C'est l'importance de la demande de financement et de services des entrepreneurs qui développe le secteur financier et bancaire. Il apparaît alors un phénomène de « *demand following* » où le système financier répond de manière passive à la demande qui s'adresse à lui. Tout comme dans le cas précédent, le rôle de l'Etat est crucial puisque sa politique doit permettre le bon fonctionnement de l'économie de marché.

---

[99] Sims C. A. (1972) « Money, Income and Causality » *American Economic Review*, septembre 1972, p 540-552.

Dans cette analyse, les institutions financières, même rudimentaires[100], jouent un rôle prépondérant dans la croissance économique.

Patrick (1966) suggère alors de prendre en compte le niveau de développement économique du pays pour envisager le sens de causalité entre les sphères réelle et financière.

Pour Jung (1986), comme chez Patrick (1966), le sens de causalité de la finance vers la croissance ne s'exerce que dans les périodes initiales de développement, puis il s'inverse avec la maturité de l'économie. Ses tests de causalité portent sur un échantillon de 56 pays dont 19 pays industrialisés.

Ainsi, dans le cas de l'Afrique, le développement du secteur bancaire serait le préalable indispensable au développement économique.

Bien qu'utilisant une démarche économétrique peu adaptée à ce genre de question (la causalité ne peut pas être posée dans une structure de régressions en coupes transversales), King et Levine (1993b) ont obtenu des résultats quant à l'influence positive du développement financier sur les taux de croissance future de l'économie.

Par ailleurs, ils cherchent à tester l'effet en retour de la croissance sur le développement financier en changeant la méthode d'estimation. Ils trouvent qu'il existe un effet en retour, sauf dans les cas de l'Afrique et de l'Amérique latine.

Chez Berthelemy et Varoudakis (1994), compte tenu de la causalité biunivoque croissance / développement financier, des pièges de pauvreté apparaissent. Une croissance très faible ralentit le développement du système financier qui, à son tour, ralentit la croissance. Les auteurs concluent que « *la possibilité de cercles vicieux entre croissance et développement financier affaiblit ainsi la portée de l'argument suivant lequel des réformes favorables à la libéralisation financière sont urgentes* ».

A l'inverse, une croissance forte est à l'origine d'un mécanisme vertueux.

Par conséquent, l'existence possible de pièges de pauvreté justifie de considérer une causalité inverse.

Des tests de causalité à la Granger entre le taux d'investissement ou la croissance et différents indicateurs financiers sont effectués sur la période 1976-1992 et pour chacun des 18 pays de leur échantillon par Laroche et al. (1995). Deux indicateurs de la croissance sont considérés : le taux d'investissement et le taux de croissance du PIB en volume. Par contre, on a davantage d'indicateurs de développement financier que chez King et Levine (1993b) mais leur analyse s'intéresse aux pays possédant un marché financier.

Le crédit total rapporté au PIB (variable de stock) ou la variation du crédit total rapporté au PIB (variable de flux) sont pris en compte alternativement à

[100] Patrick (1966) évoque même brièvement l'existence d'un secteur financier informel et le rôle positif qu'il peut jouer sur la croissance.

d'autres variables financières, comme la capitalisation boursière en actions ou en obligations, rapportée au PIB et mesurée en flux ou en stock, et les émissions d'actions ou d'obligations également rapportées au PIB. Des variables de liquidité des marchés financiers comme le ratio des transactions en actions sur la capitalisation boursière, ou sur le PIB, et des variables de répressions financières comme le taux de réserves obligatoires en termes de M2 ou le taux d'intérêt réel sont aussi utilisées.

Ils trouvent une causalité dans le sens finance → croissance pour tous les pays sauf pour l'Espagne. La causalité dans le sens inverse est trouvée pour tous les pays sauf pour l'Allemagne et Singapour. Pour certaines variables financières, une causalité double est trouvée pour certains pays.

Arestis et Demetriades (1996) utilisent les données de 12 pays et suggèrent que le lien de causalité entre finance et croissance est fortement déterminé par la nature et les opérations des intermédiaires financiers et des politiques poursuivies dans chaque pays.

Demetriades et Hussein (1996) étudient la causalité dans 16 pays en voie de développement et trouvent qu'elle varie suivant les pays. Dans la moitié des cas, il existe un effet retour mais dans plusieurs autres, la relation se fait dans le sens croissance → finance, suggérant qu'il n'y a pas de certitude pour que le développement financier contribue à la croissance économique. Nous verrons que nos résultats coïncident avec ceux de Arestis et Demetriades (1996) et Demetriades et Hussein (1996) à savoir que la causalité est particulière à chaque pays étudié.

Cependant, le problème des résultats trouvés par les différents auteurs est le fait que le cas de l'Afrique est très peu considéré, notamment lorsque des variables liées au développement des marchés financiers sont prises en compte. Nous avons par conséquent décidé d'effectuer nos propres tests de causalité en utilisant l'indice financier et le PIB par tête ou le PIB national en dollars courants.

3.2 Les résultats de la causalité au sens de Granger

Les tests de causalité nécessitent d'être effectués sur une longue période. Ainsi, nous avons considéré la période 1970-1996 pour dix-sept pays africains disposant des données nécessaires. Les chiffres du PIB/tête et du PIB en dollars courants proviennent des tableaux de la Banque Mondiale (1998) et des *Statistiques Financières Internationales* du FMI (1992 et 1998).

Nous avons introduit deux retards et les résultats sont résumés dans le tableau ci-après. Le fait d'utiliser deux variables, l'indice de développement financier d'une part et un indicateur de la richesse nationale (PIB ou PIB / tête) nous a évité d'effectuer des tests de stationnarité. En effet, dès lors que plusieurs variables financières sont utilisées, elles doivent être soumises à des tests de racine unitaire du type Dickey-Fuller simple ou Dickey-Fuller augmenté.

Tableau III.8 – Résultats des tests de causalité avec deux retards, 1970-1996

	Causalité testée	F-statistic	Hypothèse nulle	Seuil de confiance	Causalité vraisemblable
Afrique du Sud	PIB/tête → IF	4.22	Rejetée	0.05	PIB/tête → IF
	IF → PIB/tête	3.43	Rejetée	0.05	IF → PIB/tête
Bénin	PIB/tête → IF	0.48	Acceptée		
	IF → PIB/tête	0.07	Acceptée		
Burkina Faso	PIB → IF	2.17	Rejetée	0.15	PIB → IF
	IF → PIB	0.86	Acceptée		
Burundi	PIB/tête → IF	1.77	Acceptée		
	IF → PIB/tête	4.58	Rejetée	0.05	IF → PIB/tête
Cameroun	PIB → IF	0.93	Acceptée		
	IF → PIB	3.55	Rejetée	0.05	IF → PIB
Congo	PIB/tête → IF	0.13	Acceptée		
	IF → PIB/tête	1.33	Acceptée		
Ethiopie	PIB → IF	4.74	Rejetée	0.05	PIB → IF
	IF → PIB	0.42	Acceptée		
Gabon	PIB → IF	0.32	Acceptée		
	IF → PIB	0.74	Acceptée		
Gambie	PIB/tête → IF	0.87	Acceptée		
	IF → PIB/tête	0.49	Acceptée		
Ghana	PIB → IF	1.49	Acceptée		
	IF → PIB	0.32	Acceptée		
Kenya	PIB → IF	0.60	Acceptée		
	IF → PIB	0.56	Acceptée		
Mauritanie	PIB → IF	0.63	Acceptée		
	IF → PIB	0.04	Acceptée		
Niger	PIB → IF	0.66	Acceptée		
	IF → PIB	0.18	Acceptée		
Nigeria	PIB/tête → IF	6.16	Rejetée	0.01	PIB/tête → IF
	IF → PIB/tête	1.46	Acceptée		
Rwanda	PIB/tête → IF	3.76	Rejetée	0.05	PIB/tête → IF
	IF → PIB/tête	0.64	Acceptée		
Sénégal	PIB → IF	3.45	Rejetée	0.05	PIB → IF
	IF → PIB	2.62	Rejetée	0.1	IF → PIB
Togo	PIB → IF	3.14	Rejetée	0.1	PIB → IF
	IF → PIB	3.35	Rejetée	0.05	IF → PIB

Les résultats indiquent que la causalité entre l'indice financier et la production nationale n'est pas systématique et que dans de nombreux cas, il n'existe pas de lien causal entre eux.

D'autre part, un double lien de causalité existe en Afrique du Sud, au Sénégal et au Togo. Autrement dit, les développements financier et économique se renforcent mutuellement. Ce résultat remet en cause les travaux en coupes transversales de King et Levine (1993b), pour lesquels il n'existait pas d'effet retour en Afrique.

Au Burkina Faso, en Ethiopie, au Nigeria et au Rwanda, la causalité s'effectue de la production vers la finance, c'est le phénomène de « *demand following* ». En revanche, elle s'effectue de la finance vers la production au Burundi et au Cameroun, c'est le « *supply leading* ».

Ainsi, le sens de causalité entre la finance et la croissance dépend du cas particulier de chaque économie étudiée. Les travaux que nous avons présentés s'intéressaient à des groupes de pays et ne considéraient pas le cas particulier de l'Afrique sub-saharienne. Dès lors que les pays les moins développés sont considérés, les résultats sont difficilement généralisables et prouvent la spécificité des économies étudiées.

Venet et Raffinot (1998) ont testé la causalité dans six pays d'Afrique sub-saharienne et confirment en partie nos conclusions. Ils utilisent le taux de croissance du PIB réel par tête et quatre indicateurs financiers (le taux de croissance de M2/PIB, de l'encours nominal de crédit privé, de l'encours réel de crédit privé et de la quasi-monnaie/M2).

Au Burkina Faso, au Sénégal et au Niger, les résultats trouvés sont identiques aux nôtres. En revanche, Venet et Raffinot (1998) trouvent une causalité dans le sens finance → croissance au Bénin et n'obtiennent pas la double causalité au Togo mais seulement celle qui va de la croissance vers la finance. En Côte d'Ivoire et au Mali, deux pays que nous n'avons pas testé, ils estiment que la causalité s'effectue de la finance vers la croissance.

Finalement, les résultats montrent un partage entre les différentes causalités possibles. Dans les pays pour lesquels il n'existe pas de causalité, les conclusions ne sont que statistiques. En effet, le test de Granger (1969) ne met en lumière que la causalité statistique et a fait l'objet de nombreuses critiques.

Nous retiendrons cependant que les variables réelles et financières possèdent des liens de corrélation et de causalité entre elles et que, par conséquent, des politiques financières appropriées peuvent favoriser le développement économique.

Conclusion du Chapitre III

Les prédécesseurs de Mac Kinnon (1973) et Shaw (1973) s'étaient déjà intéressés aux interactions existant entre la finance indirecte et le développement économique et avaient obtenu des conclusions similaires sur l'effet positif du développement des banques sur la croissance. Ils étaient cependant en désaccord sur le rôle de l'Etat dans le système financier. Schumpeter et Gerschenkron avaient défendu l'idée que le système bancaire nécessitait l'intervention du gouvernement pour modérer l'inflation et diriger les crédits, notamment vers l'investissement public. D'autres auteurs (Gurley et Shaw, Cameron, Goldsmith) se sont en revanche fortement opposés à toute intervention étatique dans le système bancaire, mettant en avant le rôle régulateur des forces du marché.

Pourtant, les théories post-keynésiennes ont également mis en exergue les possibles effets négatifs du développement financier sur le développement économique et ont traité des problèmes de risque de système et de crise bancaire. Une décennie après la mise en place des politiques de libéralisation financière, les organisations internationales (la Banque Mondiale et le FMI) ont elles-mêmes souligné les problèmes de crise bancaire et financière qui sont apparus après les réformes.

Ce dernier point confirme que la politique de libéralisation financière n'est pas forcément favorable au développement économique.

Dans les modèles de croissance endogène, les résultats théoriques et empiriques soulignent tout d'abord que le développement des banques a un impact favorable au développement économique suite à la diminution et à la diversification de certains risques. Mais, les résultats ne plaident pas forcément en faveur de la libéralisation financière puisque d'une part, il ne faut pas confondre développement des banques et libéralisation financière et d'autre part, certains des effets de la répression financière seraient plutôt favorables au financement du déficit public.

Pour résumer le débat théorique, il semble que des interactions positives existent entre le développement financier et le développement économique dès lors que d'autres effets ou mesures sont mis en place. Qu'il s'agisse pour certains de l'intervention de l'Etat (ou d'un certain degré de répression financière), pour d'autres, de la possibilité de diversifier et diminuer le risque, des conditions particulières de développement financier sont favorables à la promotion de la croissance.

Qu'en est-il du rôle de la finance directe et de la possibilité de financer la croissance en établissant des marchés boursiers ?

Tout d'abord, les marchés financiers ne peuvent pas se distinguer des banques dès lors que leur solidité et leur développement dépendent en grande partie de ces dernières. Un système de marché financier ne peut en aucun cas se substituer à un système bancaire inefficace.

Par ailleurs, en Afrique sub-saharienne, le nombre de marchés financiers est très faible et les indicateurs soulignent leur impossibilité à favoriser l'investissement des entreprises locales ou à attirer les capitaux étrangers. Les marchés africains sont bien entendu très risqués et n'incitent pas les opérateurs, aussi bien du côté de l'offre du marché que de la demande, à risquer leurs fonds. De plus, les débats théoriques sur les corrélations et les causalités entre les variables boursières et la croissance sont complexes et fortement controversés.

Nous avons alors conclu cette section sur le côté inopportun dans un avenir immédiat de créer de nouvelles places financières en Afrique. Nous avons rappelé que la priorité était de réformer le système bancaire afin qu'il fournisse les crédits nécessaires aux investisseurs et que les banques assument leur rôle d'intermédiaire financier.

Finalement, la troisième section reprend les liens empiriques existant entre les variables financières et les variables réelles (l'épargne, l'investissement et la croissance).

D'un côté, les variables financières sont fortement corrélées entre elles et de l'autre, les variables réelles le sont également. Mais, qu'en est-il des liens de corrélation et de causalité entre les variables réelles et financières ?

Tout d'abord, l'épargne réagit très peu aux variables financières ainsi qu'aux politiques de libéralisation financière et d'augmentation des taux d'intérêt réel.

Par contre, les différentes fonctions d'investissement que nous avons calculées, montrent de façon générale que le développement du crédit, aussi bien intérieur que privé, que le développement de la monétisation de l'économie (la masse monétaire et la quasi-monnaie) et la diminution des réserves obligatoires, sont favorables à l'investissement.

Dans la définition des réformes financières, ces différents éléments doivent être pris en compte. Il semble que l'augmentation du taux d'investissement africain permette de résoudre bon nombre de problèmes et de blocages du développement économique.

Le dernier point reprenait les liens de causalité entre les variables réelles et financières. Nos tests de causalité au sens de Granger confirment que la causalité s'effectue dans un sens particulier dans certains pays et qu'elle peut s'avérer double dans plusieurs cas.

Quoiqu'il en soit, les liens positifs entre croissance et finance existent et relancent l'espoir qui était né des programmes de libéralisation financière. Il semble que des réformes financières mieux adaptées puissent promouvoir le développement financier africain. La définition ces politiques financières sera abordée dans le chapitre suivant où nous nous intéresserons aux contours et aux conditions particulières d'une politique financière africaine réussie.

CHAPITRE IV : LES CONTOURS D'UNE POLITIQUE FINANCIERE AFRICAINE

Introduction

« Les contours d'une politique financière africaine » représentent le dernier chapitre de nos travaux de recherche et correspondent en quelque sorte aux conclusions auxquelles nous avons abouti.

D'une part, dans la mise en place des politiques de libéralisation financière, de nouvelles conditions de réussite liées à l'environnement économique initial, à l'ordonnancement et à la vitesse d'adoption des réformes, sont apparues.

Nous aborderons, dans une première section, la littérature récente sur ces questions. En effet, les expériences dans les pays ayant entrepris des réformes une décennie avant les pays africains ont permis de reconsidérer l'optimisme né dans les années 1970. A l'époque, Mac Kinnon (1973) et Shaw (1973) estimaient que l'abolition des plafonds sur les taux d'intérêt, du contrôle quantitatif et sectoriel du crédit et l'abaissement du taux de réserves obligatoires devaient avoir un effet positif immédiat sur les taux de croissance des économies.

Or, les conditions d'application de ce genre de politique deviennent de plus en plus contraignantes et imposent la maîtrise de l'inflation et des déficits publics, une redéfinition du rôle des gouvernements et des précautions liées à l'ordre et à la vitesse d'adoption des différentes mesures.

D'autre part, parallèlement au secteur bancaire et au secteur financier informel, une nouvelle source de financement a été créée dans les pays en voie de développement. Il s'agit des programmes de micro-financement qui fournissent des services d'allocation de prêts et de mobilisation de l'épargne dans les zones défavorisées. Dans une seconde section, nous nous interrogerons alors sur les possibilités de développement de la sphère réelle et des activités productives liées à ces micro-financements et aux limites et aux contraintes auxquelles ils sont soumis. En Afrique, les projets sont de plus en plus nombreux et ont le mérite de s'attacher à offrir des crédits aux taux d'intérêt du marché, contrairement à ceux des prêteurs d'argent informels. Ils représentent souvent le seul recours financier des pauvres, des petits fermiers, des femmes et des micro-entrepreneurs. Même si, à l'heure actuelle, ils ne fonctionnent pas toujours très efficacement, ces programmes ont la possibilité de s'améliorer et de jouer un rôle dans l'accroissement des activités productives. A ce niveau, nous suggérons le développement et la création de relations entre les banques et les agents de micro-financement. Alors que de nombreuses banques regorgent de liquidités qu'elles ont du mal à placer en bons du Trésor, il semble possible que le secteur financier formel s'investisse dans les activités réelles nationales et assume le rôle de l'intermédiation financière.

Il a été démontré que ces programmes étaient « rentables » dans le sens où leurs coûts de fonctionnement sont inférieurs aux recettes réalisées par l'application du taux d'intérêt du marché. Le seul problème consiste à inciter les banques commerciales à prendre des risques. L'investissement de ces dernières dans la micro-finance représente également la possibilité de réduire le très fort dualisme financier existant dans ces économies. Finalement, la dernière section s'attache à retracer les obstacles « insurmontables » du développement financier en Afrique sub-saharienne. Il s'agit pour l'essentiel des comportements de recherche de rente des agents économiques et du niveau de bureaucratie et de corruption des Etats africains. Autrement dit, nous chercherons les facteurs d'augmentation de l'incertitude et de l'instabilité qui conditionnent l'évolution du système financier dans les pays concernés. La répression financière avait en effet l'avantage de permettre aux gouvernements d'utiliser le secteur bancaire non seulement comme le prolongement de leur budget mais également comme une source de revenu (notamment par le biais du seigneuriage et de la taxe inflationniste). Cependant, le secteur privé ne peut pas fonctionner sur le seul autofinancement, sans accès à des sources de financement extérieures. Le problème essentiel est de pousser les banques à investir dans l'économie réelle de façon à augmenter le taux de croissance de la production. Au terme de cette analyse, nous aurons donné les différentes clés de réussite des réformes financières et montré du doigt les principales difficultés qui risquent de perdurer.

SECTION I : LES CONDITIONS DE SUCCES DES REFORMES

Le rapport de la Banque Mondiale (1994) reconnaît que « dans la conception des programmes de réformes, les gouvernements africains et les bailleurs de fonds ont parfois trop cru aux solutions rapides. Les programmes de réformes ont surestimé les avantages de la restructuration des bilans et de la recapitalisation des banques et sous-estimé le délai nécessaire à l'amélioration de l'infrastructure financière dans un environnement où les principaux emprunteurs (l'Etat et les entreprises publiques) sont confrontés à des difficultés financières et sont institutionnellement faibles. ». De plus, les théoriciens de la libéralisation financière se sont eux-mêmes penchés sur les raisons des échecs et ont été amenés à reconsidérer leurs conclusions initiales.

Les raisons pour lesquelles la libéralisation financière a montré ses limites sont tout d'abord liées aux conditions macro économiques nécessaires à la stabilisation de l'économie. Elles sont ensuite liées à l'ordonnancement des réformes c'est-à-dire à l'ordre suivant lequel les mesures doivent être prises et finalement, à la vitesse des réformes puisque les pays ont le choix entre l'adoption des mesures de façon progressive ou alors de façon rapide et simultanée.

En effet, les expériences de libéralisation financière dans d'autres régions, particulièrement en Amérique Latine, ont permis de mettre en avant certaines erreurs à ne pas commettre lorsqu'une économie entreprend une politique de libéralisation financière. Ces expériences ont montré que les réformes doivent être précédées ou au moins accompagnées par des mesures macro-économiques pour avoir une chance de réussir. Mais, la libéralisation financière a été entreprise en même temps que les autres PAS, ce qui a rendu la situation encore plus instable.

Nous aborderons dans un premier temps les conditions initiales dans lesquelles les réformes doivent être entreprises, en nous intéressant à la stabilité macro-économique et au rôle de l'Etat dans le système financier. Dans un second temps, nous verrons l'ordonnancement optimal de la libéralisation financière interne ainsi que l'ordre adopté par certaines économies africaines. Finalement, dans un troisième temps, nous nous intéresserons à la vitesse grâce à laquelle les réformes ont des chances de réussir.

1. LES CONDITIONS INITIALES

L'échec des politiques inspirées de la théorie de la libéralisation financière a conduit à reconsidérer les conditions nécessaires à leur réussite. La littérature actuelle porte sur l'importance de la stabilité macro-économique et de la présence d'un contrôle et d'une surveillance des banques par la Banque Centrale. Cette littérature s'est également intéressée au rôle des gouvernements.

1.1 La stabilité macro-économique

Par « environnement macro-économique stable », nous entendons la stabilité du niveau général des prix et un déficit budgétaire modéré. Pour Akyüz (1994), l'instabilité des prix accroît la fragilité financière, crée un climat d'incertitude, accroît les taux d'intérêt et raccourcit l'horizon temporel.

Mais, la discipline aussi bien monétaire que budgétaire est cruciale puisque, si ces deux conditions ne sont pas remplies, la réforme sera vouée à l'échec. Pour Mac Kinnon (1991), ces deux instruments de la politique de stabilisation sont interdépendants et doivent intervenir avant d'entamer des politiques de libéralisation. En effet, Edwards (1986) confirme que l'application simultanée de ces deux types de réforme (stabilisation et libéralisation) s'avère coûteuse aussi bien au niveau économique que politique.

1.1.1 La stabilisation des prix et les effets pervers de la libéralisation financière

Pour bien comprendre la nécessité de réduire l'inflation dans les économies d'Afrique sub-saharienne, il faut d'abord se poser la question de la signification d'un niveau général des prix élevés.

Tout d'abord, la principale source d'inflation en Afrique provient de la monétisation des déficits publics. Les gouvernements ont pris l'habitude d'utiliser le seigneuriage[101] pour financer leurs dépenses. Cependant, il n'existe pas d'hyper-inflation en Afrique, comme celle observée en Amérique Latine dans les années 1980. Les mécanismes de la Zone Franc imposent aux pays membres des taux d'inflation relativement faibles et, les autres pays africains enregistrent des taux d'inflation dépassant rarement les 50 % par an.

Eboué (1999) montre clairement que les pays ayant des taux d'inflation importants (ex-Zaïre, Nigeria, Ghana, Zimbabwe, Tanzanie) ont des degrés de seigneuriage élevés, supérieurs à 3 % du PIB. L'inflation se répercute au niveau des taux de change et tend d'une part à déprécier la monnaie nationale et d'autre part, à entraîner la dollarisation des économies ou à substituer à la devise nationale d'autres devises. Une économie inflationniste a dû mal à exporter ses produits intérieurs et la monétisation des déficits publics tend également à entraîner la « désintermédiation financière ». Ainsi, la question essentielle est de savoir en quoi les politiques déflationnistes peuvent renforcer le secteur bancaire.

La stabilité des prix est essentielle pour plusieurs raisons.

Tout d'abord, si l'inflation est peu importante, elle permet d'atteindre facilement l'objectif de taux d'intérêt réel positif. Ensuite, dans un contexte d'inflation modérée et peu volatile, les taux d'intérêt nominaux ne sont pas excessivement élevés et permettent d'éviter le problème des faillites des entreprises et des établissements financiers endettés. Les banques ne sont plus obligées de se lancer dans une guerre des prix pour attirer le maximum de dépôts.

Mais, la lutte contre l'inflation peut s'accompagner de mesures à l'origine de nouvelles difficultés. Par exemple, si elle s'accompagne d'une réduction brutale de la masse monétaire, elle peut être à l'origine d'un ralentissement de l'activité, d'une montée du chômage et de la substitution de titres publics aux détriments des dépôts bancaires dans le portefeuille des agents.

De plus, Adam (1995)[102] montre que dans les pays en premières phases de stabilisation, les gouvernements souhaitent préserver le même niveau de seigneuriage ou sont incapables de réduire instantanément leurs déficits budgétaires.

Dans ces conditions, les gouvernements sont obligés d'augmenter le financement monétaire de leurs déficits budgétaires.

Ainsi, la libéralisation financière aggrave l'inflation à moins qu'elle ne soit accompagnée d'une discipline budgétaire.

---

[101] Le revenu du seigneuriage se définit comme le montant des ressources capturées par les autorités en émettant plus de monnaie « Banque Centrale » que nécessaire pour les agents privés et les intermédiaires financiers. Agenor et Montiel (1996) définissent S, le revenu de seigneuriage comme étant la valeur réelle de l'augmentation de la monnaie « Banque Centrale ». $S = \Delta M_t / P_t$ avec M, la monnaie « Banque Centrale » et P_t, le niveau moyen des prix.

[102] Adam C. (1995) « Fiscal Adjustment, Financial Liberalization, and the Dynamics of Inflation : Some Evidence from Zambia ». *World Development*, vol. 23, n° 5, p 735-750.

N'existe-t-il pas une incompatibilité à vouloir, dans le même temps, développer l'activité des banques créatrices de monnaie et contrôler l'évolution de la masse monétaire pour lutter contre l'inflation ?

Dornbusch et Reynoso (1993) soutiennent qu'une croissance économique élevée ne peut guère être obtenue par une libéralisation financière, mais plutôt au moyen d'une stabilité financière qui exige la baisse de l'inflation.

1.1.2 La discipline budgétaire

Bien qu'elle ne constitue pas une preuve suffisante d'une bonne politique économique, la discipline budgétaire est également nécessaire pour réduire l'inflation. Elle est même devenue une condition pour obtenir une aide financière extérieure dans les PAS. Les organisations internationales ont demandé aux pays africains de « dépenser moins mais mieux ».

Pour Fry (1988), une fois les dérapages budgétaires contrôlés, la mise en place d'une politique monétaire réussie devient possible. En effet, si le déficit de l'Etat atteint des montants trop importants, il peut être à l'origine de trois problèmes délicats. En premier lieu, si le déficit du gouvernement est élevé, il a recours au système financier domestique pour se financer. Ce problème rend impossible toute libéralisation financière dès lors que les dépenses publiques ne sont pas modérées ou qu'un système de recettes budgétaires nouveau n'est pas mis en place. Mac Kinnon (1991), dès la page 4 de son ouvrage, précise cette condition de réussite de la politique de libéralisation financière. De plus, et conformément à l'analyse théorique de Roubini et Sala-i-Martin (1992 et 1995), les avantages de la répression financière pour les gouvernements se situent principalement dans la possibilité d'obtenir des fonds bancaires à un coût privilégié.

En second lieu, les déficits budgétaires élevés et persistants réduisent la confiance des investisseurs aussi bien nationaux qu'étrangers. Par conséquent, si toute forme d'emprunt est impossible, les gouvernements seront réticents à lever leur mainmise sur les ressources financières.

Enfin, en dernier lieu, la persistance d'un déficit budgétaire élevé implique alors la mise en place d'une politique d'austérité. Mais, nous avons pu constater que la coexistence d'une politique de libéralisation financière et d'un PAS annulait en grande partie les éventuels effets bénéfiques de la libéralisation.

Au total, les conditions de réussite de la libéralisation financière deviennent plus contraignantes puisque la majorité des auteurs s'accordent à dire que cette politique doit être précédée d'une stabilisation macro-économique. Autrement dit, avant d'entamer des réformes financières, l'économie réelle doit fournir un terrain favorable. Il s'agit principalement d'une inflation modérée et d'un faible déficit public. De plus, la libéralisation financière semble paradoxalement nécessiter aussi l'intervention du gouvernement dans le domaine financier.

1.2 Le rôle de l'Etat dans le système financier

Face à l'instabilité et à l'inefficacité des marchés bancaires, l'intervention de l'Etat apparaît, d'un point de vue économique, évidente et nécessaire. Elle vise à protéger la sécurité et la solidité des systèmes financiers ainsi qu'à minimiser les externalités négatives. Cependant, en étudiant exclusivement les marchés financiers des PVD, Stiglitz (1993) affirme que l'échec du marché ne justifie pas l'intervention complète de l'Etat dans le fonctionnement du système bancaire car les opérations financières sont complexes et les réglementations posent de multiples problèmes. Plus précisément, Mac Kinnon (1986) souligne que « *l'intervention de l'Etat sur les marchés bancaires n'est nécessaire qu'en situation d'instabilité macro-économique.* ». Si les opinions divergent concernant le rôle précis du gouvernement, quelques principes généraux peuvent être dégagés.

1.2.1 L'engagement politique : la crédibilité et la soutenabilité

Dans de nombreux cas, la crédibilité des réformes est endommagée car les agents économiques ne sont pas sûrs des motifs réels du gouvernement. Ils veulent savoir si le gouvernement n'entreprend pas une politique de libéralisation financière uniquement pour satisfaire la Banque Mondiale, le Fonds Monétaire International ou d'autres créditeurs. Le cas échéant, ils veulent savoir si la réforme ne sera pas arrêtée dès que l'importance de la conditionnalité diminuera.

A ce niveau, l'engagement politique est primordial. L'Etat peut lui-même améliorer la crédibilité de la réforme en communiquant au secteur privé ses engagements et en réduisant toutes les incitations susceptibles de renverser sa politique. L'exemple du Nigeria illustre bien ce propos. En changeant l'objectif de sa politique des taux d'intérêt à plusieurs reprises, le Nigeria s'est vu contraint d'abandonner les réformes car il a fortement endommagé la confiance et la crédibilité de ses actions. Par ailleurs, tous les programmes d'ajustement de la Banque Mondiale sont paradoxaux dans le sens où les gouvernements sont récompensés quand ils libéralisent alors que c'est dans « leur intérêt ». De plus, l'idée que la réforme peut être une grave erreur quand les engagements du gouvernement ne sont pas clairs, n'est pas du tout présente dans les opérations des institutions internationales.

La crédibilité politique est un thème traité dans le domaine de L'Economie Politique Internationale mais représente une autre condition de réussite des réformes financières. Ce problème, même s'il montre les limites de la réflexion économique, est particulièrement important en Afrique car les gouvernements ne sont hélas pas souvent très clairs dans leurs engagements.

De plus, l'Etat doit également intervenir dès lors que la hausse des taux d'intérêt induite par la libéralisation financière devient trop importante.

1.2.2 Le contrôle de la hausse des taux d'intérêt

Selon Mac Kinnon (1988), en ne contrôlant pas la hausse des taux d'intérêt, certains gouvernements des pays d'Amérique Latine ont été responsables des désastres financiers des années 1970 et 1980. En effet, la montée de l'inflation fausse les anticipations des agents économiques et contribue activement à l'élévation des taux d'intérêt nominaux (Mac Kinnon, 1991). En anticipant la hausse de l'inflation, les investisseurs anticipent également la hausse des taux d'intérêt et sont incités à investir dans des projets risqués, ce qui accentue les problèmes du risque moral sur les marchés du crédit. Mais, il s'agit là d'un cas particulier dans lequel l'inflation persiste pendant la mise en place de la libéralisation des taux d'intérêt. Ce cas rejoint les précautions évoquées en termes de stabilisation de la hausse des prix mais souligne l'importance de l'Etat pour éviter une élévation trop forte des taux d'intérêt. Ainsi, alors que Mac Kinnon (1973) s'opposait à toute intervention de l'Etat dans le domaine financier, il est revenu sur ses positions quelques années plus tard.

1.2.3 La réglementation prudentielle et la supervision bancaire

Par le biais de la Banque Centrale, les gouvernements doivent superviser le système financier en utilisant des règles prudentielles d'autant plus strictes que l'instabilité macro-économique est élevée. D'après Polizatto (1992)[103], ces règles consistent à empêcher la concentration des prêts entre les mains de quelques clients, à contrôler l'entrée dans l'activité bancaire, à exiger des banques la diversification de leurs portefeuilles et à sanctionner les banques dont la gestion est imprudente.

La première étape concerne la mise en place de la réglementation prudentielle puis, cette dernière facilitant l'évaluation des risques de chaque banque et l'obtention d'information, elle permet aux autorités d'assurer leur tâche de supervision. Le système de supervision consolide les règles prudentielles et permet de détecter à temps les institutions financières en difficulté et de les liquider ou de les renflouer avant que leurs dirigeants n'entreprennent des opérations perverses comme les financements à la « Ponzi » où les banques continueraient d'octroyer des crédits à des clients déjà très endettés. Le ratio Cooke[104] ou les autres contraintes liées à l'endettement des banques ont déjà été mis en place dans certains pays africains. Il reste maintenant à vérifier leur efficacité. Le problème de la surliquilidité démontre que le respect dc ratios prudentiels n'est pas une preuve d'efficacité du système bancaire.

---

[103] Polizatto V. P. (1992) « Prudential Regulation and Banking Supervision » in D. Vittas (ed.) *Financial Regulation : Changing the Rules of the Game,* Washigton D.C : The World Bank.

[104] Le ratio Cooke est un ratio de solvabilité. Il stipule que les fonds propres sur les risques pondérés ne doivent pas dépasser 8 %.

De plus, Soyibo (1996) suggère qu'il faille prendre également en considération la composition des portefeuilles des banques et la qualité du capital humain et de l'information dans le secteur financier. En effet, il ne suffit pas de définir les réglementations adéquates, il convient aussi de disposer des capacités techniques et politiques pour les mettre en œuvre. Or, de telles capacités ne sont pas toujours disponibles dans les PVD, notamment en Afrique. Nous reviendrons sur ces problèmes essentiels dans la dernière section de ce chapitre.

1.2.4 Le renforcement du cadre juridique

Le renforcement du cadre juridique du secteur bancaire ainsi que la législation relative au recouvrement des dettes et à la faillite constitue un autre aspect important de la réussite des réformes financières. Mais, dans un cadre plus large que celui du secteur financier, le rôle du gouvernement est également d'établir une structure juridique et réglementaire adéquate.

D'après Montiel (1995), l'Etat doit fournir une structure juridique efficace et des droits de propriété bien établis. Le problème des droits de propriété a souvent été levé dans le cas de l'Afrique. Dans son *Rapport sur le développement dans le monde*, la Banque Mondiale (1989) affirme : « *Munis de titres de propriété incontestés, les petits paysans pourraient offrir des garanties acceptables. De même, les régimes de propriété qui limitent le droit d'héritage des femmes ou empêchent celles qui sont mariées de posséder des biens en leur nom propre freinent leur accès au crédit. Dans beaucoup de pays, les lois bancaires exigent que les femmes obtiennent la permission de leur mari ou de leur père avant de pouvoir emprunter* ».

Ce point est très important si on considère les demandes de garanties de la part des banques. En effet, d'une part, les emprunteurs potentiels sont souvent exclus du système bancaire car ils n'ont pas de titres de propriété dûment établis. D'autre part, les banques n'osent pas prendre le risque de prêter à certains agents car elles n'ont pas la possibilité, en cas de non-remboursement, de s'adresser à une justice efficace. La politique de libéralisation financière était autrefois considérée comme totalement opposée à l'intervention gouvernementale. Il est maintenant admis que le marché et la réglementation peuvent être complémentaires. La disponibilité de l'information sur les marchés financiers améliore l'efficacité de la réglementation bancaire et cette dernière permet de diminuer les risques d'insolvabilité ou de crise bancaire.

Au total, les conditions de mise en place de la libéralisation financière s'avèrent beaucoup plus importantes qu'elles n'ont été initialement définies. Elles rendent alors une telle politique beaucoup plus coûteuse et portent atteinte à « la solution miracle » et aux espoirs qui sont nés de la théorie économique de Mac Kinnon et Shaw dans les années 1970 et 1980.

La question suivante concerne l'ordonnancement optimal des réformes.

2. L'ORDONNANCEMENT OPTIMAL

Une fois remplies les conditions économiques initiales, un autre problème apparaît : comment mettre en œuvre les mesures de libéralisation financière et obtenir un résultat optimal ? Dans la littérature traditionnelle, Kapur (1976) et Mathieson (1979) estiment la meilleure politique serait une libéralisation simultanée, rapide et complète de tous les marchés. Mais, par la suite, certains auteurs ont attribué l'échec des réformes financières à l'ordre dans lequel les mesures de libéralisation ont été appliquées. Il s'agit alors pour eux de trouver le programme graduel d'acheminement optimal des réformes financières de façon à minimiser les coûts en bien-être. Il faut cependant noter que ce courant de la littérature n'est pas propre à l'étude des réformes financières internes et externes mais traite également des réformes du secteur réel[105].

2.1 Les séquences de la libéralisation interne

Nous avons vu précédemment que la stabilisation de l'économie et la réglementation prudentielle devaient se faire avant tout effort de libéralisation financière. Par la suite, il s'agit de définir les séquences nécessaires au sein de chaque réforme mais, la transition d'une mesure à une autre demeure encore très floue. Le passage d'une réforme 1 à une réforme 2 est souvent justifiée par le bon avancement de la réforme 1 sans autre précision.

Tableau IV.1 - Les étapes de libéralisation d'une économie

Secteur	Domestique	Externe
Réel	**ETAPE 1** • Stabilisation • Libéralisation des prix • Levée des taxes implicites et explicites ainsi que des subventions • Privatisation	**ETAPE 3** • Libéralisation des opérations courantes (levée des barrières commerciales) • Création d'un marché de changes et convertibilité externe de la monnaie
Financier	**ETAPE 2** • Restructuration et privatisation du système bancaire domestique • Création ou réactivation du marché monétaire	**ETAPE 4** • Levée du contrôle des mouvements de capitaux • Convertibilité totale de la monnaie

Source : Gassab (1997), p 134.

[105] Verdier A. (1995) Le processus de libéralisation dans les pays en voie de développement, Mémoire de DEA, CEMAFI, Université de Nice.

D'un point de vue général, les auteurs s'accordent sur quatre grandes séquences dans le processus de libéralisation [Edwards (1986), Krueger (1986)[106], Mac Kinnon (1991)]. Une fois l'économie stabilisée, il convient de libéraliser le secteur réel national puis le secteur financier national. La troisième et la quatrième séquence concernent respectivement la libéralisation commerciale et la libéralisation des mouvements de capitaux.

La libéralisation de la sphère réelle comprend la stabilisation macro-économique, la libéralisation des prix, la levée des taxes et des subventions et les privatisations. Cette dernière doit se faire avant celle de la sphère financière pour plusieurs raisons. En effet, supposons qu'un pays en voie de développement décide d'adopter l'ordre inverse et de libéraliser la sphère financière avant la sphère réelle. Dans ce cas, les distorsions de prix, les subventions et l'inflation persistent. En conséquence, seules certaines entreprises profitent de la situation et peuvent s'accaparer l'épargne mobilisée par la libéralisation financière. Les investissements, selon Saidane (1995) deviennent volatils et très mal répartis. Ils répondent à une logique spéculative de court terme et non à une logique économique de long terme privilégiant la croissance et l'emploi. Pour Saidane (1995), le retour à la répression financière est inévitable et la libéralisation du secteur réel domestique s'impose.

Montiel (1995) suggère une libéralisation financière interne en quatre temps :

1. Restaurer l'équilibre macro-économique et restructurer ou liquider les institutions financières en difficulté.
2. Introduire des instruments monétaires indirects tels que la libre détermination des taux d'intérêt et l'établissement d'une capacité de surveillance de la Banque Centrale sur le système financier.
3. Encourager la concurrence dans le secteur bancaire, en incitant les banques étrangères et nationales à s'installer et en réduisant la part détenue par le gouvernement dans le capital des banques.
4. Libéraliser les taux d'intérêt et abolir toute forme de contrôle administratif sur le secteur financier.

Ces recommandations définies par Montiel (1995) correspondent en fait à un ordre théorique plus ou moins logique mais ayant l'avantage de fournir une grille de lecture aux économies africaines. Il ne s'agit en aucun cas de l'ordonnancement optimal applicable à tous pays ou à toutes économies, un autre ordonnancement pouvant mener également à la réussite de la politique de libéralisation financière.

Mais, il est intéressant de reprendre l'ordre adopté dans les économies africaines pour savoir si les « bons élèves » de Montiel ont mieux réussi que « les mauvais ». Il faut à nouveau rappeler que le changement d'étapes n'est préconisé qu'en cas de bonne avancée de la mesure précédente. Cette incertitude laisse encore

[106] Krueger A.O. (1986) « Problems in Liberalization » in Choksi et Papageorgiou (ed.) *Economic Liberalization in developing Countries*, New York, Blasil Blackwell.

à l'auteur la possibilité d'évoquer une vitesse mal adaptée à l'entreprise des réformes dans le cas où cet ordonnancement se solderait par un échec.

2.2 L'ordre adopté dans les économies africaines

L'ordonnancement des réformes adopté en Afrique ne correspond dans aucun pays à celui défini par Montiel (1995). Le tableau II.1 – *Mesures de libéralisation en Afrique sub-saharienne* – du chapitre II montre que les étapes de libéralisation financière interne sont différentes suivant les pays.

Aucune économie n'ayant entrepris de libéraliser son secteur financier dans le même ordre, il apparaît délicat de tirer des conclusions. Pourtant, d'un point de vue général, il semble tout d'abord que les programmes de privatisation des banques préconisés dans l'étape 3 de Montiel, aient été commencés en même temps que les restructurations et les liquidations préconisées dans l'étape 1. Il est tout à fait logique et moins coûteux de modifier le bilan des banques une fois pour toute. A ce niveau, Montiel ne donne pas un ordre très facile à mettre en pratique.

Ensuite, de façon générale, les étapes n'ont pas été prises dans un ordre très clair dans le sens où, une même année, plusieurs mesures ont été adoptées simultanément. Par exemple, au Kenya, l'année 1989 a été consacrée à l'adoption de règles prudentielles, à la liquidation de certaines banques, à la création de nouvelles institutions, à l'établissement d'un marché interbancaire et au début de la déréglementation des taux d'intérêt.

Le tableau ci-après retrace l'ordre des mesures adopté par certaines économies sub-sahariennes et indique que l'ordonnancement de la libéralisation financière est différent suivant les pays considérés. Les pays ont été classés suivant le nombre de mesures entreprises et suivant le nombre d'années nécessaires à leur adoption.

Ainsi, la déréglementation des taux d'intérêt s'est faite dans les premières étapes de la libéralisation financière et certains pays n'ont toujours pas atteint l'objectif ultime d'une libéralisation totale des taux d'intérêt.

La vitesse des mesures est également très disparate. Alors que le Kenya a intégralement libéralisé son secteur financier en deux ans, la Bénin a mis sept ans à adopter les premières mesures et n'a entrepris qu'une libéralisation partielle de son secteur financier.

Le tableau montre clairement que les étapes adoptées n'ont respecté aucun ordre et que les programmes des grandes institutions internationales laissent aux gouvernements la responsabilité d'entreprendre toute une gamme de réformes sans aucune recommandation d'ordre ou de vitesse. De plus, les programmes de stabilisation macro-économique sont entrepris simultanément dans le grand volet des PAS alors que, même si la théorie économique n'est pas très avancée sur le sujet, il semble tout de même y avoir un ordre à respecter pour éviter les conflits de politique économique et de mesures.

Tableau IV.2 – L'ordre des mesures adopté dans certaines économies africaines

SELON MONTIEL	KENYA	TANZAN.	COTE IVOIRE	GHANA	CONGO	MALAWI	BENIN
ETAPE 1							
Restructuration	Etape 1 1989	Etape 2 1990-93	Etape 5 1991-94	Etape 3 1989-96	Etape 5 1995		Etape 2 1989-93
Liquidation	Etape 1 1989		Etape 1 1989-91		Etape 1 1990-92		Etape 1 1987-92
ETAPE 2							
Dérég. Taux d'i.	Etape 2 1989-90	Etape 1 1984-85	Etape 2 1989-93	Etape 1 1983-87	Etape 2 1990-93	Etape 1 1987-88	Etape 2 1989-93
Surveill. Banc.	Etape 1 1989	Etape 4 1991	Etape 4 1992	Etape 2 1987		Etape 2 1989	
ETAPE 3							
Nouv. Institut.	Etape 1 1989	Etape 5 1992		Etape 5 1990-92			Etape 2 1989-93
Privatisation		Etape 3 1990	Etape 5 1991-94	Etape 6 1993	Etape 4 1994		
ETAPE 4							
Abolit. Contrôl.	Etape 1 1989	Etape 3 1990	Etape 3 1990	Etape 4 1990	Etape 3 1992	Etape 4 1991	
Libéralisation	Etape 3 1991	Etape 5 1992				Etape 3 1990	
NOMBRE DE MESURES	7	7	6	6	5	4	4
NOMBRE D'ANNEES	2	8	5	10	5	4	7

Au total, la politique de libéralisation financière préconisée comme une solution miracle au développement et à la croissance économique, nécessite non seulement des conditions initiales mais également un ordonnancement des mesures à respecter.

Certaines économies ont atteint l'objectif de libéralisation des taux d'intérêt (Kenya, Malawi, Tanzanie, etc.) de façon assez rapide. D'autres économies ne se sont pas encore lancées dans cette étape. La question suivante est de savoir s'il existe une vitesse appropriée pour libéraliser le secteur financier et si la solution d'une libéralisation rapide est mieux adaptée qu'une libéralisation progressive.

3. LA VITESSE DES REFORMES FINANCIERES

La vitesse des réformes financières concerne le temps nécessaire pour l'installation complète d'une politique compte tenu des différentes mesures à entreprendre. Il peut s'agir d'une vitesse très rapide et dans ce cas, toutes les mesures sont prises simultanément ; il s'agit du « big bang ». L'économie passe ainsi d'une situation de répression financière à une situation de libéralisation financière dans un délai très court avec tous les problèmes d'ajustement que cela implique.

L'économie peut également s'ajuster progressivement et entreprendre les mesures une à une avec un délai d'adaptation. Le risque est de ne pas atteindre l'objectif politique fixé car les délais s'avèrent trop long.

Nous aborderons donc les deux possibilités liées à la vitesse d'entreprise des réformes ainsi que les avantages d'une libéralisation financière prudente.

3.1 Le « big-bang » versus libéralisation financière graduelle

Villanueva et Mirakhor (1990) proposent une vitesse de libéralisation financière différente suivant les conditions initiales des pays. Ils montrent que si l'environnement macro-économique est instable et / ou s'il n'existe pas de supervision bancaire efficace, alors la politique de libéralisation des taux d'intérêt doit être graduelle. Dans le cas inverse, la libéralisation des taux d'intérêt peut être immédiate.

Mais, leurs recommandations rejoignent celles que nous avons déjà évoquées concernant les conditions initiales et l'ordonnancement optimal des réformes.

Il semble totalement paradoxal de préconiser une approche par le « big bang » dès lors que l'économie doit être stabilisée avant que les mesures de libéralisation ne soient prises et qu'il existe un ordre des réformes à respecter.

Dans les PVD, compte tenu de l'instabilité marquante dans certains pays, il semble préférable d'éviter une approche de la libéralisation financière par le « big-bang ». De plus, il existe un argument supplémentaire à savoir que la répression financière empêche la connaissance du fonctionnement du marché de façon concurrentielle. Il faut donc un temps d'apprentissage des nouvelles règles et de formation des individus.

3.2 Vers des réformes prudentes

Les diverses expériences de libéralisation financière plaident plutôt en faveur d'un processus graduel. Il apparaît légitime, suite à l'analyse de ces expériences, de maintenir dans un premier temps, la régulation des autorités et une certaine forme d'intervention de l'Etat.

Tout d'abord, la stabilisation macro-économique doit être accomplie et les pays doivent prendre le temps nécessaire. Mac Kinnon (1991) s'appuie sur l'exemple du Japon qui n'a libéralisé son système financier qu'à une époque récente, après s'être engagé pendant des décennies sur la voie d'une croissance rapide tout en maintenant des contraintes financières appropriées.

Mais, la Banque Mondiale (1989) dans le *Rapport sur le développement dans le monde*, affirme que le processus de réforme ne doit être ni trop rapide ni trop long. Dans le premier cas, les entreprises pourraient encourir de lourdes pertes et dans le second cas, le coût de la persistance de l'inefficacité financière deviendrait trop élevé.

Il semble ainsi logique de ne pas laisser les économies dans une situation ambiguë, entre l'intervention gouvernementale et le marché dont les forces s'opposent.

A nouveau, cette recommandation rejoint l'engagement politique et la nécessité de ne pas laisser « traîner les choses » quels que soient les objectifs politiques que le gouvernement s'est fixés.

Les recommandations sur les conditions initiales, l'ordre et la vitesse de libéralisation financière, sont plutôt simplistes et floues. Aucun calendrier précis ne peut être établi concernant le processus de réformes.

Alors que la libéralisation financière avait été prônée comme la solution au développement et à la croissance, il apparaît maintenant nécessaire de l'entreprendre après d'autres réformes de stabilisation. En conséquence, la politique de libéralisation devient un luxe extrêmement coûteux pour les pays instables.

Le rôle de l'Etat demeure également très flou, avec l'idée d'un compromis entre le marché et l'intervention du gouvernement pour assurer le développement et la stabilité du secteur financier.

L'ordonnancement et la vitesse optimale de la libéralisation financière interne apparaissent également très aléatoires bien qu'il semble important de ne pas entreprendre les mesures simultanément et trop rapidement.

Ainsi, la nouvelle approche de la libéralisation financière est incapable de trouver une thérapeutique définitive et précise, nécessaire à la stabilité et au développement du système financier.

La première condition de réussite de la libéralisation financière est, selon nous, la prudence. Les Etats doivent prudemment s'engager dans la voie des réformes. La stabilisation macro-économique est sans aucun doute importante mais les réformes bancaires doivent tenir compte des possibilités d'amélioration qui y sont liées. Par exemple, il n'est pas sûr que la création d'un marché interbancaire dans un pays où il existe très peu de banques soit une priorité ou une étape obligée dans le processus de réformes. Il faut souligner que l'objectif de la libéralisation financière est le développement financier et qu'il faut avant tout que les banques assurent leur rôle d'intermédiaire financier.

Quel est l'intérêt d'établir la libéralisation des taux d'intérêt lorsque les banques se retrouvent en situation de surliquidité et ne prêtent qu'aux gros emprunteurs ?

Ce point est essentiel pour l'avenir de l'Afrique. Il était nécessaire de restructurer le bilan des banques mais il est maintenant indispensable d'en faire de véritables agents de développement économique, à savoir des prêteurs pour tous les investisseurs potentiels.

La section suivante s'intéresse justement aux possibilités de trouver des financements pour les investisseurs de toute taille dans un climat financier tel qu'il a été décrit en Afrique. Si les banques ne veulent pas prêter, il apparaît indispensable soit de les y forcer, ce qui paraît difficile, soit de trouver des solutions intermédiaires. A l'heure actuelle, les institutions de micro-finance nous paraissent ouvrir la voie à un type de financement mieux adapté à la réalité africaine. Ces institutions doivent temporairement prendre le relais, le temps que les banques fonctionnent plus efficacement, et assurer le financement de certaines activités productives africaines.

SECTION II : LE FINANCEMENT DES MICRO-ACTIVITES ET DES PETITES ENTREPRISES

L'objectif de cette section est d'estimer les possibilités de financement des micro-activités et des petites entreprises par le biais des programmes de micro-financement.

Tout d'abord, la difficulté à laquelle se trouvent confrontées les micro-entreprises est l'impossibilité d'obtenir un crédit auprès des banques. Le plus souvent, les besoins de crédit sont modestes alors que proportionnellement, les coûts de constitution des dossiers de financement sont élevés. Les institutions financières souhaitent évaluer les risques des prêts, demandent des garanties importantes et ne font aucun effort pour atteindre cette clientèle.

Cette situation s'est aggravée avec la libéralisation financière et la restructuration et la privatisation des banques dans la région sub-saharienne.

Alors que les mesures devaient renforcer la viabilité à long terme des systèmes bancaires, elles ont réduit le réseau des banques et l'accès aux services financiers, surtout en zone rurale. Le déclin des banques agricoles et des banques de développement a également contribué à accentuer ce phénomène.

De plus, face à la défaillance des banques officielles, les systèmes financiers informels ne parviennent pas non plus à remédier aux pénuries de crédit les plus sévères ni à favoriser l'augmentation du revenu.

En effet, leur échelle est très localisée, les risques ne sont pas diversifiés et les capitaux restent limités aux ressources des participants. De plus, le système informel détient un droit de quasi-monopole sur des micro-régions et applique, de ce fait, des taux d'intérêt extrêmement élevés.

Pour atteindre la masse considérable que représentent ces micro-activités, les programmes de micro-financement doivent être capables d'apporter des services de prêt et d'épargne permettant de consentir des crédits beaucoup plus modestes, pratiquement sans garantie et de collecter l'épargne à des niveaux analogues.

Des percées ont été réussies dans toute une variété de contextes culturels. Ces nouveaux intermédiaires financiers, situés entre la finance formelle et informelle, ont parfois permis le développement de régions. Toutefois, le chemin est encore long à parcourir de façon à adapter le financement non institutionnalisé aux besoins des petites entreprises.

La problématique du financement des micro-activités fera l'objet d'un premier point. Nous aborderons les échecs des politiques traditionnelles de financement en zone rurale, les différents acteurs concernés par les programmes de micro-financement et l'imitation des pratiques du secteur informel. Dans un second temps, nous évaluerons les performances de ces nouveaux intermédiaires financiers en nous appuyant sur plusieurs exemples et nous mettrons en avant les limites liées à l'utilisation de tels crédits.

Dans l'optique de cette seconde partie et de la dimension financière du développement économique, seules les micro-entreprises ont la possibilité d'accroître les activités productrices et de favoriser le développement économique. Ainsi, toutes les catégories d'agents écartés de la finance formelle, ne sont pas considérées comme aptes à promouvoir l'investissement et la croissance.

Dans un dernier temps, nous nous intéresserons plus en détail aux possibilités d'amélioration du système de financement des petites entreprises et envisagerons la solution de créer des intermédiaires financiers entre les banques et les entrepreneurs.

1. LA PROBLEMATIQUE DU FINANCEMENT DES MICRO-ACTIVITES

La micro-finance fait référence à des services financiers de petite taille adressés aux pauvres, ruraux et urbains. Elle leur fournit du crédit pour leurs affaires ainsi qu'une assistance technique et collecte leur épargne.

Son principal objectif est la réduction de la pauvreté et à terme, un fonctionnement autonome de ses services. Les différentes institutions ciblent plus particulièrement les femmes et les pauvres et peuvent accorder leur confiance à un groupe préalablement constitué ou à un seul individu.

Mais la nouvelle approche du financement des micro-activités s'appuie aussi sur les échecs passés de la politique traditionnelle de financement en zone rurale.

1.1 L'échec de la politique traditionnelle de financement en zone rurale

Au cours des cinquante dernières années, les pays en voie de développement, appuyés par divers donateurs, se sont efforcés d'encourager la modernisation et le développement de leur agriculture en attribuant aux organismes de crédits publics, des sommes considérables devant être rétrocédées aux agriculteurs à des taux bonifiés.

Bien que l'agriculture soit considérée depuis longtemps comme une matière imposable destinée à promouvoir l'industrialisation rapide plutôt que comme un secteur de croissance à part entière, les Etats des pays en développement ont admis, depuis environ cinquante ans, la nécessité pour les zones rurales de disposer de techniques modernes et d'un accès au crédit.

Estimant leurs habitants trop pauvres pour épargner et pour payer le coût réel du crédit, les gouvernements sont tout d'abord intervenus, soutenus par divers donateurs, pour accorder aux agriculteurs des crédits à taux d'intérêt bonifiés (inférieurs à ceux du marché). Jusqu'aux années 1970, le succès des organismes publics créés à cet effet était jugé en fonction du volume des prêts décaissés et de leur impact sur la production.

Mais, si ces interventions ont stimulé temporairement la production agricole, elles n'ont pas entraîné une croissance du revenu ou un recul de la pauvreté à plus long terme.

En effet, l'accent a été mis sur les décaissements, au détriment de la qualité des portefeuilles, du développement rural non agricole et surtout, de la mobilisation de l'épargne.

Les taux bonifiés ont eu un coût macroéconomique élevé car ils n'ont pas compensé le risque élevé d'une production liée aux aléas climatiques et naturels et les crédits sont devenus un poids pour le budget des gouvernements. De plus, la facilité d'obtention de prêts à bon marché a mis à mal le principe de remboursement et annulé la rentabilité des programmes. En général, ils n'ont atteint qu'une minorité, souvent la « mauvaise » minorité de la population rurale, les agriculteurs aisés ou influents.

Au total, le déséquilibre entre la taille des institutions, le portefeuille de prêts, les taux d'intérêt débiteurs et la mobilisation de l'épargne a rendu les programmes non rentables et tributaires de sources de financement externes.

La politique de développement des activités rurales ne pouvait donc plus s'appuyer sur des crédits à taux bonifiés et il a fallu reconsidérer le comportement d'emprunt des pauvres et d'autres solutions à leur financement.

1.2 Le comportement d'emprunt des pauvres

Tout d'abord, il est difficile d'estimer la demande rurale de crédit mais l'hypothèse la plus souvent retenue est de considérer que cette demande est largement supérieure à l'offre. De plus, il n'existe pas de demande de crédit des pauvres auprès du secteur bancaire.

Dans les modèles de ménages agricoles[107], les agents cherchent d'une part à maximiser leur utilité en termes de consommation et de loisir et d'autre part, à stabiliser leurs revenus de façon à obtenir une sécurité alimentaire. Par conséquent, le marché du crédit assure les ménages contre les fortes fluctuations de revenus présentes en Afrique, et on peut considérer que la demande de crédit est forte.

Le cas du Ghana, dans le tableau ci-après, montre clairement que les prêts ont pour principal objectif de financer les biens de consommation courante.

Tableau IV.3 - Sources et objectifs des prêts au Ghana (en pourcentage)

	Ménages pauvres	Totalité des ménages
Sources de financement		
Proches, amis, voisins	68.6	67.2
Commerçants	15.9	16.9
Autres (secteurs informel et informel)	15.5	15.9
Objectifs des prêts		
Biens de consommation	25.4	25.6
Affaires	24.2	23.8
Logement, éducation, santé	18.6	19.9
Cérémonies	11.6	11.4
Agriculture	11.2	10.5
Autre	8.9	9
Type de garanties demandées		
Terrain, bétail, maison	3.3	3
Autre	4.1	4.2
Aucune	92.6	92.9
Hommes	**63.8**	**65.2**
Femmes	**36.2**	**34.8**
Raisons des rejets de financement		
Nombre (en %)	8.8	8.3
Revenus insuffisants	41.7	39.6
Garanties insuffisantes	16.7	15.8
Problèmes précédents d'endettement	6.8	8.8
Objectif inapproprié du prêt	8.7	10.4
Autre	26.1	25.4

Source : E. Aryeetey (1996), p 155.

Les données concernant le Ghana confirment que les prêts sont utilisés pour réduire les chocs de consommation et qu'ils proviennent principalement de la

[107] On citera plus précisément les travaux de Reardon, Crawford et Kelly (1994) « Links between Non farm Income and farm Investment in African Households : Adding the capital market perspective ». *American Journal of Agricultural Economics,* n° 76, décembre 1994, p 1172-1176.

famille ou des proches. En général, les caractéristiques d'emprunt des pauvres ne diffèrent pas de celles des autres ménages.

Par ailleurs, au Ghana, en zone rurale, le prêt annuel moyen est de 45 dollars [E. Aryeetey (1996), p 156.], ce qui représente seulement 1,5 % du revenu moyen. La capacité d'emprunt est donc bien plus importante qu'elle n'y paraît.

Le Ghana a été pris en exemple mais il représente le cas de nombreux autres pays en Afrique sub-saharienne. Les femmes sont bien moins nombreuses à obtenir un crédit que les hommes et la majorité des prêts sont accordés sans aucune garantie (plus de 90 % dans le cas du Ghana).

Les capacités de remboursement et d'épargne existent ; nous l'avions déjà noté dans l'analyse du secteur financier informel mais nous savons que les économies des pauvres sont souvent obtenues par le biais d'énormes sacrifices, notamment alimentaires.

Sur ces bases, de nombreux programmes de micro-financement ont ciblé les femmes et n'ont demandé aucune garantie. Ils ont également repris beaucoup de pratiques existant déjà dans le secteur financier informel.

1.3 L'imitation des pratiques du secteur financier informel

Les programmes de micro-crédit en place ont de nombreux points communs avec les pratiques du secteur financier informel.

Tout d'abord, les programmes de micro-financement s'appuient sur la proximité avec les clients. Les banques des pauvres disposent en général de succursales et s'installent dans les villages où le contact avec la clientèle est direct.

De plus, l'évaluation des prêts est basée sur la personnalité. Dans le cadre d'activités bancaires « normales », cette évaluation s'accompagne d'une analyse financière des demandes de prêts et des garanties. Dans le cas des activités de crédit informelles ou semi-formelles, l'évaluation de la personnalité est le seul moyen qui permette d'analyser le profil des entrepreneurs.

Dans certains contextes, un système de garanties de groupes de quelques personnes existe. Ces groupes sont constitués d'individus qui se choisissent eux-mêmes et à qui on fait savoir que s'ils acceptent « conjointement et collectivement » la responsabilité mutuelle de leur dette, ils pourront avoir accès au crédit. De plus, un fonds de garantie d'épargne peut être créé pour limiter les risques de défaut.

Ensuite, les exigences documentaires sont extrêmement simples. La documentation est conçue pour être d'un emploi très facile et utile pour l'emprunteur.

De la même façon, les procédures d'approbation sont rapides ainsi que les procédures de renouvellement des prêts. Cette caractéristique a été considérée comme l'élément-clé qui explique le succès de ces programmes, dans la mesure où les emprunteurs estiment qu'ils ont intérêt à rembourser les prêts afin d'obtenir de nouveaux crédits.

Finalement, les transactions concernent de faibles montants d'épargne et de crédit. Les programmes visent en effet des activités à l'échelle de la micro-entreprise. Les conditions de remboursement sont alors simplifiées, par échéances et d'un montant égal.

Ces caractéristiques illustrent bien la façon dont les institutions financières du secteur formel peuvent imiter les pratiques très anciennes du secteur informel, dans le domaine des services de crédits et d'épargne.

Quatre leçons sont ressorties de l'imitation de ces pratiques[108] :

1. Les pauvres peuvent prétendre au crédit non subventionné.
2. Les pauvres peuvent payer.
3. Les pauvres peuvent épargner.
4. Les prêts modestes arrivent jusqu'à eux.

Par ailleurs, les programmes de micro-finance correspondent maintenant à une logique commerciale. Ils reposent, dans une large mesure, sur l'objectif consistant à pouvoir couvrir les coûts et faire des bénéfices.

Il semble quelque peu difficile d'admettre que les programmes de réduction de la pauvreté puissent chercher à obtenir des bénéfices « sur le dos des pauvres » mais il s'agit de l'évolution récente du micro-financement.

2. L'EVOLUTION RECENTE DU MICRO-FINANCEMENT

La nouvelle conception de l'intermédiation financière rurale date des années 1980. Elle favorise une moindre intervention de l'Etat, la primauté de l'épargne sur le crédit et écarte le recours aux prêts bonifiés.

Pourtant, si ces programmes d'intervention ciblée sont susceptibles d'aider les populations à bénéficier de services financiers, ils ne sont pas pour autant l'instrument idéal pour aider les plus démunis.

De nombreux problèmes de méthode apparaissent lorsque l'on veut évaluer l'impact des micro-crédits. Les études économétriques rigoureuses sont souvent coûteuses et fort complexes. Il existe cependant un modèle d'évaluation largement utilisé qui s'appuie sur deux critères : le rayon d'influence et l'autonomie financière [Gurgand, Pederson et Yaron (1996)].

2.1 L'évaluation des performances des programmes de micro-financement

Pour évaluer l'impact des micro-crédits, l'analyse s'appuie sur des variables facilement quantifiables, le rayon d'influence et l'autonomie financière.

---

[108] JACKELEN Henry R. et RHYNE Elisabeth DR. (1991).

2.1.1 le rayon d'influence

Le rayon d'influence est un indice hybride qui reflète l'objectif d'une intervention donnée. En l'occurrence, il consiste en plusieurs indicateurs dont le nombre de clients, le montant moyen des prêts et le pourcentage de clientèle féminine.

Plus précisément, il s'agit d'observer la variation :

- De la valeur des dépôts d'épargne
- Du nombre et de la valeur moyenne des comptes d'épargne
- De la valeur du portefeuille des prêts
- Du nombre et de la valeur moyenne des prêts accordés
- De la croissance annuelle de l'actif
- Du nombre de branches ou d'unités établies
- De la proportion de la population rurale ciblée
- Du taux de participation des femmes

Cette première évaluation de la performance du programme est doublée d'un second aspect, l'autonomie financière.

2.1.2 L'autonomie financière

L'autonomie est déterminée par un indice de dépendance par rapport aux subventions. Elle est atteinte quand la rentabilité des prêts nets de subventions est supérieure au coût d'opportunité des prêts.

Le ratio SDI (*Subsidy Dependence Index*) mesure l'augmentation en pourcentage du taux d'intérêt moyen des prêts rétrocédés qui permettrait aux intermédiaires de se passer de subventions sur une année donnée.

SDI = Subventions annuelles / Revenu des intérêts

Si SDI = 1, l'autonomie est atteinte.

Si SDI = 2, il faut doubler le taux d'intérêt moyen sur les prêts pour atteindre l'autonomie financière.

Si SDI est inférieure à 1, la valeur totale annuelle des subventions est inférieure aux profits annuels moins le capital chargé au taux d'intérêt du marché. Dans ce cas, l'intermédiaire réalise des bénéfices et peut réduire ses taux d'intérêt.

L'hypothèse implicite est que l'augmentation des taux d'intérêts est le seul facteur pouvant compenser la perte de subventions.

Pour que l'autonomie financière soit acquise, plusieurs conditions sont nécessaires. Tout d'abord, le taux d'intérêt sur les prêts doit être assez élevé pour couvrir les coûts financiers non subventionnés et les coûts administratifs. Ensuite, la politique active de mobilisation de l'épargne doit devenir un facteur croissant dans le financement du portefeuille des prêts. Finalement, les taux de remboursement doivent être très élevés.

Si toutes ces conditions sont remplies, les programmes peuvent alors devenir indépendants de toute subvention et s'autofinancer ou évoluer comme une banque à part entière. Mais, les intérêts payés ne doivent pas être trop élevés si les intermédiaires veulent entrer en concurrence avec les agents financiers informels.

A. Rahman (1999) s'est intéressé à la face cachée des programmes de micro-crédit. En s'appuyant sur le cas de la Grameen Bank au Bangladesh, il remarque que beaucoup d'emprunteurs deviennent vulnérables et ont du mal à sortir du système d'endettement.

Les employés de la Grameen Bank infligent une forte pression aux emprunteurs pour qu'ils remboursent en temps voulu plutôt que d'augmenter la responsabilité collective et de réduire la pauvreté comme cela était initialement envisagé. Il existe ainsi des tensions entre les individus et une discrimination entre les emprunteurs.

Il conclut alors que les seuls indicateurs quantitatifs ne sont pas suffisants et que d'autres indicateurs, qualitatifs, devraient être utilisés.

Nous allons maintenant présenter les expériences de micro-finance, en Indonésie d'une part et en Afrique sub-saharienne d'autre part.

2.2 Les expériences de micro-finance

Les expériences de micro-finance que nous allons présenter sont celles de la BRI (Bank Rakyat Indonesia – Unité Desa) qui a connu une réussite exemplaire puisqu'elle accumule les bénéfices, contrairement à la Grameen Bank (Bangladesh) et celles du village bancaire de la FINCA's au Malawi.

2.2.1 Une réussite exemplaire : l'unité Desa de la BRI en Indonésie

L'initiative de l'unité Desa a été lancée par le gouvernement en 1984. C'est une entreprise moins connue que la Grameen Bank mais bien plus importante et remarquablement rentable (170 millions de dollars en 1995).

L'unité Desa de la BRI est le résultat de la reconversion d'un programme subventionné de crédit agricole aux riziculteurs, lancé au début des années 1970 et qui s'est développé pour servir 3,7 millions d'agriculteurs avant d'échouer. En 1984, au lieu d'accorder des prêts à des taux subventionnés, la banque s'est réorientée vers les prêts aux activités productrices non-agricoles et de petite échelle, à des taux d'intérêt supérieurs aux taux commerciaux.

L'institution s'est développée pour devenir un système financièrement autosuffisant, grâce à sa rentabilité et à son succès dans la mobilisation de l'épargne.

Le tableau ci-après récapitule les principaux indicateurs de fonctionnement de l'unité Desa. Les chiffres montrent qu'aussi bien le rayon d'influence que l'autonomie financière sont importants et que l'institution fonctionne bien.

Tableau IV.4 - Indicateurs du rayon d'influence et de l'autonomie financière de l'unité Desa en 1985 et en 1995

	1985	1995
Rayon d'influence		
Volume annuel moyen des prêts (millions de dollars)	162	1178
Volume annuel moyen des dépôts (millions de dollars)	49	2382
Nombre de prêts non remboursés (millions)	1	2.3
Nombre de comptes de dépôt (millions)	nd	14.5
Montant moyen des prêts (dollars)	162	512
Montant moyen des dépôts (dollars)	nd	164
Autonomie financière (pourcentage)		
Rendement nominal moyen du portefeuille de prêts	27.4	31.6
Taux d'intérêt nominal moyen des dépôts	10.5	9.7
Ecart de taux d'intérêt nominal	16.8	21.8
Rendement réel moyen du portefeuille de prêts	21.7	20.2
Taux de rémunération réel moyen des dépôts	5.6	0.3
Taux débiteur nominal minimum permettant l'autonomie	36.2	17.5
Taux débiteur réel minimum permettant l'autonomie	30.1	7.3
Coûts de fonctionnement en pourcentage		
- Du portefeuille net annuel moyen de prêts	20.5	12.6
- De la moitié des dépôts et du portefeuille net annuel moyen de prêts	31.5	8.3
- Du total annuel moyen des actifs	15.1	5.3
Bénéfices (millions de dollars)	- 0.8	170.2
Pourcentage d'unités bénéficiaires	48.3	95.7
Volume annuel moyen dépôts / volume annuel moyen du portefeuille de prêts	0.3	2
Indice de dépendance par rapport aux subventions	32.2	- 44.5

Source : Yaron J. et Benjamin M. (1997), p 40.

La réussite de l'unité Desa vient tout d'abord de l'élargissement de sa clientèle à l'ensemble des ménages ruraux à faible revenu, sans se limiter aux exploitants agricoles. En outre, ses taux d'intérêt débiteur et créditeur sont séparés par un écart suffisant pour financer les dépenses relatives aux prêts et aux dépôts de faible montant.

Le recouvrement des prêts et la mobilisation de l'épargne, et non plus les décaissements sont devenus la priorité ainsi que la qualité du portefeuille de prêts. Les clients sont soigneusement sélectionnés et activement incités à rembourser (promesses de prêts plus élevés, remises d'intérêt, etc.) et le personnel reçoit des primes liées au rendement des portefeuilles de prêts.

Des guichets itinérants proposent même, plusieurs fois par semaine, une gamme de services limitée dans des zones représentant un assez faible volume d'opérations.

2.2.2 L'exemple des villages bancaires de la FINCA's au Malawi

La FINCA's, en 1995, s'est intéressée surtout aux femmes à faible revenu et à faible capacité productive pour son programme comprenant l'accord de petits crédits, la mobilisation de l'épargne et la formation en gestion des affaires.

Le village bancaire est composé de 35 femmes dont une qui assure le rôle de directeur du crédit. Le comité des directeurs est renouvelé à chaque cycle de prêts (tous les 4 mois). Il s'occupe des opérations quotidiennes, remplit les formulaires, approuve les prêts, s'occupe du recouvrement et de la comptabilité. Il participe à une réunion avec la banque, une fois par semaine.

La condition d'obtention d'un prêt est d'être membre du village bancaire car les prêts sont collectifs, c'est-à-dire qu'ils sont accordés au village bancaire qui se charge de les répartir. Il n'y a pas d'autres garanties demandées que la garantie sociale et la condition de renouvellement des prêts et d'obtenir un taux de remboursement de 100 %. En cas de non-paiement par une personne, les autres membres doivent acquitter la dette mais expulsent l'individu en question.

En moyenne, la taille des prêts en 1995 était de 37 dollars mais il y a eu de nombreuses plaintes concernant ces trop faibles montants. Le montant dépend en fait de la capacité à épargner du village. Le prêt maximum accordé est égal à 5 fois le montant de l'épargne collectée mais il existe un montant à ne pas dépassé : 370 dollars par village bancaire.

En conséquence, le montant de prêts est faible et ne peut guère augmenter.

Le taux d'intérêt courant est de 48 % par an soit de 16 % par cycle de prêts (4 mois)[109]. Le remboursement s'effectue toutes les semaines et aucune grâce n'est accordée, les participants préféreraient un remboursement tous les quinze jours [Chirwa (1999)].

Tous les membres doivent épargner auprès du village bancaire dont le compte est à la *Commercial Bank of Malawi* ; chaque village doit épargner 20 % du montant du prêt. Les membres sont incités à épargner toujours plus puisque la demande individuelle de prêt est fondée sur les coûts estimés de l'entreprise et la capacité à épargner.

---

[109] Pour comparaison, le taux d'intérêt du secteur bancaire sur les prêts était de 47,33 % en 1995, pratiquement identique à celui de la FINCA's [FMI (1999) *Statistiques Financières Internationales*]. Au début des années 1990, Chipeta et Mkandawire (1992) « Informal Finance in Malawi ». *African Review of Money, Finance and Banking*, n°2, estiment le taux d'intérêt moyen annuel des Moneylenders à 720 %. Ainsi, les programmes de micro-finance de ce type sont aptes à concurrencer le secteur financier informel.

Les prêts sont généralement accordés dans un délai court (une semaine)[110] et sont payés en chèque en même temps, à tous les membres. Ils doivent échanger ce chèque contre de l'espèce à la *Commercial Bank of Malawi*.

La FINCA peut prêter au village bancaire 9 cycles de prêts au maximum (3 ans). Après, le village doit être indépendant et fonctionner sur son épargne.

Tableau IV.5 - Les performances de la FINCA's

	1995	**1996**
Nombre de bénéficiaires	2572	5119
Nombre de femmes bénéficiaires	2572	5119
Nombre de villages bancaires	89	170
Prêts moyens par emprunteur (Millions de Kwacha)	558	1140
Epargne moyenne par emprunteur (Millions de Kwacha)	519	872

Source : Chirwa (1999)

Un dollar équivalait à environ 15,3 Kwacha en 1995 et en 1996.

En un an, le nombre de femmes bénéficiaires a été multiplié par deux ainsi que le nombre de villages bancaires et le montant moyen des prêts. L'effort d'épargne est devenu de plus en plus important.

Le cas des villages bancaires du Malawi a été donné en exemple mais l'Afrique sub-saharienne connaît de nombreuses expériences dans les programmes de micro-financement. Toute une variété d'organisations, d'unions de crédits, de coopératives et d'organisations non gouvernementales (ONG) sont devenues actives dans la promotion de services financiers de base. Aryeetey (1996) note que les programmes sont fréquents au Burkina Faso, en Gambie, en Guinée, en Guinée Bissau et au Mali. Ils sont cependant beaucoup plus rares au Tchad, en Mauritanie, en Sierra Leone. En Afrique australe, ces programmes sont également très fréquents comme en Afrique du Sud ou au Kenya où plus de 40 organisations sont impliquées dans des projets de micro-finance. Il remarque pourtant que l'évaluation des programmes africains montre une moins bonne réussite que dans d'autres régions en voie de développement.

Par conséquent, même en rappelant que ces différentes institutions représentent le seul accès pour les pauvres et les populations rurales aux services financiers, ces programmes, aussi divers soient-ils, connaissent certaines limites.

2.3 Les limites des programmes de micro-financement

Le type d'intervention des programmes de micro-finance n'est pas une panacée contre la pauvreté. En effet, l'apport efficace de services financiers aux

[110] Ce délai semble raisonnable, selon Chirwa (1999), comparé à d'autres institutions comme le Mudzi Fond du Malawi (15 jours d'attente).

pauvres ne saurait résoudre tous les problèmes et les contraintes liés au fonctionnement des systèmes financiers africains, ni l'absence de compétences ou l'accès aux marchés. Les programmes de micro-finance restent une solution temporaire de réduction de la pauvreté et ne peuvent pas être considérés comme une solution miracle au développement et à la croissance.

Nous aborderons donc les limites communes de ces différents programmes pour avancer, sur ces bases, vers la responsabilisation des banques et leur intervention possible sur les marchés du micro-crédit.

2.3.1 L'utilisation des crédits

Le crédit est un moyen et non une fin en soi. A ce niveau, si les micro-crédits peuvent influencer le développement des activités productrices, ils doivent être accompagnés d'une amélioration dans l'utilisation des facteurs de production (savoir-faire, équipement, machines, embauches, etc.). Mais, nous avons vu que la principale préoccupation des ménages pauvres est de s'assurer contre les variations de la consommation alimentaire.

Les services financiers des institutions de micro-crédit servent donc peu à l'augmentation des investissements en capital physique et à l'accroissement des activités productives des micro-entreprises.

De plus, il est parfois difficile de délimiter l'activité des entrepreneurs car leur profession se confond parfois avec les activités du ménage, notamment dans les activités agricoles et informelles. Dans la majorité des micro-entreprises, la force de travail est constituée par des proches pour augmenter le degré de cohésion sociale et de confiance. Ce sont généralement des activités informelles dont la croissance est limitée. Les entrepreneurs préfèrent multiplier et diversifier les activités plutôt que de s'agrandir et de se spécialiser dans un domaine particulier. Ces activités nécessitent une force de travail abondante mais très peu d'investissements en capital physique. Les fonds accordés par les institutions de micro-finance ne sont alors pas utilisés à des fins économiques ou sont détournés par la famille pour les besoins quotidiens (fournitures scolaires, funérailles, etc.)

Mais, il faut rappeler que l'objectif de ces programmes est la réduction de la pauvreté et non l'augmentation des agrégats nationaux d'épargne et d'investissement. Autrement dit, ces intermédiaires, à l'instar des banques, se préoccupent peu de l'utilisation des crédits. Ils se focalisent essentiellement sur la capacité de remboursement des agents et sur la mobilisation de l'épargne.

2.3.2 Le problème de l'épargne obligatoire

Schrieder et Sharma (1999) s'intéressent aux études empiriques sur les intermédiaires de micro-finance et sur les effets positifs et d'augmentation du bien-être qu'ils procurent.

Leurs conclusions sont globalement optimistes avec des effets positifs sur les revenus, le capital humain (la consommation alimentaire), le capital physique (en termes de biens détenus), le capital social (le développement communautaire et la réduction de la pauvreté) et l'environnement (l'accès aux services financiers pour les femmes).

Mais, ils trouvent que les facteurs économiques et socioculturels restent les principales contraintes à l'augmentation des revenus et de la consommation alimentaire. Autrement dit, les contraintes s'appliquent particulièrement aux ultra-pauvres et à d'autres acteurs déjà exclus de tout service financier.

Il existe un consensus unanime sur le fait que les services de micro-finance ne peuvent pas s'adapter de la même façon aux pauvres et aux ultra-pauvres.

Mosley et Hume (1998) montrent que si les intermédiaires de micro-finance se focalisent sur les ultra-pauvres, ils doivent accepter un impact relativement plus faible de leur programme car la capacité de partage des risques est moins élevée.

De plus, les membres doivent épargner pour une période de temps donnée et accumuler un montant significatif pour être éligibles à un prêt. L'épargne est à la base de tous ces types de projets.

Les agents économiques doivent donc disposer d'une capacité à épargner au préalable et les programmes sont donc dans l'incapacité de toucher la partie la plus marginale de la population.

Par ailleurs, les taux d'intérêt sur les dépôts sont très faibles voire négatifs en termes réels.

2.3.3 L'environnement économique et financier national

Les institutions de micro-finance souffrent aussi du faible niveau de développement des systèmes financiers nationaux et du manque de confiance du public dans les institutions. Ce fait explique en partie les moins bonnes performances des intermédiaires de micro-finance en Afrique par rapport à d'autres régions comme la région asiatique.

Les secteurs financiers ruraux sont souvent sous-développés et montrent un faible niveau de concurrence dans les services fournis. Ils n'offrent que de petits services et les agents se plaignent souvent des faibles montants accordés qui ne leur permettent pas de faire face à leurs besoins.

La faible densité de population[111] s'ajoute aux difficultés des institutions de micro-finance qui doivent fonctionner dans des régions rurales reculées où la mobilisation de l'épargne est plus restreinte. Nous ajouterons également le manque d'infrastructure dans les transports et les communications ainsi que le manque de qualification.

Par ailleurs, si la présence d'une institution de micro-financement entraîne le changement d'une institution bancaire formelle à une autre, elle ne contribue pas à l'amélioration de l'intermédiation financière.

Au total, dans l'appréhension de la réduction de la pauvreté, les institutions de micro-finance ont un rôle à jouer lorsqu'elles représentent la seule possibilité pour les agents d'obtenir un accès à des services financiers. Elles permettent dans de nombreux cas de satisfaire les besoins de consommation alimentaire des populations pauvres mais se heurtent encore à de nombreuses difficultés de fonctionnement et ne touchent que la partie de la population possédant une capacité d'épargne.

Néanmoins, dans l'analyse des liens existant entre la finance et la croissance en Afrique sub-saharienne, il semble que ces institutions aient un impact marginal sur les taux de croissance. Le paragraphe suivant analyse plus en détail les possibilités de financement des petites entreprises, aptes à développer des activités productives et l'investissement.

3. LE MICRO-FINANCEMENT DES PETITES ENTREPRISES

L'objet de ce paragraphe est l'analyse des contraintes affectant l'accès des petites et moyennes entreprises, généralement informelles, au micro-financement et propose les moyens de les atténuer.

La recherche d'alternatives aux ressources financières du secteur structuré conduit à accorder de plus en plus d'intérêt aux programmes de micro-crédit et à leur organisation. Les unités de prêts informels (en l'occurrence les prêteurs d'argent ou les moneylenders) ne parviennent pas à satisfaire la demande de financement des micro-entrepreneurs du fait des faibles montants accordés et des taux d'intérêt trop élevés. Il s'agit donc d'adapter le micro-financement aux besoins des entreprises qui n'arrivent pas à s'agrandir et à développer leurs activités.

Nous commencerons par étudier les principales sources de financement des petites entreprises avant de proposer des solutions d'amélioration du système de financement. Nous terminerons notre analyse par la présentation du programme AMINA de la Banque Africaine de développement qui semble mieux adapté au cas

---

[111] A titre d'exemple, la densité de population en Afrique du Sud est de 21 habitants par km² alors qu'elle est de plus de 200 habitants en Asie. La prise en compte de la démographie est démontrée au Rwanda (276 habitants au km²) où le réseau des banques populaires est impressionnant (il existe au moins une banque dans 111 des 143 municipalités et un ménage sur quatre possède un compte de dépôts). [Gurgand, Pederson et Yaron (1996)].

africain et d'une ampleur et d'une ambition plus importantes que les petits programmes déjà en place.

3.1 Les sources de financement des petites entreprises

Les entreprises passent normalement par différentes étapes de croissance : micro, petites, moyennes et grandes et leurs besoins financiers évoluent en fonction de leur taille et devraient basculer des sources de financement internes vers des sources externes.

En réalité, l'évolution des entreprises africaines ne se fait pas de manière aussi linéaire. On constate généralement une prédominance de l'autofinancement, longtemps après l'établissement des entreprises [BAD (1997)].

Par exemple, au Zimbabwe, l'apport initial pour ouvrir une entreprise provient essentiellement de l'épargne personnelle du propriétaire et des prêts de la famille ou des amis.

Les tableaux suivants résument les sources de financement des entreprises au Zimbabwe, au Kenya, au Malawi et au Ghana. Le secteur informel et les crédits fournisseurs sont inclus dans les autres financements.

Tableau IV.6 - Sources de financement lors de la création d'une entreprise au Zimbabwe (en pourcentage)

	Micro-entreprises	Petites entreprises	Moyennes entreprises	Grandes entreprises	
Economies personnelles	90	80	58	52	71
Prêts des amis/parents	13	2	7	11	8
Prêts bancaires	3	14	9	9	10
Autres financements	13	19	22	25	19
Nombre d'entreprises	40	64	45	44	200

Source : Banque Mondiale (1995) Rapport sur le Développement dans le monde.

Tableau IV.7 - Sources de financement lors de la création d'une entreprise au Kenya, au Malawi et au Ghana (en pourcentage)

	Kenya Kibera	Kenya Regional	Malawi	Ghana
Economies personnelles	68	82	58	56
Prêts des amis/parents	28	16	34	34
Prêts bancaires	2	2	4	3
Autres financements	2	0	4	8
Nombre d'entreprises	160	140	160	150

Source : Graeme Bucley (1997), p 1082.

Cette structure de financement, très fréquente en Afrique, témoigne de l'inefficacité des prêts des institutions bancaires.

S'agissant du secteur informel, nous avons vu dans la première partie que la majorité des unités ont affaire à des groupes bien déterminés de personnes et veillent à l'application de certains critères de sélection. De plus, les prêts informels (des moneylenders) sont sensiblement plus importants en zone urbaine qu'en zone rurale et, les taux d'intérêt et les échéances de court terme les rendent inintéressants pour les entreprises.

Par ailleurs, il est indéniable que les programmes de micro-financement comme le financement informel s'efforcent d'atteindre les mêmes groupes mais avec des structures différentes.

3.2 Vers l'amélioration du système de financement

Pour contourner les effets des défaillances du marché du crédit et l'exclusion d'un grand nombre d'entrepreneurs potentiels, divers systèmes de crédit ont été mis en route. Les programmes de micro-financement proviennent généralement de projets de donateurs et ne sont pas nécessairement centrés sur les collectivités. En fait, plus de 80 % des programmes de développement d'entreprises financés par les bailleurs de fonds à travers l'Afrique ont une composante de micro-financement et plus de la moitié s'intéressent uniquement au micro-crédit [BAD (1997), p 170].

Pourtant, de toute évidence, le problème fondamental du développement financier dans la plupart des pays africains reste la manière de mettre à contribution le développement institutionnalisé en vue de remédier à la pénurie de crédit à laquelle se trouvent confrontées les PME. D'un côté, elles n'ont pas accès au crédit bancaire et de l'autre, elles ont des besoins de financement excédant les plafonds des agents informels et d'un grand nombre de programmes de micro-financement.

Ainsi, à l'heure actuelle, il existe peu de possibilités d'amélioration de l'allocation du crédit en dehors du resserrement des liens entre secteurs structuré et non structuré.

La résorption du déficit de crédit nécessiterait alors l'adoption de mesures d'encouragement des banques à ouvrir leur marché aux institutions du secteur non structuré.

Au lendemain des réformes, la forte relance des activités du secteur financier informel que nous avions abordée dans la première partie, est le témoignage de l'influence d'un secteur réel dynamique sur l'évolution du secteur financier. Par conséquent, le maintien de la croissance de la sphère réelle s'impose absolument et doit éviter l'éviction du secteur privé.

Le présent paragraphe analyse alors les voies et les moyens de réaliser l'intégration des marchés financiers susceptibles de faciliter l'accès des petites entreprises au micro-financement. La circulation de l'information est un aspect important pour une telle intégration.

3.2.1 La création de liaisons entre les banques et les programmes de micro-crédit

Il faudrait encourager les banques à établir des rapports plus étroits avec les programmes de micro-crédit qui ont la possibilité de mobiliser des dépôts et de distribuer du crédit.

A ce niveau, la Banque Africaine de Développement (1997) propose d'encourager les banques à offrir des taux créditeurs préférentiels aux institutions de micro-crédit et même aux agents financiers informels pour inciter ces derniers à devenir des clients réguliers et des partenaires en matière de drainage de l'épargne. Ils sont en effet susceptibles de rassembler les petites épargnes à un coût relativement faible et de distribuer davantage de crédit s'ils ont accès au crédit bancaire.

En ce qui concerne l'allocation des crédits, le meilleur moyen est de développer une relation d'agence. L'agence bancaire alloue des crédits aux unités en fonction des dépôts mobilisés qui les rétrocèdent aux petits emprunteurs.

La politique d'acheminement du crédit institutionnalisé aux prêteurs informels et semi-formels est acceptable sur la base de l'efficacité et de l'intégration financière accrue mais nécessite la prudence dans le choix des intermédiaires.

Jusqu'à nos jours, l'absence de liaisons entre les banques et les unités financières informelles et de micro-financement s'explique par la méfiance considérable, la méconnaissance et les préjugés de la part des banques vis-à-vis de ce secteur qui leur semble trop risqué.

Pourtant, comme nous l'avons vu, les prêteurs informels et semi-formels sont en mesure d'établir avec leurs emprunteurs des relations personnelles assurant des taux de non-remboursement extrêmement faibles.

La réduction des risques passe éventuellement par des garanties coopératives et mutualistes et le suivi systématique des projets et des remboursements des prêts.

Lorsqu'il s'agit de création de petites entreprises, les projets peuvent en effet paraître très risqués. Pourtant, les institutions de micro-financement ont fondé leur stratégie de réduction de risques sur une analyse minutieuse des capacités de l'entreprise et donnent la priorité aux aspects immatériels de l'endettement : caractère de l'entrepreneur, antécédents en matière de remboursement, aspiration au succès.

Le risque nul n'existe pas mais il faudrait que les banques apprennent à partager les risques avec ces institutions financières non structurées.

Il est alors demandé aux pouvoirs publics d'apporter leur soutien.

Il s'agit en l'occurrence d'utiliser la fiscalité et les systèmes de réglementation et de surveillance pour encourager les banques à traiter avec des agents crédibles du secteur semi-organisé pour peu qu'elles perçoivent une réduction des risques encourus.

La réglementation devrait éviter les dispositions restrictives et éliminer les obstacles au développement financier. Les pouvoirs publics devraient être en mesure d'encourager les institutions bancaires à investir dans les programmes de micro-financement.

Il apparaît inadmissible que les fonds bancaires soient soigneusement gardés au fond d'un coffre et servent uniquement à l'achat de bons du Trésor quand les pays d'Afrique regorgent d'entrepreneurs potentiels.

La Banque Africaine de Développement a ainsi décidé de prendre le risque d'investir dans les programmes de micro-financement. Ce n'est pas la première expérience de la BAD dans le micro-financement mais le projet AMINA s'appuie sur des institutions déjà existantes et révèle une ampleur sans précédent sur tout le continent africain.

3.3 Le programme AMINA de la Banque Africaine de Développement

En reconnaissance de l'importance des micro-entreprises, la BAD et le FAD (Fonds Africain de Développement) ont élaboré un projet portant sur l'allocation pour deux ans de 15 millions d'unités de compte[112] pour soutenir les programmes de micro-financement.

Cette initiative devrait augmenter les revenus et l'emploi des groupes les plus défavorisés de la société avec une attention spéciale donnée aux femmes entrepreneurs.

L'objectif ultime de ce plan est d'augmenter l'accès des micro-entrepreneurs aux mécanismes de crédit formel en incluant ceux des banques commerciales et des autres institutions formelles. Il s'agit donc bien de créer des liaisons entre les secteurs financiers formel et non structuré.

3.3.1 Objectifs et stratégies du programme AMINA

Le principal objectif du programme AMINA[113] (*African Development Fund Microfinance Initiative for Africa*) est de rendre les services financiers plus accessibles aux micro-entrepreneurs, spécialement les femmes et les plus défavorisés.

Les femmes sont les premières bénéficiaires de ce programme car ce sont les micro-entrepreneurs majoritaires dans le monde entier et particulièrement en

[112] Une unité de compte de la BAD est égale à 1,4 dollar américain.
[113] Pour plus d'information, consulter le site http://www.afdb.org/about/amina-overview.html.

Afrique. Les statistiques de la BAD indiquent que moins de 10 % des centaines de millions de micro-entrepreneurs ont accès à des services financiers. De plus, la BAD reconnaît que les femmes remboursent mieux leurs prêts que les hommes.

Pour parvenir à cet objectif, le programme s'appuiera nécessairement sur les institutions de micro-finance existantes et s'attachera à augmenter leur capacité technique et organisationnelle pour qu'elles puissent délivrer les services financiers aux bénéficiaires ciblés. La BAD soutiendra financièrement la formation du personnel des micro-institutions notamment en comptabilité, fournira certains équipements, comme les ordinateurs ou les véhicules et aidera la micro-finance à s'agrandir et à gérer les portefeuilles de prêts. Elle assurera également la provision de fonds et de garanties.

Les institutions partenaires incluent les ONG, les unions de crédit, les coopératives d'épargne et de crédit, les villages bancaires et les banques institutionnelles et commerciales.

Ces partenaires devront s'engager à cibler les micro-entrepreneurs et à offrir des services financiers au taux d'intérêt du marché. L'organisation devra être enregistrée légalement dans le pays et fonctionner efficacement.

Le besoin essentiel du programme AMINA est d'établir un système d'information et de gestion efficace. La formation du personnel sera la priorité de la BAD ainsi que l'analyse des données collectées au niveau national, régional et international de façon à améliorer le projet.

Les pays africains concernés par le projet AMINA sont ceux dans lesquels la pauvreté est importante et qui possèdent déjà des institutions actives de micro-finance. De plus, la BAD conçoit un meilleur environnement pour son programme dans les pays ayant effectué une libéralisation financière, notamment au niveau des taux d'intérêt. La liste des pays se trouve en annexe 17 et le projet est d'une grande ampleur puisqu'il touche 42 pays du continent africain.

La répartition des 15 millions d'unités de compte de la BAD devra s'effectuer de la suivante :

Tableau IV.8 – Répartition des fonds du programme AMINA

	En millions d'unités de compte	En pourcentage
Accords de prêts et de garanties	13 000	86,7
Missions et opérations	300	2
Coordination des politiques	150	1
Consultants (60 personnes par mois)	300	2
Revue, publications	75	0,5
Personnel	1 175	7,8
Total	15 000	100

Source : Omar KABBAJ (1997).

D'autre part, la BAD s'engage à instaurer un dialogue politique avec les gouvernements de façon à légaliser et surveiller les structures de micro-finance et à trouver des donateurs auprès des Banques Centrales et des institutions financières.

Elle souhaite que les gouvernements éliminent les contraintes réglementaires et législatives auxquelles sont soumis les micro-entrepreneurs lors de leur création et qu'ils créent un environnement favorable pour le développement de leurs activités.

Les données de répartition suivant les pays sont difficiles à rassembler. En juillet 2000, seuls le Burkina Faso (0,6 million d'unités de compte), le Malawi (0,31 million d'unités de compte) et la Mauritanie avaient bénéficié de ce programme[114].

Finalement, le programme AMINA s'engage à cofinancer les prêts ou à accorder des crédits directs aux institutions partenaires. Il fournira, au cas par cas, les garanties financières requises par les banques commerciales pour inciter ces dernières à investir dans la micro-finance et pour développer les liens entre les institutions de micro-financement et le secteur financier formel.

3.3.2 Originalité et innovation du programme de la BAD

La Banque Africaine de Développement a pour mandat, comme stipulé à l'article premier de sa création, de « *contribuer au développement économique et au progrès social des Etats membres régionaux, individuellement et collectivement* ». Dans ce cadre, elle a pour mission d'aider les pays membres régionaux à briser le cercle vicieux de la pauvreté dans lequel ils sont enfermés. Elle cherche donc à stimuler et à mobiliser les flux de ressources extérieures et intérieures, à promouvoir l'investissement ainsi qu'à fournir une assistance technique et pratique.

Dans cette optique, le programme AMINA est en parfaite cohérence avec la mission de la BAD. En revanche, nous noterons que les projets de la Banque Mondiale et du FMI concernant le micro-financement ne font absolument pas partie de leur mission ni de leur principal mandat. Leur rôle est d'accorder des prêts et de définir des politiques macro-économiques susceptibles de favoriser la croissance. Mais, dans le but de réduire la pauvreté, les grandes organisations financières internationales se sont penchées sur ces questions et ont entrepris de financer des institutions de micro-finance, ce qui ne correspond pas à leur compétence. Il faudrait éviter de diversifier l'utilisation des fonds des institutions de Bretton Woods et préciser la répartition des rôles entre les organisations internationales.

Par ailleurs, le programme AMINA s'inscrit dans une logique africaine. Le caractère africain de la BAD tient à son passé, à sa situation géographique, à son actionnariat (les pays africains détiennent la majorité du capital), à la structure de ses organes dirigeants ainsi qu'à son effectif, qui est en grande partie africain. De plus,

[114] Source : http:/www.afdb.org

le continent africain représente son seul champ d'intervention, si bien que ses opérations de prêt et ses autres activités ont toutes l'Afrique pour centre d'intérêt. Son siège se trouve à Abidjan et son Président est toujours un Africain.

Par conséquent, la BAD a accumulé une expérience et une mémoire institutionnelle uniques sur les possibilités de développement sur le continent. Ses priorités traduisent la situation réelle prévalant sur le terrain et elle est considérée comme un partenaire fiable sur les questions politiques sensibles. En outre, elle bénéficie d'une bonne cote sur les marchés financiers.

Ainsi, la BAD entend jouer en Afrique un rôle moteur en tant qu'institution de financement du développement, foncièrement attachée à prêter assistance aux pays membres régionaux dans leur lutte contre la pauvreté. Le programme AMINA qu'elle a souhaité instaurer semble très intéressant à plusieurs niveaux.

Tout d'abord, les programmes de micro-financement africains sont relativement nombreux et il semble préférable d'améliorer la qualité de leurs services plutôt que d'augmenter le nombre de projets.

Au niveau international, les exemples de réussite des programmes de micro-financement sont au nombre de deux ou trois et la Grameen Bank illustre souvent les débats. Mais, qu'en est-il des autres projets qui n'ont atteint ni un rayon d'influence considérable ni l'autonomie financière ?

Le projet AMINA a donc pour but de relancer les petits programmes qui ont du mal à s'agrandir par manque de moyens techniques et financiers. De plus, il touche essentiellement les micro-entreprises, aptes à promouvoir la croissance et non pas les ménages ou les activités improductives.

Ensuite, seule une grande banque, d'envergure internationale, a la possibilité d'apporter des garanties crédibles auprès des banques commerciales et d'inciter ces dernières à investir dans la micro-finance. Dans l'objectif de réduire le dualisme financier et d'intégrer les marchés financiers, les premières relations entre les prêteurs semi-formels et les banques auront d'abord comme intermédiaire privilégié la BAD mais pourront se développer et s'accroître lorsque la confiance sera établie et que le partage des risques pourra se faire.

Finalement, grâce à son caractère africain, la BAD, bien plus que la Banque Mondiale ou le FMI, est entendue par les chefs de gouvernements. Le programme AMINA s'appuie également sur un dialogue politique et entend créer un environnement propice au développement des micro-activités et de la sphère réelle. Avec le soutien des gouvernements, elle pourra aussi trouver de nouveaux donateurs et organiser son projet sur l'ensemble du continent.

Elle compte également publier ses analyses sur le micro-financement, aménager des forums et tenir informés, aussi bien les acteurs sur le terrain que les chefs dirigeants. La diffusion de l'information est la meilleure façon d'améliorer son projet et de définir réellement une politique africaine de développement de la micro-finance.

Au total, le projet de la BAD reflète une nouvelle approche de la réduction de la pauvreté et un changement au niveau de la conception de la micro-finance. Son ambition est grande mais les moyens dont elle dispose nous permettent d'avoir un optimisme contenu sur le programme AMINA.

En définitive, les institutions de micro-financement représentent le seul accès pour les pauvres et la population rurale à des services financiers à l'exception de ceux fournis par les prêteurs d'argent. Leur influence est significative en Afrique et elles ont amélioré la mobilisation de l'épargne et la flexibilité des services délivrés.

Ainsi, les fonds du secteur rural peuvent être réalloués dans l'économie nationale et les micro-activités peuvent se développer même si les prêts sont généralement de faibles montants et sont susceptibles d'être détournés vers d'autres buts que l'investissement productif.

Dans l'objectif du développement économique par l'amélioration de l'intermédiation financière, ces programmes entrent dans un cadre nouveau. Ils existent depuis environ une vingtaine d'années mais se sont fortement développés sur le continent africain depuis 1990.

Ainsi, même s'ils ne représentent pas une panacée à la pauvreté, ils ont au moins le mérite d'établir des liens financiers avec les populations et ont la possibilité de s'améliorer dans le temps. Une des grandes améliorations de ces programmes concerne le développement de relations avec les banques commerciales nationales.

Entrant directement en concurrence avec le secteur financier informel puisqu'ils ciblent les mêmes clients mais proposent des taux d'intérêt inférieurs à ceux des moneylenders, les programmes de micro-financement ont la possibilité de réduire le dualisme financier. Il faudrait cependant que des liens directs existent avec les banques.

A ce niveau, le rôle des gouvernements n'est plus de subventionner des agents ou d'intervenir dans la gestion des programmes privés. Nous avons vu les erreurs de la politique traditionnelle de financement en zone rurale et les déficits publics ne permettent plus ce genre d'intervention. En revanche, les gouvernements sont sollicités d'une part pour prendre connaissance de ces programmes et adopter une structure légale appropriée et d'autre part, pour inciter les banques nationales à investir dans la réduction de la pauvreté. Par des mesures fiscales et réglementaires, les gouvernements ont la possibilité de pousser les banques à prendre quelques risques alors qu'elles détiennent de nombreuses liquidités dans la plupart des pays africains.

Par ailleurs, le programme AMINA de la Banque Africaine de Développement s'inscrit dans une nouvelle approche du développement de la micro-finance sur le continent.

Plutôt que de créer, parallèlement à d'autres programmes de micro-financement, de nouvelles institutions, la BAD préfère améliorer les services déjà existants et apporter un soutien technique et financier aux différents projets.

Mais, dans le même temps, elle souhaite aussi mettre à contribution de nouveaux donateurs et entend apporter les garanties financières requises par les banques commerciales pour créer des relations d'agence indispensables entre les projets de micro-financement et la finance formelle.

Ce type d'intervention, étant donné le poids politique et financier que représente la BAD, donne l'espoir qu'un jour, les banques assument leur rôle d'intermédiaire financier à part entière et interviennent dans le financement des activités réelles de toute taille.

Finalement, la section suivante analyse les obstacles au développement financier dans les économies africaines. Nous avons vu que d'une part, les conditions de succès des réformes pouvaient être améliorées et que d'autre part, l'utilisation du micro-financement ne permettrait pas de résoudre tous les problèmes de financement des activités réelles. Cependant, dans les pays concernés, plusieurs difficultés persistent et entravent les possibilités de développement du secteur aussi bien réel que financier, comme les comportements de recherche de rentes et la corruption des gouvernements.

SECTION III : LES OBSTACLES AU DEVELOPPEMENT FINANCIER EN AFRIQUE SUB-SAHARIENNE

« Il n'est rien de plus difficile à prendre en main, de plus périlleux à diriger, ou de plus aléatoire, que de s'engager dans la mise en place d'un nouvel ordre des choses, car l'innovation a pour ennemis tous ceux qui ont prospéré dans les conditions passées et a pour tièdes défenseurs tous ceux qui peuvent prospérer dans le nouvel ordre ».

Machiavel, *Le Prince.*

En Afrique sub-saharienne, les obstacles au développement financier se confondent et entretiennent des liens plus ou moins directs avec les barrières politiques à l'instauration des réformes.

En effet, le climat dans lequel les économies africaines « survivent » n'est pas propice au changement et se compose d'une série d'éléments qui interagissent entre eux et forment une entrave insurmontable à la mise en place de politiques financières.

Qu'il s'agisse des comportements de recherche de rentes, de l'instabilité politique, du manque de crédibilité des gouvernements, de la bureaucratie excessive ou d'une justice imprévisible, la corruption est présente sous toutes ses formes et réduit les bases du développement. Ainsi, un Etat corrompu ne peut pas mener à bien les réformes espérées.

Quels que soient leurs régimes politiques, les pays africains possèdent tous une fragilité vis-à-vis de la corruption supérieure à celle des pays développés parce que « *les défaillances de l'Etat ou du marché y sont supérieures et qu'elles déterminent de violentes distorsions* », Stern (1989, p 615-622)[115].

Ainsi, nous verrons tout d'abord les défaillances des agents économiques dans leur recherche de rentes et de maximisation du profit individuel puis, celles de l'Etat qui sont les plus importantes puisqu'elles expliquent l'impossibilité de mettre en œuvre toute politique de réforme. La Banque Mondiale (1997), dans son *Rapport sur le développement dans le monde*, affirme qu'en Afrique sub-saharienne, c'est « *à la reconstruction de la capacité de l'Etat que les pays doivent s'attacher de toute urgence* ».

Finalement, nous élargirons le concept de développement financier à l'efficacité du secteur privé et au cas particulier des économies africaines.

1. LES COMPORTEMENTS DE RECHERCHE DE RENTES

Dans le cadre de la théorie des choix publics, la libéralisation financière peut être considérée comme une réforme qui réduit les comportements de recherche de rentes. On entend par « rentes », les avantages et les privilèges issus d'une situation donnée, en l'occurrence, la répression financière.

La libéralisation financière vise en effet à réduire l'intervention de l'Etat dans les activités financières et à limiter les comportements de corruption entre les industriels et les banques d'un côté et le gouvernement et les bureaucrates de l'autre. Ces groupes cherchent à profiter des avantages des politiques interventionnistes sur les marchés bancaires, comme les crédits subventionnés pour les industriels et les rentes de monopole pour les banques. Par conséquent, dans le secteur financier, les ressources financières sont concentrées dans les mains de quelques banques et quelques emprunteurs.

Or, depuis Tullock (1967)[116], nous savons que la recherche de rentes implique une perte sociale pour toute la communauté. Les ressources qui devraient être engagées dans des activités productives, sont détournées vers les activités de recherche de rentes, non créatrices de richesses et n'ayant que des effets redistributifs.

Pour les partisans de la libéralisation financière, cette politique se présente alors comme le meilleur moyen pour éradiquer ces comportements de recherches de rentes. Pourtant, nous verrons que la libéralisation financière est susceptible d'entraîner de nouveaux comportements du même type.

---

[115] Stern N. (1989) « The Economics of Development : a Survey » *The Economic Journal*, n° 99, p 597-685.

[116] Tullock G. (1967) « The welfare cost of Tariffs, Monopolies and Theft » *Western Economic Journal*, n° 5, juin 1967, p 224-232.

1.1 Les rentes et la répression financière

Dans un système financier réprimé, les opportunités de recherche de rentes sont multiples.

Tout d'abord, les politiques de crédits subventionnés fournissent des avantages aux emprunteurs et aux banques. Collier (1994) affirme que la situation de répression financière a favorisé l'octroi des crédits dans les pays africains sur la base de relations de clientélisme.

Ensuite, la structure du marché bancaire est réglementée et les barrières importantes à l'entrée de nouveaux opérateurs avantagent certains groupes industriels et financiers qui bénéficient de leur position monopolistique.

De plus, le plafonnement des taux d'intérêt créditeurs permet aux banques de dégager une rente au détriment des épargnants. En effet, le groupe des « perdants » de la répression financière est généralement constitué des épargnants et des consommateurs qui reçoivent peu d'intérêt en contrepartie de leur épargne et qui n'ont pas accès au crédit bancaire.

Finalement, dans une situation de répression financière, certaines activités économiques bénéficient de prêts préférentiels en devises, que les dirigeants peuvent octroyer par la suite sous forme de crédits libellés en monnaie nationale mais à des taux d'intérêt plus élevés. Les exemples sont nombreux mais dans tous les cas, la répression financière entraîne une perte sociale par rapport à une situation où les ressources seraient affectées de manière moins restrictive.

Cependant, Coats et Khatkhane (1991)[117] affirment que les comportements de recherche de rentes dans le secteur financier tendent à persister lors des réformes financières, notamment quand les pouvoirs publics mettent en œuvre des réformes graduelles et partielles. Les anciennes opportunités de recherche de rentes demeurent et encouragent les industriels et les banques à s'opposer à la réforme.

1.2 Les nouveaux comportements de recherche de rentes

Les réformes financières réduisent certains comportements de recherche de rentes liés aux politiques interventionnistes mais favorisent parfois l'émergence de nouveaux comportements du même genre.

En Afrique, la structure bancaire est oligopolistique et la libéralisation financière n'a pas vraiment modifié les abus financiers et la concentration des crédits vers les groupes industriels et financiers les plus puissants. La surliquidité des établissements bancaires apparue au milieu des années 1990 est la preuve que le marché du crédit est imparfait et que les réformes n'ont pas permis l'élargissement du nombre des emprunteurs.

---

[117] Coats W. et Khatkhate D. (1991) « Money and Monetary Policy in LCDs in the 1990s » *Economic and Political Weekly*, 22 juin 1991.

Ce résultat est conforté par les analyses post-keynésiennes récentes qui stipulent que la diminution du rôle de l'Etat sur les marchés financiers n'élimine pas les incitations à mener des activités improductives de recherche de profit.

En effet, I. Grabel (1995) affirme que la libéralisation financière crée de nouvelles opportunités de spéculation à court terme, notamment sur les marchés financiers. Pour Minsky (1986), les entreprises transfèrent leurs ressources de leur activité principale vers des activités spéculatives plus risquées. De la même façon, les intermédiaires financiers participent aux activités spéculatives au détriment du financement du secteur productif[118].

Ainsi, même en l'absence d'intervention directe des pouvoirs publics, de nouvelles rentes apparaissent sur le marché du crédit à travers les activités spéculatives.

La libéralisation financière ne permet pas forcément d'acheminer les ressources financières vers les activités productives.

Cette affirmation est en accord avec la nouvelle école de la libéralisation financière qui stipule que les problèmes liés à l'asymétrie informationnelle et à la structure oligopolistique du système financier favorisent l'échec des réformes financières.

Rose-Ackerman (1997) souligne que les privatisations ainsi que les autorisations de création de banques sont deux exemples de la nouvelle corruption. De la même façon, le développement d'agences de réglementation avec la mise en place des règles prudentielles, risque de permettre, dans le cadre d'une mauvaise gouvernance, l'apparition d'une nouvelle corruption[119].

Par ailleurs, les défaillances sur le marché du crédit sont importantes et de nombreux auteurs se sont élevés pour séparer le pouvoir gouvernemental du pouvoir de création monétaire. Il s'agit alors d'établir l'autonomie de la Banque Centrale.

1.3 L'autonomie de la Banque Centrale

Avec le gouvernement, la Banque Centrale est l'acteur le plus concerné par l'exécution d'un programme de libéralisation financière.

Dans une situation de répression financière, la Banque Centrale joue un rôle primordial dans le système financier puisqu'elle fixe les taux d'intérêt artificiellement bas, encadre le crédit et impose aux banques commerciales des taux élevés de réserves obligatoires. De plus, elle peut financer le budget de l'Etat par

[118] L'analyse des crises financières en Amérique Latine met en cause le financement de projets spéculatifs par les banques. Dans le cas africain, les activités spéculatives sont moins fréquentes en raison de la faiblesse des marchés financiers.

[119] Laffont J.J. et Tirole J. (1993) A Theory of incentives in procurement and regulation, MIT Press.

création monétaire et elle peut manier tous ces instruments en fonction de ses objectifs bureaucratiques.

Pourtant, suite à une politique de libéralisation financière, son rôle ne se trouve pas forcément réduit. Elle peut intervenir sur le marché interbancaire et sur le marché des changes et doit assurer de nouvelles tâches de supervision et de réglementation prudentielle.

Dans la littérature sur la libéralisation financière, la Banque Centrale doit exécuter la politique monétaire dictée par le gouvernement et les autorités monétaires sont souvent confondues avec les autorités politiques. Ainsi, la libéralisation financière dépend essentiellement de la volonté du gouvernement à mener à bien ses réformes et impose une nouvelle contrainte sur la réussite de cette politique. Certains auteurs[120] recommandent alors l'indépendance de la Banque Centrale à l'égard du pouvoir politique.

Les avantages sont nombreux : Qu'il s'agisse de lier les mains du gouvernement en matière de seigneuriage, de mieux surveiller le secteur bancaire en évitant les ingérences politiques ou d'accroître tout simplement la crédibilité de la réforme, l'indépendance de la Banque Centrale constitue l'une des premières étapes d'une politique de libéralisation financière réussie.

Pourtant, dans les pays en voie de développement, l'autonomie des Banques Centrales n'est pas effective comparée à celle des pays industrialisés [Cukierman (1992)].

Par conséquent, les difficultés de l'autonomie de la Banque Centrale vis-à-vis du gouvernement constituent une entrave sérieuse à la viabilité des réformes financières.

Cependant, le rôle des organisations internationales lors des réformes financières peut également mettre en cause la réussite des programmes.

La Banque Mondiale offre des crédits pour mettre en œuvre les programmes de libéralisation financière alors que le Fonds Monétaire International intervient rapidement en fournissant des crédits lors des crises conjoncturelles pour stabiliser les économies.

A l'heure actuelle, de nombreuses voix se sont élevées pour critiquer le rôle de ces organisations internationales. Mac Kinnon (1991) qualifie l'échange de l'aide contre la libéralisation d'acte de « corruption » qui constitue un obstacle à sa réussite.

L'injection de capitaux au moment de la libéralisation financière déstabilise l'économie, entraîne une appréciation de la monnaie et bloque les réformes financières qui ne doivent être mises en œuvre qu'après la stabilisation.

---

[120] Rogoff (1985) « The Optimal Degree of Commitment to an Intermediate Monetary Target » *Quaterly Journal of Political Economy*, vol. 110, n° 4, p 1169-1189.
Maxfield (1990) *Governing Capital*, Ithaca, London : Cornell University Press.
Monga C. et Tchatchouang J-C. (1996).

De plus, le manque d'efficacité de ces organisations est de plus en plus reproché par les gouvernements et les parlements des pays membres, notamment des pays industrialisés. De toute façon, depuis leur création, leur rôle n'a pas cessé d'être critiqué. Lafay (1995)[121] souligne que les emprunteurs doivent respecter certaines conditions ex-ante avant l'octroi d'un crédit. Mais, dans le cas des organisations internationales, la logique est inversée puisqu'elles adoptent une conditionnalité ex-post qui implique de lourdes procédures de négociations.

Mais, l'obstacle le plus important au développement financier africain est représenté par l'Etat. Ce dernier est en effet incapable d'établir des règles de droit et de réformer les économies de façon crédible.

2. LES DEFAILLANCES DE L'ETAT

La défaillance de l'Etat, appelée aujourd'hui « la mauvaise gouvernance » est la source non seulement de l'expansion de la corruption mais également de l'incertitude. Or, un environnement incertain diminue la probabilité de réussite des réformes financières.

2.1 Les caractéristiques de la corruption

Une économie corrompue se caractérise par une faible qualité judiciaire, une bureaucratie excessive et un fonctionnement arbitraire suivant les statuts sociaux des agents en présence. Les chances de réussir les politiques de réformes sont alors limitées et le développement dans son ensemble, ne peut pas se produire de manière équitable et harmonieuse.

2.1.1 Une justice imprévisible

Le premier problème concerne la faiblesse des contre-pouvoirs et l'utilisation arbitraire des règles de droit par les autorités publiques.

Même quand les régimes politiques se démocratisent, ils se fondent encore sur le clientélisme, le patrimonialisme ou le corporatisme. Ainsi, les pots-de-vin récoltés servent à la fois à l'enrichissement des membres de l'élite et à la mise en place de réseaux de redistribution clientéliste qui permettent aux autorités publiques de se maintenir au pouvoir en achetant des soutiens politiques.

Ce phénomène est renforcé en Afrique par le fort degré de fractionnement ethnique, religieux et régional.

De plus, le droit est inadapté dans le sens où les règles sont vagues, rigides ou mises en place pour permettre la prédation et elles n'évoluent pas avec les

[121] Lafay J-D. (1995) « Que faire du FMI et de la Banque Mondiale ? » *Analyses de la SEIDES*, n° 103, p 27-30.

transformations de la société. Ce sont alors les arrangements informels qui dirigent les actes et les choix des agents économiques.

Le rapport de la Banque Mondiale (1997) sur le développement dans le monde - *The State in a changing World* - étudie les perceptions de plus de 3600 entrepreneurs sur les qualités et les caractéristiques des institutions publiques dans 69 pays dont 22 en Afrique sub-saharienne.

La première question concerne les institutions judiciaires et l'impact défavorable des décisions imprévisibles sur les affaires des entrepreneurs. Les notes s'échelonnent de 1 à 6 et, plus la note est élevée, plus l'imprévisibilité de la justice représente une entrave pour les entrepreneurs.

De la même façon, la seconde question : « Les entreprises de ma branche d'activité doivent payer des montants supplémentaires illégaux pour que les choses soient faites » a été notée de 1 à 6 (l=Jamais, 2=Rarement, 3=Parfois, 4=Souvent, 5=Très souvent, 6=Toujours).

Tableau IV.9 - Résultats sur la corruption et la qualité judiciaire en Afrique

	Corruption		Qualité judiciaire	
	Résultat	**Rang**	**Résultat**	**Rang**
Zimbabwe	2.4	2	3.67	3
Maurice	2.85	5	3	1
Malawi	2.67	3	4.17	7
Zambie	2.84	4	4.09	6
Afrique du Sud	1.93	1	4.43	11
Ghana	3.65	10	3.55	2
Nigeria	3.2	7	4	5
Guinée Bissau	3.07	6	4.25	8
Kenya	3.63	9	4.26	9
Ouganda	3.73	14	3.84	4
Togo	3.46	8	4.47	12
Mali	3.67	11	4.61	14
Mozambique	3.68	13	4.64	15
Tanzanie	4.22	18	4.49	13
Cameroun	4.35	21	4.29	10
Sénégal	3.67	12	5.28	21
Bénin	4.17	17	4.86	16
Tchad	4	15	5.08	19
Côte d'Ivoire	4.13	16	5.07	18
Madagascar	4.24	19	5.18	20
Congo	4.36	22	5	17
Guinée	4.35	20	5.56	22

Source: Banque Mondiale (1997) *Rapport sur le Développement dans le monde.*

Ainsi, l'Afrique sub-saharienne n'obtient pas de bonnes notes concernant la qualité des institutions judiciaires et le degré de corruption. Dans l'échantillon total, elle possède le degré de corruption le plus important. Le coefficient de corrélation entre ces deux mesures est égal à 0,65, ce qui permet de dire que la faiblesse des institutions judiciaires permet un degré plus élevé de corruption.

2.1.2 Une bureaucratie excessive

La bureaucratie est l'arme administrative des gouvernements. Elle représente les moyens par lesquels les décisions publiques se transforment en actes. Elle a été estimée suivant trois mesures: le temps, les contraintes réglementaires, communément appelées « paperasse » et la qualité des services obtenus.

Ainsi, la première question concernait le pourcentage de temps passé en négociation avec les fonctionnaires sur les changements et les interprétations des lois et des règlements. Pour la seconde mesure, les chefs d'entreprises devaient noter de 1 à 6 séparément les différentes contraintes réglementaires en tant qu'obstacle à leurs affaires. Il s'agissait des barrières à l'entrée, des contrôles de prix, des réglementations sur le commerce extérieur, sur le travail, sur les devises étrangères, sur l'environnement et la sécurité. La moyenne de ces six notes permet d'apprécier la qualité de la bureaucratie. La troisième mesure concernait d'une part l'offre d'infrastructure en tant qu'obstacle aux affaires et d'autre part, l'efficacité du gouvernement dans la prestation de services.

Le tableau suivant montre que la bureaucratie est un obstacle au développement des affaires et des entreprises dans les pays d'Afrique sub-saharienne.

Tableau IV.10 – Résultats concernant la bureaucratie en Afrique

	Bureaucratie : temps		**Bureaucratie : barrières**		**Bureaucratie : qualité**	
	Résultat	**Rang**	**Résultat**	**Rang**	**Résultat**	**Rang**
Zimbabwe	1.72	2	3.01	4	4.63	16
Maurice	1.68	1	3.22	9	3.75	6
Malawi	1.79	3	2.9	3	4.79	18
Zambie	2.26	8	2.6	1	4.25	12
Afrique du Sud	1.94	4	3.81	21	3.71	5
Ghana	2.26	7	3.05	6	3.53	2
Nigeria	2.55	12	3.64	19	4.37	14
Guinée Bissau	2.27	9	3.37	14	3.53	3
Kenya	2.61	14	3.07	7	4.91	20
Ouganda	2.5	10	2.84	2	3.94	8
Togo	2.09	6	3.43	15	3.92	7
Mali	2.82	18	3.1	8	3.68	4
Mozambique	2.56	13	3.71	20	4.45	15
Tanzanie	3.13	22	3.27	10	5.02	22
Cameroun	1.95	5	3.37	13	4.82	19
Sénégal	2.51	11	3.48	17	3.95	9
Bénin	2.79	17	3.31	11	3.97	10
Tchad	3	21	3.04	5	4.21	11
Côte d'Ivoire	2.68	16	3.43	16	3.51	1
Madagascar	2.66	15	3.56	18	4.65	17
Congo	2.88	19	3.85	22	4.99	21
Guinée	2.93	20	3.32	12	4.26	13

Source : Banque Mondiale (1997) *Rapport sur le développement dans le monde.*

2.1.3 Les effets défavorables de la corruption sur la croissance

Les conséquences de la corruption sont bien entendu très nombreuses et indiscernables les unes des autres, qu'il s'agisse d'effets allocatifs (variation du surplus social) ou redistributifs (distorsion de la répartition du surplus entre les agents économiques). Mais, dans le cadre de nos recherches, nous voudrions insister sur les conséquences de la corruption sur l'investissement et la croissance.

En effet, Mauro (1995)[122] met en évidence une corrélation négative entre la corruption et le taux de croissance pour 67 pays sur la période 1960-1985. L'auteur

[122] Mauro P. (1995) « Corruption and Growth » *Quaterly Journal of Economics*, vol. 3, n° 442, p 681-712.

montre parallèlement que la corruption favorise les dépenses publiques donnant lieu à des transactions corrompues, typiquement les dépenses d'armement au détriment des dépenses d'éducation.

Borner et al. (1995)[123], à partir de données construites sur 28 pays, montrent que c'est plus l'incertitude liée à l'instabilité des règles administratives (dont la corruption n'est qu'un élément parmi d'autres) qui affecte négativement les taux d'investissement que la corruption elle-même.

Cependant, le débat à partir des travaux économétriques sur la corruption possède de nombreuses limites et le principal problème concerne le sens de causalité : Est-ce la corruption qui maintient le sous-développement ou à l'inverse, les caractéristiques du sous-développement favorisent-elles la corruption ?

Nous estimons pourtant que cette corruption représente la plus importante entrave à la mise en place des réformes financières car elle affaiblit fortement la crédibilité des gouvernements.

2.2 L'incertitude et l'instabilité politique

L'instabilité politique se présente comme une contrainte supplémentaire des réformes financières. Elle aggrave les déficits budgétaires, l'inflation et les fuites de capitaux et réduit l'intermédiation financière.

Il existe deux méthodes pour mesurer l'instabilité politique. La première s'intéresse à l'instabilité du pouvoir exécutif, la seconde se fonde sur des indicateurs de troubles sociaux et de violences politiques. Evidemment, l'instabilité politique est accentuée par les crises économiques et les deux facteurs interagissent entre eux.

Entre 1960 et 1985, les cas de récession économique les plus importants, mesurée par la chute du PNB par habitant et le taux élevé de mortalité, coïncident principalement avec les économies victimes de guerre civile et de famines combinées[124].

La militarisation, les conflits armés et l'instabilité politique sont les causes principales de la récession économique et de façon plus spécifique, de la régression du secteur financier.

Dans le contexte de l'hétérogénéité culturelle africaine, la meilleure façon de résorber les conflits internes et ethniques, est d'encourager le partage du pouvoir et la participation politique. C'est l'objet de la démocratie : Etablir des lois qui correspondent aux besoins courants.

---

[123] Borner, Brunetti A. et Weder B. (1995) *Political Credibility and Economic Dvelopment* St Martin's Press.

[124] La Somalie, l'Ethiopie, le Nigeria, le Rwanda, le Mozambique, l'Angola, le Tchad en sont les principaux exemples. Chege M. (1999) « Politics of Development : Insitutions and Governance » *Can Africa claim the 21st century ?*, African Development Bank, Abidjan, 6-11 juillet 1999.

Fouda et Salmon (1998), dans leur article « Répression financière et Répression Politique : Existe-t-il une relation ? », cherchent à établir une relation entre la nature des régimes politiques et le degré de répression financière entre 1973 et 1995 dans un échantillon de 51 pays développés et en voie de développement. La méthode consiste à postuler une relation statistique entre les taux d'intérêt réels et l'indicateur de libertés civiles. Les résultats ne sont pas très significatifs et la seule conclusion fiable est que les pays à régime autoritaire ont été les derniers à mettre en œuvre des mesures de libéralisation financière, généralement sous la pression des institutions de Bretton Woods. Par conséquent, plus les régimes sont autoritaires, moins ils sont propices aux changements car les lobbies de certains politiciens l'emportent sur le bien-être collectif.

Tous les auteurs reconnaissent que l'instabilité politique accroît les déficits budgétaires dans les PVD et qu'à l'inverse, dans une situation politique stable, le gouvernement bénéficie d'une majorité solide et peut augmenter les impôts. De plus, l'horizon temporel du gouvernement est plus court et l'incite à adopter des politiques de court terme inflationnistes, tel que le financement de son déficit par création monétaire.

En conséquence, l'horizon temporel des banquiers et des investisseurs est également réduit et conduit à la baisse des crédits à moyen et long terme. L'instabilité politique joue ainsi un rôle négatif sur l'intermédiation bancaire.

2.2.1 La faible crédibilité des gouvernements

Les habitants d'Afrique sub-saharienne vivent dans un monde arbitraire et corrompu où les services publics ne sont pas délivrés. Les pots de vin aux fonctionnaires et aux politiciens sont indispensables pour obtenir ces services, ce qui réduit les bases du développement.

Dans le *Rapport sur le développement dans le monde* de la Banque Mondiale (1997), trois questions ont été posées aux entrepreneurs :

- « Devez-vous faire face à des changements inattendus dans les lois, les règlements ou les politiques qui touchent vos affaires ? ».
- « Vous attendez-vous à ce que le gouvernement soit cohérent avec les principales politiques annoncées ? ».
- « L'instabilité politique est-elle un obstacle pour vos affaires ? ».

La moyenne des trois notes s'échelonnant de 1 à 6 donne un résultat sur la crédibilité des actions du gouvernement.

Tableau IV.11 – Résultats sur la crédibilité des gouvernements en Afrique

	Crédibilité			Crédibilité	
	Résultat	Rang		Résultat	Rang
Côte d'Ivoire	2.65	1	**Togo**	3.63	12
Mali	2.97	2	**Kenya**	3.97	13
Sénégal	2.97	3	**Mozambique**	3.67	14
Maurice	3.06	4	**Cameroun**	3.77	15
Guinée	3.08	5	**Zambie**	3.77	16
Ghana	3.12	6	**Congo**	3.83	17
Malawi	3.19	7	**Guinée Bissau**	3.83	18
Bénin	3.25	8	**Zimbabwe**	3.88	19
Ouganda	3.34	9	**Madagascar**	4.14	20
Afrique du Sud	3.5	10	**Nigeria**	4.16	21
Tchad	3.58	11	**Tanzanie**	4.34	22

Source : Banque Mondiale (1997) *Rapport sur le développement dans le monde*

Ainsi, seuls les trois premiers pays (Côte d'Ivoire, Mali et Sénégal) obtiennent une note inférieure à 3, la moyenne. Cependant, depuis le moment de l'enquête, les événements politiques au Sénégal et en Côte d'Ivoire ont pu modifier les résultats de l'enquête.

Depuis plusieurs années, des auteurs comme Rodrick (1989) ont montré l'importance de la crédibilité des gouvernements pour mener à bien des réformes.

Quand le gouvernement manque de crédibilité, le report de la libéralisation financière accroît les doutes du secteur privé.

Par conséquent, l'incertitude du secteur privé vis-à-vis de la politique gouvernementale l'incite à garder ses liquidités et à recourir au secteur informel.

En effet, pour sauvegarder leurs actifs des décisions aléatoires du gouvernement, les agents économiques préfèrent les détenir sous forme liquide ou quasi-liquide.

Dans le cas d'une libéralisation financière non-crédible, comme ce fut le cas en Argentine dans les années 1980, les capitaux partent à l'étranger et les individus fuient le secteur bancaire en évitant de déposer ou d'emprunter des montants importants et en refusant d'adopter les nouveaux produits financiers.

Le secteur financier informel est en revanche régi par des normes crédibles et n'a pas besoin de l'intervention de l'Etat. Les acteurs économiques africains ont plus confiance dans les institutions informelles que dans les banques officielles. Ainsi, la non-crédibilité des gouvernements conduit à retarder le développement économique et financier.

Les principaux travaux sur la crédibilité ont recommandé l'indépendance de la Banque Centrale et/ou la fixité des taux de change pour accroître la crédibilité des gouvernements.

2.2.2 La perte de ressources budgétaires : un facteur d'incertitude

Le problème commun aux pays en voie de développement est à la fois le report et/ou la précipitation des réformes financières par rapport aux autres réformes économiques.

Les nouveaux théoriciens de la libéralisation financière exigent la stabilisation macro-économique avant la mise en place des politiques financières. Or, souvent, la précipitation des réformes financières est la conséquence du report des réformes de stabilisation.

En effet, la libéralisation financière n'est en fait qu'une des composantes d'un programme global de libéralisation économique. Plus précisément, l'intérêt du gouvernement pour le système financier est apparu avec l'incompressibilité des déficits publics. Dans une telle situation, le gouvernement est obligé de recourir au système financier national soit en créant de la monnaie, soit en émettant des bons du trésor ou en empruntant des fonds. Dès lors, ce n'est pas un hasard si les réformes financières n'ont effectivement été mises en œuvre qu'à la suite de crises budgétaires.

Mais, les chiffres de la Banque Mondiale indiquent que les déficits publics ont continué de s'accroître même pendant la période d'ajustement structurel où les organisations internationales prêchaient la rigueur budgétaire.

Le tableau ci-après montre que, de façon générale, les pays africains ont accru leur déficit budgétaire sur la période 1985-1990, pendant la mise en place des Programmes d'Ajustement Structurel. La tendance s'est légèrement inversée par la suite mais les déficits actuels sont plus élevés qu'ils ne l'étaient en moyenne entre 1975-1984, avant la période d'ajustement.

Tableau IV.12 - Déficit budgétaire en pourcentage des recettes fiscales

	1975-1984	1985-1990	1990-1997
Afrique du Sud	-5.1	-4.5	-6.2
Bénin	0	11.8	-2.3
Botswana	10.5	17.5	6.6
Burkina Faso	-5.5	-3.2	-2.9
Burundi	9.5	-4.7	-3.7
Cameroun	**0.5**	**-5.2**	**-5.4**
Centrafrique	**0.9**	**-4.5**	**-5.8**
Congo	**-2.7**	**-9.4**	**-9.7**
Côte d'Ivoire	-8.4	-8.1	-7.8
Ethiopie	-6.6	-5.7	-6.2
Gabon	-36.9	-7.1	-0.9
Gambie	0.3	3.8	-2.5
Ghana	**-2.3**	**-2.7**	**-7.5**
Kenya	-4.8	-5.2	-4
Lesotho	-5.4	-6.4	3.5
Madagascar	-7.4	-3.6	-5.2
Malawi	-7.9	-5.9	-9.1
Mali	-3.8	-5.9	-3.1
Mauritanie	0	-4	-1.2
Niger	-4.9	-4.8	-3.9
Nigeria	-5.8	-7	-0.5
Rwanda	-3.1	-6.2	-2.7
Sénégal	-5.7	-2	-1
Tchad	**-1.1**	**-4.2**	**-6**
Togo	**-2.1**	**-3.8**	**-6.8**
Ex-Zaïre	6.3	-4	-16.2
Zimbabwe	8	-7.9	-6.8
Afrique sub-saharienne	-4.7	-5.8	-5.6

Source : Banque Mondiale (1999) *African Development Indicators 1998-99.*

Avec la libéralisation financière, les gouvernements perdent des ressources importantes. Qu'il s'agisse de la taxe inflationniste par le biais du seigneuriage ou de l'obtention de crédits nationaux à taux d'intérêt préférentiels, la répression financière permettait aux gouvernements de bénéficier de ressources supplémentaires pour financer leurs dépenses.

Il en découle qu'en essayant de financer leur déficit en temps de crise, les gouvernements se présentent comme une réelle entrave à la réforme financière. Cette situation arrange tous les acteurs économiques à l'exception des bailleurs de fonds internationaux et des couches sociales les plus défavorisées. En d'autres termes, la libéralisation financière est la dernière mesure d'ajustement structurel à laquelle pense un gouvernement.

Giovannini et De Melo (1993)[125] ont mesuré le revenu découlant de la répression financière comme la différence entre le taux d'intérêt national et le taux d'intérêt international multiplié par le stock des crédits domestiques obtenus par les gouvernements. Par exemple, pour le Zimbabwe, cette « taxe de la répression financière » représentait 5,5% du PIB sur la période 1981-1986 soit 19% des recettes fiscales.

La hausse des taux d'intérêt générée par la libéralisation financière entraîne donc un problème de soutenabilité budgétaire et incite les gouvernements à entraver le processus de réformes. Ils deviennent alors de moins en moins crédibles vis-à-vis de leurs citoyens.

Cependant, l'Etat n'est pas le seul responsable des échecs de la libéralisation financière ou des politiques de développement financier, le fonctionnement du secteur privé ne correspond pas à la situation d'une économie de marchés complets et concurrentiels. Ce problème d'incohérence entre la libéralisation financière et l'environnement réel nous amène à élargir le concept de développement financier à l'efficacité du secteur privé et à définir les priorités des politiques financières dans le cas de l'Afrique sub-saharienne.

3. L'ELARGISSEMENT DU CONCEPT DE DEVELOPPEMENT FINANCIER

Le développement financier décrit par Mac Kinnon (1973) et Shaw (1973) se définit comme un système « libéré » de toute intervention de l'Etat. Autrement dit, le jeu du marché est seul habilité à rendre son efficacité au secteur financier et, la politique de libéralisation financière se confond avec la politique de développement financier.

Cependant, nous affirmons que la libéralisation financière et le développement financier sont deux notions très différentes puisque nous considérons la libéralisation financière comme un moyen et le développement financier comme une fin en soi.

En d'autres termes, pour atteindre le développement financier, la politique de libéralisation financière n'est pas la seule politique pour les pays.

Ce point est très important et nous amène à définir le concept de « développement financier » tout d'abord en accord avec le système économique dans son ensemble puis de façon plus générale, dans le cadre des économies africaines.

---

[125] Giovannini A. et De Melo M. (1993) « Governement Revenue from Financial Repression » *American Economic Review*, n° 83, p 953-963.

3.1 L'efficacité du secteur privé : Un facteur de développement financier

Tout d'abord, les tests de causalité entre le secteur réel et financier montrent que la causalité n'est pas univoque et qu'elle s'établit parfois statistiquement du secteur privé vers le secteur financier. Ainsi, un secteur privé efficace est certainement propice au développement des services bancaires et financiers comme l'ont confirmé Berthélémy et Varoudakis (1995) avec l'existence de cercles vertueux de croissance.

Ensuite, les théorèmes économiques de base montrent que le système capitaliste a besoin à la fois de propriété et de concurrence. Or, les politiques de libéralisation financière s'inscrivent dans le cadre d'économies de marché puisqu'elles pour objectif de donner à ce dernier le rôle de « régulateur » des secteurs bancaires et financiers.

Par conséquent, un système financier libéralisé doit être cohérent avec le fonctionnement de l'économie tout entière. Autrement dit, sans un secteur privé concurrentiel, le développement financier par le biais du marché semble impossible.

Cependant, le consensus de Washington et les théoriciens de la libéralisation financière ont ignoré la concurrence alors qu'elle représente une condition nécessaire à une économie de marché efficace [Stiglitz (2000)]. Leurs recommandations politiques utilisent quelques indicateurs économiques comme l'inflation, le taux de croissance de la masse monétaire, les taux d'intérêt, les déficits budgétaires mais n'offrent pas de réponse aux questions importantes sur le développement.

En conséquence, un objectif fondamental du développement financier est la création d'un secteur privé qui soit à la fois puissant, efficace et stable.

Mais, un secteur privé prospère requiert un environnement qui lui soit favorable. Ce sont les prix qui doivent assurer la coordination de l'économie tout entière mais cela nécessite que les marchés existent tous et fonctionnent. Cette condition n'est manifestement pas remplie dans les pays les moins avancés d'Afrique sub-saharienne, notamment sur le marché du crédit où les asymétries d'information ne permettent pas une allocation efficace des ressources.

Une fois encore, seul l'Etat peut créer les conditions d'une économie concurrentielle au sens juridique et réglementaire du terme. Ainsi, depuis les années 1990, le rôle de l'Etat est d'agir en complément du marché. Il n'y a plus lieu d'opposer l'intervention des gouvernements à un libre fonctionnement du marché puisque l'environnement dans lequel évolue ce dernier est créé et établi par l'Etat qui doit rétablir la confiance des agents privés.

Au-delà du capital physique et du crédit bancaire, un point essentiel pour la création d'un environnement favorable au secteur privé est la qualité de la main d'œuvre, des institutions et des infrastructures.

La promotion du capital humain passe par une formation adaptée et un niveau de santé suffisant. Les dépenses publiques d'éducation et de santé sont indispensables pour permettre à la population de participer au développement économique de leur pays.

De même, l'infrastructure juridique et institutionnelle est nécessaire au bon fonctionnement des marchés, et particulièrement à la concurrence. Qu'il s'agisse de promouvoir le libre échange, de faciliter les privatisations, de forger une politique de compétitivité et des lois antitrust, de construire des routes ou d'établir une réglementation favorable au maintien de la solvabilité et de la sécurité bancaire ou au développement des investissements directs en provenance de l'étranger, l'Etat est un acteur incontournable du développement économique.

Il n'est pas évident de proposer une liste exhaustive des possibilités d'action de l'Etat en faveur du développement du secteur privé mais, l'infrastructure, le capital humain et les institutions doivent y prendre place. S'il manque un seul de ces ingrédients essentiels, les chances de développement financier sont réduites de beaucoup. L'analyse de la pauvreté économique et humaine en Afrique, au début de notre thèse, explique en partie les échecs des réformes financières.

Ainsi, Stiglitz (2000), au sujet de la crise asiatique, annonce : « *La crise asiatique a donné un coup de poignard au consensus de Washington. Le succès des économies asiatiques ne dépendaient pas seulement de la stabilité macro-économique et de la privatisation. Sans un système financier robuste, que le gouvernement doit créer et maintenir, il est difficile de mobiliser l'épargne et d'allouer efficacement le capital. Si l'économie n'est pas concurrentielle, les bénéfices sont absorbés dans les recherches de rente et non à la création de richesses. De plus, si l'investissement public en capital humain et dans les transferts de technologies est insuffisant, le marché ne pourra pas combler le fossé* ».

En définitive, le développement financier est un concept qui doit être en accord avec le fonctionnement de l'économie dans son ensemble. S'il s'agit d'instaurer une politique de libéralisation financière, le marché devient le promoteur de la croissance et doit donc évoluer dans un environnement capitaliste et adapté à un fonctionnement efficace et concurrentiel. Nous insistons sur le rôle déterminant de l'Etat dans les premières phases de développement des économies africaines.

Cependant, il serait faux de croire à une évolution soudaine et à une prise en charge rapide par l'Etat de tous ces facteurs favorables au développement aussi bien économiques que financiers. En effet, la plupart des mesures évoquées entraînent des coûts et des dépenses contradictoires avec les politiques d'ajustement et la stabilisation macro-économique. Le problème devient très délicat et s'apparente à un cercle vicieux. Aussi, avons-nous décidé de mettre en avant les priorités du développement financier africain, telles qu'elles nous apparaissent à l'issue de cette thèse.

3.2 Les priorités du développement financier africain

Le renforcement des institutions financières est aussi important pour la stabilité économique que la maîtrise des déficits budgétaires et de la masse monétaire. Stiglitz (2000) qualifie le système financier de « cerveau » de l'économie. Tout au long de nos recherches, nous avons insisté sur le rôle moteur que pouvait jouer un secteur bancaire en répartissant les capitaux aux différents secteurs productifs et en permettant des investissements sans accumulation de fonds au préalable.

Cependant, le changement imposé de l'extérieur ne peut guère fonctionner.

Le développement financier ne devrait jamais être seulement une question de négociation entre le bailleur de fonds et le gouvernement. Il doit pénétrer plus profondément et s'appuyer, dans la société, sur des groupes qui contribuent au renforcement des compétences collectives.

Par conséquent, plusieurs leçons peuvent être tirées de l'analyse du secteur financier informel qui représente l'unique source de financement de la plupart des Africains et qui repose sur des comportements traditionnels. De la même façon, l'espoir donné aux programmes de micro-finance s'appuie sur cette imitation des pratiques du secteur informel (la proximité et la confiance semblent déterminantes).

Sur le modèle de Stiglitz (2000) et des définitions de « développement soutenable », qui préserve les ressources naturelles et maintient un environnement sain, de « développement égalitaire » qui permet à tous les groupes de la société de bénéficier des fruits de la croissance et de « développement démocratique » qui fait participer les citoyens aux décisions qui affectent leur vie, nous pouvons définir le concept de « développement financier ».

Ces définitions sont simples et idéalistes mais elles ont le mérite de ne pas imposer les différents moyens de leur mise en œuvre. Elles correspondent à des fins ultimes et à des objectifs que différentes voies peuvent permettre d'atteindre.

Aussi, confirmons-nous que le développement financier africain doit assurer l'accès au capital pour les entrepreneurs et les investisseurs de toute taille.

Cependant, l'analyse des systèmes financiers des pays développés permet aussi d'affirmer que les mécanismes bancaires sont systématiquement porteurs d'exclusion financière et sociale et que les asymétries informationnelles empêchent la sélection efficace des emprunteurs solvables. En France, l'explosion du nombre de ménages surrendettés ou interdits de chéquiers, les difficultés d'obtention d'un crédit lors de la création d'une entreprise et le nombre d'entreprises défaillantes[126]

---

[126] Pour plus d'information, voir Granger B. et INAISE (1998) *Banquiers du Futur*, Editions Charles Léopold Mayer ou Philon D. (1999) *Les banques, nouveaux enjeux, nouvelles stratégies*, Documentation Française, Paris.

prouve qu'un système financier développé est loin d'allouer efficacement les ressources et qu'il entraîne l'exclusion de nombreux agents économiques.

Par conséquent, l'objectif ultime du développement financier ne peut pas être de fournir du crédit à tous les agents économiques mais de s'appuyer sur des règles de rentabilité et d'évaluation des projets non arbitraires pour l'accord des crédits. A ce niveau, les politiques de libéralisation financière ont eu l'avantage de restructurer et de privatiser le secteur bancaire ainsi que d'éliminer l'allocation sectorielle des crédits. L'Etat n'est plus le principal bénéficiaire des crédits bancaires, il n'intervient plus pour créer une classe privilégiée d'entrepreneurs et nous pouvons espérer qu'à terme, les banques accorderont du crédit à l'ensemble des agents économiques.

Par ailleurs, si le secteur bancaire est indispensable pour les entreprises, les ménages africains ont prouvé depuis longtemps qu'ils pouvaient facilement se dispenser du crédit bancaire. La solidarité financière au sein de la famille et des proches semblent convenir aux ménages pour leurs besoins de consommation courante. Le cas échéant, ils trouveront toujours des partenaires pour créer une tontine.

La priorité est donc de diriger les fonds bancaires vers les entrepreneurs.

Ce rôle est celui que les macro-économistes eux-mêmes ont donné au secteur bancaire. En effet, d'un point de vue macro-économique, dans les différents modèles de croissance, les banques ont un effet favorable sur la croissance car elles financent l'investissement. Les auteurs considèrent un circuit économique dont les flux financiers se dirigent des ménages vers les banques et des banques vers les entreprises. En aucun cas, le financement des biens de consommation des ménages n'entre dans le processus de croissance. Ce point est très important dans la mesure où il n'est pas sûr qu'en permettant aux ménages d'accroître leur pouvoir d'achat par le biais des crédits, les banques contribuent également au développement économique[127].

Au cours de nos recherches, nous avons évoqué les différents problèmes auxquels se trouvent confrontés les banques d'une part pour l'octroi de crédit et les entrepreneurs d'autre part pour l'obtention d'un financement. L'offre n'est pas adaptée à la demande et le taux d'intérêt, le prix sur le marché du crédit, semble n'avoir aucune signification déterminante dans la répartition des liquidités des banques. Les demandeurs s'attachent plus à la disponibilité des fonds qu'à leur coût et les offreurs souhaitent obtenir des garanties et réduire leurs risques plutôt que d'appliquer des taux d'intérêt plus élevés qui ne garantissent pas les remboursements de leurs prêts.

[127] Elles peuvent cependant participer au développement social. Mais, les dangers sont multiples. L'investissement des banques dans des projets à caractère « social » ne correspond pas aux critères d'efficacité et de rentabilité exigés par les actionnaires.

En ce sens, les programmes de micro-finance qui fournissent des fonds aux petits entrepreneurs, sans garanties, en s'appuyant sur la confiance et la proximité, et qui obtiennent des taux de remboursement proches de 100 %, relancent des solutions au développement financier des pays africains. L'établissement de relations entre ces programmes qui collectent l'épargne et réduisent les problèmes d'information asymétrique et les banques commerciales qui regorgent de liquidités improductives, semble être le meilleur moyen de financer les entrepreneurs exclus de la finance formelle. Nous avons consacré une section à cette solution de création d'un intermédiaire entre les petits acteurs du développement et les banques.

Nous estimons que l'intervention des gouvernements ou des organisations internationales comme la BAD ou les ONG, pour apporter les garanties financières exigées par les banques de second rang, est indispensable pour créer un climat de confiance entre les différents acteurs. L'existence de ce type de relations pourrait permettre, à terme, l'investissement non intermédié des banques dans les projets de micro-finance afin qu'elles assument pleinement leur rôle d'intermédiaires financiers.

En définitive, les analyses de recherche de rentes ne sont aptes qu'à éclairer les échecs des politiques publiques et non les cas de réussite. Elles montrent pourtant le caractère délicat des réformes financières et du passage d'une situation de répression financière à celle d'une libéralisation financière. En éliminant les « privilèges » acquis par une classe d'agents économiques, les réformes se heurtent à différents lobbies politiques et ont moins de chance d'arriver à leur terme. Cependant, la libéralisation financière ne permet pas non plus d'échapper à ce type de comportements de recherche de rentes.

De plus, l'Etat lui-même s'oppose parfois aux réformes élaborées par le Fonds Monétaire International ou la Banque Mondiale et qu'il a approuvées en signant « la lettre d'intentions ». Ce phénomène provient essentiellement des difficultés qu'il éprouve à financer son déficit dès lors qu'il ne peut plus utiliser la planche à billets. Les économistes insistent alors sur l'indispensable autonomie de la Banque Centrale pour permettre des réformes plus « soutenables ».

Pourtant, l'environnement politique et institutionnel créé par l'Etat ne favorise pas l'adoption des politiques de réformes. Ce dernier est « défaillant » dans le sens où la corruption, l'imprévisibilité de la justice et l'excès de bureaucratie, font régner un climat d'incertitude et d'instabilité défavorable non seulement à la croissance mais également à la mise en place de changements politiques. Les entrepreneurs et les acteurs privés évoluent dans un contexte imprévisible et les pots de vin et les lourdes démarches administratives constituent un frein à leur développement.

Néanmoins, les stratégies visant l'amélioration de la gouvernance et des institutions risquent de ne pas offrir de solutions aux pays les moins avancés d'Afrique à partir du moment où le renforcement des capacités d'action de l'Etat entraîne des coûts qui peuvent s'avérer contradictoires avec les plans d'ajustement.

La question de l'efficacité et de l'équité des stratégies de développement reste alors entière pour les pays les moins avancés.

Finalement, la création d'un secteur privé compétitif et efficace, par des réformes juridiques et institutionnelles adaptées, permettrait certainement de relancer le développement économique et financier. Les infrastructures et la promotion du capital humain sont deux éléments indispensables à l'essor du secteur privé.

L'amélioration du secteur privé semble constituer la clé de réussite du développement économique et nous avons insisté sur le rôle des entrepreneurs. La priorité financière de l'Afrique est de diriger les crédits bancaires vers les investisseurs potentiels de toute taille. Ces derniers représentent la source de croissance la plus probable mais n'ont pas accès à la finance formelle. Les programmes de micro-financement qui ciblent les petits entrepreneurs sont, à l'heure actuelle, susceptibles d'offrir des solutions au développement financier africain. Dans cet objectif, ils devraient, avec l'appui des acteurs internationaux, établir des relations avec les banques commerciales de façon à ce que ces dernières redistribuent effectivement les fonds collectés pour des projets productifs tout en limitant leurs risques.

Conclusion du chapitre IV

Ce dernier chapitre retrace tout d'abord les conditions de succès des réformes financières, élaborées deux décennies après la théorie de la répression financière de Mac Kinnon (1973) et Shaw (1973).

En effet, les expériences de libéralisation financière, notamment en Amérique Latine, ont montré que la seule hausse des taux d'intérêt réels ne permettait pas de relancer le développement économique. Demirgüç-Kunt A. et Detragiache E. (1998) ont montré que les politiques de libéralisation financière avaient été suivies par une plus grande instabilité macro-économique et financière et qu'elles avaient parfois entraîné des crises de grande ampleur, notamment au Mexique en 1994.

Ainsi, dans les années 1990, une nouvelle littérature a reconsidéré les hypothèses des théoriciens et a cherché à déterminer les conditions selon lesquelles la politique de libéralisation pouvait conduire à une croissance plus importante. Les auteurs ont trouvé que les conditions initiales de mise en place de telles mesures avaient conditionné leur succès.

Effectivement, l'évidence empirique suggère que l'environnement macro-économique soit préalablement favorable à la libéralisation financière. Il s'agit principalement de réduire les déficits publics et les taux d'inflation. Cependant, une fois cette condition remplie, l'ordre d'adoption des réformes ainsi que leur vitesse délimitent à nouveau les possibilités de réussite de la libéralisation financière. L'Etat est également sollicité pour s'engager politiquement de façon crédible et pour établir les nouvelles lois bancaires et les réglementations prudentielles.

Au total, alors que Mac Kinnon (1973) et Shaw (1973) avaient proposé une solution « simple » et « efficace » pour accroître les taux de croissance dans les pays en voie de développement, les politiques de libéralisation sont de plus en plus coûteuses pour les économies. Si les conditions de leur réussite ne sont pas réunies, l'économie peut se retrouver dans une situation d'instabilité plus grande que celle précédant les mesures. De plus, les recommandations sont assez floues et ne permettent pas de définir un programme idéal de libéralisation financière. Les économies africaines se retrouvent à devoir appliquer des mesures dont l'ordre et la vitesse sont décidés arbitrairement par les gouvernements.

Cependant, la libéralisation financière n'est pas la seule politique de développement financier en Afrique. Les programmes de micro-financement se sont énormément répandus sur tout le continent à partir de 1990. Ils ont pour principal objectif de collecter l'épargne des plus démunis et de leur offrir des petits crédits et des assistances techniques pour qu'ils puissent développer leurs activités. Bien évidemment, ils ne représentent pas la panacée du développement financier africain et possèdent de sérieuses limites, notamment en ce qui concerne l'utilisation de ces crédits par les emprunteurs et la partie marginale de la population qu'ils peuvent cibler.

Mais, nous avons été séduit par la possibilité d'établir des liens entre les banques commerciales d'une part et ce type de programmes d'autre part de façon à changer progressivement le comportement des agents. En effet, les petits entrepreneurs s'habitueront à la possibilité de financer leurs investissements par d'autres biais que l'autofinancement et les banques, à distribuer des crédits dans les zones productives des économies. Le programme AMINA de la Banque Africaine de Développement a l'avantage de vouloir non seulement soutenir et agrandir les petits programmes déjà en place mais également de « forcer » les banques à offrir des liquidités en leur fournissant les garanties qu'elles exigent.

Nous insistons sur le rôle positif du financement des petites activités productives plus que de celui des ménages, dans l'objectif de l'accroissement des taux d'investissement, de production et finalement, de croissance des économies africaines.

Cependant, le secteur privé est soumis à de nombreuses contraintes. Il évolue dans un climat non compétitif, imprévisible et se heurte à l'excès de la bureaucratie. L'Etat africain représente le principal prédateur des économies africaines. Après s'être longtemps accaparé les crédits bancaires et avoir financé son déficit public par l'émission de monnaie au détriment du secteur privé, il continue de créer un environnement instable. Les possibilités de trouver des « rentes » dans les situations actuelles, par le biais des fonctionnaires et des agents de l'Etat permettent aux acteurs puissants (industriels et financiers) d'appuyer la corruption et de s'opposer aux réformes aussi bien économiques que financières. Le manque de crédibilité des gouvernements est une sérieuse entrave à toute tentative de réformes économiques, même vers la voie d'un développement africain plus important.

CONCLUSION DE LA SECONDE PARTIE

L'analyse des corrélations et des causalités entre les variables réelles et financières nous a permis d'éclairer plusieurs questions en Afrique sub-saharienne.

Tout d'abord, le développement économique passe par l'approfondissement financier des économies. A l'instar de Mac Kinnon (1973) et Shaw (1973), différents auteurs ont montré, dès les années 1960 et plus récemment avec les modèles de croissance endogène intégrant la sphère financière, que la finance indirecte avait un rôle important dans l'accroissement des taux de croissance et d'investissement dans les pays. En effet, les banques permettent aux entrepreneurs d'obtenir des fonds sans recourir à l'autofinancement. Elles réduisent les risques de liquidité, les risques technologiques et assurent une meilleure allocation des ressources dans les économies.

Cependant, cette affirmation a été nuancée par différents économistes. Schumpeter (1911), Gerschenkron (1962) et Stiglitz (1993) ont estimé que le marché du crédit nécessitait l'intervention de l'Etat de façon à réguler l'offre de monnaie, les tensions inflationnistes et à diriger plus efficacement les crédits vers certains secteurs économiques, notamment dans les premières phases de développement. De la même façon, les post-keynésiens ont soulevé la possibilité d'une corrélation négative entre la finance et la croissance lorsque le marché du crédit était soumis à plusieurs imperfections, comme l'allocation des fonds dans des projets spéculatifs. Pour Minsky (1986), l'instabilité financière est endogène et induit les cycles de croissance et de récession dans l'économie et s'explique principalement par les anticipations des entrepreneurs.

Dans la lignée des théoriciens de la libéralisation financière, Roubini et Sala-i-Martin (1992) et King et Levine (1993b) ont montré que le secteur financier pouvait être défavorable à la croissance dans une situation de répression financière où l'Etat administre les taux d'intérêt, oblige les banques commerciales à déposer un montant important de réserves auprès de la Banque Centrale et dirige les crédits vers certains secteurs de l'économie.

Néanmoins, la question de l'impact positif d'une politique de libéralisation financière sur la croissance économique n'a pas été prouvée. Tout d'abord, Demirgüç-Kunt A. et Detragiache E. (1998) ont prouvé que les expériences de libéralisation financière s'étaient traduites par une plus grande instabilité macroéconomique et financière et avaient souvent entraîné des crises importantes. De même, Bencivenga et Smith (1992) et Venet (1996) ont estimé que la situation de répression financière avait des effets plus favorables sur la croissance que la libéralisation financière lorsque les déficits budgétaires étaient élevés. Finalement, Berthélémy et Varoudakis (1994) ont soutenu que la possibilité de relancer la croissance par une politique de libéralisation financière dépendait essentiellement du niveau initial de développement économique du pays. Ainsi, la politique d'approfondissement financier ne se confond pas avec la politique de libéralisation financière.

Ensuite, la finance directe et le développement des marchés financiers peuvent-ils se substituer au secteur bancaire et permettre l'accroissement des taux d'investissement et de croissance dans les économies d'Afrique sub-saharienne ?

En fait, la création d'un marché financier correspond au stade ultime de développement financier des économies. En effet, les banques et les marchés financiers entretiennent des relations de complémentarité entre eux qui permettent d'affirmer que, sans un système bancaire efficace et apte à soutenir la bourse, le marché financier restera étroit, volatil et peu développé. Ainsi, les économies d'Afrique sub-saharienne, à l'exception de l'Afrique du Sud, doivent en priorité réhabiliter leur secteur bancaire avant de vouloir établir de tels marchés.

Quand ils existent, ces marchés prouvent, par la faiblesse des indicateurs, qu'ils ne servent pas à financer les activités nationales et qu'ils sont si risqués qu'ils n'attirent pas les capitaux des investisseurs étrangers. De plus, les modèles théoriques de croissance intégrant des indicateurs boursiers ne s'accordent pas sur le rôle positif des marchés financiers sur la croissance économique et l'expérience d'autres pays en voie de développement, comme le Mexique ou la Thaïlande, a montré que les marchés financiers pouvaient devenir des sources importantes de déséquilibres macro-économiques et déstabiliser l'économie tout entière.

Finalement, les corrélations entre les variables financières d'une part et les variables réelles d'autre part, montrent plusieurs points intéressants en Afrique sub-saharienne. Premièrement, les variables financières sont fortement corrélées entre elles. Deuxièmement, les variables réelles (le taux d'épargne, d'investissement et de croissance) sont étroitement liées dans les pays d'Afrique car la faible mobilité des capitaux et la contrainte extérieure obligent les économies à recourir à l'épargne à des fins d'investissements. Ainsi, la principale caractéristique d'une économie faiblement développée est de posséder des variables réelles et financières fortement corrélées. En régressant l'investissement de plusieurs pays sur les différents indicateurs bancaires, les résultats montrent que le secteur réel réagit à certains indicateurs bancaires. Ainsi, le développement du secteur bancaire est certainement un facteur de développement de l'investissement.

Concernant le sens de causalité qui s'exerce entre ces deux secteurs, l'analyse théorique et empirique montre que les cas sont différents suivant les pays. Alors que Patrick (1966) soutient que dans les premières phases de développement, la finance est source de croissance et que par la suite, c'est la croissance qui entraîne le développement financier, la causalité au sens de Granger entre l'indice de développement financier que nous avions calculé dans la première partie de cette thèse et la production nationale totale ou par tête, montre que les résultats ne peuvent pas se généraliser et que la causalité dépend des conditions économiques propres à chaque nation.

Au total, il paraît important de souligner que l'approfondissement financier des économies d'Afrique sub-saharienne peut développer le secteur réel. Aussi, dans le dernier chapitre, avons-nous mis en lumière les contours d'une telle politique d'approfondissement financier en Afrique. En étudiant la nouvelle littérature des années 1990, nous avons mis en exergue le fait que la libéralisation financière est devenue une politique de plus en plus contraignante pour les économies. Les conditions de succès dépendent de l'environnement économique initial (ce dernier doit se caractériser par la stabilité des prix et par un faible déficit public), des réglementations prudentielles et du contexte institutionnel et juridique définis par l'Etat, de l'ordre d'adoption des mesures ainsi que de leur vitesse. En d'autres termes, il s'agit de définir la voie de politiques financières moins contraignantes et mieux adaptées au cas particulier de l'Afrique.

La solution réside peut-être dans le développement de certains programmes de micro-finance, en l'occurrence, ceux qui permettent aux entrepreneurs d'obtenir des crédits. En effet, en dehors de l'Etat, les entrepreneurs sont les principaux acteurs du développement et doivent pouvoir s'accroître et financer leurs investissements.

La priorité du développement financier africain est de réhabiliter le secteur bancaire de façon à ce que les activités productives puissent être financées plus efficacement.

Cependant, l'Etat ne crée pas les conditions favorables au développement de la classe des entrepreneurs. Fortement corrompu dans la plupart des pays africains, l'Etat impose aux économies de faibles bases institutionnelles, juridiques, de faibles dépenses en infrastructures et en capital humain et se confond généralement avec les autorités monétaires. Les agents économiques les plus puissants, en termes industriels ou financiers, bénéficient plus particulièrement de ces conditions et, par leur comportement de recherche de rentes, ne favorisent pas l'adoption de réformes plus égalitaires, comme celle d'une répartition des crédits bancaires qui reposerait sur le jeu de l'offre et de la demande.

Etant données les faibles possibilités d'amélioration de ces conditions en termes de coûts financiers, nous considérons qu'une possibilité d'approfondissement financier est la création de relations entre les banques commerciales et les programmes de micro-financement. Le changement de comportements, appuyé par les organisations internationales comme la Banque Africaine de Développement, permettra peut-être à terme d'établir des liens directs entre les entrepreneurs d'une part et les banques d'autre part.

CONCLUSION GENERALE

A la fin des années 1980, la plupart des pays d'Afrique sub-saharienne ont entrepris une politique de libéralisation financière. Cette politique a trouvé ses bases théoriques au début des années 1970, avec l'élaboration de la thèse de la répression financière par Mac Kinnon (1973) et Shaw (1973).

Les auteurs ont admis que les économies des pays en voie de développement étaient « financièrement réprimées » dans le sens où l'Etat déterminait le niveau des taux d'intérêt, utilisait des instruments directs de contrôle monétaire, imposait des taux de réserves obligatoires élevés et allouait le crédit de façon sectorielle. Cette situation conduisait à une mauvaise allocation des ressources bancaires, évinçait les chances de développement du secteur privé et permettait aux gouvernements d'utiliser le seigneuriage pour financer leur déficit budgétaire. Au total, le secteur bancaire n'assurait pas son rôle d'intermédiaire financier. Il ne collectait pas efficacement l'épargne et ne fournissait pas de crédits aux secteurs productifs, freinant ainsi les possibilités d'augmentation des taux d'investissement et de croissance.

L'analyse des économies africaines au début des années 1980 correspond effectivement à la situation de répression financière définie par les théoriciens de la libéralisation financière. Le poids du secteur public dans le capital des banques, la prédominance des crédits publics par rapport aux crédits privés, l'existence de taux d'intérêt réels négatifs, d'allocation sectorielle des fonds bancaires a finalement conduit à une crise financière de grande ampleur à la même période.

Cette dernière a été provoquée par la récession internationale et par la crise des systèmes productifs des économies africaines. Mais, l'Etat a accéléré l'effondrement du secteur bancaire en ne remboursant pas les arriérés de paiement de ses fournisseurs et les autorités monétaires ont brutalement coupé le robinet du refinancement. Lorsque les créances irrécouvrables ont atteint des montants considérables, les faillites bancaires sont devenues inévitables.

Par ailleurs, la crise économique et financière des années 1980 n'a été qu'une manifestation de la détresse qui touche l'Afrique depuis les indépendances. En effet, au niveau aussi bien économique qu'humain, les économies africaines souffrent de « sous-développement » depuis plusieurs décennies.

Ce problème a tout d'abord été considéré par les économistes du développement puis par les théoriciens de la libéralisation financière non pas comme un phénomène spécifique mais comme un simple retard technique. Toutefois, la diversité des situations africaines sur les plans économiques, humains, culturels, religieux, géographiques, indique que le « sous-développement » a plusieurs visages, que la pauvreté accroît les écarts et les différences entre les pays et que le développement économique est un concept imprécis dans lequel un ensemble d'éléments multidisciplinaires interagissent.

Cependant, les organisations internationales (le Fonds Monétaire et la Banque Mondiale) ont imposé les exigences du système mondial actuel et n'ont admis qu'une seule politique « rationnelle » de gestion de la société qui consiste à donner aux forces du marché le rôle de « régulateur » de l'économie.

Ainsi, les Plans d'Ajustement Structurels ont été mis en place en Afrique dans les années 1980, afin que les déséquilibres monétaires et budgétaires n'empêchent plus les marchés de fonctionner correctement. Au niveau du secteur financier, les recommandations politiques de Mac Kinnon (1973) et Shaw (1973) ont été suivies. Il s'agissait tout d'abord de déréglementer les taux d'intérêt à un niveau réel positif, puis de les libéraliser, d'adopter des mesures de contrôle monétaire indirect en éliminant les allocations sectorielles des crédits, en limitant le recours à la manipulation des réserves obligatoires et de restructurer le secteur bancaire de façon à ce que le capital soit détenu par des intérêts privés. Les mesures étaient donc relativement simples mais devaient permettre au continent africain de retrouver la voie de la croissance. En laissant le marché répartir les ressources bancaires au sein de l'économie, les taux d'épargne devaient augmenter ainsi que la qualité et la quantité des investissements.

Toutes ces mesures ont été adoptées par les gouvernements des pays d'Afrique, aussi bien dans les pays membres de la Zone Franc que dans les autres économies mais elles n'ont pas eu les effets escomptés.

La première réponse aux échecs de la politique de libéralisation financière en Afrique sub-saharienne est une réponse théorique.

Les post-keynésiens, dans les modèles de Burkett et Dutt (1991) et de Dutt (1991), ont tout d'abord remis en cause les hypothèses initiales de Mac Kinnon (1973) et Shaw (1973) en distinguant une situation de plein-emploi et de chômage. Alors que ces derniers considéraient la politique d'augmentation des taux d'intérêt comme apte à développer l'offre de crédits bancaires, les auteurs post-keynésiens affirment qu'elle a des effets négatifs sur la demande globale dans l'économie, en privilégiant le recours à l'épargne. En Afrique, le problème de la demande effective a été analysé dans le cadre des inégalités de revenus et semble constituer un frein aux anticipations optimistes des entrepreneurs et à l'investissement.

Dans la lignée keynésienne, l'hypothèse de sensibilité de l'épargne au taux d'intérêt n'est pas valable puisque cette dernière dépend principalement du revenu ou de la richesse des agents. Les différentes formes d'épargne en Afrique sub-saharienne (épargne informelle, épargne physique, épargne en devises, etc.) permettent d'affirmer que le taux d'intérêt n'est pas une variable pertinente dans la détermination de cette dernière. Alors que l'augmentation des taux d'intérêt ne permet pas l'augmentation des taux d'épargne, elle est défavorable à l'investissement et aux agents économiques endettés. Il semble aussi que dans les premières phases de développement, les emprunteurs attachent plus d'importance à la disponibilité des crédits qu'à leur coût.

Ensuite, les néo-structuralistes, Van Wijnbergen (1983) et Taylor (1983) ont analysé la politique de libéralisation financière dans un contexte mieux adapté aux économies africaines. En prenant en compte le secteur financier dans son ensemble, les auteurs ont estimé que les conclusions de Mac Kinnon (1973) et Shaw (1973) étaient différentes dès lors qu'il existait une source parallèle de financement pour les agents économiques : le secteur financier informel.

Ce secteur informel possède une place très importante en Afrique sub-saharienne. Il permet aux Africains d'obtenir des crédits sans avoir les garanties exigées par le secteur officiel et s'appuie sur des comportements traditionnels très anciens. Ainsi, la finance informelle a évolué avec les besoins des différents acteurs. Qu'il s'agisse des organisations d'entraide (tontines), des unités de mobilisation de l'épargne ou d'accord de prêts, toute une gamme de services financiers est offerte aux exclus du secteur bancaire.

Cependant, le dualisme financier possède de nombreux inconvénients et remet en cause les politiques macro-économiques. Les petits entrepreneurs sont les premières victimes de l'inefficacité du secteur bancaire et se heurtent aux prêteurs informels qui demandent des taux d'intérêt trop élevés (largement supérieurs aux taux du marché) et qui n'offrent pas souvent les montants ni les termes désirés, notamment lorsqu'ils sont importants. Le « fossé financier »est constitué par cette classe d'entrepreneurs pour lesquels l'obtention d'un financement est très difficile et l'autofinancement est une solution mal adaptée.

Néanmoins, pour Van Wijnbergen (1983) et Taylor (1983), le secteur financier informel est plus efficace que le secteur bancaire car il n'est soumis ni à la « répression financière » ni à des taux de réserves obligatoires et peut donc redistribuer toutes les ressources qu'il a collectées.

Si la libéralisation financière se traduit par une hausse des taux d'intérêt, elle entraîne généralement la substitution des actifs informels au profit des dépôts bancaires et joue négativement sur la croissance car l'offre globale (formelle et informelle) de crédits diminue. Mais, les conclusions des néo-structuralistes sur la nécessité de baisser les réserves obligatoires dans les pays en développement rejoignent celles des théoriciens de la libéralisation financière. Ils ont néanmoins mis en lumière que l'existence d'un secteur financier informel au sein des économies africaines modifiait les effets des politiques de libéralisation financière car les agents économiques pouvaient s'adresser à d'autres formes de finance pour obtenir des fonds.

Finalement, la critique théorique la plus pertinente est celle qui considère les imperfections sur le marché du crédit. En effet, le marché bancaire est, par définition, sujet aux asymétries informationnelles et aux problèmes de sélection adverse et de hasard moral. Pour limiter les risques de défaillance des emprunteurs, les banques sont obligées d'exiger d'importantes garanties d'une part et de rationner le crédit d'autre part. Cette situation de rationnement du crédit, mise en exergue par Stiglitz et Weiss (1981) indique que fonctionnement des banques n'entraîne jamais une répartition efficace des ressources dans l'économie. Cette critique a fait réagir les théoriciens de la libéralisation financière et Mac Kinnon (1988 et 1991) a revu ses hypothèses initiales et a admis que la mise en œuvre d'une politique de libéralisation financière nécessitait un environnement macro-économique stable et la création d'un marché des capitaux afin que les entreprises puissent obtenir des liquidités sans recourir aux banques.

Le rationnement du crédit est une des caractéristiques des marchés du crédit africains. Les banques pêchent par excès de prudence en conservant leurs liquidités et préfèrent investir dans des bons du Trésor ou des actifs peu risqués.

Les différentes critiques théoriques que nous avons énoncées, mettent en avant les possibles effets négatifs induits par la libéralisation financière. Cependant, à l'épreuve des faits, les mesures entreprises ont effectivement conduit à des effets mitigés sur les structures bancaires.

Tout d'abord, les pays membres de la Zone Franc sont soumis aux mécanismes particuliers du système monétaire franco-africain. L'union monétaire d'Afrique centrale et l'union monétaire Ouest-africaine ne représentent pas, au sens théorique, des zones monétaires optimales. Elles ont souvent été accusées de favoriser la somnolence du secteur bancaire, lequel est incité à se financer sur le marché monétaire français plutôt qu'à chercher à mobiliser l'épargne intérieure. Aussi, les systèmes bancaires de la Zone Franc semblent-ils moins efficaces que les systèmes des pays africains anglophones. Le nombre de banques y est moins important, leurs performances économiques réelles sont moins bonnes et la crise financière des années 1980 a été plus sérieuse en Zone Franc.

La politique monétaire est identique pour tous les pays membres de la zone et, la libéralisation financière a été mise en place par les deux Banques Centrales, la BCEAO et la BEAC. Les mesures ont essentiellement consisté à restructurer le secteur bancaire par des liquidations et des privatisations. Les taux d'intérêt ont été déréglementés mais n'ont toujours pas été libéralisés.

En revanche, dans les pays africains anglophones, la libéralisation a généralement été totale dans le sens du nombre de mesures entreprises et de libéralisation effective des taux d'intérêt. Cependant, dans ces pays, qui évoluent généralement en régime de changes flexibles, les primes de risques sur le marché des changes ont considérablement augmenté et, des erreurs ont été commises, dont le cas le plus souvent évoqué est celui du Nigeria. Ce dernier a entrepris à plusieurs reprises la libéralisation des taux d'intérêt et à totalement décrédibiliser les intentions et la politique de l'Etat.

D'un point de vue plus général, les expériences de libéralisation financière n'ont pas conduit à une meilleure allocation des ressources bancaires au sein des économies. Un des problèmes les plus importants est celui de la liquidité excessive des banques commerciales. Ces dernières ont été échaudées par la crise des années 1980 et sont devenues « frileuses » dans le sens où elles n'accordent pas plus de crédits au secteur privé qu'auparavant et ne redistribuent pas les fonds qu'elles possèdent. Les Banques Centrales continuent, dans certains cas, d'offrir des taux d'escompte réels négatifs et les banques commerciales ont accru les écarts entre les taux d'intérêt débiteur et créditeur. Les marges bancaires ont systématiquement augmenté dans les pays et demeurent relativement élevées.

Parfois, les déréglementations ont entraîné une plus grande instabilité financière qui s'est traduite par la volatilité du spread et par l'inversion de la structure des taux d'intérêt. Autrement dit, les forces du marché n'ont pas régulé efficacement le marché du crédit. La concurrence bancaire n'a pas augmenté, étant donné le faible nombre de banques de second rang en présence, et pénalise l'économie de production.

Ainsi, les politiques de libéralisation financière n'ont pas permis l'approfondissement financier des économies et n'ont pas eu les effets escomptés.

Cette affirmation est confortée par l'analyse quantitative de l'évolution des structures bancaires dans les trente-quatre pays sub-sahariens pour lesquels les données étaient disponibles.

L'indice de développement financier africain montre que la plupart des secteurs bancaires ont connu une tendance à l'instabilité et ont vu leurs performances diminuer entre les périodes 1983-89 et 1990-96. Cet indice a été calculé à partir de la méthode de la Banque Mondiale et de l'article de Demirgüç-Kunt Ash et Levine Ross (1996b) et prend en compte six indicateurs bancaires. Il n'intègre ni le niveau ni les écarts entre les taux d'intérêt à partir du moment où cette variable ne semble pas pertinente dans les économies africaines. Il nous a permis de classer les secteurs financiers en trois catégories de développement financier (faible, moyen, élevé). En conséquence, les pays d'Afrique australe possèdent les systèmes financiers les plus développés.

Ce résultat est confirmé par l'analyse factorielle des correspondances qui reprend les six indicateurs bancaires précédents et permet d'obtenir des cartes financières de l'Afrique suivant l'année considérée. La comparaison des cartes financières en 1983 et en 1996 est très intéressante car elle montre que la libéralisation financière entreprise à la fin des années 1980, a déplacé la majorité des pays vers le côté négatif de l'axe. En d'autres termes, à l'exception des pays d'Afrique australe, les structures bancaires des autres pays sub-sahariens se sont fortement dégradées à la suite des réformes financières.

Au total, la première partie de notre thèse, intitulée « Structures financières et expériences de libéralisation en Afrique sub-saharienne » nous a permis de montrer que la spécificité et la diversité des situations en Afrique n'admet pas une politique unique de développement financier. Tout d'abord, la répression financière n'était pas identique dans tous les pays africains et, ceux pour lesquels le système bancaire fonctionnait plus librement au sens d'une plus faible intervention étatique, notamment en Afrique australe, ont mieux réussi leur expérience de libéralisation financière. Ensuite, les mesures adoptées ont souvent été partielles et les situations sont aussi diverses que le nombre de pays étudiés. Finalement, la libéralisation financière n'a pas développé le secteur bancaire et les forces du marché n'ont pas réhabilité l'efficacité des banques.

Pourtant, il semble qu'il existe effectivement des possibilités de développement économique liées au développement du secteur bancaire, mais sous certaines conditions. La première condition est l'intervention de l'Etat en tant que complément du marché dans les économies faiblement développées. Cette condition rejoint l'analyse en termes d'imperfections sur le marché du crédit. En effet, dès lors que les banques assurent difficilement leur rôle d'intermédiaire financier, en ne redistribuant pas les fonds qu'elles collectent, l'Etat a un rôle incitateur et doit veiller au bon fonctionnement de ces dernières. Pour Minsky (1986), sans intervention de l'Etat, le fonctionnement des banques entraîne des cycles de récession et de croissance dans les économies et se traduit naturellement par des crises financières.

La seconde condition est l'existence d'un niveau minimum de développement économique. En dessous d'un certain seuil, le développement du secteur réel ne permet pas d'asseoir un véritable développement financier. Ce résultat, démontré par Berthélémy et Varoudakis (1995), insinue que les pays les moins développés d'Afrique auront d'énormes difficultés à créer les conditions de l'efficacité des banques.

La dernière condition est l'absence de déficits publics trop importants. En effet, les modèles de croissance endogène intégrant la sphère financière, s'attachent à démontrer les effets positifs de l'intermédiation financière sur la croissance économique. Cependant, l'intermédiation financière peut évoluer dans un contexte de « répression financière » ou à l'inverse, « de libéralisation financière ». Ainsi, l'existence d'un déficit public important s'oppose à l'efficacité de la libéralisation financière parce que la répression financière permet un financement par création monétaire des déficits budgétaires. Sans cette source de financement, l'Etat se retrouve dans une situation délicate et représente une entrave à la mise en place d'un secteur bancaire libéralisé.

Autrement dit, la théorie économique ne prouve pas l'existence d'une corrélation positive entre libéralisation financière et croissance. Elle montre l'existence de liens positifs entre l'intermédiation financière et la croissance par la réduction du risque technologique et de liquidité. A ce niveau, les grandes organisations internationales sont revenues sur leur position initiale. La libéralisation financière n'est pas la panacée du développement économique. Peu après sa mise en place en Amérique Latine et en Asie, Demirgüç-Kunt A. et Detragiache E. (1998) remarquent qu'elle a entraîné une crise financière dans 78 % des cas.

En définitive, la politique de libéralisation est soumise à des conditions très contraignantes de réussite.

Par ailleurs, les marchés financiers en Afrique sub-saharienne ne fonctionnent pas efficacement et ne peuvent pas se substituer à un secteur bancaire imparfait. Bien au contraire, le secteur financier dans son ensemble (banques et marchés) trouve son efficacité dans la complémentarité de ces deux types de finance. Sans un secteur bancaire puissant et apte à consolider et à renforcer le fonctionnement du marché boursier, celui-ci se caractérise généralement par une volatilité excessive, une faible capitalisation boursière, un petit nombre d'entreprises cotées pour lesquelles les échanges sont réduits et risqués. Ainsi, les investisseurs étrangers sont réticents à exporter leurs capitaux vers l'Afrique sub-saharienne. Les marchés financiers n'attirent pas l'épargne extérieure et ne financent qu'une partie infime de la production nationale. L'intérêt de créer de tels marchés n'est pas la priorité de l'Afrique sub-saharienne et les auteurs définissent l'établissement d'une bourse comme le stade ultime de développement financier. De plus, les liens de corrélation et de causalité entre les marchés financiers et la croissance économique sont fortement controversés. L'explosion de bulles spéculatives a montré ses effets néfastes sur l'économie réelle dans les pays latino-américains et sud-asiatiques. Ce phénomène serait particulièrement délicat dans les économies africaines étant donnée leur grande sensibilité aux chocs extérieurs.

A l'heure actuelle, les possibilités de développement des marchés existants sont réduites car des nombreux obstacles subsistent aussi bien du côté de l'offre que de la demande de produits financiers mais nous mettons en garde les économies contre les entrées massives de capitaux dont les effets sur les marchés monétaires et les marchés des changes sont fortement déstabilisateurs.

Aussi, le développement économique africain passe-t-il par la réhabilitation du secteur des banques. En considérant les liens de corrélation et de causalité entre les variables réelles et financières, nous avons mis en avant plusieurs conclusions intéressantes. Tout d'abord, les taux d'épargne, d'investissement et de croissance jouent généralement dans le même sens en Afrique. La faible mobilité des capitaux et la crise de la dette dans les années 1980, ont obligé les économies à recourir à l'épargne domestique pour se financer. Ainsi, les taux de croissance les plus élevés se trouvent dans les pays où les taux d'épargne et d'investissement le sont également.

Ensuite, l'épargne ne réagit pas au taux d'intérêt et la manipulation de ce dernier ne permet pas d'élever le niveau de l'épargne. Cette affirmation explique en partie l'échec des politiques de libéralisation financière sur le continent, elles ne permettent pas une meilleure mobilisation de l'épargne.

Finalement, le schéma le plus pertinent pour augmenter le niveau des variables réelles est d'élever d'abord le niveau de l'investissement qui à son tour, devrait augmenter le taux de croissance de la production et en dernier lieu, le taux d'épargne. Or, le taux d'investissement réagit positivement à certains indicateurs bancaires. Il est alors possible de définir des politiques de réformes financières mieux adaptées à chaque pays africain. En utilisant la régression multiple sur la période 1983-1996, nous avons d'abord mis en exergue, en accord avec Mac Kinnon (1973) et Shaw (1973) que les réserves obligatoires importantes décourageaient l'investissement. De la même façon, la monétisation des économies et l'accord de crédits sont favorables à l'augmentation des taux d'investissement. En d'autres termes, en Afrique, l'investissement serait freiné par la disponibilité de son financement. Le coût de financement de l'investissement est donc d'une importante secondaire. Le taux d'intérêt n'est pas une variable pertinente dans la détermination de l'investissement dans les premiers stades de développement des économies, ce qui explique l'échec de la manipulation des taux d'intérêt aussi bien du côté de la demande que de l'offre de fonds prêtables.

L'analyse des liens de causalité entre le secteur bancaire, représenté par l'indice de développement financier africain et le secteur réel, estimé par la production totale ou la production par habitant, montre que le sens de causalité n'est pas identique suivant les pays. Les tests de Granger ont été effectués pour dix-sept pays informés et sur la période 1970-1996. Ils montrent que la causalité statistique existe et que par conséquent, le développement du secteur réel s'appuie sur le développement financier et vice-versa. De même, en Afrique du Sud, au Sénégal et au Togo, une double causalité existe, suggérant que ces pays connaissent des cercles vertueux (ou vicieux) de développement économique et financier.

Cependant, la généralisation du sens de causalité n'est pas possible car les situations sont très différentes. Ce phénomène est très fréquent en Afrique sub-saharienne, les résultats généraux et généralisables sont très difficiles à obtenir à moins d'utiliser des coupes transversales et non des séries temporelles. Cependant, la première méthode économétrique utilise des moyennes sur plusieurs années et agrège les différents pays. Elle gomme ainsi les particularités propres à chaque économie, fournit des résultats peu significatifs (les coefficients de régression sont faibles) et ne convient guère pour une analyse particulière des pays africains.

D'autre part, une nouvelle littérature a examiné les conditions de succès de la politique de libéralisation financière. Les conclusions rejoignent celles que nous avions énoncées, à savoir que les déficits publics importants, l'instabilité macro-économique et les taux élevés d'inflation freinent la mise en place d'une telle politique. La stabilisation macro-économique est alors une condition préalable à la réussite de la libéralisation financière. De même, l'ordre d'adoption des mesures ainsi que leur vitesse ont une importance déterminante pour le succès des réformes financières. Cependant, les recommandations sont assez floues et simplistes. Concernant l'ordre, le point le plus intéressant concerne le programme de libéralisation totale de l'économie. Il s'agit de libéraliser le secteur réel interne avant le secteur financier national. Ensuite les politiques de libéralisation externe (d'abord commerciale puis financière) peuvent être mises en place. Pourtant, la libéralisation financière a été imposée aux gouvernements par les grandes institutions internationales, sans aucune recommandation d'ordre ou de vitesse.

Dans cette littérature, l'intervention de l'Etat devient à nouveau nécessaire pour mettre en place le cadre juridique et institutionnel adéquat. Il doit empêcher la concentration des prêts entre les mains de quelques clients, contrôler l'entrée dans l'activité bancaire, exiger des banques la diversification de leurs portefeuilles et sanctionner les banques dont la gestion est imprudente. Autrement dit, les auteurs reconnaissent l'échec du marché et reviennent sur des positions anciennes, à savoir que l'Etat est le principal acteur du développement et que lui seul peut créer les conditions d'une croissance durable.

Mais, qu'il s'agisse des droits de propriété, du cadre réglementaire des investissements, de l'environnement concurrentiel, de la situation des routes et des infrastructures, l'Etat ne fournit pas les bases nécessaires pour asseoir le développement économique. Le secteur privé souffre d'un manque d'investissement en capital humain, de démarches administratives lentes, lourdes et inégales suivant le montant des pots de vin rétrocédés et d'une justice pratiquement inexistante. Il existe alors une incohérence à vouloir établir un secteur bancaire concurrentiel lorsque les autres marchés dans l'économie ne fonctionnent pas de façon efficace.

Ainsi, les Etats africains font régner un climat de corruption, d'incertitude et d'instabilité. Qu'il s'agisse de la mise en place d'une politique de libéralisation financière ou de toute autre réforme, le manque de crédibilité est le principal obstacle à sa réussite.

Concernant l'amélioration du système de financement des économies, de nouvelles possibilités sont apparues au début des années 1990 avec le développement des programmes de micro-financement. Ces derniers atteignent les petits emprunteurs exclus du secteur bancaire, ils collectent leur épargne qu'ils rétrocèdent sous forme de petits prêts à des taux d'intérêt équivalant ceux du marché.

Ces programmes ont alors la possibilité de combler « le fossé financier » que nous avions étudié dans l'analyse du secteur financier informel. Les petits entrepreneurs qui ne possédaient pas les garanties exigées par les banques et qui ne recouraient pas à la finance informelle car elle ne lui fournissait ni les montants, ni les taux d'intérêt ni les échéances désirés, employaient habituellement l'autofinancement et la solidarité familiale et communautaire. Ils peuvent maintenant placer leur épargne dans ces programmes et trouver des crédits mieux adaptés en termes de coût financier.

Ces programmes sont difficiles à évaluer, notamment en termes de réduction de la pauvreté et d'augmentation des taux d'investissement des emprunteurs. Cependant, leur réussite dépend, selon nous, de plusieurs éléments. Tout d'abord, ils imitent les pratiques du secteur informel dans le sens où ils évoluent à proximité des agents, fondent les taux élevés de remboursement sur la confiance et la solidarité des groupes intéressés et n'exigent aucune garantie. Ce point est très important, les Africains « préfèrent » s'adresser directement à leurs créanciers. Ensuite, ces programmes ont souvent une envergure internationale, notamment lorsqu'ils s'appuient sur des ONG et des donateurs internationaux. Ils peuvent alors faire pression sur les banques commerciales afin de disposer de crédits qu'ils pourront redistribuer aux agents productifs. A cet égard, la Banque Africaine de Développement souhaite fournir les garanties aux banques de second rang dans le cadre du programme AMINA destiné à consolider et à renforcer les petits programmes de micro-finance déjà en place sur le continent.

Cette voie est intéressante car elle ne nécessite pas l'intervention des gouvernements et elle permettrait de réduire le dualisme financier qui s'exerce au sein des économies et de changer les comportements des agents. Dans un premier temps, si les banques demandent des garanties et des intermédiaires crédibles, à terme, elles s'investiront peut-être directement dans ce type de programme et dans le financement des activités de production africaine. De même, les petits entrepreneurs pourront s'habituer à recourir plus systématiquement aux crédits, qui leur donnent la possibilité de se développer sans accumuler un capital préalable.

Au total, la seconde partie de nos recherches, intitulée « la dimension financière du développement économique » met l'accent sur les principaux obstacles au développement financier des économies africaines dont l'environnement public et réglementaire sont les éléments essentiels. Elle insiste cependant sur les possibilités d'amélioration du système bancaire par le biais d'un secteur réel plus productif et plus concurrentiel, étant données les corrélations et les causalités qui existent entre ces deux secteurs.

Elle offre également la solution de politiques financières plus aptes à relancer l'investissement. Nous insistons sur le rôle moteur de la disponibilité de liquidités à des fins d'investissement et sur le nécessaire appui financier aux entrepreneurs de toute taille. A ce niveau, le rapprochement intermédié des secteurs financiers officiel et semi-formel permettrait sans doute d'améliorer la quantité et la qualité des investissements productifs et de diminuer le nombre d'exclus de la finance bancaire. Ce rapprochement devrait « obliger » les banques à offrir des crédits aux programmes de micro-finance et dépend principalement de la volonté des acteurs internationaux à fournir des garanties et à s'investir dans la réduction de la pauvreté.

Aussi, de façon générale, avons-nous estimé que la libéralisation financière s'était soldée par un échec en Afrique sub-saharienne. De nombreuses raisons ont été évoquées, aussi bien théorique qu'empirique. Du mauvais fonctionnement du secteur public jusqu'à la nécessaire mise en place d'un environnement concurrentiel pour le secteur privé, de la non sensibilité de l'épargne au taux d'intérêt jusqu'à la frilosité des banques commerciales, les réformes ne pouvaient pas entraîner les effets escomptés. Pourtant, nous reconnaissons que la politique de libéralisation financière a eu plusieurs avantages. Le premier est d'avoir éliminé la mainmise des gouvernements sur les ressources bancaires pour financer leurs déficits. Le second est d'avoir permis une restructuration des banques de second rang, par des privatisations et des restructurations. Leur gestion est maintenant détenue par des agents privés et a des chances de s'appuyer sur des critères de sélection et de rentabilité plus efficaces. Le troisième est d'avoir rendu positifs les taux d'intérêt en termes réels. Même s'ils ne déterminent pas les variables réelles, les différents courants de pensée théorique s'accordent sur la nécessité d'avoir des taux d'intérêt nominaux supérieurs aux taux d'inflation dans un souci de cohérence économique et de possibilité pour les agents rationnels d'effectuer des choix intertemporels de consommation. Le dernier avantage est d'avoir dévoiler et mis en lumière les problèmes financiers et leur détermination en Afrique sub-saharienne qui étaient autrefois considérés comme le domaine privilégié des gouvernements. La surveillance et la réglementation prudentielle, l'indépendance des Banques centrales sont des mesures nécessaires pour assurer un meilleur fonctionnement bancaire et pour séparer les pouvoirs de création monétaire de ceux du gouvernement. Il est maintenant admis que le rôle de l'Etat est d'agir en complément du marché, en créant les conditions de sa pérennité.

Finalement, la politique de libéralisation a principalement échoué dans la manipulation des taux d'intérêt. Elle a cependant crée un environnement bancaire plus sain et plus propice à l'approfondissement financier. Il est actuellement impossible de faire marche arrière dans la plupart des pays africains et la prochaine décennie apportera certainement la réponse à la question de l'impact de la libéralisation financière sur la croissance économique. A long terme, il semble qu'effectivement le nouvel environnement bancaire soit plus apte qu'auparavant à soutenir le secteur privé réel.

Le « chemin est encore long à parcourir » et les difficultés de financement de la production nationale ne sont malheureusement pas les seuls obstacles au développement économique en Afrique sub-saharienne. La réduction des inégalités et de la pauvreté est aujourd'hui le principal combat des organisations internationales. Le défi africain est difficile à relever d'une part, à cause de la gravité et de la diversité des situations et d'autre part, à cause de la complexité de la mise en place de réformes. Les économistes du développement se sentent souvent incapables de contourner les obstacles socio-culturels et politiques dans la définition des solutions au développement et à la croissance.

ANNEXES

ANNEXE 1

Masse monétaire en % du PIB						
	1983-1989	**Rang**	**1990-1996**	**Rang**	**1983-1996**	**Rang**
Afrique du Sud	38.10	4	50.57	1	43.85	2
Bénin	21.77	22	27.31	10	24.54	15
Botswana	30.24	10	27.70	9	28.97	10
Burkina Faso	20.79	25	26.39	11	23.59	19
Burundi	17.76	27	19.57	21	18.66	27
Cameroun	21.01	24	19.06	24	20.04	22
Centrafrique	18.30	26	19.41	23	18.86	26
Congo	17.41	29	18.71	25	18.06	28
Côte d'Ivoire	29.10	11	29.44	8	29.27	9
Éthiopie	40.61	2	45.89	4	43.25	3
Gabon	21.51	23	16.93	29	19.22	24
Gambie	25.17	15	26.17	13	25.67	14
Ghana	13.71	32	17.01	28	15.36	31
Guinée Equ.	22.16	20	9.89	32	15.00	32
Kenya	28.84	13	46.50	3	37.67	5
Lesotho	52.16	1	37.11	5	44.64	1
Madagascar	17.74	28	21.09	19	19.41	23
Malawi	22.01	21	20.33	20	21.17	21
Mali	24.24	18	22.96	16	23.60	18
Mauritanie	24.24	18	23.56	15	23.90	17
Niger	17.10	30	16.73	30	16.91	29
Nigeria	28.97	12	24.81	14	26.89	12
Ouganda	11.18	33	9.05	33	9.90	33
Rwanda	15.23	31	18.60	26	16.91	29
Sénégal	25.87	14	21.97	18	23.92	16
Sierra Leone	24.81	16	13.54	31	19.18	25
Soudan	33.86	8	26.35	12	31.13	8
Swaziland	35.50	5	31.43	7	33.62	7
Tanzanie	30.50	9	22.63	17	26.56	13
Tchad	24.73	17	18.29	27	21.51	20
Togo	40.50	3	31.91	6	36.21	6
Zaire	8.83	34	5.60	34	7.86	34
Zambie	34.20	7	19.52	22	27.42	11
Zimbabwe	35.20	6	46.80	2	40.03	4
	25.69		24.50		25.08	

ANNEXE 2

Quasi-monnaie en % du PIB						
	1983-1989	Rang	1990-1996	Rang	1983-1996	Rang
Afrique du Sud	19.29	4	32.05	1	25.18	1
Bénin	5.10	23	7.73	17	6.41	20
Botswana	19.61	3	20.09	5	19.85	4
Burkina Faso	5.80	21	7.26	18	6.53	19
Burundi	4.59	25	5.63	26	5.11	24
Cameroun	9.19	14	8.83	15	9.01	15
Centrafrique	1.81	30	1.84	31	1.83	31
Congo	4.43	26	4.24	28	4.34	27
Côte d'Ivoire	10.14	13	11.01	11	10.58	13
Éthiopie	12.29	10	14.33	8	13.31	9
Gabon	8.79	17	6.44	21	7.61	18
Gambie	10.34	12	11.76	9	11.05	10
Ghana	2.71	28	5.09	27	3.90	29
Guinée Equ.	1.56	32	1.83	32	1.72	32
Kenya	14.93	7	21.54	3	18.24	5
Lesotho	30.10	1	19.77	6	24.94	2
Madagascar	2.30	29	6.23	24	4.26	28
Malawi	11.87	11	9.70	12	10.79	12
Mali	3.37	27	6.36	22	4.86	25
Mauritanie	4.66	24	6.27	23	5.46	22
Niger	5.26	22	5.67	25	5.46	22
Nigeria	12.63	9	9.17	13	10.90	11
Ouganda	1.75	31	2.35	30	2.11	30
Rwanda	5.84	20	6.84	20	6.34	21
Sénégal	8.86	16	8.74	16	8.80	16
Sierra Leone	6.16	19	3.50	29	4.83	26
Soudan	8.40	18	7.03	19	7.90	17
Swaziland	24.94	2	22.67	2	23.89	3
Tanzanie	9.19	14	9.01	14	9.10	14
Tchad	1.29	33	1.03	34	1.16	33
Togo	17.57	5	15.33	7	16.45	7
Zaire	0.81	34	1.50	33	1.02	34
Zambie	16.23	6	11.23	10	13.92	8
Zimbabwe	14.69	8	21.25	4	17.07	6
	9.31		9.80		9.53	

ANNEXE 3

crédit intérieur en % du PIB						
	1983-1989	**Rang**	**1990-1996**	**Rang**	**1983-1996**	**Rang**
Afrique du Sud	96.44	1	140.67	1	116.85	1
Bénin	28.03	19	13.16	25	20.59	25
Botswana	-32.64	34	-43.90	34	-38.27	34
Burkina Faso	14.93	31	11.46	28	13.19	31
Burundi	25.24	23	23.08	17	24.25	19
Cameroun	25.41	22	26.00	12	25.71	15
Centrafrique	16.31	29	13.80	24	15.06	29
Congo	28.19	18	22.86	18	25.52	16
Côte d'Ivoire	45.50	6	40.30	7	42.90	6
Éthiopie	50.84	4	50.70	5	50.77	4
Gabon	26.59	20	21.23	20	23.91	20
Gambie	36.83	13	6.40	32	21.61	21
Ghana	20.69	26	21.94	19	21.31	22
Guinée Equ.	31.16	17	24.50	14	27.28	14
Kenya	49.30	5	51.60	4	50.45	5
Lesotho	36.89	12	5.60	33	21.24	23
Madagascar	44.43	8	25.36	13	34.89	11
Malawi	31.80	16	19.09	21	25.44	17
Mali	26.27	21	12.84	26	19.56	26
Mauritanie	37.61	11	40.46	6	39.04	7
Niger	18.93	27	11.84	27	15.39	28
Nigeria	39.76	10	26.56	11	33.16	12
Ouganda	11.68	33	9.67	30	10.47	33
Rwanda	11.83	32	18.99	22	15.41	27
Sénégal	44.73	7	27.91	10	36.32	10
Sierra Leone	34.14	14	39.29	8	36.71	9
Soudan	33.43	15	23.53	16	29.83	13
Swaziland	17.89	28	6.83	31	12.78	32
Tanzanie	40.94	9	32.89	9	36.91	8
Tchad	24.13	25	17.57	23	20.85	24
Togo	24.43	24	24.13	15	24.28	18
Zaire	16.31	29	10.13	29	14.46	30
Zambie	57.29	2	54.43	2	55.97	2
Zimbabwe	53.27	3	53.83	3	53.47	3
	31.43		26.02		28.74	

ANNEXE 4

crédit au secteur privé en % du PIB						
	1983-1989	Rang	1990-1996	Rang	1983-1996	Rang
Afrique du Sud	84.29	1	120.02	1	100.78	1
Bénin	26.74	5	12.29	17	19.51	10
Botswana	10.43	27	13.31	13	11.87	24
Burkina Faso	18.30	18	12.37	15	15.34	16
Burundi	10.79	26	16.25	11	13.31	20
Cameroun	25.77	6	12.20	18	18.99	11
Centrafrique	10.07	28	4.61	30	7.34	29
Congo	22.66	9	12.43	14	17.54	13
Côte d'Ivoire	36.80	2	29.61	5	33.21	2
Éthiopie	19.97	14	20.61	9	20.29	9
Gabon	20.89	12	11.70	19	16.29	15
Gambie	17.81	19	11.51	20	14.66	18
Ghana	3.24	32	5.10	29	4.17	31
Guinée Equ.	19.60	15	3.84	31	10.41	25
Kenya	19.16	16	30.57	4	24.86	6
Lesotho	14.46	23	18.69	10	16.57	14
Madagascar	21.16	10	14.79	12	17.97	12
Malawi	11.00	25	9.43	23	10.21	26
Mali	17.01	20	12.34	16	14.68	17
Mauritanie	29.67	4	33.38	3	31.38	3
Niger	16.01	21	8.20	25	12.11	23
Nigeria	15.73	22	9.96	21	12.84	22
Ouganda	2.65	33	3.75	32	3.31	33
Rwanda	7.93	29	9.06	24	8.49	28
Sénégal	32.81	3	21.50	8	27.16	5
Sierra Leone	4.70	30	3.37	33	4.04	32
Soudan	11.79	24	6.23	28	9.76	27
Swaziland	20.54	13	23.83	6	22.06	8
Tanzanie	3.89	31	9.70	22	6.79	30
Tchad	20.93	11	6.47	27	13.70	19
Togo	23.73	8	23.27	7	23.50	7
Zaire	2.24	34	1.50	34	2.08	34
Zambie	18.50	17	7.25	26	13.31	21
Zimbabwe	25.13	7	33.68	2	28.55	4
	19.01		16.85		17.86	

ANNEXE 5

Réserves bancaires en % de M2						
	1983-1989	Rang	1990-1996	Rang	1983-1996	Rang
Afrique du Sud	3.79	30	3.32	32	3.57	31
Bénin	2.84	32	26.17	5	14.51	19
Botswana	21.89	9	23.69	7	22.79	9
Burkina Faso	23.67	8	14.26	17	18.96	14
Burundi	4.20	28	0.88	34	2.67	33
Cameroun	4.39	27	5.80	28	5.09	29
Centrafrique	1.30	34	2.37	33	1.84	34
Congo	2.09	33	4.61	29	3.35	32
Côte d'Ivoire	6.77	23	4.11	31	5.44	27
Éthiopie	19.16	13	13.07	20	16.11	16
Gabon	3.10	31	7.84	26	5.47	26
Gambie	10.24	18	11.97	23	11.11	22
Ghana	21.69	10	37.63	1	29.66	2
Guinée Equ.	11.72	17	25.51	6	19.77	13
Kenya	7.96	22	12.17	22	10.06	23
Lesotho	27.89	7	20.00	11	23.94	6
Madagascar	12.73	16	16.49	15	14.61	18
Malawi	29.43	4	22.51	8	25.97	4
Mali	13.17	15	29.50	2	21.34	10
Mauritanie	8.00	21	28.66	4	18.33	15
Niger	21.40	11	21.19	9	21.29	11
Nigeria	5.97	24	18.69	12	12.33	20
Ouganda	18.28	14	13.80	18	15.79	17
Rwanda	5.11	26	13.20	19	9.16	24
Sénégal	10.06	19	12.73	21	11.39	21
Sierra Leone	38.67	2	11.90	24	25.29	5
Soudan	29.43	4	18.34	14	23.89	7
Swaziland	34.86	3	18.43	13	26.64	3
Tanzanie	4.00	29	6.74	27	5.37	28
Tchad	5.31	25	4.13	30	4.72	30
Togo	43.63	1	29.43	3	36.53	1
Zaire	29.21	6	15.62	16	23.55	8
Zambie	21.21	12	20.47	10	20.87	12
Zimbabwe	9.20	20	8.53	25	8.86	25
	15.07		15.40		15.30	

ANNEXE 6

Ratio b. monét. / masse monétaire						
	1983-1989	Rang	1990-1996	Rang	1983-1996	Rang
Afrique du Sud	11.71	34	9.15	34	10.53	34
Bénin	26.99	29	51.81	14	39.40	23
Botswana	30.73	28	42.43	20	36.58	26
Burkina Faso	59.36	9	54.24	11	56.80	9
Burundi	48.24	14	41.18	23	44.98	16
Cameroun	24.47	31	26.49	31	25.48	31
Centrafrique	69.31	5	78.91	1	74.11	2
Congo	38.69	21	47.46	16	43.07	19
Côte d'Ivoire	36.84	25	35.54	27	36.19	27
Éthiopie	55.97	12	55.79	10	55.88	10
Gabon	19.10	33	31.39	28	25.24	32
Gambie	36.50	26	40.26	24	38.38	24
Ghana	64.17	8	45.99	18	55.08	12
Guinée Equ.	70.10	4	64.26	5	66.69	4
Kenya	26.73	30	29.29	29	28.01	30
Lesotho	38.03	22	28.70	30	33.36	28
Madagascar	44.63	16	42.67	19	43.65	18
Malawi	47.94	15	47.04	17	47.49	15
Mali	57.66	11	67.84	4	62.75	5
Mauritanie	38.70	20	60.47	6	49.59	14
Niger	52.66	13	58.80	8	55.73	11
Nigeria	34.69	27	52.70	13	43.69	17
Ouganda	58.53	10	51.74	15	54.76	13
Rwanda	39.49	19	42.10	21	40.79	20
Sénégal	37.30	23	41.51	22	39.41	22
Sierra Leone	64.84	7	57.79	9	61.31	8
Soudan	65.30	6	59.56	7	62.43	6
Swaziland	39.86	18	23.20	32	31.53	29
Tanzanie	36.90	24	37.89	25	37.39	25
Tchad	70.29	3	77.01	2	73.65	3
Togo	70.44	2	52.84	12	61.64	7
Zaire	80.47	1	71.46	3	76.72	1
Zambie	42.39	17	37.77	26	40.25	21
Zimbabwe	23.46	32	19.50	33	21.48	33
	45.95		46.61		46.30	

ANNEXE 7

INDICE DE DEVELOPPEMENT FINANCIER AFRICAIN														
	83	**84**	**85**	**86**	**87**	**88**	**89**	**90**	**91**	**92**	**93**	**94**	**95**	**96**
Afrique S	1.34	1.39	1.53	1.52	1.47	1.58	1.81	1.88		2.36	2.50	2.62	2.58	2.65
Bénin	0.21	0.21	0.22	0.22	0.22	0.24	-0.03	-0.25	-0.43	-0.48	-0.58	-0.14	-0.15	-0.06
Botswana	-0.16	-0.16	-0.16	-0.35	-0.20	-0.35	-0.23	-0.40	-0.23	-0.18	-0.32	-0.35	-0.47	-0.43
Burk Faso	-0.10	-0.28	-0.29	-0.31	-0.52	-0.43	-0.22	-0.17	-0.36	-0.35	-0.35	-0.12	-0.08	0.03
Burundi	-0.08	-0.12	-0.21	-0.14	-0.16	-0.03	-0.01	-0.02	0.01			0.09		0.00
Cameroun	0.29	0.26	0.25	0.18	0.14	0.19	0.21	0.18	0.26	0.09	0.10	0.04	-0.04	-0.25
Centrafriq	-0.22	-0.25	-0.24	-0.28	-0.26	-0.28	-0.25	-0.29	-0.32	-0.36	-0.37	-0.39	-0.38	-0.40
Congo	-0.06	-0.06	0.01	0.24	0.16	0.17	0.05	0.06	0.08	0.11	-0.18	-0.28	-0.28	-0.27
Côte d'Iv	0.52	0.43	0.38	0.37	0.37	0.46	0.54	0.61	0.59	0.50	0.43	0.22	0.21	0.18
Éthiopie	0.12	0.09	0.25	0.15	0.27	0.29	0.39	0.63	0.35	0.31	0.16	0.35	0.28	0.49
Gabon	0.06	0.01	0.13	0.36	0.40	0.31	0.19	0.11	0.04	0.03	0.01	-0.31	-0.15	-0.25
Gambie	0.05	0.41	0.48	0.21	-0.03	0.02	-0.07	-0.13	-0.21	-0.12	0.07	-0.01	-0.12	-0.07
Ghana	-0.59	-0.64	-0.53	-0.57	-0.41	-0.44	-0.40	-0.43	-0.61	-0.36	-0.55	-0.60	-0.65	-0.52
Guinée Eq.			-0.08	-0.20	-0.04	-0.29	-0.26	-0.65	-0.62	-0.77	-0.76	-0.29	-0.46	-0.41
Kenya	0.43	0.40	0.37	0.42	0.42	0.40	0.38	0.38	0.70	0.80	0.63	0.74	0.76	0.89
Lesotho	0.61	0.56	0.56	0.49	0.43	0.24	0.26	0.24	0.16	0.16	0.23	0.20		0.00
Madagasc	0.04	0.14	0.20	0.00	-0.18	-0.15	-0.19	-0.09	-0.13	-0.16	0.05	-0.02	-0.18	-0.39
Malawi	0.15	-0.02	-0.12	-0.24	-0.37	-0.38	-0.33	-0.24	-0.15	-0.06	-0.17	-0.17	-0.41	-0.51
Mali	0.13	-0.14	-0.13	-0.13	-0.15	-0.25	-0.40	-0.57	-0.65	-0.66	-0.67	-0.19	-0.20	-0.17
Mauritanie	0.20	0.25	0.17	0.18	0.19	0.19	0.07		0.34	0.24	-0.20	-0.31	-0.57	-0.21
Niger	-0.19	-0.25	-0.32	-0.24	-0.32	-0.35	-0.36	-0.41	-0.53	-0.54	-0.45	-0.32	-0.33	-0.35
Nigeria	0.36	0.39	0.36	0.43	0.22	0.19	-0.09	-0.05	-0.14	-0.25	-0.12	-0.05	-0.20	-0.28
Ouganda	-0.44	-0.55	-0.66	-0.53						-0.48	-0.42	-0.51	-0.49	-0.49
Rwanda	-0.29	-0.28	-0.24	-0.22	-0.18	-0.07	-0.01	-0.02	-0.22	-0.14	-0.20	-0.20	-0.20	-0.36
Sénégal	0.48	0.44	0.41	0.29	0.24	0.19	0.16	0.03	0.02	0.05	0.15	-0.01	-0.03	0.07
Sierra L	-0.42	-0.51	-0.40	-0.24	-0.65	-0.58	-0.51	-0.40	-0.39	-0.45	-0.36	-0.02	-0.07	-0.13
Soudan	-0.09	-0.10	0.00	-0.24	-0.21	-0.29	-0.56	-0.37	-0.27				-0.16	-0.19
Swaziland	0.25	0.19	0.26	-0.16	-0.13	0.19	0.18	0.19	0.29	0.21	0.28	0.28	0.18	
Tanzanie	0.30	0.18	0.17	0.10	0.06	-0.01	0.09	0.08	0.10	0.10	0.11	0.04	0.02	-0.13
Tchad	-0.22	-0.05	-0.07	0.02	0.05	-0.19	-0.40	-0.33	-0.29	-0.33	-0.33	-0.45	-0.38	-0.37
Togo	-0.03	-0.20	-0.31	-0.04	0.02	-0.10	-0.20	-0.16	-0.15	-0.25	-0.03	0.16	0.23	0.14
Zaire	-0.66	-0.81	-0.78	-0.75	-0.80	-0.66	-0.81	-0.55						
Zambie	0.57	0.53	0.28	0.10	0.06	0.27	0.28	-0.01	0.18		-0.26	-0.22	0.20	0.21
Zimbabwe		0.50	0.53	0.47	0.46	0.49	0.71	0.67	0.56				1.02	1.06

ANNEXE 8

Indicateurs bancaires en 1989						
Pays	**CrP**	**CrI**	**MM**	**QM**	**RO**	**BM**
AfrSud	90.3	100.1	46.7	28.1	4.1	10.8
Benin	21.2	20.7	21.4	4.1	7.4	41.9
BuFaso	18.3	13.5	20.5	6.5	16.4	58.8
Burund	8.1	25.3	18.4	6.3	2.5	42.5
Camer	25.1	30.4	22	9.1	6.3	27.6
Centraf	8.9	15.7	18.9	2.3	0.9	68.2
Congo	14.7	30.3	18.6	5.9	1.7	36.9
CIvoire	37.5	46.6	29.4	12.1	3.1	34.7
Ethiop	23.2	60.7	48.9	14	19.3	57.8
Gabon	16.4	29.8	22	8.5	2	20.8
Gamb	12.2	11.1	24.5	11.1	11.8	39.9
Ghana	5.9	17.1	16.9	3.7	18.8	54.3
GuiEqu	19.7	30.7	19.9	1.6	18	70.9
Kenya	19	47	28.1	15.5	8.5	28.6
Lesot	13.3	39	43.2	24.1	29.1	41.2
Madag	15.2	28.6	17.8	2.8	15.6	45.6
Malaw	8.7	19.4	19.6	9.3	26.2	54.5
Mali	14.1	18.2	23.7	5.3	30.8	61.4
Maurit	28.3	39	22.6	4.3	13.4	45
Niger	13.3	16.9	20.6	7.6	27.6	59.8
Ngeria	9.5	19.4	18.9	7.4	6.4	38.7
Rwand	10.2	18.2	17.3	8.1	2.3	31.5
Seneg	30.1	38.9	25	9.3	16.7	45
SLeone	6.1	24.9	23.3	3.6	32.1	68.9
Soud	6	18.2	26.3	3.4	33.4	72.6
Swazil	18.7	6.8	35.1	25.8	25.9	29.6
Tanzan	14.1	45.3	18.4	5.2	4.1	37.5
Tchad	9.1	18.8	21.8	1.3	14.3	76.8
Togo	22.7	19.3	33.9	19.2	48.3	61.4
Zaire	2.1	11.2	8.8	0.9	29.7	86.2
Zamb	12.3	69.4	32.1	17.8	26.5	38
Zimbab	26.8	53.7	54.6	17.4	9	23.8

ANNEXE 9

ANALYSE FACTORIELLE DES CORRESPONDANCES EN 1989								
	POUR LE FACTEUR 1				POUR LE FACTEUR 2			
Pays	Comp. P.	Contrib.	Cosinus²	Coord.	Comp. P.	Contrib.	Cosinus²	Coord.
AfrSud	2,2702	0.3065	0.9177	0.8444	-0.0579	0.0002	0.0002	-0.0119
Benin	0.1047	0.0003	0.0219	0.0389	-0.8179	0.0166	0.4089	-0.1684
BuFaso	-0.6735	0.0129	0.5768	-0.2505	-0.2567	0.0019	0.0257	-0.0528
Burund	-0.0232	0.0000	0.0006	-0.0086	-1,1837	0.0307	0.5182	-0.2436
Camer	0.8930	0.0204	0.8790	0.3321	-0.2389	0.0015	0.0193	-0.0492
Centraf	-0.8761	0.0187	0.2666	-0.3259	-2,1885	0.1169	0.5095	-0.4505
Congo	0.4717	0.0051	0.2853	0.1755	-1,2398	0.0353	0.6034	-0.2552
CIvoire	1,2085	0.0507	0.8723	0.4495	-0.6159	0.0132	0.0694	-0.1268
Ethiop	0.3852	0.0071	0.4107	0.1433	-0.0194	0.0000	0.0003	-0.0040
Gabon	1,0940	0.0253	0.8985	0.4069	-0.3339	0.0024	0.0256	-0.0687
Gamb	-0.3055	0.0022	0.1339	-0.1136	0.6494	0.0099	0.1853	0.1337
Ghana	-1,1035	0.0302	0.9736	-0.4104	-0.2314	0.0013	0.0131	-0.0476
GuiEqu	-0.5729	0.0112	0.4254	-0.2131	-1,0742	0.0394	0.4581	-0.2211
Kenya	0.9596	0.0287	0.7880	0.3569	0.1850	0.0011	0.0090	0.0381
Lesot	0.1441	0.0008	0.0187	0.0536	1,6697	0.1124	0.7711	0.3437
Madag	-0.2600	0.0018	0.2192	-0.0967	-0.5913	0.0093	0.3474	-0.1217
Malaw	-0.8970	0.0235	0.8180	-0.3336	0.6709	0.0132	0.1401	0.1381
Mali	-0.9750	0.0310	0.8214	-0.3627	0.4600	0.0069	0.0560	0.0947
Maurit	0.3708	0.0045	0.2654	0.1379	-0.7361	0.0176	0.3203	-0.1515
Niger	-0.9420	0.0275	0.8606	-0.3504	0.4790	0.0071	0.0681	0.0986
Ngeria	-0.1287	0.0004	0.0543	-0.0479	-0.4397	0.0041	0.1939	-0.0905
Rwand	0.2404	0.0011	0.0958	0.0894	-0.5257	0.0051	0.1403	-0.1082
Seneg	0.3952	0.0055	0.4997	0.1470	-0.1656	0.0010	0.0269	-0.0341
SLeone	-1,1919	0.0479	0.8844	-0.4433	0.1557	0.0008	0.0046	0.0320
Soud	-1,3766	0.0643	0.9376	-0.5120	0.2907	0.0029	0.0128	0.0598
Swazil	0.0130	0.0000	0.0001	0.0048	2,9624	0.2644	0.8055	0.6098
Tanzan	0.6139	0.0100	0.2880	0.2284	-1,3319	0.0469	0.4151	-0.2742
Tchad	-1,1427	0.0394	0.7029	-0.4250	-1,2589	0.0478	0.2612	-0.2591
Togo	-0.6623	0.0191	0.2657	-0.2463	1,8593	0.1503	0.6415	0.3827
Zaire	-2,1485	0.1361	0.9429	-0.7991	-0.5916	0.0103	0.0219	-0.1218
Zamb	0.4944	0.0102	0.1701	0.1839	0.6473	0.0174	0.0893	0.1332
Zimbab	1,2113	0.0577	0.7216	0.4505	0.5568	0.0122	0.0467	0.1146
CrP	1,2707	0.1992	0.6816	0.4726	-0.2709	0.0091	0.0095	-0.0558
CrI	0.9780	0.1999	0.6979	0.3638	-0.6039	0.0762	0.0815	-0.1243
MM	0.3241	0.0183	0.2485	0.1206	0.4872	0.0413	0.1720	0.1003
QM	0.9006	0.0519	0.3017	0.3350	2,1390	0.2930	0.5212	0.4403
RO	-1,2920	0.1815	0.5484	-0.4805	1,8364	0.3668	0.3393	0.3780
BM	-1,0431	0.3491	0.8250	-0.3880	-0.8159	0.2136	0.1546	-0.1679

ANNEXE 10

Carte Financière de l'Afrique sub-saharienne en 1989 et catégories de développement financier

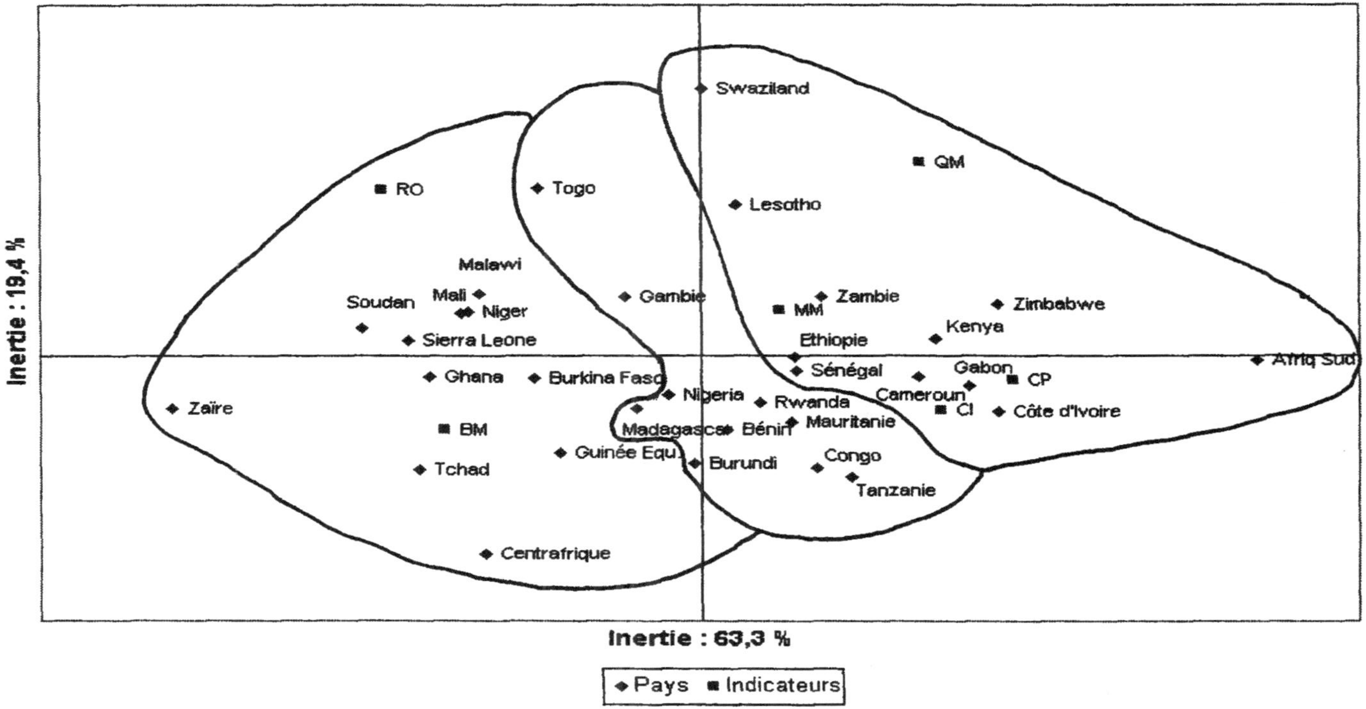

ANNEXE 11

ANALYSE FACTORIELLE DES CORRESPONDANCES EN ZONE FRANC EN 19								
	POUR LE FACTEUR 1				POUR LE FACTEUR 2			
	Comp. P.	**Contrib.**	**Cosinus²**	**Coord.**	**Comp. P.**	**Contrib.**	**Cosinus²**	**Coord**
Benin	0.38822	0.00962	0.36351	0.11881	0.37596	0.00902	0.17913	0.0834
BuFaso	-0.61341	0.02757	0.65052	-0.18772	0.19257	0.00272	0.03369	0.0427
Camer	1.23358	0.10025	0.91027	0.37751	-0.50553	0.01684	0.08032	-0.1121
Centraf	-0.37896	0.00902	0.04603	-0.11597	2.29243	0.33012	0.88503	0.5085
Congo	1.01347	0.0607	0.71643	0.31015	0.69208	0.02831	0.17554	0.1535
CIvoire	1.67283	0.24999	0.97308	0.51193	-0.31173	0.00868	0.01775	-0.0691
Gabon	1.57597	0.13511	0.88193	0.48229	-0.30297	0.00499	0.01713	-0.0672
GuiEqu	-0.34484	0.01045	0.18147	-0.10553	0.71854	0.04539	0.414	0.1593
Mali	-1.10434	0.10235	0.87465	-0.33796	-0.43314	0.01574	0.0707	-0.0960
Niger	-1.04603	0.08722	0.90417	-0.32011	-0.43713	0.01523	0.08297	-0.0969
Seneg	0.61412	0.03402	0.6307	0.18794	-0.49625	0.02222	0.21638	-0.1100
Tchad	-0.91455	0.06498	0.45191	-0.27988	1.37248	0.14634	0.53476	0.3044
Togo	-0.98543	0.10873	0.35859	-0.30157	-1.77911	0.3544	0.61414	-0.3946
UMOA				-0.05254				-0.1142
UMAC				0.07632				0.1659
HZF				0.16602				-0.1368
CrP	1.0357	0.14726	0.75006	0.31695	-0.50046	0.03438	0.09202	-0.1110
CrI	1.25086	0.28212	0.91299	0.3828	0.10074	0.00183	0.00311	0.0223
MM	0.28362	0.01309	0.42264	0.0868	-0.09886	0.00159	0.02698	-0.0219
QM	0.66279	0.02229	0.14246	0.20283	-1.95557	0.19402	0.65162	-0.4338
RO	-1.84418	0.35979	0.62643	-0.56437	-1.92531	0.39214	0.35874	-0.4270
BM	-0.69511	0.17546	0.46827	-0.21272	1.01761	0.37603	0.52731	0.2257

ANNEXE 12

INDICATEURS BANCAIRES EN 1983						
Pays	**CrP**	**CrI**	**MM**	**QM**	**RO**	**BM**
AfrSud	77.1	89.4	35.2	17.1	4.3	12.8
Benin	30.2	30.1	22.1	3.4	1.3	28.5
BuFaso	20.5	19.3	21	5.2	12.8	44.7
Burund	8	26.1	18.9	5.4	5.6	46.8
Camer	30.9	29.4	23.4	9	5.2	24.7
Centraf	12.3	19.3	19.1	1.3	1	71.1
Congo	19	21.2	14.2	2.9	3.1	38.4
CIvoire	42.3	51.3	26.6	7.8	3.8	31.8
Ethiop	15.6	42.2	32.8	10.8	13.8	53.4
Gabon	17.7	16	18.2	7.2	3.1	20.8
Gamb	23.2	61.6	26.9	10.1	38	36.2
Ghana	1.5	17.6	11.3	2.2	20.9	72.2
Kenya	20.1	48.2	29.4	14.3	5.9	24.3
Lesot	13.2	35	55.6	33.9	22.5	28.7
Madag	22.3	49.8	17	1.3	10	42.9
Malaw	17.7	41.3	20.4	11.5	11.4	36.2
Mali	24.7	46.9	21.2	1.5	1	52.9
Maurit	32.2	42	23.4	4.6	9.9	39.8
Niger	17.2	19.9	12	2.3	8.2	45.3
Ngeria	18.2	47.4	33.3	13.6	6.8	38.3
Ougan	3.6	13.5	9.1	1.8	11	51.9
Rwand	5.9	8.5	12.7	4.1	4.8	46.2
Seneg	39.9	52.9	29.5	9.1	7.8	37
SLeone	7	49	29.4	10.3	53.8	63.4
Soud	15	38.9	33.9	8.4	26.6	57.4
Swazil	25.3	23.4	34.2	23.7	29.9	29.7
Tanzan	2.7	44.9	41.3	12.1	2.8	30.9
Tchad	15.1	20.2	19.8	0.8	2.3	73.1
Togo	23.2	27	39.5	11.6	28	63.1
Zaire	2.2	10.1	10.1	0.7	21.4	68.8
Zamb	25.2	76.1	34.8	15.8	13.5	37.7

ANNEXE 13

INDICATEURS BANCAIRES EN 1996						
Pays	**CrP**	**CrI**	**MM**	**QM**	**RO**	**BM**
AfrSud	137.1	160.2	47.2	30.5	3.7	9.1
Benin	9.1	10.8	24.2	8	6.1	31.4
BuFaso	12.4	13.1	35.1	8.3	3.5	47.4
Burund	15.8	21.1	19.7	5.1	0	42.8
Camer	8.3	16.4	12.6	5.8	14.3	31.7
Centraf	4.3	11.2	23.2	1.7	3.9	86.3
Congo	8	16.2	15.1	2.5	4.9	54.9
CIvoire	19.7	29.1	27.3	9.5	5.1	37
Ethiop	21.7	45.1	42.1	17.7	7.7	41.7
Gabon	8	16.3	14.4	5.1	11.8	40.4
Gamb	10.6	8.2	26.6	12.9	13.2	40
Ghana	6.6	21.4	17.3	5.6	37.2	50.1
GuiEqu	4.4	16.5	11.8	1.6	9	60.5
Kenya	34.6	52.8	51.4	30.8	15.9	31.1
Madag	9.4	14.6	21.4	8.5	29.4	56.6
Malaw	4.2	9.1	17.2	9	31.3	56.5
Mali	13.1	10.4	24	5.6	9.5	46.8
Maurit	23.6	14	16.5	5.6	21.7	42.4
Niger	3.1	8.8	12.8	3.4	5.2	51.5
Ngeria	10.6	16.3	18.6	6.7	17.3	52.7
Ougan	4.7	4.6	10.7	3.3	16.5	49.8
Rwand	7.1	10.6	17.5	6.3	19.4	47
Seneg	15.8	22.2	21.6	8.2	4.7	30.1
SLeone	2.5	52.3	9.9	3.8	6.9	50.6
Soud	5.3	18.9	24	9.4	12.4	56.6
Tanzan	3.1	15.9	22.3	10	8.7	40
Tchad	6.1	17	20.9	0.9	4.7	82.9
Togo	19.2	26.6	26.6	9.4	5.8	37.8
Zamb	9.3	56.2	17.9	11.2	8.6	23.8
Zimbab	35.4	55.3	50.7	32.3	9.4	16.1

ANNEXE 14

ANALYSE FACTORIELLE DES CORRESPONDANCES EN 1983								
	POUR LE FACTEUR 1				POUR LE FACTEUR 2			
	Comp. P	Contrib.	Cosinus²	Coord.	Comp. P	Contrib.	Cosinus²	Coord.
AfrSud	2.0709	0.2256	0.8983	0.7323	0.5245	0.0145	0.0316	0.1374
Benin	0.8533	0.0187	0.4376	0.3017	1.1480	0.0338	0.4350	0.3008
BuFaso	-0.4032	0.0044	0.3444	-0.1426	0.2167	0.0013	0.0546	0.0568
Burund	-0.5995	0.0087	0.4366	-0.2120	0.5526	0.0074	0.2037	0.1448
Camer	0.9458	0.0241	0.7335	0.3344	0.3064	0.0025	0.0423	0.0803
Centraf	-1.2109	0.0406	0.4396	-0.4282	1.6794	0.0780	0.4643	0.4401
Congo	-0.1294	0.0004	0.0179	-0.0458	1.2411	0.0336	0.9060	0.3252
CIvoire	1.1331	0.0462	0.7251	0.4007	0.8533	0.0262	0.2258	0.2236
Ethiop	-0.1862	0.0013	0.1983	-0.0659	-0.1254	0.0006	0.0494	-0.0329
Gabon	0.6207	0.0070	0.4232	0.2195	0.1837	0.0006	0.0203	0.0481
Gamb	0.0476	9.8771	0.0013	0.0168	-1.2585	0.0691	0.4965	-0.3298
Ghana	-2.1392	0.1265	0.9788	-0.7565	0.0627	0.0001	0.0005	0.0164
Kenya	0.9672	0.0294	0.7306	0.3420	-0.2722	0.0023	0.0318	-0.0713
Lesot	0.4831	0.0098	0.0598	0.1708	-2.1208	0.1881	0.6333	-0.5557
Madag	0.1329	0.0006	0.0217	0.0470	0.6746	0.0144	0.3076	0.1768
Malaw	0.2364	0.0017	0.2243	0.0836	-0.2379	0.0017	0.1248	-0.0624
Mali	0.1242	0.0005	0.0125	0.0439	1.3968	0.0636	0.8685	0.3660
Maurit	0.4571	0.0070	0.3504	0.1616	0.6367	0.0136	0.3734	0.1668
Niger	-0.6462	0.0097	0.4117	-0.2285	0.8912	0.0184	0.4301	0.2335
Ngeria	0.4829	0.0081	0.3948	0.1707	-0.0867	0.0003	0.0070	-0.0227
Ougan	-1.8840	0.0702	0.9548	-0.6662	0.4894	0.0047	0.0354	0.1283
Rwand	-1.4864	0.0392	0.6711	-0.5256	0.8590	0.0131	0.1231	0.2251
Seneg	0.8478	0.0280	0.7985	0.2998	0.5093	0.0101	0.1583	0.1335
SLeone	-1.0139	0.0488	0.3072	-0.3585	-1.7344	0.1427	0.4937	-0.4545
Soud	-0.5649	0.0127	0.5189	-0.1998	-0.6364	0.0161	0.3616	-0.1668
Swazil	0.2184	0.0017	0.0177	0.0772	-1.8734	0.1286	0.7152	-0.4909
Tanzan	0.4310	0.0055	0.0659	0.1524	-0.4974	0.0073	0.0482	-0.1303
Tchad	-1.1554	0.0387	0.4263	-0.4086	1.7212	0.0859	0.5195	0.4510
Togo	-0.5619	0.0136	0.3809	-0.1987	-0.6403	0.0176	0.2716	-0.1678
Zaire	-2.4281	0.1471	0.9727	-0.8586	0.0410	0,0419	0.0002	0.0107
Zamb	0.7326	0.0241	0.5361	0.2591	-0.2882	0.0037	0.0456	-0.0755
CrP	1.2799	0.2276	0.5928	0.4526	0.9266	0.1193	0.1706	0.2428
CrI	0.7237	0.1304	0.5849	0.2559	0.1138	0.0032	0.0079	0.0298
MM	0.3250	0.0181	0.1643	0.1149	-0.4480	0.0345	0.1715	-0.1174
QM	0.9694	0.0528	0.2200	0.3428	-1.9664	0.2173	0.4970	-0.5153
RO	-1.1569	0.1131	0.2554	-0.4091	-2.3190	0.4546	0.5634	-0.6077
BM	-1.2362	0.4579	0.8180	-0.4371	0.7556	0.1711	0.1678	0.1980

ANNEXE 15

ANALYSE FACTORIELLE DES CORRESPONDANCES EN 1996								
	POUR LE FACTEUR 1				POUR LE FACTEUR 2			
	Comp. P	Contrib.	Cosinus²	Coord.	Comp. P	Contrib.	Cosinus²	Coord.
AfrSud	2.1585	0.4660	0.9221	0.9960	0.0899	0.0008	0.0004	0.0207
Benin	-0.1859	0.0008	0.0716	-0.0858	0.0486	5.3953	0.0012	0.0112
BuFaso	-0.2368	0.0017	0.0683	-0.1093	0.8297	0.0211	0.2085	0.1908
Burund	0.1107	0.0003	0.0234	0.0511	1.3647	0.0492	0.8839	0.3139
Camer	-0.3525	0.0028	0.3088	-0.1626	-0.8847	0.0174	0.4833	-0.2035
Centraf	-1.2464	0.0515	0.6113	-0.5751	1.9530	0.1265	0.3728	0.4492
Congo	-0.6492	0.0108	0.4497	-0.2996	1.3685	0.0480	0.4964	0.3147
CIvoire	0.3960	0.0051	0.6381	0.1827	0.4437	0.0064	0.1991	0.1021
Ethiop	0.5431	0.0132	0.5648	0.2506	0.2211	0.0022	0.0232	0.0508
Gabon	-0.4649	0.0053	0.8693	-0.2145	-0.1013	0.0002	0.0103	-0.0233
Gamb	-0.4353	0.0054	0.2725	-0.2009	-0.6953	0.0137	0.1727	-0.1599
Ghana	-0.8816	0.0274	0.3371	-0.4068	-2.1633	0.1649	0.5041	-0.4975
GuiEqu	-1.0318	0.0279	0.7089	-0.4761	0.9680	0.0245	0.1550	0.2226
Kenya	0.8363	0.0386	0.6271	0.3859	-0.6798	0.0255	0.1030	-0.1564
Madag	-0.8505	0.0257	0.5648	-0.3924	-1.4614	0.0758	0.4143	-0.3361
Malaw	-1.1709	0.0448	0.6031	-0.5403	-1.8654	0.1136	0.3803	-0.4290
Mali	-0.4590	0.0058	0.4562	-0.2118	0.2194	0.0013	0.0259	0.0504
Maurit	-0.2228	0.0016	0.0559	-0.1028	-1.1823	0.0438	0.3907	-0.2719
Niger	-1.1333	0.0273	0.7558	-0.5229	1.2086	0.0310	0.2135	0.2780
Ngeria	-0.6388	0.0126	0.8381	-0.2948	-0.4355	0.0058	0.0968	-0.1002
Ougan	-1.3895	0.0430	0.8859	-0.6412	-0.6195	0.0086	0.0437	-0.1425
Rwand	-0.8745	0.0210	0.7626	-0.4035	-0.9485	0.0247	0.2229	-0.2182
Seneg	0.3680	0.0035	0.6057	0.1698	0.4062	0.0043	0.1834	0.0934
SLeone	0.0340	3.6637	0.0005	0.0157	1.2760	0.0515	0.1893	0.2935
Soud	-0.6431	0.0133	0.8436	-0.2968	0.1579	0.0008	0.0126	0.0363
Tanzan	-0.4726	0.0057	0.4019	-0.2181	0.1152	0.0003	0.0059	0.0265
Tchad	-1.0429	0.0364	0.5503	-0.4812	1.8341	0.1125	0.4229	0.4218
Togo	0.3516	0.0039	0.5528	0.1622	0.4157	0.0055	0.1920	0.0956
Zamb	0.8577	0.0236	0.3719	0.3958	0.1211	0.0005	0.0018	0.0278
Zimbab	1.2127	0.0751	0.7138	0.5596	-0.6153	0.0193	0.0456	-0.1415
CrP	1.4840	0.2637	0.7862	0.6848	-0.1751	0.0037	0.0027	-0.0403
CrI	1.0560	0.2254	0.7303	0.4873	0.3780	0.0289	0.0232	0.0869
MM	0.0620	0.0007	0.0087	0.0286	0.0606	0.0007	0.0021	0.0139
QM	0.7283	0.0364	0.3460	0.3361	-0.9734	0.0651	0.1536	-0.2239
RO	-1.0450	0.0942	0.3286	-0.4822	-2.8899	0.7207	0.6242	-0.6647
BM	-1.0487	0.3796	0.8827	-0.4839	0.7243	0.1811	0.1046	0.1666

ANNEXE 16

LES FONCTIONS D'INVESTISSEMENT EN AFRIQUE SUB-SAHARIENNE

Pays		BURKINA FASO		
INV =	18.4335	(+0,34969) CI	(+0,3956) MM	(-1,5775) QM
T-Student	4.21241	2.38723	2.77408	-1.922522
R^2	67.77%			
R^2 ajusté	58.09%			
F	7.01			
DW	1.63216			
Pays		**BURUNDI**		
INV =	22.9447	(+0,846288) CI	(-1,5526) MM	
T-Student	1.97466	2.43556	-3.94506	
R^2	67.95%			
R^2 ajusté	62.12%			
F	11.66			
DW	2.61422			
Pays		**CAMEROUN**		
INV =	14.8684	(+0,4209) CP	(+0,48195) EP	(-0,711947) MM
T-Student	2.21745	2.01276	2.36052	-1.96109
R^2	74.16%			
R^2 ajusté	66.40%			
F	9.56			
DW	1.23768			
Pays		**CENTRAFRIQUE**		
INV =	20.1828	(+0,603254) CP	(+0,902417) EP	(-0,735895) MM
T-Student	4.56501	3.11843	3.81324	-3.23248
R^2	67.06%			
R^2 ajusté	57.18%			
F	6.79			
DW	2.23852			

ANNEXE 16 - SUITE

Pays	ETHIOPIE			
INV =	-34.2782	(-0,31439) BM	(- 0,133333) CI	(+ 0,8149) EP
T-Student	9.6033	-4.57056	-2.68349	4.82575
R^2	85.56%			
R^2 ajusté	81.22%			
F	19.74			
DW	1.21			
Pays	**GABON**			
INV =	7.44743	(-1,00367) CI	(+5,95276) QM	
T-Student	1.26845	-3.03919	4.27447	
R^2	63.92%			
R^2 ajusté	57.36%			
F	9.74			
DW	1.6974			
Pays	**GHANA**			
INV =	20.9678	(-0,2831) BM	(+1,0446) CP	(+0,53421) EP
T-Student	4.2043	-4.22271	2.34839	3.56041
R^2	90.62%			
R^2 ajusté	87.81%			
F	32.22			
DW	1.8074			
Pays	**GUINEE EQUATORIALE**			
INV =	38.2843	(+1,5428) EP		
T-Student	7.9166	6.441		
R^2	80.58%			
R^2 ajusté	78.64%			
F	41.49			
DW	1.29			
Pays	**LESOTHO**			
INV =	122.182	(+2,52774) MM	(-6,45381) QM	(-0,477628) RO
T-Student	11.1514	2.14403	-3.82899	-1.9028
R^2	95.05%			
R^2 ajusté	93.57%			
F	64.04			
DW	2.51981			

ANNEXE 16 - SUITE

Pays	MALI						
INV =	21,927 - 0,238 CI + 0,475 CP - 0,416 MM + 2,353 QM - 0,211 RO						
T-Student	3,367	-2,522	2,033	-2,224	6,116	-7,098	
R²	95.14%						
R² ajusté	92.10%						
F	31.33						
DW	1.56813						
Pays	**MALAWI**						
INV =	1,285 + 0,721BM + 0,59CI + 0,6312EP + 1,286MM - 4,789QM - 0,499RO						
T-Student	0,13	2,96	3,24	4,15	2,8	-4,66	-3,03
R²	88.11%						
R² ajusté	77.91%						
F	8.64						
DW	2.54351						
Pays	**NIGER**						
INV =	0.35825	(+1,2292) CI	(-1,1133) CP	(+0,9728) EP			
T-Student	0.1189	2.13	-2.071	7.159			
R²	86.56%						
R² ajusté	82.52%						
F	21.46						
DW	2.44786						
Pays	**RWANDA**						
INV =	14.3828	(+0,195187) CI	(+0,24) EP	(-0,579) QM			
T-Student	9.67543	2.4346	8.82465	-2.08046			
R²	91.64%						
R² ajusté	89.14%						
F	36.56						
DW	1.17237						
Pays	**SENEGAL**						
INV =	0.88486	(+534262) EP	(+0,457521) MM	(-0,155931) RO			
T-Student	0.225813	4.34959	3.6422	-2.88747			
R²	77.56%						
R² ajusté	70.83%						
F	11.52						
DW	2.78712						

ANNEXE 16 - SUITE

Pays		SWAZILAND	
INV =	33.3487	(+0,84328) CI	(-0,66254) RO
T-Student	9.99807	3.54257	-3.92884
R^2	59.95%		
R^2 ajusté	52.67%		
F	8.23		
DW	2.17943		
Pays		**TOGO**	
INV =	-4.13156	(+1,16475) EP	(+0,624947) QM
T-Student	-1.53944	11.0476	4.65106
R^2	92.33%		
R^2 ajusté	90.93%		
F	66.19		
DW	2.45193		
Pays		**ZAMBIE**	
INV =	16.5593	(+0,447359) EP	(-0,559453) QM
T-Student	7.59731	4.61	-3.29468
R^2	68.11%		
R^2 ajusté	62.31%		
F	11.75		
DW	2.8405		

ANNEXE 17

Les pays africains concernés par le programme AMINA de la Banque Africaine de Développement

1 - Angola
2 - Bénin
3 - Burkina Faso
4 - Burundi
5 - Cameroun
6 - Cap Vert
7 - Centrafrique
8 - Comores
9 - Congo
10 - Congo (République Démocratique)
11 - Côte d'Ivoire
12 - Djibouti
13 - Egypte
14 Erythrée
15 - Ethiopie
16 -Gambie
17 - Ghana
18 - Guinée
19 - Guinée Bissau
20 - Guinée Equatoriale
21 - Kenya
22 - Lesotho
23 - Liberia
24 - Madagascar
25 - Malawi
26 - Mali
27 - Mauritanie
28 - Mozambique
29 - Niger
30 - Nigeria
31 - Ouganda
32 - Rwanda
33 - Sao Tomé et Principé
34 - Sénégal
35 - Sierra Leone
36 - Somalie
37 - Soudan
38 - Tanzanie
39 - Tchad
40 - Togo
41 - Zambie
42 - Zimbabwe

BIBLIOGRAPHIE

ADERA Abebe (1990) « Financial repression and its impact on financial development and economic growth in the African least developed countries ». *Savings and development*, n° 1, tome XIV, p 55-87.

ADERA Abebe (1995) « Instituting Effective Linkages between the Formal and the Informal Financial Sectors in Africa : a Proposal ». *Savings and Development*, n°1, tome XIX, p 5-27.

ADEWALE TELLA S. et OKOSUN G. (1993) « Banking deregulation : the interest rate phenomenon in the Nigerian Context ». *African Review of Money Finance and Banking*, n° 1, p 47-56.

AGENOR P.R et MONTIEL P.J (1996) *Development Macroeconomics*. Princeton University Press.

AKYÜZ Yilmaz. (1994) « Libéralisation financière : Mythes et réalités ». *Tiers-Monde*, tome XXXV, n° 139, juillet-septembre 1994, p 521-555.

ALEXANDER W.E, BALINO T. et ENOCH C. (1996) « L'adoption d'instruments indirects de politique monétaire ». *Finances et Développement*, mars 1996.

ALI A.A.G (1995) « The Challenge of Poverty Alleviation in Sub-Saharan Africa ». Papier présenté au *XI ème congrès de l'Association Internationale des Economistes*, Tunis, 18-22 décembre 1995.

ALIBERT J., BRUNIN D. et GILGUY C. (1994) « Dossier banques ». *Marchés tropicaux et méditerranéens*, n° 2549, 16 septembre 1994, p 1920-1931.

ALIBERT Jacques (1996) « Pour l'Afrique, une banque originale et à problèmes : La Banque Africaine de Développement ». *Revue Techniques financières et Développement*, n° 43, juin-juillet 1996, p 29-31.

AMABLE B. et CHATELAIN J-B. (1995) « Efficacité des systèmes financiers et développement économique ». *Economie Internationale*, n° 61, 1er trimestre 1995, p 99-130.

AMIN S. (1973) *Le Développement inégal – Essai sur les formes sociales du capitalisme périphérique*. Ed. de Minuit.

ARESTIS P. et DEMETRIADES P. (1997) « Financial Development and Economic Growth : Assessing the Evidence ». *The Economic Journal*, vol. 107.

ARYEETEY Ernest (1996) « Rural Finance in Africa : Institutional developments and Access for the Poor » *in Annual World Bank Conference on Development Economics,* the World Bank, Washington DC., p 149-173.

ARYEETEY Ernest, HETTIGE Hemamala, NISSANKE Machiko et STELL William (1997a) *Financial Market Fragmentation and Reforms in Sub-Saharan Africa.* World Bank Technical Paper, n° 356.

ARYEETEY Ernest, SENBET Lemma et UDRY Christopher (1997b) « Financial Liberalisation and Financial Markets in Sub-Saharan Africa : a Synthesis ». *Journal of African Economies*, vol. 6, n° 1, p 1-28.

ARYEETEY Ernest et UDRY Christopher (1997c) « The Characteristics of Informal Financial Markets in Sub-Saharan Africa ». *Journal of African Economies*, vol. 6, n° 1, p 161-203.

ARYEETEY E. et SENBET L. W. (1999) « Essential Financial Marcket Reforms in Africa ». *Second Research Workshop*, BAD, Abidjan, 6-11 juillet 99.

ATJE R. et JOVANIC B. (1993) « Stock Markets and Development ». *European Economic Review*, vol. 37, p 632-640.

AZAM Jean-Paul (1995) « Macroeconomic Reforms in the CFA Franc Zone ». Papier présenté au *XI ème congrès de l'Association Internationale des Economistes*, Tunis, 18-22 décembre 1995.

AZOUR J. (1997) « Avenir des pays émergents : Quelle attitude face aux entrées massives des capitaux ? ». *Revue d'économie financière*, n° 41, juin 1997.

BALASSA B. (1990) « Financial Liberalization in Developing Countries ». *Studies in Comparative International Development,* vol. 25, n° 4, p 56-70.

BANQUE AFRICAINE DE DEVELOPPEMENT (1996) *Rapport sur le Développement en Afrique.*

BANQUE AFRICAINE DE DEVELOPPEMENT (1997) *Rapport sur le Développement en Afrique – Renforcement du secteur privé en Afrique.*

BANQUE MONDIALE (1989) *Rapport sur le développement dans le monde.*

BANQUE MONDIALE (1994) *L'ajustement en Afrique - Réformes, Résultats et Chemin à parcourir.* Rapport de la Banque Mondiale sur les politiques de développement, Washington D.C.

BANQUE MONDIALE (1995) African Development Indicators 1994-95.

BANQUE MONDIALE (1997) World Development Indicators.

BANQUE MONDIALE (1998) World Development Indicators.

BARRO R. (1991) « Economic Growth in a Cross Section of Countries ». *Quaterly Journal of Economics*, p 106, p 407-443.

BECKERMAN P. (1988) « The consequences of upward financial repression ». *International Review of Applied Economics,* vol.2, n° 1, juin 1988.

BEN BAHMED R. (1996) « Le système financier informel dans les pays de la Zone Franc ». African Development Bank, *Economic Research Papers,* n° 25.

BENCIVENGA V.R. et SMITH B.D. (1991) « Financial Intermediation and Endogeneous Growth ». *Review of Economic Studies,* n° 58, p 195-209.

BENCIVENGA V.R. et SMITH B.D. (1992) « Deficits, Inflation, and the Banking System in Developing Countries : The Optimal Degree of financial Repression ». *Oxford Economic papers,* vol. 44, n° 4, octobre 1992.

BERTHELEMY J-C. et VAROUDAKIS A. (1994) « Intermédiation financière et croissance endogène ». *Revue Economique*, n° 3, mai 1994, p 737-750.

BERTHELEMY J.C. et VAROUDAKIS A. (1995) « Clubs de convergence et croissance : Le rôle du développement financier et du capital humain ». *Revue Economique*, n°2, p 217-235.

BERTHELEMY J.C. et VAROUDAKIS A. (1996) *Politiques de développement financier et croissance.* Centre de développement de l'OCDE, série « Croissance à long terme ».

BESLEY T. (1994) « How do market failures justify interventions in Rural Credit Markets ? ». *World Bank Research Observer,* vol 9, n° 1, p 27-47, janvier 1994.

BHATT V. (1993) « On financial sector reform and development : a case study of Ghana ». *African Review of Money Finance and Banking*, n° 1, p 5-26.

BROWNBRIDGE Martin (1995) « Credit Supply, Monetary Policy and Structural Adjustment in Ghana ». *African review of Money Finance and banking*, n° 1/2.

BURKETT P. et DUTT A.K. (1991) « Interest Rate Policy, Effective Demand, and Growth in LDC's ». *International Review of Applied Economics,* vol. 5, n° 2.

CAMERON R. (1967) *Banking in the early stages of Industrialization,* Oxford University Press, New York.

CARZOLA A. et DRAI A-M. (1992) *Sous-Développement et Tiers-Mondes – Une approche historique et théorique.* Editions Vuibert.

CHAMLEY C. et HONOHAN P. (1993) « Financial Repression and Bank Intermediation ». *Savings and Development,* n° 3, tome XVII, p 301-308.

CHANG D. et JUNG W.S. (1984) « Unorganized Money Markets in LDC's : The McKinnon-Shaw Hypothesis versus the Van Wijnbergen Hypothesis ». *Department of Economics of Vanderbilt University,* n° 84-W21, juin 1984.

CHIRWA E. W. (1999) « Management and Delivery of Financial Services for the Poor : FINCA's Village Bank Approach in Malawi ». *Savings and Development,* tome 23, n° 1, p 5-28.

CHO Yoon Je (1986) « Inefficiencies from Financial Liberalization in the Absence of Well Functioning Equity Markets ». *Journal of Money, Credit and Banking,* vol. 18, n° 2, mai 1986.

COLLIER Paul (1994) « Les libéralisations financières ». *Ajustement et Développement : l'expérience des pays ACP (Afrique, Caraïbe, Pacifique),* ed. Economica, Chapitre 9.

COMELIAU Christian (1996) *L'économie à la recherche du développement – Crise d'une théorie, violence d'une pratique.* Nouveaux Cahiers de l'IUED, Collection Enjeux, Editions PUF.

COUR Marjolaine (1998) « La Zone Franc va-t-elle survivre à l'euro ? ». *Problèmes économiques*, n° 2564, 15 avril 1998, p 9-15.

CUKIERMAN A. (1992) *Central Banking Strategy, Credibility, and Independence : Theory and Evidence,* Cambridge: MIT Press.

DALE Adam (1992) « Building durable rural financial markets in Africa ». *African Review of Money Finance and Banking*, n° 1, p 5-14.

DEMETRIADES P. et DEVEREUX M. (1992) « Investment and Financiel Repression : Theory and Evidence from 63 LDC's ». *Working Paper 92-16,* Keele University.

DEMETRIADES P. et LUINTEL K. (1996) « Financial development, economic Growth and Banking sector controls : evidence from India ». *Economic Journal,* vol. 106, p 359-374.

DEMETRIADES P. et HUSSEIN K. (1996) « Financial development and economic growth : cointegration and causality test for 16 countries ». *Journal of Development Economics,* vol. 51, décembre 1996, p 387-411.

DEMETRIADES P. et LUINTEL K. (1997) « The direct costs of Financial Repression : evidence from India ». *Review of Economics and Statistics.*

DEMIRGÜC-KUNT A. et LEVINE R. (1996a) « Stock Markets, Corporate Finance, and Economic Growth : an Overview ». *The World Bank Economic Review*, vol. 10, n° 2.

DEMIRGÜC-KUNT Ash et LEVINE Ross (1996b) « Stock Market Development and Financial Intermediaries : Stylized Facts ». *The World Bank Economic Review*, vol. 10, n° 2, p 291-321.

DEMIRGÜC-KUNT A. et DETRAGIACHE E. (1998) « Financial Liberalization and Financial Fragility ». *Annual Conference on Development Economics,* The World Bank, 20 et 21 avril 1998, Washington, DC.

DERREUMAUX Paul (1997) « La crise des années 1980 en Afrique subsaharienne francophone ». *Revue Techniques Financières et Développement*, n° 46, mars-avril 1997, p 40-44.

DIENG S.A (1998) « Les pratiques financières des migrants maliens et sénégalais en France ». *XV èmes journées internationales d'économie monétaire et bancaire*, Université de Toulouse I, les 4 et 5 juin 1998.

DORDUNOO C. K. (1995) « Exchange Rate Reforms in Sub-Saharan Africa : Some Lessons for Policy Managment ». Papier présenté au *XI ème congrès de l'Association Internationale des Economistes*, Tunis, 18-22 décembre 1995.

DORNBUSCH R. et REYNOSO A. (1993) « Financial Factors in Economic Development » in DORNBUSCH (ed.) *Policy Making in the Open Economy : Concepts and Case Studies in Economic Performance,* World Bank : Oxford University Press.

DUTT Amitava. (1991) « Interest rate policy in LDCs : a Post Keynesian view ». *Journal of Post Keynesian Economics*, winter 1990-1991, vol. 13, n° 2.

EBOUE Chicot (1998a) « La banque africaine moderne – Stratégies prospectives ». *Séminaire du CEMAFI*, 5 mars 1998.

EBOUE Chicot (1998b) « La libéralisation financière dans les pays en développement – Une évaluation préliminaire du cas africain ». Communication de la Banque Mondiale : *Gestion Macroéconomique, Nouvelles Approches et Enjeux de Politique Economique*, Abidjan, 5-16 octobre 1998.

EBOUE Chicot (1999) « Macroeconomic Policy and a Sustainable Financial Intermediation System ». *Cluster Meeting of UNDP,* Maputo, Mozambique, 16-18 novembre 1999.

EDWARDS S. (1986) « The order of liberalization of the current and capital accounts of the balance of payments ». *Economic Liberalization in Developing Countries*, Chapitre 7, ed. A.M. Choski and D. Papageorgiou, Oxford : Basil Blackwell.

EDWARDS S. (1988) « Financial Deregulation and Segmented Capital Markets : The case of Korea ». *World Development*, n° 16, p 185-194.

ELBADAWI I.A. et NDULU B.J. (1995) « Growth and development in Sub-Saharan Africa : Evidence on Key Factors ». Papier présenté au *XI ème congrès de l'Association Internationale des Economistes*, Tunis, 18-22 décembre 1995.

EL NIL Yasim (1991) « The prerequisites for a successful financial reform » in *Financial systems and development in Africa : collected papers*, Banque Mondiale (Institut de développement économique), p 67-75.

EL NIL Yasim et SECK Diery (1993) « Financial liberalization in Africa ». *World Development*, vol. 21, n° 11, p 1867-1881.

EL OUAHDOUDI M. (1997) « Bourse. Les leçons du Krach asiatique ». *Jeune Afrique Economie*, 15 septembre-5 octobre 1997, p 98-100.

FAMA Eugène.F. (1980) « Banking in the theory of Finance ». *Journal of Monetary Economics*, n° 6, p 39-57.

FELDMAN R.A et KUMAR M.S. (1995) « Emerging Equity Markets : Growth, Benefits, and Policy Concerns ». *The World Bank Research Observer*, vol.10, n° 2, août 1995, p 181-200.

FMI (1993) « Les avantages de la libéralisation des mouvements de capitaux ». *FMI Bulletin*, vol. 22, n° 7, 12 avril, p 97-107.

FONTAINE Jean-Marc (1994) Mécanismes et Politiques de Développement Economique – Du « Big Push » à l'ajustement structurel. Ed. Cujas

FOUDA S.M et SALMON C. (1998) « Répression financière et répression politique : Existe-t-il une relation ? ». *XVèmes journées internationales d'économie monétaire et bancaire*, Université de Toulouse I, 4 et 5 juin 98.

FRY M.J. (1982) « Models of Financially Repressed Developing Economies ». *World Development*, vol. 10, n° 9.

FRY M.J. (1988) *Money, Interest, and Banking in Economic Development.* The John Hopkins University Press, Baltimore.

FRY M.J (1997) « In favour of Financial Liberalization ». *The Economic Journal*, mai 1997, vol. 107, n° 442, p 754-770.

GALBIS V. (1977) « Financial Intermediation and Economic Growth in Less Developed Countries : A theoretical Approach ». *Journal of Development Studies*, vol. 13, n° 2, janvier 1977, p 58-72.

GALBIS V. (1986) « Financial Sector Liberalization under Oligopolistic Conditions and a Bank Holding Company structure ». *Savings and Development*, vol. 10, n° 2, p 117-141.

GALETOVIC A. (1994) Finance and Growth : A sysnthesis and Interpretation of the Evidence, mimeo, Princeton University.

GASSAB Maher (1997) La libéralisation financière dans les pays en développement : des fondements économiques aux analyses d'économie politique. Thèse, Paris I.

GENTIL Dominique (1996) « Les avatars du modèle Grameen Bank ». *Tiers Monde,* tome 37, n° 145, p 115-133.

GERMIDIS Dimitri (1990) « Interlinking the formal and informal financial sectors in Developing Countries ». *Savings and Development*, n° 1, tome XIV.

GERMIDIS D., ESSLER D. et MEGHIR R. (1991) Systèmes financiers et développement : Quel rôle pour les secteurs financiers formel et informel ? Etudes du centre de développement de l'OCDE.

GERSCHENKRON A. (1962) *Economic Backwardness in Historical Perspective* : A Book of Essays, the Belknap Press of Harvard University Press.

GILGUY C. (1995) « Les bourses africaines suscitent un intérêt croissant chez les investisseurs ». *Marchés tropicaux*, 24 février 1995, p 384- 386.

GOLDSMITH R.W. (1969) *Financial Structure and Development.* New Haven, Yale University Press.

GRABEL I. (1995) « Speculation-led economic development : a post-Keynesian interpretation of financial liberalization programmes in the Third World ». *International Review of Applied Economics*, vol. 9, n° 2, p 127-149.

GRABEL I. (1995) « Assessing the impact of Financial Liberalization on Stock Market Volatility in Selected Developing countries ». *The Journal of Development Studies*, vol. 31, n° 6, p 903-917.

GRAEME Buckley (1997) « Microfinance in Africa : Is it either the problem or the Solution ? ». *World Development*, vol. 25, n° 7, juillet 1997, p 1081-1093.

GREENWOOD J. et JOVANOVIC B. (1990) « Financial Development, Growth and the Distribution of Income ». *Journal of Political Economy*, vol. 18, n° 5.

GRIMBERT D., MORDACQ P. et TCHEMENI E. (1995) *Les marchés émergents.* Ed Economica

GROSSMAN G. et YANAGAWA N. (1993) « Asset Bubbles and Endogenous Growth ». *Journal of Monetary Economics*, n° 31, p 3-19.

GUILLAUMONT P. et GUILLAUMONT JEANNENEY S. (1988) *Stratégies de développement comparées : Zone Franc et Hors Zone Franc.* Paris, Economica.

GUNNING J.W (1995) « Regional Integration and Strategies for Trade Policy in Sub-Saharan Africa ». Papier présenté au *XI ème congrès de l'Association Internationale des Economistes*, Tunis, 18-22 décembre 1995.

GUPTA K.L (1984) *Finance and Economic Growthin Developing Countries.* Croom Helm, Londres.

GURGAND Marc, PEDERSON Glenn et YARON Jacob (1996) « Rural finance institutions in SSA : their outreach et sustainability » *Savings et Development*, n° 2, p 133-169.

GURLEY J.G. et SHAW E.S. (1955) « Financial aspects of Economic Development ». *American Economic Review*, vol. 45, n° 4.

GURLEY J.G. et SHAW E.S. (1960) *Money in a Theory of Finance.* Washington D.C, Brooking Institution.

HADJIMICHAEL, GHURA, MUHLEISEN, NORD et UZER (1995) *Sub-Saharan Africa : Growth, Savings and Investments - 1986-93.* IMF Occasional Paper n° 118.

HENRY Alain (1997) « De l'enseignement des tontines à la gestion des systèmes financiers ». *Revue Techniques financières et Développement,* n° 48-49, septembre-décembre 1997, p 37-39.

HERGLI Moncef et BELHARETH Mustapha. (1993) « La libéralisation financière dans les PVD - quelques propos liminaires sur la nécessaire reformulation de ses bases conventionnelles ». *Mondes en développement,* n°84, tome 21.

HUGON Philippe (1989) *Economie du développement.* Mémentos Dalloz.

HUGON Philippe (1990) « La finance non-institutionnelle : expression de la crise du développement ou de nouvelles formes de développement » in LELART, *La Tontine : Pratique informelle d'épargne et de crédit dans les pays en voie de développement,* Editions AUPELF-UREF, John Libbey Eurotext. Paris.

HUGON Philippe (1991) « Politiques d'ajustement et circuits financiers informels africains » in ADDA et ASSIDON, *Dette ou financement du développement,* L'Harmattan, Paris, p 89-112.

HUGON Philippe (1996) « Incertitude, précarité et financement local – le cas des économies africaines ». *Revue Tiers-Monde,* t. 37, n° 145, janvier-mars 1996.

HUSSAIN M.N. (1997) « Financial Liberalization, Currency Substitution and Investment : The case of Egypt ». *African Review of Money Finance and Banking,* n° 1-2, p 57-87.

INANGA Eno (1995) « Financial sector reforms in Sub-Saharan Africa ». Papier présenté au *XI ème congrès de l'Association Internationale des Economistes,* Tunis, 18-22 décembre 1995.

JACKELEN Henry R. et RHYNE Elisabeth DR. (1991) « L'épargne et le crédit pour les pauvres : Une approche orientée vers les lois du marché ». *Actes du Forum de Tokyo sur les stratégies de développement pour les PMA pendant les années 90.* Forum de Tokyo, 13-15 mai 1991, p 117-148.

JOSEPH Anne (1997) « La crise du système bancaire camerounais ». *Revue Techniques financières et Développement,* n° 46, mars-avril 1997, p 45-56.

JUNG W. (1986) « Financial Developement and Economic growth : International Evidence ». *Economic Development and Cultural Change,* p 333-346.

KABBAJ Omar (1997) « Policy Guidelines for the ADF Microfinance Initiative for Africa (AMINA) ». *African Development Fund,* Abidjan, Document confidentiel.

KAPUR B. (1976) « Alternative Stabilization Policies for Less Developed Economies ». *Journal of Political Economy,* vol. 84, n° 4, août 1976.

KARIUKI W. (1995) « The impact of interest rate liberalization on financial savings : the case of Kenya ». *African Review of Money finance and Banking*, n° 1/2.

KEYNES J.M. (1936) *The General Theory of employment, Interest and Money,* Mac Millan, London. Traduction française J. Largentaye, Payot, Paris, 1982.

KING R. et LEVINE R. (1993a) « Finance and growth : Schumpeter might be right ». *The Quaterly Journal of Economics*, n°108, août 1993, p 717-737.

KING R. et LEVINE R. (1993b) « Finance, Entrepereneurship, and Growth : Theory and Evidence ». *Journal of Monetary Economics,* vol. 32, p 513-542.

KUMAR Manmohan et MLAMBO Kupukile (1995) « Determinants of private investment in Sub-Saharan Africa : An empirical investigation ». Papier présenté au *XI ème congrès de l'Association Internationale des Economistes*, Tunis, 18-22 décembre 1995.

LAROCHE Arnaud, LEMOINE Emmanuel, MILLIEN Arnaud, PRATS Florent et ZHANG Yun Jie (1995) « Croissance et marchés financiers : Une approche empirique ». *Economie Internationale*, n° 64, 4ème trimestre 1995, p 39-60.

LATOUCHE Serge (1986) *Faut-il refuser le développement* ? Ed. PUF

LATOUCHE Serge (1991) *La planète des naufragés*. Ed. La Découverte

LELART Michel (1991) « Les informalités financières : le phénomène tontinier » in J-L LESPES, *Les pratiques juridiques, économiques et sociales informelles,* Editions PUF, p 249-267.

LELART Michel (1995) « Tontines africaines et tontines asiatiques ». *Afrique Contemporaine*, n° 176, octobre-décembre 1995.

LELART M. (1996) « Les pays émergents et la finance internationale ». *Techniques financières et développement*, n°44-45, septembre-décembre 1996, p 7-13.

LE NOIR Alain (1995) « Les systèmes financiers actuels sont-ils adaptés aux besoins de l'Afrique ? ». *Revue Techniques financières et Développement*, n° 38-39, mars-juin 1995, p 72-74.

LE NOIR Alain (1998) « Où en sont les systèmes financiers d'Afrique noire francophone ? ». *Problèmes économiques*, n° 2564, 15 avril 1998, p 4-8.

LEVINE Ross (1996) « Les marchés boursiers stimulent la croissance ». *Finances et développement*, mars 1996, p 6-10.

LEVINE Ross et ZERVOS Sara (1996) « Stock Market Development and long-run Growth ». *The World Bank Economic Review*, vol.10, n° 2, p 323-339.

LEVY Brian (1999) « Improving Governance in Sub-Saharan Africa : From "Best Practice" to "Good Fit" ». *Can Africa claim the 21st century ?,* African Development Bank, Abidjan, 6-11 juillet 1999.

L'HERITEAU M-F (1991) « La faillite des systèmes bancaires en Afrique ». *Dette ou Financement du Développement*, L'Harmattan, Paris.

LURATI Francesco (1992) *Système financier national et développement économique*. Editions universitaires Fribourg, Suisse.

LYNCH David (1995) « Does Financial Sector Development matter to Investment? ». *Savings and development*, n° 1, tome XIX, p 29-61.

Mac KINNON R.I. (1973) *Money and Capital in Economic Development.* Washington, D.C, Brooking Institution.

Mac KINNON R.I. (1986) « Monetary Stabilization in LDCs and the International Capital Market » in *The Libreralization Process in economic Development: Essays in Honor of Kim,* Edité par L. Krause and K. Kim.

Mac KINNON R.I. (1988) « Financial Liberalisation in retrospect: Interest Rate Policies in LDC's » in *The State of Development Economics*, ed. G. Ranis and T.P Stultz, Oxford: Basil Blackwell, p 386-415.

Mac KINNON R.I. (1991) The Order of Economic Liberalization: Financial Control in the Transition to a Market Economy. The Johns Hopkins University Press, London.

MAHIEU F.R (1990) *Les fondements de la crise économique en Afrique.* Paris, Logiques Economiques, Editions l'Harmattan.

MAMPASSI J-A (1996) « Marchés émergents en Afrique sub-saharienne - Atouts et handicaps ». *Marchés Tropicaux*, n° 256, 6 février 1996.

MATHIESON D.J. (1979) « Financial Reform and Capital Flows in a Developing Economy ». *IMF Staff Papers,* vol. 26, n° 23, septembre 1979, p 450-489.

MEDHORA R. (1995) « The allocation of Seignoriage in the Franc Zone: the BEAC and the BCEAO Regions Compared ». *World Development*, vol. 23, n° 10, octobre 1995, p 1781-1793.

MINSKY H. (1986) « The evolution of financial institutions and the performance of the economy ». *Journal of Economic Issues*, juin 1986, p 345-353.

MONGA C. et TCHATCHOUANG J-C. (1996) *Sortir du piège monétaire.* Ed. Economica.

MONTIEL P. J. (1995) « Financial Policies and economic Growth : Theory, Evidence and Country-Specific Experience from Sub-Saharan Africa » *African Economic Consortium,* Nairobi, AERC Special Paper n° 18, avril 95.

MOSLEY P. et HUME D. (1998) « Micro-enterprise Finance : Is there a trade-off between growth and poverty alleviation » *PRUS (Poverty Research Unit at Sussex) Working Paper n° 3*, Workshop Proceedings "Recent Research on micro-finance : Implications for Policy", University of Sussex.

MWEGA F.M. (1995) « Private saving behaviour in less developed countries and beyond : Is Sub-Saharan Africa different? ». Papier présenté au *XI ème congrès de l'Association Internationale des Economistes*, Tunis, 18-22 décembre 1995.

NGARUKO Floribert (1998) Essai d'analyse institutionnaliste du financement de la croissance en Afrique sub-saharienne, Thèse de Doctorat, Université de Nice.

NIEPOLD J.R. (1995) « Les marchés financiers africains : Une nouvelle opportunité pour les investisseurs ». Revue Techniques financières et Développement, n° 38-39, mars-juin 1995, p 82-83.

NWANNA G. (1994) « Forging Collaboration between Formal and Informal Financial Markets : Some Thoughts ». *Savings and Development*, n° 3, tome XVIII, p 323-334.

OSHIKOYA T. (1992) « Interest Rate Liberalization, Savings, Investment and Growth : the Case of Kenya ». *Savings and Development*, n° 3, tome XVI.

OSORO Nehemiah E. (1995) « Fiscal Policy in a Sample of Reforming African Countries ». Papier présenté au *XI ème congrès de l'Association Internationale des Economistes*, Tunis, 18-22 décembre 1995.

PAGANO M. (1993) « Financial Markets and Growth ». *European Economic Review*, vol. 37, p 613-622.

PATRICK Hugh T. (1966) « Financial Development and Economic Growth in Underdeveloped Countries ». *Economic Development and Cultural Change*, n° 14, p 174-189.

PINTO MOREIRA Emmanuel (1999) « Financial Liberalization and the Sequencing of Reforms: African Countries'Experiences ». *A program for the African Development Bank*, Abidjan, 31 mai – 5 juin 1999.

PNUD (1998) Rapport mondial sur le développement humain.

PNUD (1999) Rapport mondial sur le développement humain.

PONSON Bruno (1995) « Adaptation des produits bancaires au contexte africain ». *Revue Techniques financières et Développement*, n° 38-39, mars-juin 1995.

POPIEL Paul (1991) « Developing financial markets in Sub-Saharan Africa » in *Financial systems and development in Africa : collected papers*, Banque Mondiale (Institut de développement économique), p 201-211.

POPIEL Paul (1995) *Financial systems in Sub-Saharan Africa : a comparative study*. World Bank Discussion Papers, Banque Mondiale, Washigton D.C.

RAHMAN A. (1999) « Micro-credit Initiatives for Equitable and Sustainable Development : Who pays ? ». *World Development*, vol. 27, n° 1, janvier 1999.

RANTRUA S. (1997) « Banques: Les Africains autour de la corbeille » *Jeune Afrique Economie*, 14 juillet 1997, n° 245, p. 48-51.

RANTRUA S. (1997) « Afrique de l'Ouest: En attendant la Bourse Régionale ». *Jeune Afrique Economie*, 16 février-1er mars 1998, p 56-58.

ROBINSON Joan (1962) Essays in the Theory of Economic Growth, London : Macmillan.

RODRIK Dani (1989) « Promises, Promises, Credible Policy Reform Via Signalling » *The Economic Journal*, n° 99, p 756-772.

RODRIK Dani (1990) « How should Structural Adjustment Programs be Designed? ». *World Development*, vol.18, n° 7, p 933-947.

ROSE-ACKERMAN S. (1997) Corruption and good Governance, UNDP.

ROSTOW (1963) Les étapes de la croissance économique, Editions du Seuil.

ROUBINI N. et SALA-I-MARTIN X. (1992) « Financial Repression and Economic Growth ». *Journal of Development Economics*, vol. 39, p 5-30.

ROUBINI N. et SALA-I-MARTIN X. (1995) « A growth model of inflation, tax evasion, and Financial Repression ». *Journal of Monetary Economics,* vol. 39.

SACHS Jeffrey et WARNER Andrew (1997) « Sources of Slow Growth in African Economies ». *Journal of African Economies*, vol. 6, n° 3, p 335-376.

SAIDANE D. (1995) « Libéralisation financière, séquentialisation et marché des capitaux : Le cas de la Tunisie ». *Deuxièmes Journées scientifiques du réseau analyse et développement*, Rabat, 13 et 14 janvier 1995.

SAINT-PAUL G. (1992) « Technological Choice, Financial Markets and Economic Development ». *European Economic review*, vol. 36, p 763-781.

SCHMIDT-HEBEL, SERVEN et SOLIMANO (1996) « Saving and Investment : Paradigms, Puzzles, Policies ». *The World Bank Research Observer,* vol. 11, n°1, février 1996, p 87-117.

SCHRIEDER G. et SHARMA M. (1999) « Impact of Finance on Poverty Reduction and Social Capital Formation : A review and synthesis of Empirical Evidence ». *Savings and Development,* tome 23, n° 1.

SCHUMPETER J. (1911) *The theory of Economic Development,* Harvard University Press, Cambridge.

SEMEDO Gervasio et VILLIEU Patrick (1997) *La Zone Franc – mécanismes et perspectives macroéconomiques*. Ellipses, Editions marketing SA.

SERVANT Pierre (1991) « Les programmes de restructuration des systèmes financiers d'Afrique sub-saharienne ». *Afrique Contemporaine*, n° 157.

SHAW E.S. (1973) *Financial Deepening in Economic Development.* New York, Oxford University Press.

SINGH Ajit (1997) « Financial Liberalisation, Stockmarkets and Economic Development ». *The Economic Journal*, vol. 107, n° 442, mai 1997.

SOLOW R. (1956) « A Contribution to the theory of Economic Growth ». *Quarter Journal of Economics,* vol. 70, février 1956.

SOWA N.K. (1995) « Monetary Policy in an Era of Economic Reforms in Africa ». Papier présenté au *XI ème congrès de l'Association Internationale des Economistes*, Tunis, 18-22 décembre 1995.

SOYIBO Adedoyin (1996) « Banking Sector Reforms in Africa : Effects on Savings, Investment and Financial Development » *Second AERC Senior Policy Seminar,* Abidjan, 14-15 novembre 1996.

STASAVAGE David (1997) « The CFA Franc Zone and Fiscal Discipline ». *Journal of African Economies*, vol. 6, n° 1, p 132-167.

ST HILL R. (1992) « Stages of Banking and Economic Development ». *Savings and Development*, n° 1, tome XVI, p 5-21.

STIGLITZ J. et WEISS A. (1981) « Credit Rationing in markets with imperfect information ». *American Economic Review*, juin 1981, p 393-410.

STIGLITZ Joseph (1993) « The role of the State in Financial Market ». *Proceedings of the World Bank annual Conference on Development Economics,* p 19-52.

STIGLITZ Joseph (2000) « Vers un nouveau paradigme pour le développement ». *L'Economie Politique*, n°5, premier trimestre 2000, p 6-39.

STUDART R. (1993) « Financial repression and economic development : towards a post-Keynesian alternative ». *Review of Political Economy*, vol.5 n° 3.

TAMBA I. Et TCHAMANBE DJINE L. (1995) « De la crise des institutions bancaires africaines : L'expérience du Cameroun ». *Revue Tiers-Monde*, t. 36, n° 144, octobre – décembre 1995, p 813-835.

TAYLOR L. (1983) Structuralist Macroeconomics : Applicable Models for the Third World. New York, Basic Books.

TEFEMBA Gabriel (1995) « L'épargne nationale est-elle sensible au taux d'intérêt réel au Cameroun ? ». *Etudes et statistiques*, BEAC, n° 21, novembre 1995.

THIRLWALL A.P. (1999) *Growth and Development,* MacMillan Press Ltd.

TOBIN (1965) « Money and Economic Growth ». *Econometrica,* vol. 33, n° 4.

TOULEMONT DAKOURE Anne (1995) « Les déterminants de l'épargne en Afrique au sud du Sahara ». *Revue Techniques financières et Développement*, n° 38-39, mars-juin 1995, p 22-27.

TRICHET Jean-Claude (1995) « La Zone Franc et l'Union Economique et Monétaire ». *Revue Techniques financières et Développement*, n° 40-41, septembre-décembre 1995, p 63-68.

VAN WIJNBERGEN S. (1983) « Interest Rate Management in LCD's ». *Journal of Monetary Economics,* vol. 12, n° 3, septembre 1983, p 433-452.

VENET Baptiste (1996) *Théories de la libéralisation financière et Dualisme financier,* Thèse de doctorat, Université Paris IX Dauphine.

VENET Baptiste et RAFFINOT Marc (1998) « Approfondissement financier, libéralisation financière et croissance : Le cas de l'Union Economique et Monétaire Ouest Africaine (UEMOA) ». *XV èmes journées internationales d'économie monétaire et bancaire*, Université de Toulouse I, 4 et 5 juin 98.

VILLANUEVA D. et MIRAKHOR A. (1990) « Strategies for Financial Reforms : Interest Rate Policies, Stabilization, and Bank Supervision in Developing Countries ». *IMF Staff Papers,* vol.37, n° 3, septembre 1990.

VIRMANI A. (1982) « The nature of credit markets in developing countries ». *World Bank Staff Working Papers,* n° 524.

VOGEL R.C. et BUSER S.A. (1976) « Inflation, Financial Reform, and Capital Formation in Latin America » in *Money and Finance in economic Growth and Development : Essays in Honor of E.S SHAW,* Ed. by R.I Mac Kinnon, New York, Marcel Dekker, p 35-70.

WOHRER François (1995) « Les bourses de valeurs d'Afrique sub-saharienne ». *Revue Techniques financières et Développement*, n° 38-39, mars-juin 1995.

YARON Jacob (1994) « What Makes Rural Institutions Successful ? ». *World Bank Research Observer,* vol. 9, n° 1, p 49-70.

YARON Jacob et BENJAMIN Mac Donald (1997) « Le développement des intermédiaires financiers ruraux ». *Finances et développement*, décembre 1997.

TABLE DES MATIERES

INTRODUCTION GENERALE 7

PREMIERE PARTIE : STRUCTURES FINANCIERES ET EXPERIENCES DE LIBERALISATION FINANCIERE EN AFRIQUE SUB-SAHARIENNE.................... 15
INTRODUCTION DE LA PREMIERE PARTIE 17

CHAPITRE I : HETEROGENEITE ET SPECIFICITE FINANCIERE AFRICAINES19
Introduction.................... 19
SECTION I : L'AFRIQUE A LA RECHERCHE DU DEVELOPPEMENT 19
1. L'AMBIGUITE DU CONCEPT DE DEVELOPPEMENT ECONOMIQUE 20
1.1 L'évolution du concept de développement économique 20
1.2 Le problème des statistiques et des données 23
1.3 La crise des Etats 24
2. LA REGION LA PLUS PAUVRE DU MONDE 24
2.1 La pauvreté économique 25
2.2 La pauvreté humaine.................... 27
3. LA DIVERSITE DES SITUATIONS.................... 28
3.1 Au niveau géographique 28
3.2 Au niveau économique.................... 30
SECTION II : LA DIVERSITE DES SYSTEMES FINANCIERS AFRICAINS.................... 32
1. LA DETRESSE FINANCIERE ET LA CRISE DU SECTEUR FINANCIER 32
1.1 L'inefficacité du système financier.................... 33
1.1.1 La prédominance des institutions financières bancaires.................... 33
1.1.2 La mauvaise allocation des ressources bancaires 34
1.1.3 Le poids du secteur public.................... 35
1.2 La crise financière des années 1980 38
1.2.1 Les facteurs de la crise financière 38
1.2.1.1 La crise des systèmes productifs 39
1.2.1.2 Les erreurs de gestion des banques 39
1.2.1.3 La responsabilité de l'Etat et des autorités monétaires.................... 40
1.2.2 Les manifestations de la crise 40
1.2.2.1 Les aspects généraux de la crise sur le secteur bancaire.................... 40
1.2.2.2 Les aspects économiques de la crise bancaire 42
2. LES DIFFERENTS REGIMES DE CHANGE.................... 43
2.1 La prédominance des régimes de taux de change fixes en Afrique sub-saharienne 43
2.2 Politique monétaire et régimes de taux de change : un aperçu théorique.................... 45
3. LE SYSTEME MONETAIRE FRANCO-AFRICAIN : LA ZONE FRANC 47
3.1 Le mécanisme du compte d'opérations.................... 47
3.1.1 Les effets du maintien d'un taux de change fixe 48

3.1.2 Le mythe de la convertibilité illimitée et les fuites de capitaux 49
3.2 Les performances économiques de la Zone Franc 51
3.2.1. Epargne, investissement et croissance 51
3.2.2 La politique monétaire 53
3.2.2.1. L'inflation 53
3.2.2.2. La crédibilité 54
3.2.3 La politique budgétaire 54
3.2.3.1. Les principales sources de financement de l'Etat 55
3.2.3.2. Union monétaire et politique budgétaire 56
3.3 La Zone Franc à la lumière de la théorie des zones monétaires optimales 57
3.3.1 Les arguments traditionnels en faveur des zones monétaires 58
3.3.2 Les nouveaux arguments microéconomiques en faveur des zones monétaires 61
SECTION III : LE DUALISME FINANCIER 62
1. FONCTIONNEMENT DU SECTEUR FINANCIER INFORMEL 63
1.1 Réalités et théories du secteur financier informel 64
1.1.1 Le secteur financier informel pallie les inconvénients du secteur bancaire 64
1.1.1.1 La gestion de l'information et du risque 65
1.1.1.2 La demande de garanties 65
1.1.1.3 Les coûts de gestion des prêts 66
1.1.2 Les comportements traditionnels 67
1.2 Caractéristiques et originalité du secteur financier informel 69
1.2.1 Hétérogénéité du secteur financier informel 69
1.2.1.1 Les organisations d'entraide 71
1.2.1.2 Les unités de mobilisation de l'épargne 72
1.2.1.3 Les unités d'accord de prêts 72
1.2.2 Souplesse de la finance informelle 73
1.2.3 Importance du secteur financier informel 73
2. POLITIQUE FINANCIERE ET SECTEUR FINANCIER INFORMEL 75
2.1 Dualisme financier et politique économique 76
2.1.1 Les inconvénients de la finance informelle 76
2.1.1.1 Les taux d'intérêt 76
2.1.1.2 Les prêts insatisfaits 77
2.1.1.3 L'inefficacité des politiques macro-économiques 77
2.1.2 L'échec de la libéralisation financière 78
2.1.3 Les interrogations politiques 79
2.1.3.1 Articulation ou intégration 80
2.1.3.2 Le laisser-faire ou l'utilisation de la finance informelle 81
2.2 Complémentarités et transferts entre les finances formelle et informelle 82
2.2.1 La fragmentation du système financier ou le « missing middle » 82
2.2.2 Le rapprochement intermédié des systèmes financiers 84
Conclusion du chapitre I 87

CHAPITRE II : POLITIQUE DE LIBERALISATION FINANCIERE ET APPROFONDISSEMENT DU SYSTEME BANCAIRE ... 89
Introduction ... 89
SECTION I : FONDEMENTS ET CRITIQUES THEORIQUES DE LA LIBERALISATION FINANCIERE ... 89
1. LA THESE DE LA REPRESSION FINANCIERE ... 90
1.1 Les hypothèses du modèle ... 90
1.1.1 La complémentarité entre les encaisses monétaires et la formation du capital ... 91
1.1.2 Le rôle et le statut des intermédiaires financiers ... 93
1.1.3 L'analyse graphique de la répression financière ... 94
1.2 Les implications en termes de politique économique ... 97
1.2.1 La bonne gestion des taux d'intérêt ... 97
1.2.2 La bonne gestion des réserves obligatoires ... 98
1.2.3 La politique fiscale ... 98
1.2.4 La création d'un marché des capitaux ... 99
1.3 Les prolongements du modèle ... 100
2. LES CRITIQUES THEORIQUES ... 101
2.1 La critique post-keynésienne : les effets déstabilisateurs de la libéralisation financière sur la croissance ... 102
2.1.1 Les hypothèses des modèles post-keynésiens ... 102
2.1.2 Le modèle post-keynésien dans un contexte de sous-emploi : Burkett et Dutt ... 103
2.1.3 Le cas de pleine capacité de production : le modèle de Dutt ... 105
2.1.4 Les autres critiques d'inspiration keynésienne ... 106
2.1.4.1 Critique de la définition de la monnaie de Mac Kinnon et Shaw ... 107
2.1.4.2 La relation taux d'intérêt et épargne ... 108
2.1.4.3 Le niveau optimal des taux d'intérêt : la marge bancaire et l'endettement ... 109
2.2 La critique néo-structuraliste : la prise en compte du secteur financier informel ... 110
2.2.1 L'analyse de Van Wijnbergen : La supériorité de la finance informelle ... 111
2.2.1.1 Le Modèle ... 111
2.2.1.2 La critique de Van Wijnbergen à la théorie de la libéralisation financière ... 113
2.2.2 Le modèle de Taylor (1983) : l'impact négatif de la hausse des taux d'intérêt sur la demande ... 115
2.2.2.1 Le modèle ... 115
2.2.2.2 Premier cas de figure : Réussite de la libéralisation ... 118
2.2.2.3 Deuxième cas de figure : Echec de la libéralisation ... 120
2.2.3 Eléments critiques de la théorie néo-structuraliste ... 121
2.3 Marché du crédit et marché imparfait : le modèle de Stiglitz et Weiss ... 123
2.3.1 Sélection adverse et hasard moral ... 123
2.3.2 Le rationnement du crédit ... 124
2.3.3 La réponse de Mac Kinnon aux problèmes informationnels sur le marché du crédit ... 127
2.4 Intérêt des critiques théoriques dans le cas africain ... 129

SECTION II : L'ECHEC RELATIF DES REFORMES FINANCIERES 132
1. LES MESURES DE LIBERALISATION EN AFRIQUE SUB-SAHARIENNE 132
1.1 Les pays de la Zone Franc 136
1.1.1 La zone BCEAO : l'exemple de la Côte d'Ivoire 137
1.1.2 La zone BEAC 139
1.2. Les autres pays africains 140
1.2.1 Le cas mitigé du Ghana 140
1.2.2 l'expérience positive du Kenya 141
2. LES EFFETS MITIGES DES REFORMES SUR LES SYSTEMES BANCAIRES 143
2.1 Le problème de la surliquidité 143
2.2 Les effets des réformes financières sur les taux d'intérêt 145
2.2.1 Les taux d'escompte réels 145
2.2.2 Les taux d'intérêt préférentiels en Zone Franc 147
2.2.3 La volatilité du spread et l'inversion de la structure des taux 148
2.3 Les effets de la déréglementation sur les structures bancaires 151
2.3.1 L'échec de la libéralisation financière au Nigeria 152
2.3.2 La restructuration bancaire en Tanzanie 153
SECTION III : ANALYSE QUANTITATIVE DE L'EVOLUTION DES STRUCTURES BANCAIRES 156
1. ELABORATION D'UN INDICE DE DEVELOPPEMENT FINANCIER 156
1.1 Définition d'un système financier efficace 157
1.1.1 L'analyse de référence de Mac Kinnon et Shaw : répression financière et inefficacité de l'intermédiation bancaire 157
1.1.2 L'indice de développement des intermédiaires financiers de la Banque Mondiale 158
1.1.3 Efficacité bancaire et disponibilité des données 159
1.2 Les indicateurs de développement financier retenus 161
1.2.1 La masse monétaire en pourcentage du PIB (annexe 1) 161
1.2.2 La quasi-monnaie en pourcentage du PIB (annexe 2) 162
1.2.3 Le crédit intérieur en pourcentage du PIB (annexe 3) 162
1.2.4 Le crédit au secteur privé en pourcentage du PIB (annexe 4) 163
1.2.5 Les réserves bancaires en pourcentage de la masse monétaire (annexe 5) 163
1.2.6 La base monétaire sur la monnaie plus la quasi-monnaie (annexe 6) 164
1.3 L'indice africain de développement financier 164
1.3.1 La construction de l'indice 165
1.3.2 Les résultats obtenus 166
1.3.2.1 Les catégories de développement financier 167
1.3.2.2 L'évolution de l'indice financier dans le temps (annexe 7) 167
2. L'ANALYSE FACTORIELLE DES CORRESPONDANCES 170
2.1 La carte financière de l'Afrique en 1989 171
2.1.1 La représentation des profils lignes – les pays (annexe 9) 173
2.1.2 La représentation des profils colonnes – les indicateurs (annexe 9) 173
2.1.3 Les structures bancaires en 1989 174

2.1.4 La Zone Franc en 1989 (annexe 11) 176
2.2 Comparaison des années 1983 et 1996 177
2.2.1 Les indicateurs (annexes 14 et 15) 177
2.2.2 Les pays 177
2.2.3 Libéralisation financière et évolution générale des structures bancaires 179
Conclusion du chapitre II **180**

CONCLUSION DE LA PREMIERE PARTIE **181**

SECONDE PARTIE : LA DIMENSION FINANCIERE DU DEVELOPPEMENT ECONOMIQUE **183**
INTRODUCTION DE LA SECONDE PARTIE **185**

CHAPITRE III : CORRELATIONS ET CAUSALITES ENTRE LES VARIABLES REELLES ET FINANCIERES **187**
Introduction 187
SECTION I - LE ROLE DE LA FINANCE INDIRECTE DANS LE DEVELOPPEMENT ECONOMIQUE **187**
1. UNE INTERACTION POSITIVE: LES PREDECESSEURS DE MAC KINNON ET SHAW 188
1.1 L'intervention nécessaire de l'Etat dans le processus bancaire 188
1.1.1 L'analyse de Schumpeter 188
1.1.2 L'approche de Gerschenkron 189
1.2 L'efficacité du marché bancaire sans intervention gouvernementale 191
1.2.1 La théorie de Gurley et Shaw 191
1.2.2 L'approche de Cameron 193
1.2.3 L'analyse de Goldsmith 193
2. UNE INTERACTION NEGATIVE : LA FRAGILITE FINANCIERE 195
2.1 Le point de vue de Minsky 196
2.2 La nouvelle approche des organisations internationales 198
3. LES MODELES DE CROISSANCE ENDOGENE 201
3.1. Répression financière et croissance 202
3.1.1 L'effet négatif de la répression financière sur la croissance 203
3.1.2 Les effets plus nuancés de la répression financière sur la croissance 205
3.1.3 Le degré optimal de répression financière 206
3.2. Intermédiation financière et croissance 210
3.2.1 Intermédiation financière et diminution du risque de liquidité 210
3.2.2 Intermédiation financière et diminution du risque technologique 212
3.2.3 Intermédiation financière et niveau initial de développement économique 213

SECTION II - LES MARCHES FINANCIERS 215
1. LES CARACTERISTIOUES DES MARCHES FINANCIERS EMERGENTS 216
1.1 Intérêt des marchés financiers émergents 216
1.2 Les liens de complémentarité entre la banque et le marché 218
1.2.1 Le stade ultime de développement financier 218
1.2.2 Les imperfections sur les marchés financiers 219
1.3 La faiblesse des indicateurs sur les marchés financiers africains 220
1.3.1 La taille du marché 221
1.3.2 La taille des échanges : la liquidité 221
1.3.3 Intérêt des marchés pour le financement local et les capitaux étrangers 222
1.4 Les obstacles au développement des marchés financiers en Afrique sub-saharienne 223
1.4.1 Les obstacles du côté de l'offre d'instruments financiers 224
1.4.2 Les obstacles du côté de la demande d'instruments financiers 224
2. LES MARCHES FINANCIERS ET LA CROISSANCE ECONOMIQUE 225
2.1 Les controverses théoriques 225
2.2 Corrélation et causalité entre le marché financier et la croissance économique 226
2.2.1 Les différences de résultats 228
2.2.2 Le problème de la validité des résultats 228
2.3 Les flux de capitaux et la stabilité économique 229
2.3.1 Les dangers des entrées massives de capitaux 229
2.3.2 Les investissements de portefeuille en Afrique 230
SECTION III – FINANCE ET CROISSANCE EN AFRIQUE SUB-SAHARIENNE 232
1. CORRELATION ENTRE LES VARIABLES FINANCIERES 233
1.1 Corrélation entre les variables bancaires 233
1.2 Corrélation entre l'indice financier et les variables bancaires 235
2. EPARGNE, INVESTISSEMENT, CROISSANCE ET VARIABLES FINANCIERES 237
2.1 Les relations entre les variables réelles 238
2.1.1 L'épargne et la croissance 238
2.1.2 L'épargne et l'investissement 239
2.1.3 L'investissement et la croissance 241
2.1.3.1 La contribution de l'investissement à la croissance 242
2.1.3.2 L'investissement comme condition nécessaire mais pas suffisante à la croissance 243
2.2 Les déterminants financiers des variables réelles 245
2.2.1 La question de l'épargne 245
2.2.1.1 L'épargne publique et l'épargne étrangère 245
2.2.1.2 La sensibilité de l'épargne au taux d'intérêt et aux réformes financières 246
2.2.1.3 Les politiques incitatrices de l'épargne 247
2.2.2 Les facteurs de l'investissement 248
2.2.2.1 La nature incertaine et irréversible de l'investissement 248
2.2.2.2 Les déterminants bancaires de l'investissement 249
2.2.2.2.1 La complémentarité entre l'épargne et l'investissement 250
2.2.2.2.2 L'influence des crédits sur l'investissement 251

2.2.2.2.3 La répression financière par le biais des réserves obligatoires 252
2.2.2.2.4 L'impact de la base monétaire sur l'investissement 253
2.2.2.2.5 La complémentarité entre les encaisses réelles et la formation du capital 253
2.2.2.2.6 Les résultats de la régression multiple 254
3. LE SENS DE CAUSALITE ENTRE LA FINANCE ET LA CROISSANCE 256
3.1 Un débat controversé : la causalité entre la croissance et le développement financier.... 257
3.2 Les résultats de la causalité au sens de Granger 259
Conclusion du Chapitre III 262

CHAPITRE IV : LES CONTOURS D'UNE POLITIQUE FINANCIERE AFRICAINE 265
Introduction 265
SECTION I : LES CONDITIONS DE SUCCES DES REFORMES 266
1. LES CONDITIONS INITIALES 267
1.1 La stabilité macro-économique 267
1.1.1 La stabilisation des prix et les effets pervers de la libéralisation financière 267
1.1.2 La discipline budgétaire 269
1.2 Le rôle de l'Etat dans le système financier 270
1.2.1 L'engagement politique : la crédibilité et la soutenabilité 270
1.2.2 Le contrôle de la hausse des taux d'intérêt 271
1.2.3 La réglementation prudentielle et la supervision bancaire 271
1.2.4 Le renforcement du cadre juridique 272
2. L'ORDONNANCEMENT OPTIMAL 273
2.1 Les séquences de la libéralisation interne 273
2.2 L'ordre adopté dans les économies africaines 275
3. LA VITESSE DES REFORMES FINANCIERES 277
3.1 Le « big-bang » versus libéralisation financière graduelle 277
3.2 Vers des réformes prudentes 277
SECTION II : LE FINANCEMENT DES MICRO-ACTIVITES ET DES PETITES ENTREPRISES 279
1. LA PROBLEMATIQUE DU FINANCEMENT DES MICRO-ACTIVITES 280
1.1 L'échec de la politique traditionnelle de financement en zone rurale 280
1.2 Le comportement d'emprunt des pauvres 281
1.3 L'imitation des pratiques du secteur financier informel 283
2. L'EVOLUTION RECENTE DU MICRO-FINANCEMENT 284
2.1 L'évaluation des performances des programmes de micro-financement 284
2.1.1 le rayon d'influence 285
2.1.2 L'autonomie financière 285
2.2 Les expériences de micro-finance 286
2.2.1 Une réussite exemplaire : l'unité Desa de la BRI en Indonésie 286
2.2.2 L'exemple des villages bancaires de la FINCA's au Malawi 288
2.3 Les limites des programmes de micro-financement 289

2.3.1 L'utilisation des crédits 290
2.3.2 Le problème de l'épargne obligatoire 290
2.3.3 L'environnement économique et financier national 291
3. LE MICRO-FINANCEMENT DES PETITES ENTREPRISES 292
3.1 Les sources de financement des petites entreprises 293
3.2 Vers l'amélioration du système de financement 294
3.2.1 La création de liaisons entre les banques et les programmes de micro-crédit 295
3.3 Le programme AMINA de la Banque Africaine de Développement 296
3.3.1 Objectifs et stratégies du programme AMINA 296
3.3.2 Originalité et innovation du programme de la BAD 298
SECTION III : LES OBSTACLES AU DEVELOPPEMENT FINANCIER EN AFRIQUE SUB-SAHARIENNE 301
1. LES COMPORTEMENTS DE RECHERCHE DE RENTES 302
1.1 Les rentes et la répression financière 303
1.2 Les nouveaux comportements de recherche de rentes 303
1.3 L'autonomie de la Banque Centrale 304
2. LES DEFAILLANCES DE L'ETAT 306
2.1 Les caractéristiques de la corruption 306
2.1.1 Une justice imprévisible 306
2.1.2 Une bureaucratie excessive 308
2.1.3 Les effets défavorables de la corruption sur la croissance 309
2.2 L'incertitude et l'instabilité politique 310
2.2.1 La faible crédibilité des gouvernements 311
2.2.2 La perte de ressources budgétaires : un facteur d'incertitude 313
3. L'ELARGISSEMENT DU CONCEPT DE DEVELOPPEMENT FINANCIER 315
3.1 L'efficacité du secteur privé : Un facteur de développement financier 316
3.2 Les priorités du développement financier africain 318
Conclusion du chapitre IV 321

CONCLUSION DE LA SECONDE PARTIE 323

CONCLUSION GENERALE 327

ANNEXES 339

BIBLIOGRAPHIE 361

TABLE DES MATIERES 373

LISTE DES TABLEAUX ET FIGURES 381

LISTE DES TABLEAUX ET FIGURES

Tableau I.1 - L'Afrique subsaharienne en 1995 et l'Asie du sud-est en 1965........... 25
Tableau I.2 - Indicateurs du développement humain en Zone Franc (1995)............ 27
Tableau I.3 - Afrique : comparaison portant sur la base des ressources.................. 29
Tableau I.4 - Part des crédits publics dans le total des crédits bancaires (en %) 36
Tableau I.5 - Participation de l'Etat au capital des banques en 1982 et en 1992 37
Tableau I.6 - La progression des différents régimes de change dans le monde 44
Tableau I.7 - Comparaison entre la Zone Franc et les autres pays d'Afrique 51
Tableau I.8 - Dette extérieure des gouvernements de la Zone Franc en % du PIB .. 56
Tableau I.9 - Commerce interrégional de la zone CFA, 1989-1993 60
Tableau I.10 - Les différentes appellations des tontines.. 68
Tableau I.11 - Les différentes unités informelles en Afrique : Objectifs et acteurs . 70
Figure II.1 – La fonction d'investissement de Mac Kinnon 93
Figure II. 2 - Effets de la répression financière sur l'épargne et l'investissement.... 95
Figure II.3 - L'effet sur l'épargne et l'investissement de la hausse du taux d'intérêt : approche post-keynésienne versus approche de la répression financière...... 104
Figure II.4 – Les effets sur LM du changement de composition des actifs 114
Figure II.5 – Réussite de la libéralisation financière : Approche néo-structuraliste119
Figure II.6 – Echec de la libéralisation financière : Approche néo-structuraliste... 120
Tableau II.1 – Mesures de libéralisation en Afrique sub-saharienne..................... 133
Figure II.7 - Evolution de l'indice de développement financier ivoirien 138
Figure II.8 - Evolution de l'indice de développement financier ghanéen.............. 141
Figure II.9 – Evolution de l'indice de développement financier kenyan................ 142
Figure II.10 - Evolution de l'indice de développement financier camerounais...... 144
Tableau II.2 – Les taux d'escompte réels.. 146
Tableau II.3 - Taux d'intérêt en pourcentage dans la Zone Franc.......................... 147
Figure II.11 – La volatilité de la marge bancaire.. 149
Figure II.12 – L'augmentation systématique du spread 150
Figure II.13 - Evolution de l'indice de développement financier nigérian............. 153
Figure II.14 - Evolution de l'indice de développement financier tanzanien........... 154
Tableau II.4 – L'indice de développement financier africain................................ 166
Tableau II.5 – Les différentes catégories de développement financier 167
Tableau II.6 – Evolution de l'indice financier entre 1983-89 et 1990-96 168
Tableau II.7 – Evolution de l'indice financier dans le temps 169
Figure II.15 - La Carte Financière de l'Afrique sub-saharienne en 1989............... 172
Tableau II.8 – Les structures bancaires en 1989... 174
Figure II.16 - La carte financière de la Zone franc en 1989 175
Figure II.17 - Les cartes financières de l'Afrique en 1983 et en 1996.................... 178
Tableau III.1 - Indicateurs des marchés financiers en Afrique sub-saharienne...... 220
Tableau III.2 - Les risques sur les marchés financiers d'Afrique sub-saharienne... 223
Tableau III.3 - Résultats des principaux modèles marché financier - croissance... 227

Tableau III.4 - Les flux de capitaux privés vers l'Afrique sub-saharienne en 1996231
Tableau III.5 – Corrélations entre les indicateurs bancaires.................................234
Tableau III.6 – Corrélation entre les indicateurs bancaires et l'indice de financier236
Régression III.1 – La fonction d'investissement du Sénégal.................................250
Régression III.2 – La fonction d'investissement du Ghana...................................251
Régression III.3 – La fonction d'investissement du Mali......................................251
Régression III.4 – La fonction d'investissement du Niger.....................................252
Régression III.5 – La fonction d'investissement du Lesotho..................................253
Tableau III.7 – La sensibilité de l'investissement aux variables bancaires..............254
Tableau III.8 – Résultats des tests de causalité avec deux retards, 1970-1996.......260
Tableau IV.1 - Les étapes de libéralisation d'une économie.................................273
Tableau IV.2 – L'ordre des mesures adopté dans certaines économies africaines.276
Tableau IV.3 - Sources et objectifs des prêts au Ghana (en pourcentage)..............282
Tableau IV.4 - Rayon d'influence et autonomie financière : Unité Desa 287
Tableau IV.5 - Les performances de la FINCA's...289
Tableau IV.6 - Sources de financement d'une entreprise au Zimbabwe 293
Tableau IV.7 - Sources de financement au Kenya, au Malawi et au Ghana 293
Tableau IV.8 – Répartition des fonds du programme AMINA 297
Tableau IV.9 - Résultats sur la corruption et la qualité judiciaire en Afrique........307
Tableau IV.10 – Résultats concernant la bureaucratie en Afrique 309
Tableau IV.11 – Résultats sur la crédibilité des gouvernements en Afrique..........312
Tableau IV.12 - Déficit budgétaire en pourcentage des recettes fiscales 314

www.ingramcontent.com/pod-product-compliance
Lightning Source LLC
LaVergne TN
LVHW021248191026
PP19718000002B/3
* 9 7 8 2 7 4 7 5 1 2 1 7 6 *